Susan Thesenga

In Offenheit leben

Titel der amerikanischen Originalausgabe:
The Undefended Self – Living The Pathwork of Spiritual Wholeness
erschienen bei Pathwork Press, Madison, Virginia, USA
Copyright © 1994 by Susan Thesenga

Copyright © 1999 der deutschen Ausgabe:
Synthesis Verlag, Postfach 14 32 06, D-45262 Essen
Alle Rechte der deutschen Ausgabe vorbehalten.

Cover: gopa
Typographie und Satz: Dragon Design
Gesetzt aus der Goudy (gehöht)

ISBN 3-922026-93-1

Susan Thesenga

In Offenheit leben

Der Pfad zur spirituellen Ganzheit

Aus dem Amerikanischen von
Franchita Mirella Cattani

SYNTHESIS

Widmung

Dieses Buch ist *Eva Broch Pierrakos* gewidmet,
die der Welt die Weisheit des Pfades überbracht hat.

Mein Dank

gebührt der Pfadstiftung, die mir genehmigte, ausführlich aus den GUIDE-Lesungen zu zitieren, für die sie das ausschließliche Copyright innehat,

Dr. John Pierrakos, der mich anspornte und mir die Erlaubnis gab, das Manuskript von Eva Pierrakos aus dem Jahre 1965 zu verwenden,

den vielen Helfern innerhalb und außerhalb der Pfadgemeinschaften, insbesondere Asha Greer, Gene Humphrey, D. Patrick Miller, Karen Millnick und Judith Saly für ihre verlegerische und technische Hilfe,

meiner Mutter und meinem Vater, die meine geistige Offenheit, Integrität und meinen Mut förderten, und meiner Tochter Pamela, die so viel Licht und Freude in mein Leben gebracht hat,

und allen voran meinem Mann und spirituellen Partner Donovan Thesenga, der eine Schlüsselstellung bei der Entfaltung meines Lebens und dem Werden dieses Buches einnimmt.

Inhalt

10. Kapitel - Die Transformation des niederen Selbst
Michael: Die Verwandlung von Lust in Liebe 249
Der Weg der Selbstverwirklichung 253
Die Energie des höheren Selbst aktivieren 254
Die eigenen Gefühle wahrnehmen 257
Das Böse als Abwehr gegen Schmerz 259
Den Schmerz der realen Schuld empfinden 261
Meditation zur Umerziehung des niederen Selbst 264
Die göttlichen Eigenschaften erkennen 266
Übungen 270

11. Kapitel - Das Leben vom höheren Selbst aus erschaffen
Susan: Reise in die Weiblichkeit 271
Der positive Lebensfluß 279
Selbstschöpfung und Eigenverantwortung 282
Die Gleichsetzung mit dem höheren Selbst 285
Meditation für eine positive Lebensführung 287
Schritte auf dem Pfad 287
Der schöpferische Tanz der spirituellen Evolution 289
Den Himmel auf Erden schaffen 291
Übungen 292

Anhang
Tabelle »Schritte auf dem spirituellen Weg« 294
Landkarte der menschlichen Psyche und der inneren Transformationsarbeit 294
GUIDE-Lesungen in deutscher Übersetzung 298
Pathwork-Adressen 300

Vorwort

Jeder Mensch empfindet in seinem Innersten die tiefe Sehnsucht nach einem erfüllteren Bewußtseinszustand und der Fähigkeit, das Leben umfassender zu erfahren. Wenn wir merken, daß äußere Besitztümer, Leistungen und sogar Beziehungen uns das Glück nicht bescheren, richten wir schließlich die Aufmerksamkeit nach innen: »Wer bin ich? Was ist wahres Glück und wie kann ich es erreichen?« Über das eigene Glück hinaus beginnen wir zu fragen: »Was tue ich hier auf der Welt? Was ist Gott und wie kann ich es/ihn/sie erfahren?« Damit begeben wir uns auf eine psychologische Suche, bei der wir uns selbst kennenlernen, und auf eine spirituelle Suche, um Antworten auf die Grundfragen über das Wesen der Wirklichkeit zu bekommen. Früher oder später werden wir einen Weg gehen, der anderen bereits geholfen hat, innere Erfüllung und einen Lebenssinn zu finden.

Dieses Buch beschreibt die Pfadarbeit, eine spirituelle Disziplin, die die Erkenntnis und Integration unserer unermeßlichen inneren Wirklichkeit fördert. Bei der Pfadarbeit wird die Notwendigkeit unterstrichen, all unsere Dualitäten anzunehmen, unsere schlechten wie guten Seiten, unser beschränktes Ego ebenso wie unsere Göttlichkeit. Dadurch lernen wir in Einheit, Liebe und Wahrheit zu leben – am Ort des Selbst ohne Mauern. Dieses Buch faßt die Pfadarbeit für jene Leser zusammen, die sich ernsthaft mit ihrer spirituellen Entwicklung befassen.

Die Grundlagen des Pfades beruhen auf gechanneltem Material, das Eva Broch Pierrakos von 1955 bis zu ihrem Tod 1979 aufzeichnete.[1] Eva war eine außergewöhnliche spirituelle Lehrerin, deren Unterweisung ich sieben Jahre lang genoß. Die Wesenheit oder Energie, die Eva channelte, wurde als GUIDE bekannt. Der Prozeß, der sich aus den Lehren des GUIDE ergeben hat und sich dank des Beitrags zahlreicher Therapeuten, Heiler und spiritueller Lehrer ständig weiterentwickelt, wird Pfadarbeit genannt. Verschiedene Zentren in Amerika, Europa

---

[1] Eine vollständige Liste der GUIDE-Lesungen findet sich am Ende dieses Buches; zudem sind dort Zentren aufgeführt, wo die Pfadarbeit angewendet und gelehrt wird.

und Südamerika bieten Pfadberatungen und Lehrveranstaltungen an. Kleine Gruppen treffen sich überall auf der Welt, um diese spirituellen Grundsätze zu erlernen und umzusetzen.

Die Pfadarbeit, die ich über 20 Jahre lang gelehrt und geübt habe, bietet Unterweisungen für viele Stadien des universellen spirituellen Weges an. Das Einmalige am Pfad ist ein tiefes Verständnis über das Wesen des Bösen und des niederen Selbst sowie die wirksame Transformation unserer dunklen Seiten. Der Pfadprozeß zur Wandlung des niederen Selbst stellt einen hoffnungsvollen Fanfarenruf zur Befreiung vom Bösen in uns und der Welt dar.

Im vorliegenden Buch wechseln meine Zusammenfassungen des Pfadmaterials sich mit GUIDE-Lesungen ab. Die Zitate des GUIDE stammen von einer nichtinkarnierten geistigen Wesenheit. Ich habe zudem Berichte über meinen eigenen spirituellen Weg und viele Beispiele persönlicher Wandlungen aufgenommen, deren Zeugin ich wurde, als ich anderen in Beratungen und Workshops auf ihrem spirituellen Weg weiterhalf. Die Namen der Betreffenden wurden zur Wahrung ihrer Privatsphäre geändert. Jedes Kapitel beginnt mit einem Bericht und schließt mit einer Übung zur Vertiefung des Stoffes.

Das vorliegende Buch ist nach den Stadien der spirituellen Arbeit aufgebaut. Das erste Kapitel beschreibt, wie wir unsere mangelhafte dualistische Menschennatur und spirituelle Sehnsucht annehmen können. Im zweiten Kapitel wird die Notwendigkeit hervorgehoben, den eigenen und kollektiven Entwicklungsweg zu gehen; es stimmt uns auf unsere Sehnsucht nach Integration ein. Das dritte Kapitel leitet zur Entfaltung des Beobachterselbst und die Gleichsetzung mit diesem an; es ist das wichtigste Werkzeug für die Transformationsarbeit. Dazu werden Meditation und Tagesrückblick zur Förderung der objektiven und mitfühlenden Selbstbeobachtung vorgestellt.

Im vierten Kapitel werden die vier Entwicklungsstadien des Bewußtseins umrissen – Kind, erwachsenes Ich, Seele und einendes Bewußtsein – und wie wir sie erkennen können. Das fünfte Kapitel erklärt, wie wir ständig die Probleme und Schlußfolgerungen unserer Kindheit wiederholen und was wir tun können, um diese Illusionen und »Bilder« loszulassen. Im sechsten Kapitel beginnt die Erforschung der Maske, des niederen und höheren Selbst als Hauptbestandteil des Bewußtseins. Zudem wird gezeigt, wie wir uns von der Maske lösen können. Im siebten Kapitel wird das niedere Selbst als verzerrte, aber dennoch lebenswichtige

10

schöpferische Energie unserer Seele vorgestellt. Das achte Kapitel möchte uns zum höheren Selbst verhelfen, unserem ursprünglichen göttlichen Wesen. Im neunten und zehnten Kapitel wird aufgezeigt, wie wir den negativen Willen und die negative Spannung überwinden und damit das niedere Selbst verwandeln können. Im elften Kapitel werden wir bestärkt, uns nicht mehr mit dem Ich, sondern mit dem höheren Selbst gleichzusetzen. Dadurch erfassen wir uns als Ganzheit und verwenden die Energie des höheren Selbst zur geistigen Arbeit, um ein positives neues Leben zu gestalten.

Damit Sie besser verstehen, wie ich die ewige Weisheit erfahre, die in den Lehren des Pfades erwähnt wird, stelle ich Ihnen meine Lebensgeschichte vor. Ihr historischer und persönlicher Rahmen haben meinen Blick auf die Realität geprägt.

Einen Monat nach Hitlers Einmarsch in Polen wurde ich geboren und war beinahe sechs Jahre alt, als der Zweite Weltkrieg endlich zu Ende war. Als ich mein selbstgemachtes Konfetti in die Luft warf, bebte ich bei der Siegesfeier vor einer mir unverständlichen Aufregung. Ich wußte, daß etwas Wichtiges geschehen war. Eine schreckliche Dunkelheit war von der Welt gewichen.

Obwohl ich es damals noch nicht wissen konnte, wurden Hitler und die Judenvernichtung für mich sowohl eine Metapher als auch ein Koan, denen ich mein Leben widmen sollte. Wäre ich intellektueller veranlagt gewesen, hätte Hitlers Einfluß wohl eine Historikerin aus mir gemacht. Mit mehr Kampfeslust hätte ich mich wahrscheinlich für soziale Gerechtigkeit eingesetzt. Statt dessen war meine Leidenschaft eher persönlicher und emotionaler. Es ging mir darum, den Hitler zu verstehen, der in mir wie auch in jedem Menschenherzen steckt, besonders jenen wohlgenährten, die wirtschaftliche Krisen als Entschuldigung für die unzähligen großen und kleinen Grausamkeiten anführen, die wir einzeln und kollektiv täglich begehen und nachsehen.

Die Frage nach gut und böse hat mich beschäftigt, seit ich mich erinnern kann. Ich war ein ernstes Kind und führte im Alter von neun bis elf Jahren ein Tagebuch über das Gute und Böse, das ich jeden Tag tat oder um mich herum erlebte, wobei ich beim Bösen betete und für das Gute dankte. Wenn ich mein Fahrrad nicht finden konnte, nahm ich an, daß ich bestraft wurde, weil ich meiner Mutter nicht bei den Hausarbeiten half. Wenn ich vor einem Waldbrand weglief, erforschte ich mein Gewissen, ob das jetzt feige oder mutig war.

11

Zu Hause versuchte ich ständig aus der gefühlsmäßigen Wattierung auszubrechen, in die mein sicheres Vorstadtleben gebettet war. Schon als kleines Kind gehörte ich zu jenen, die unter den sorgfältig gedeckten Tisch krabbeln, um die Popel zu untersuchen, die wir Kinder auf dessen Unterseite geklebt hatten, um dann meinen Fund der gesitteten Tischgesellschaft mitzuteilen. Das, was sich unter dem Tisch oder unter der Oberfläche des Lebens befand, hat mich schon immer am meisten interessiert.

Obwohl meine Eltern aufrichtige, intelligente Agnostiker waren, interessierte ich mich brennend für Religion. Als ich zehn Jahre alt war, starb mein neunjähriger katholischer Vetter bei einem Fahrradunfall. Den Tod so hautnah zu erleben war mir eine große Lehre. Als mein Vater mir ein Eis brachte und versicherte, Johnny sei jetzt im Himmel, sahen wir einander an und wußten beide, daß das nur eine bequeme Lüge war, die unser gemeinsames Unwissen überdeckte. Ich probierte es mit verschiedenen Kirchen, um mehr zu erfahren: Was ist der Tod, was ist gut und was ist schlecht?

Nachdem ich die katholische Kirche verworfen hatte, ging ich eine Zeitlang in eine Episkopalkirche, die mein Herz mit einem einzigen gewaltigen Ritual gewonnen hatte, bei dessen Erinnerung ich noch heute bewegt bin. Am Karfreitag wurde in der Kirche ein riesiges schwarzes Holzkreuz aufgestellt, womit die Tatsache des Todes die schönen Bilder und Spitzendecken des Altars in den Hintergrund treten ließ. Ich habe einmal stundenlang in der Kirche gesessen und aufgenommen, was dieses schwarze Kreuz mir zu sagen hatte. Als ich mit der Schwärze verschmolz, sah ich, wie sich der Boden unter dem Kreuz öffnete und zahlreiche mit geheimnisvollen Gegenständen aus aller Welt bestückte und orientalischen Schätzen reich verzierte Gemächer zum Vorschein kamen, die sich vollkommen von der mondänen Wohnsiedlung, wo ich zu Hause war, unterschieden. Was auch immer jenseits der Schwelle des Todes liegen mochte, erschien mir unsäglich groß und lange nicht mehr so erschreckend.

Am Ostersonntag brachte die Kirchengemeinde Blumen herbei, die an das Kreuz geheftet, geklebt oder gehängt wurden, bis es von Frühlingsblüten bedeckt war. Dieses Symbol der Auferstehung Christi bestätigte meine eigene Überzeugung, daß der Tod, den wir als Endpunkt unserer Lebenslinie fürchten, nur ein Punkt auf einem Kreis sein könnte. Alle wußten, daß der Tod auf die Geburt folgte, aber mir ging langsam auf, daß nach dem Tod ebenso eine Geburt stattfinden könnte.

12

Daß der Geist über den Körper hinausgeht, daß die physische Inkarnation nur der Anfang einer viel tiefergehenden Realität ist – das alles löste eine fromme Freude und Ehrfurcht in meiner ernsten jungen Seele aus.

Als sich die dringenderen Probleme der Jugendjahre bemerkbar machten, ging ich nicht mehr in die Kirche. Statt dessen begann ich zu zelten. In der freien Natur zu sein hat mir nicht nur manche jugendlichen Verrücktheiten erspart, sondern wurde zu meiner liebsten Gottesverehrung. Ebenfalls als Teenager lernte ich Juden kennen und las wie besessen biographische Berichte über die Judenverfolgung. Ich versuchte zu verstehen, wie so etwas Böses in Menschen, die es »besser hätten wissen sollen«, hatte Wurzel fassen können. Worin lag die überwältigende Anziehungskraft des Bösen?

Ich hatte die Universität hinter mir, bevor ich mich ernsthaft fragte, ob alles, was ich da gelernt hatte, irgend etwas mit dem zu tun hatte, was mir eigentlich am Herzen lag: ein besserer Mensch zu werden. Ich rätselte, ob die Bildung nur eine weitere Maske war und nichts mit den inneren Lektionen zu tun hatte, die mich – das wußte ich irgendwie – erwarteten.

Als ich an der Howard Universität Studenten im ersten Semester Englisch beibrachte, bekam ich zum ersten Mal Gelegenheit, »etwas Gutes« in der Welt zu tun. Die Bürgerrechtsbewegung war in vollem Gang, und ich sprang auf den »Moralzug« auf. Die Beschäftigung mit der afroamerikanischen Kultur hat damals meinen kulturellen Horizont stark erweitert, und ich habe vielen wichtigen historischen Ereignissen Mitte der 60er Jahre beigewohnt. Ich erlebte eine gewaltige Bewußtseinserweiterung, als ich 1963 am »Marsch auf Washington« teilnahm, bei dem Martin Luther King seine unvergeßliche Rede »Ich habe einen Traum« hielt. Im Sommer 1964 zog ich (mit vielen anderen wohlmeinenden, aber hoffnungslos naiven Mittelschichtweißen aus dem Norden) in den Süden, um an einer kleinen Uni für Schwarze in der Nähe von Jackson, Mississippi, zu unterrichten. Das nackte Entsetzen streifte mich dort zum ersten Mal, als ich verhaftet wurde, weil ich zusammen mit Schwarzen in einem Auto gefahren war.

Meine fortlaufende Arbeit in der Bürgerrechtsbewegung verstärkte meinen Haß gegen die Unterdrücker, die für mich die Weißen waren, insbesondere weiße Männer in Autoritätspositionen, die für die bestehende Ordnung arbeiteten wie mein geliebter Vater. Schließlich ging mir auf, daß mein Haß neurotisch war. Mein moralisches Feuer hatte ebensoviel mit ungelösten Gefühlen meinem Vater gegenüber wie mit politischen Fragen zu tun, an die sich meine Gefühle geheftet hatten. Diese Einsicht führte mich in eine Therapie und mündete in unorthodoxen Behandlungsmethoden.

Meine erste Encounter-Gruppe 1967 war ein Heimkehrerlebnis. Plötzlich bekam ich die Erlaubnis, das auszusprechen, was ich schon immer gewußt hatte: daß die Menschen unter dem zivilisierten Anstand und den freundlichen Masken lauter wilde, unklare Gefühle, Wut, Tränen und Berge von Schmerz mit sich herumtrugen. Diese inneren Gegebenheiten veranlassen uns, Dinge zu tun, die uns später leid tun und vom Glück fernhalten, das wir zu wollen vorgeben. Die innere Gefühlswelt ist für mich schon immer viel greifbarer gewesen als äußere Regeln und Rollen. Ich hatte bloß nicht gewußt, wie ich das benennen sollte, was für mich wirklich war.

Von da an konnte ich von therapeutischen Erfahrungen nicht genug bekommen – Tavistock, Gestalttherapie, humanistische Psychologie, Sensitivitätstraining und Bioenergetik. Ich hatte das Gefühl, als würde eine ausgetrocknete emotionale Quelle wieder sprudeln. Trotzdem fühlte ich, daß es mehr gab. 1969, auf einer Reise nach Kalifornien, als ich R. D. Laing las und eine frühe Kassette von Ram Dass anhörte, wußte ich, daß sich mir eine breitere Wirklichkeit eröffnete, als ich je geträumt hatte. Ich merkte langsam, daß ein mächtiger spiritueller Strom dabei war, das kollektive Bewußtsein zu durchdringen. Als ich endlich im Esalen Institut in Big Sur ankam, war klar, daß ein tiefinnerer, namenloser Teil in mir die Führung übernommen hatte. Ich hatte eine Vision, bei der ich am Ende eines Seiles angebunden war, das von einer Riesenwinde unaufhaltsam zu etwas gezogen wurde, was ich nicht benennen konnte.

Bei einer höchstdramatischen Encounter-Gruppe in Esalen lernte ich Donovan Thesenga, meinen zukünftigen Mann, kennen. Donovans jahrelanges Studium und Üben des Zenbuddhismus sowie seine ernsthafte Erforschung transzendentaler Erfahrungen mit LSD hatten ihm zu einem spirituellen Verständnis verholfen, das alles übertraf, was ich bis dahin kennengelernt hatte. Andrerseits geleitete ihn meine emotionale Offenheit zu einer für ihn neuen Gefühlstiefe. Gemeinsam haben wir uns gegenseitig weitergebracht – und bringen einander heute noch weiter.

Donovan und ich heirateten 1970 und zogen nach Virginia aufs Land, um dort Encounter- und Bioenergetik-Gruppen zu leiten. Wir kauften Land und

14

gründeten ein Wachstumszentrum, das schließlich zum Sevenoaks Pathwork Center wurde, in dem wir heute noch wohnen und arbeiten.

Während einer Bioenergetik-Ausbildung bei Dr. Alexander Lowen und Dr. John Pierrakos lernte ich im Sommer 1972 Eva Pierrakos kennen. Ich wußte sofort, daß sie meine spirituelle Lehrerin werden sollte.

Wie merkt man so etwas? Alles an ihr zog mich an. Sie war als Jüdin in Österreich zur Welt gekommen und mußte im Zweiten Weltkrieg nach Zürich fliehen. Sie war schön und erdnah, aber auch auf einer tiefinneren spirituellen Suche. Vor allem war sie ein »Kanal« für eine geistige Wesenheit und hatte mit dieser Arbeit begonnen, als ich mich noch im Gymnasium quälte.

Wenn ich zu Evas GUIDE-Lesungen ging, war ich spirituell elektrisiert – die unglaublichste Spannung verbunden mit tiefster Ruhe. Ich war nie lebendiger und von Gottes[2] Gegenwart erfüllter gewesen. Eva war lebendig, strahlend, lebenslustig und dennoch gelassener als alle, die ich je kennengelernt hatte. Sie schien tatsächlich die Antworten auf Fragen, die sich in mir erst zu bilden begannen, zu kennen und zu leben.

Als ich Eva begegnete, hatte ich das Gefühl, als treibe ich auf einem Floß, das langsam in der Mitte auseinanderbrach. Die eine Hälfte des Floßes war die Beschäftigung mit meiner eigenen Therapie; die andere Hälfte war meine ebenso intensive Beschäftigung mit dem Zenbuddhismus. Die erste ließ mein spirituelles Potential außer acht; die zweite kümmerte sich nicht um meine Persönlichkeit. Ich wußte, daß beide nur Teilwahrheiten für mich darstellten und hatte keine Lösung dafür gefunden.

Als ich Eva kennenlernte und mich mit den Pfadlesungen beschäftigte, fand ich darin die Auflösung der philosophischen Widersprüche zwischen westlicher Psychologie und östlicher Mystik, nach der sich meine Seele gesehnt hatte. Hier konnte ich meiner Beschäftigung mit dem Bösen und dem Tod nachgehen, meine Sexualität mit meiner Spiritualität vereinbaren und mein äußeres Tun mit meiner inneren Stille verbinden. Ich konnte die Einheit anstreben, indem ich die Gegensätze in mir akzeptierte, und Freiheit gewinnen, indem ich meine Abwehrmechanismen gründlich kennenlernte. Mein inneres Floß wurde langsam wieder ganz.

[2] Ich verwende das Wort »Gott« für den »Seinsgrund«, die »höhere Macht«, die »Lebenskraft«, den »Großen Geist« oder jede andere Bezeichnung, die man dem unnennbaren Geheimnis im Kern allen Seins geben will.

15

In der Nähe von Eva zu sein war nicht immer einfach. Sie war fordernd und autoritär, liebte Freuden und war sexy. Diese Seiten ihres Wesens waren eine Bedrohung und Herausforderung für mich. Häufig kam ich nach mehreren Stunden tiefer Meditation im New Yorker Zen-Zentrum zu einer Sitzung mit Eva, und sie begrüßte mich mit der Frage: »Und wie geht es dem Sex mit Donovan?« Das war ein Thema, über das ich gerade dann am wenigsten sprechen wollte! Sie war überzeugt davon, daß mein spiritueller Weg viel mit der tieferen Hingabe an meinen Mann zu tun hatte. Langsam fing auch ich an, das zu glauben.

In einer größeren Ehekrise zeigte sie mir, wie ich Donovan zu beherrschen suchte, und zwang mich, nach innen zu schauen, um dort meine Abhängigkeit und Zurückhaltung als Ursache meines Unglücklichseins zu erkennen. Ich mußte mich von der Schuldzuweisung zur Selbstverantwortung bewegen. Das war nicht das einzige Mal, daß Eva und der Pfad mir etwas sagten, was ich nicht hören wollte, aber es war genau das, was ich brauchte.

Ich liebte Eva aus ganzem Herzen. Keine Erwachsenenbeziehung außer der zu meinem Mann Donovan hat mich so tief berührt oder verändert. Sie war sieben Jahre lang mein Vorbild, meine Helferin und Lehrerin, bis sie 1979 an Krebs starb. Aber meine Beziehung zu ihr blieb zeit ihres Lebens die abgöttische Liebe eines Kindes. Eva war meine geistige Mutter, die weise, großzügige Frau, die ich so gebraucht hatte, um mir beim Bewältigen meiner Gefühlsleere zu helfen und Fragen zu beantworten, die mich seit frühester Kindheit gefangengenommen hatten. Die Gemeinschaft, die sich um sie und ihren Mann John Pierrakos gebildet hatte, wurde zur engen, gefühlsehrlichen Familie, die ich nie gehabt hatte.

Da ich aber weder mit Eva noch der Gemeinschaft erwachsen geworden war, war ihr Tod für mich vernichtend und brachte mich auf einen anderen, noch tieferen spirituellen Weg. Nach einer kurzen Zeit der Verdrängung machten sich tiefe Trauer und Orientierungslosigkeit in unseren Pfadgemeinschaften breit. Die Mitgliederzahlen nahmen ab, und eine finanzielle Krise drohte. Die frühen 80er Jahre waren eine erschreckende, deprimierende Zeit für mich.

Das Bild durch die rosafarbene Brille, das ich von Eva hatte, fing an zu verblassen. Ich mußte schimpfen, wüten und den Verlust meiner idealisierten spirituellen Mutter betrauern. Es gefiel mir überhaupt nicht, daß ich jetzt für mich und mein spirituelles Wachstum selbst verantwortlich sein mußte. Eine Zeitlang wollte ich lieber sterben, als spirituell zu wachsen, und war tatsächlich einige Jahre lang fast krank vor Verzweiflung.

16

Damals trieb ich spirituell wieder im Leeren, da ich den Pfad in einer verwirrenden, aber notwendigen Kapitulation fallenlassen mußte. Manchmal fürchtete ich mich zu Tode, in Sinnlosigkeit zu ertrinken, aber ich war ebenso fest entschlossen, meine Integrität nicht dadurch aufs Spiel zu setzen, daß ich an einem untauglichen Untersatz festhielt. Ich stellte fest, daß die Übung, loszulassen und mich treiben zu lassen, meine neue spirituelle Disziplin wurde. Jetzt befand ich mich ohne jedes Floß auf hoher See und ließ meine Illusionen wie nutzlose Holzbretter fahren. Ab und zu trieb ein Balken meiner früheren Überzeugungen vorbei, und ich ruhte mich etwas darauf aus. Trotz meiner Verwirrung über den Pfad war mir die Konfrontation mit mir inzwischen so zur zweiten Natur geworden, daß ich im Sinne des Pfades weiterhin an mir arbeitete.

Seit Evas Tod entdeckte ich allmählich einen tiefen Glauben, der aus meinem Inneren stammte und den Lehren des GUIDE erstaunlich gleicht. Ich habe den Pfad für mich von innen nach außen neu aufgebaut. Je mehr ich mir andere spirituelle Überzeugungen und Übungen ansah, desto stärker war ich von der grundlegenden Wahrheit und Tiefe des Pfades überzeugt.

Inzwischen sehe ich Eva als einen realen Menschen mit großen spirituellen Gaben, die sie dank ihrer Hingabe und Ausdauer als Kanal und spirituelle Helferin entwickelte und die darin gipfelten, daß sie die Pfadarbeit begründete, die so vielen geholfen hat und noch vielen helfen wird. Als mein Idol sich auflöste, blieb ein außergewöhnlicher Mensch übrig.

Die Entstehung des Buches spiegelt den spirituellen Weg wider, den ich die letzten zwölf Jahre gegangen bin. Zuerst begann ich als Evas ehrfürchtige Schülerin, ein Manuskript zu überarbeiten, das sie 1965 unter dem Titel *The Undefended Self* geschrieben hatte. Doch dann brach meine Pfadwelt zusammen, und ich wußte weder, ob ich ein Zuhause oder eine Arbeit haben würde und noch viel weniger, ob ich ein Buch würde schreiben können. Schließlich erstellte ich meine eigene Zusammenfassung der Lesungen, ebenfalls unter dem Titel *The Undefended Self*, die vor allem in Pfadzentren und von mit der Pfadarbeit vertrauten Trainern verwendet werden sollte. Dieses Buch ist eine überarbeitete Fassung davon und richtet sich an einen größeren Kreis von Therapeuten, Heilern und allen, die sich für den lebendigen Pfad der psychologischen und spirituellen Selbsterforschung interessieren. In Übereinstimmung mit dem Titel teile ich mein eigenes Selbst in drei Berichten zu Kapitelbeginn mit.

17

Dieses Buch ist mein Dankgeschenk an Eva. Es ist auch mein Abschiedsgruß an sie, wenn auch nicht an ihr Erbe. Mit dieser Gabe und diesem Abschied überlasse ich mich einmal mehr dem Treiben, dem Nichtwissen. Ich nehme an, daß ich weiterhin von meinem offensichtlichen Bedürfnis, der Wirklichkeit (und Illusion) des Bösen und der Wirklichkeit (und Illusion) des Todes ins Auge zu schauen, getrieben werde. Ich denke noch immer über Hitler, die Lektionen über das Böse und seine Masken nach, die wir unbedingt lernen sollten, um gemeinsam auf der Welt zu überleben und zu gedeihen. Was mich auch immer auf meinem Weg erwarten mag, der innere Führer wird die Schritte meines geistigen Schicksals lenken.

Ich biete dieses Buch sowohl Ihrem Herzen wie Verstand an. Ich lade Sie ein, tief nach innen zu gehen, alles anzunehmen, was Sie dort finden, und nie mit dem Hinschauen aufzuhören. Ich teile mit Ihnen die Verpflichtung, der tiefsten Wahrheit zu folgen und den liebevollsten Weg zu gehen.

Wenn das Buch eine Saite in Ihnen zum Erklingen bringt, ist dies vielleicht ein Pfad, den Sie eingehender erkunden sollten. Wenn nicht, suchen Sie weiter, denn wir werden unaufhaltsam vom Licht unseres inneren spirituellen Ursprungs angezogen, so sicher und zuverlässig, wie eine Blume sich der Sonne zuwendet. Der innere Pfad zu Gott ist eine Realität. Alle Lebenserfahrungen, die wir machen, sind nicht mehr oder weniger als genau die Unterweisung, die uns hilft, zum Ursprung zu gelangen.

Segen begleite Sie auf Ihrem Weg,

Susan Thesenga
Sevenoaks Pathwork Center
Madison, Virginia

18

1. Kapitel

Die Gegensätze in uns annehmen

»Eine innere Stimme sagt euch, daß in euch und eurem Leben viel, viel mehr steckt, als ihr jetzt zu erfahren imstande seid.«

Lesung 204, *Was ist der Pfad?*[3]

Susan: Den Lebensfluß zulassen

Ich gehe an einem Januarmorgen durch den winterlichen Wald in Virginia. Braune, frostumrahmte Blätter knirschen unter meinen schwarzen Laufschuhen. Ringsum Eichen und Ulmen, einige Weißtannen, und über allem ein klarer, blauer Himmel. Ein Flecken hellgrüner kriechender Zedernefeu bedeckt den Boden. Gehe rasch in Richtung Nationalstraße gleich hinter den Bäumen. Als ich merke, wie schnell ich unterwegs bin, halte ich an, lausche. Es ist schwierig, innerlich still genug zu werden, um in diesen Winterwald ohne zwitschernde Vögel, pfeifenden Wind und scharrende Tiere hineinzuhorchen – eine Landschaft ohne Geräusche außer dem dumpfen Dröhnen der Autobahn. Aber langsam fange ich an, etwas zu hören oder eher zu spüren, einen steten, tiefen Herzschlag, der sich wie das pulsierende Leben in den Bäumen anfühlt, und ich spüre, daß meine Anwesenheit etwas stört, was besser ungestört bliebe. Ich kehre also im Eilschritt um. Wer hört diese Mitteilung? Wer ist diese Susan, die an einem frostkalten Morgen knirschend durch Wälder läuft?

Es hat mir schon immer gefallen, daß ich einen gewöhnlichen Namen habe. Das hilft mir, den Anflug von Größenwahn, der mich von Zeit zu Zeit heimsucht, nicht

---

3 Pierrakos, Eva: *Der Pfad der Wandlung.* Synthesis 1994, S. 19.

19

länger zu pflegen als eine normale Grippe. Ich habe allerdings einen geheimen Namen, bei dem nur ich mich nenne: Die-Frau-die-nach-innen-schaut. Er ist mir vor Jahren bei der Lektüre von Hyemey Storms Sieben Pfeile eingefallen, und der Name fühlt sich angemessen bescheiden an. Er erhebt keinen Anspruch darauf, meinen Kern zu erkennen wie Shanti, Ananda oder Shakti. Manchmal, wenn ich gerade in einer der dornenvollen Fallgruben aus Angst und Selbstzweifel direkt hinter dem Berg Größenwahn stecke, wünschte ich, daß mir ein heiliger Name oder ein Zaubermantra meinen göttlichen Wesenskern bestätigte. Aber dann erinnere ich mich an die Aufgabe, meine Göttlichkeit »einfach durch Susan« zu offenbaren.

Als ich mich vor Jahren noch einer Identität als Schülerin des Zenbuddhismus erfreute, äußerte ich in einer Encounter-Gruppe den Wunsch, die innere Ruhe, die ich nach langem Zazen-Sitzen erlangte, vollkommener zu offenbaren. Ich war sehr ungehalten über meinen gewöhnlich zerstreuten und aufgeregten Geisteszustand. Jemand schlug vor, ich solle mit einem Kissen reden, das mein ängstliches, unvollkommenes Selbst darstellte, und ihm klar und deutlich sagen, wie es sich zu entwickeln habe. Als ich mich auf das Kissen setzte, spürte ich den Schmerz meiner Selbstverurteilung und weinte wie das zurückgewiesene Kind, das ich auch in mir kannte. Die kritischen Eltern und das zurückgewiesene Kind, die Überlegenen und die Unterlegene. Sackgasse. Ein anderer Teilnehmer schaltete sich ein und meinte, daß vielleicht einfach Susan, wie sie sich von Augenblick zu Augenblick zeigte, der Kern des Zen war. Nichts mehr (oder weniger) war erforderlich, als daß ich meine Erfahrungen jeden Moment voll und ganz akzeptierte. Offenbarung. Einfach so. Einfach Susan.

An der Nationalstraße beginne ich mit meiner Arbeit: Unrat zu beseitigen, den die Autofahrer hinterlassen haben, seit ich das letzte Mal den Abschnitt, den die Bewohner von Sevenoaks betreuen, abgegangen bin. Ich bücke mich immer wieder, um den Abfall unserer Wegwerfgesellschaft in meinen starken orangefarbenen Plastiksack zu stecken. Papier- und Aluminiumverpackungen von McDonald's, Taco Bell und anderen; Bierbüchsen und -flaschen; die Hüllen von Zigarettenschachteln. Zwischen dem Bücken und Stopfen ist meine Aufmerksamkeit nur aufs Gehen und Atmen gerichtet, das bei jedem Ausatmen durch einen Frosthauch sichtbar wird. Nur Gehen. Nur Atmen.

Dann erinnere ich mich, wie meine zehnjährige Tochter Pamela mir erzählt hatte, zwei Kinder hätten vor den Weihnachtsferien auf dem Schulhof an Schokoladezigaretten gezogen und Frosthauch ausgeatmet. Sie haben tatsächlich einen Lehrer

20

zum Narren gehalten, der glaubte, es seien echte Zigaretten gewesen. Kinder und Schokoladezigaretten. Ich habe noch immer den süßen Geschmack aus meiner eigenen Kindheit im Mund, als auch ich an der Schokolade sog und kalte Morgenluft ausstieß. Seither hat sich nichts geändert, obwohl meine Tochter und mich 42 Jahre trennen. Nur hätte ich es nicht gewagt, den Lehrer an der Nase herumzuführen. Ich war ein ängstliches, zugeknöpftes und superbraves Kind.

Direkt unter der Bewußtseinsoberfläche nehme ich einen leichten Druck wahr. Was ist das? Aha, eine kleine moralische Überlegenheit will sich bemerkbar machen, während ich so gehe, Gutes tue und den Abfall meiner Nachbarn auflese. Weshalb dieser Druck, Gutes zu tun? Gutes tun, damit ich besonders bin? Wozu? Um meine Existenz irgendwie zu rechtfertigen, weil einfach ich zu sein nicht genügt? Ich erinnere mich an meinen überkritischen und übergenauen Vater, und wie ich mir alle Mühe gab, ihm zu gefallen. Trotzdem glaubte ich nie, es wirklich zu tun, jedenfalls nicht genug, um das Gefühl zu haben, ich sei etwas wert. Ich gab mir solche Mühe, alle äußeren Bedingungen für seine Zustimmung zu erfüllen. Natürlich stellte sich jene Sicherheit und jenes Selbstwertgefühl nie ein, jenes nicht genau zu bestimmende Gefühl, das wir uns alle von den Eltern wünschen und das sie, wie wir fälschlicherweise glauben, durch Zauberei vermitteln sollen. Heute weiß ich, daß es keine Muttis und Papis mehr gibt. Ist dieser Beweiszwang, wie gut ich bin, nicht endlich vorbei? Kann ich mich aus der Schlinge ziehen? Kann ich diese Straße entlanggehen, weil ich dieser Straße folge, weder um etwas Gutes zu tun noch um die Welt zu verbessern, sondern einfach, weil an der Straße gehen und Abfall auflesen gerade geschieht?

Ein Auto fährt vorbei, und ich winke meiner Nachbarin und neuen Freundin zu. Eine Schwarze oder neuerdings Afroamerikanerin? Ich nenne mich auch nicht Schottischamerikanerin, obwohl meine Familie sehr wahrscheinlich später als ihre nach Amerika gekommen ist. Unter Schwarzamerikanern ist die Suche nach einer kulturellen Selbstbestimmung so unendlich dringend und voller Rassenschmerz. Die neue Wortwahl spiegelt die ständige Suche nach einer würdigen Identität wider. Wie sehr bin ich durch meine weiße Haut bestimmt? Innerlich fühle ich mich wie ein multikulturelles, regenbogenfarbenes, zweigeschlechtliches Wesen. Dennoch bin ich mir bewußt, daß meine Wahrnehmung begrenzt ist, weil meine äußere Identität diejenige einer weißen Frau mittleren Alters ist. Kann ich die Idee eines festgesetzten Selbst fallenlassen?

Meine Wahrnehmung kehrt zum Einfachen zurück, nimmt äußerlich schwarze Laufschuhe wahr, die die ansteigende grauschwarze Straße hochlaufen, und innerlich

21

den Atem, jetzt ist es eher ein Keuchen. Auf langen gelben Grasbüscheln am Straßenrand glitzert der Reif in der Sonne. Licht, das durch Eishüllen dringt und tausend winzige Regenbogen aufleuchten läßt. Wenn die Sonne auf Wasser fällt, egal, ob auf einen Regentropfen, Tau oder Reif, berührt es mich immer tief. Ich halte mit weichen Knien an und verspüre die gleiche Schwingung in meinem Körper, die den Reif durchzieht. Mein Gesichtsfeld verschwimmt, Energie pulsiert meine Beine hoch, fängt an, mein durch die Haut bestimmtes Selbstgefühl aufzulösen und mich auszudehnen, um die Schönheit dieses Frostaugenblicks einzufangen. Ehrfurcht erfüllt den Raum, der bis vor einem Augenblick noch durch Laufschuhe und Stirnband begrenzt war. Gefrorenes Wasser spiegelt das Sonnenlicht und wird zum Gnadengeschenk der Schöpfung. Mit diesem Geschenk wird das Gewöhnliche außergewöhnlich.

Zurück zur geschärften Aufmerksamkeit, zum Abfall zwischen den reifüberzogenen Gräsern, eine Kaffeetasse aus Styropor mit der Aufschrift »Wir halten Sie auf Touren«. Das Geräusch der Autobahn, das Leben auf Touren rückt näher. Ein verächtliches Aufzucken gegen die Touren und Abfallwegwerfer. Dabei ist es gar nicht schwer, meine Aufmerksamkeit ein wenig zu verschieben und mich an Zeiten zu erinnern, als Langsamerwerden Angst machte und man sich nur in einem Auto sicher fühlte, das weg- oder irgendwohin fuhr, zu was auch immer. Alles außerhalb des Wagens sollte »anders« sein, besonders der Boden. Dabei spielte er keine Rolle, weil er nur ein Ort war, der unsere Abfälle aufnahm. Wenn ich die Winkel in mir erreiche, wo die Grausamkeit wohnt, finde ich dort bestimmt auch das Gewissen des Abfallwegwerfenden. Auch das ist in mir.

Ein stechender Schmerz durchzuckt mein Herz, als mir Pamela einfällt. Wie sie es manchmal tut, wenn wir gerade nicht miteinander auskommen oder sie ihre Getrenntheit behaupten muß, war Pamela gestern nachmittag »von zu Hause fortgelaufen« und hatte ihren Koffer in ein anderes Haus auf dem Grundstück von Sevenoaks getragen. Wie meistens rief sie mich eine halbe Stunde später an und bat mich, sie abzuholen, und ich gab zur Antwort: »Nein. Jemand, der groß genug ist, um von zu Hause wegzulaufen, ist auch groß genug, um nach Hause zurückzulaufen.« Sie war dann ohne den Koffer gekommen. Später gab ich nach und fuhr ihn mit ihr holen. Dabei dachte ich die ganze Zeit, daß ich wahrscheinlich einen Fehler machte, wenn ich sie bei ihrer mutwilligen Manipulation unterstützte.

Sobald wir im Auto saßen, sagte Pamela: »Ich liebe dich, Mama.« Ich antwortete zynisch: »Du meinst, du bist froh, daß ich dir diesen Gefallen erweise?« Sie antwortete,

22

anscheinend ohne verletzt zu sein: »Nein, ich dachte bloß, du solltest wissen, daß ich dich liebe.« »Oh«, und als ich begriff, was sie gesagt hatte, antwortete ich wahrheitsgetreu, »im Augenblick fühle ich mich nicht gerade liebenswert.« »Ich weiß, darum habe ich dir gesagt, daß ich dich liebe.« »Danke.« Ich wurde langsamer, aber nur eine Sekunde lang, und fragte sie gleich, weshalb sie in einer so miesen Laune von der Geburtstagsparty und Übernachtung bei ihrer Freundin Sonja heimgekommen sei. Sie erklärte, sie werde wütend auf mich, wenn sie sehe, wie ihre Freundin ihre Mutter bitten könne, die Mädchen alleinzulassen. »Wieso läßt du mich und meine Freundinnen nicht einfach in Ruhe, wenn sie bei mir übernachten? Wieso sagst du uns, wann wir ins Bett sollen, und läßt uns nicht gehen, wenn wir wollen?« Immer noch in Abwehrhaltung schnauzte ich sie an: »Weil du dich immer noch unreifer als Sonja aufführst, wenn du Freundinnen zu Besuch hast.« Kaum hatte ich das gesagt, langweilten und betrübten diese Worte sogar mich. Pam antwortete nur traurig: »Das sagst du immer.« Ende des Gesprächs.

Erst jetzt hörte ich die verkrampfte Gehässigkeit in meiner Stimme, und es tat mir leid, daß ich mir die Gelegenheit hatte entgehen lassen, über unser beidseitiges Bedürfnis nach Grenzverschiebungen zu sprechen. Da ich heute früh in einem Buch über Kindesmißhandlung von Alice Miller geblättert hatte, war mir allzu deutlich bewußt, wie leicht man in eine unbewußte elterliche Überlegenheit rutscht, anstatt die Tatsache zu akzeptieren, die ein Kind auszudrücken versucht. Pamela weiß nämlich, daß sich etwas zwischen uns verändern muß, und es wäre gut, zu überlegen, wie wir gemeinsam die Dinge verbessern könnten. Es ist mir nie eingefallen, daß sie etwas anderes als der unterlegene Partner bei einem Gespräch sein könnte. Vielleicht habe ich heute abend noch einmal eine Chance, vielleicht nicht. Der Augenblick ist vorbei. Ein Stich der Trauer und eine juckende Selbstmißbilligung verheddern sich in meinem Herzen, während ich meinen Laufschritt beibehalte. Großer Seufzer.

Jetzt bin ich wieder beim Briefkasten von Sevenoaks, wo ich meinen orangefarbenen Abfallsack deponiere, damit die Müllabfuhr ihn später holt. Ich kann unbeschwert nach Hause zurückgehen, den Waldboden spüren, der inzwischen vom geschmolzenen Reif feucht und schwammig ist und stark nach verrottenden Blättern riecht – einer meiner Lieblingsgerüche. Als ich meine orangefarbene Last ablege, frage ich mich, wie viele innere Lasten ich mit jedem Atemzug, jedem Schritt nach Hause ablegen kann? So viel und nicht mehr. Schließlich bin ich einfach nur Susan.

Wer bin ich?

An der Straße frage ich mich: »Wer bin ich?« Ich fühle mich wie ein Natur-
mystiker, der sich auf ein Wesen in den Wäldern einstimmt. Ich finde auch ein
ängstliches Kind, das immer noch seinem Vater gefallen möchte. Ich gebe zu, daß
ich einen beurteilenden Ichverstand habe, der Kritik an Abfallwegwerfern und
unserer Konsumgesellschaft auf Touren übt, aber ich entdecke auch das Bewußtsein des Abfallwegwerfenden in mir. Wenn ich meiner afroamerikanischen
Freundin zuwinke, bin ich mir sowohl meiner weißen Haut wie meiner vielfar-
bigen Seele bewußt. Ich bin eine nachdenkliche Mutter, die traurig über den
gedankenlosen Austausch mit ihrer Tochter ist. Und dann bin ich in einem gna-
denvollen Augenblick gar nichts, nur einfach Raum, durch den Ehrfurcht in
Harmonie mit reifüberzogenen Gräsern fließt.

Welches ist die wahre Susan? Dieser ehrfurchtsvolle Moment, in dem es keine
unterteilte Susan mehr gibt, sondern nur noch das saumlose Lebensgewebe, in das
mein Bewußtsein eingewoben ist? Oder bin ich der beurteilende Ichverstand
voll Verachtung und Kritik gegenüber anderen Benutzern dieser Straße? Sicherlich bin ich beides. Frosthauch und Erinnerungen an Schokoladezigaretten
durchströmen mich in einer liebevollen Verbindung mit meiner Tochter. Dabei
erinnere ich mich Augenblicke später an eine Susan, die sich in elterliche Kontrolle verloren hat. Bin ich eine gute oder eine schlechte Mutter? Sicherlich bin
ich beides. Beschränkt mich meine äußere Identität als weiße amerikanische
Frau, oder bin ich eine Seele, deren Erfahrungen über dieses spezifische Äußere
hinausgeht? Sicherlich beides.

Jedesmal, wenn ich mich der Frage »Wer bin ich?« stelle, ist die Antwort notgedrungen unvollkommen und beschränkt. Selbst wenn ich in einem offenen
Raum bin und mich mit dem ganzen Leben verbunden fühle, geht auch das vorbei, und ich empfinde mich wieder als abgetrenntes Fragment, den Beweis meines
unvermeidlich mangelhaften menschlichen Wesens. Der mir zugängliche ewig
sich wandelnde Fluß der inneren Erfahrungen friert in dem Augenblick ein, in
dem ich manche davon (in der Regel nur diejenigen, die ich mag) als »ich«, die
anderen als »nicht ich« etikettiere.

Alle spirituellen und psychologischen Wege versuchen, eine Antwort auf die
Frage »Wer bin ich?« zu liefern. Verschiedene Wege konzentrieren sich auf unter-
schiedliche Bewußtseinsebenen. Die psychologische Arbeit hilft uns, das innere
Kind zu integrieren und das positive Ich zu stärken. Manche spirituelle Übungen

24

fördern die Intuition und das Erschließen schamanischer und transpersonaler Bereiche. Andere meditative Übungen fördern die Fähigkeit, das abgetrennte Ich aus dem Weg zu räumen und die angeborene Harmonie mit dem Leben unmittelbar zu empfinden.

Jede innere Arbeit, die unsere Erfahrung vertieft und das Verständnis der Frage »Wer bin ich« fördert, ist gültig. Anstrengungen, uns auf eine einzige Antwort zu verpflichten, dienen dem menschlichen Entwicklungsweg dagegen nicht. Wenn man uns sagt, »wir sind alle schreckliche Sünder«, schrumpfen wir zu einer dunklen, beschränkten Identität, die auf Selbstablehnung basiert. Hören wir hingegen: »Eigentlich sind wir verkleidete Engel«, überwinden wir möglicherweise die Dunkelheit in uns. Sicherlich sind wir beides: Sünder und Engel und noch einiges mehr.

Es ist außerordentlich schwierig, sich die vielen Widersprüche des Menschseins ständig vor Augen zu halten. Immer wieder fallen wir der Versuchung anheim, Erfahrungen allzusehr zu vereinfachen. Sehen wir unsere Fehler, verlieren wir unsere Größe aus den Augen. Anerkennen wir unsere Schönheit, vergessen wir unseren Schmerz und unsere Verletzlichkeit. Dabei markieren beide Extreme das weite Feld menschlicher Erfahrung, die wahre Natur menschlicher und geistiger Wesen.

Der Mensch hat eine unglaubliche und nie dagewesene Fähigkeit entwickelt, Fragen zu seiner Existenz zu stellen. Dennoch versuchen wir als Gattung ständig, unsere Komplexität zu definieren und damit einzuengen. Der Verstand wird durch die dualistische Illusion begrenzt, wir seien entweder dies oder das. Wir erfassen uns und andere in dualen Begriffen, die der Verstand strukturiert hat. Wir bezeichnen uns und andere entweder als glücklich oder unglücklich, geistig gesund oder wahnsinnig, vertrauenswürdig oder nicht. Wir haben bestimmte Antworten über uns parat, die eine gesicherte und feststehende Identität gewähren.

Wir sind alle wie Kinder, die ein Stück von Shakespeare anschauen. Bekommen wir Angst, weil König Lear auf dem stürmischen Moor anfängt zu wüten, wollen wir unbedingt wissen: »Ist er ein guter oder ein schlechter Kerl?« Als könne die Antwort auf diese Frage ein für allemal die Angst im Kern unseres komplexen Wesens, das sowohl gut wie schlecht ist, beschwichtigen. Wir sollten unseren unreifen, dualistisch angelegten Verstand nach und nach dazu erziehen, die Ganzheit der menschlichen Erfahrung anzunehmen, das gegensätzliche

Denken in »entweder/oder« zu überwinden und die Weisheit des »sowohl/als auch« zuzulassen. Das ist für uns der nächste Quantensprung in der Entwicklung.

Im sozialen Bereich muß die Entweder-Oder-Mentalität in Frage gestellt werden. Sie hat zu Kriegen und einer kriegerischen Mentalität geführt, in der die Beziehungen zu den Mitmenschen auf die einfältige Betrachtungsweise reduziert werden, andere als Verbündete oder Feinde zu sehen. Die Einstellung »ich gegen andere« ist auch das Hauptproblem bei der ökologischen Ausbeutung, die zu einer Weltkrise geführt hat. Der Mensch betrachtet sich von der Erde getrennt, aber nur in Harmonie mit diesem Planeten können wir und die kommenden Generationen gedeihen. Wir müssen verstehen, daß das Wohlergehen als einzelne und als Gattung von der aufrichtigen Achtung für alle anderen Menschen und alle anderen nichtmenschlichen Gattungen und Lebensarten abhängt, mit denen wir uns die Welt teilen.

Solch ein erweitertes Verständnis des Miteinanderverwobenseins beginnt damit, daß wir die Tatsache unseres eigenen komplexen Wesens eingestehen. Nehmen wir die negativen Eigenschaften wieder zurück, die wir auf andere projizieren, haben wir weniger Feinde. Erlauben wir uns, die eigenen Grenzen auszudehnen, um eine Identität mit anderen und der Natur zu bilden, leben wir harmonischer. »Liebe deinen Nächsten wie dich selbst« ist nicht so sehr ein moralischer Aufruf als eine Einladung, das Leben so zu sehen, wie es wirklich ist. Erweitern wir unsere Selbstwahrnehmung, um unsere Nächsten darin aufzunehmen, erkennen wir, daß den Nächsten zu lieben uns selbst lieben heißt und umgekehrt. Liebe ist eine Erfahrung, bei der sich die Grenzen scheinbarer Eigeninteressen ausdehnen und immer mehr von dem erfassen, was zuvor außerhalb von uns als »anders« gesehen wurde. Umgekehrt wird es einfach, unsere Umgebung zu lieben, wenn wir lernen, jede Art von Selbst in uns zu lieben.

Die Erweiterung unseres Selbstverständnisses beginnt damit, daß wir uns gegenüber äußerst ehrlich werden, insbesondere was die eigenen Fehler und negativen Seiten betrifft.

Die Mängel des menschlichen Wesens akzeptieren

Mensch zu sein heißt fehlerhaft und unvollkommen zu sein. Wir machen alle Fehler, verletzen ab und zu gerade die Menschen, die uns am nächsten stehen, und führen uns manchmal sehr schlecht auf. Dennoch scheinen wir diese Tatsache nur äußerst schwer akzeptieren zu können.

Wenn mir klar wird, daß ich meine Tochter bei einem achtlosen Wortwechsel verletzt habe, zucke ich innerlich zusammen, als wollte ich den Schmerz abwehren, der unvermeidlich mit der Einsicht über mein Tun einhergeht. Noch widerwilliger nehmen wir Äußerungen über Fehler auf, wenn sie von anderen kommen. Sofort nehmen wir eine Abwehrhaltung ein, als würden wir körperlich angegriffen. Wir haben die Flucht-oder-Kampf-Strategie, die bei körperlicher Bedrohung angemessen ist, auf den Schutz unseres idealisierten Selbstbildes übertragen, bei dem wir recht haben und gut dastehen müssen. Wir schaudern davor, uns Fehler und Mängel anzusehen, weil sie schmerzlich zu dem gehören, was wir sind. Erst wenn ich die Zügel meines Perfektionismus lockere, spüre ich die Traurigkeit darüber, meiner Tochter etwas Verletzendes angetan zu haben. Ich atme tief durch, entkrampfe meine automatische Abwehrhaltung und spüre einfach den Schmerz. Erst dann kann ich Vergebung erleben und gelange zu einer besseren Selbstakzeptanz.

Verdrängen wir unsere Fehler und unsere Selbstsucht, sind wir gezwungen, besser dazustehen, als wir sind, und die Schuld für unsere Schwierigkeiten anderswo abzuladen. »Es ist nicht meine Schuld«, schreit das Kind in uns sofort, wenn wir mit eigenen Fehlern konfrontiert werden. Geschieht etwas Unangenehmes, reagieren wir innerlich wie das kleine Kind, das seine Mutter rufen hört, nachdem ein Erdbeben das Haus ins Wanken gebracht hat. Seine erste Reaktion ist: »Ich war's nicht, Mutti«. Das Kind in uns fürchtet, wir seien besonders schlecht, wenn wir zu den unvollkommenen Eigenschaften stehen, und würden die Ablehnung jener elterlichen »anderen« auf uns ziehen, die, wie wir glauben, für unser Wohlergehen verantwortlich sind.

Aus Angst vor unserem fehlerhaften Selbst basteln wir uns eine Maske, ein idealisiertes Selbst, das wir sein möchten, statt zu unserem unvollkommenen Menschenselbst zu stehen. Wir sagen alle wie aus der Pistole geschossen »gut«, wenn man uns fragt, wie es uns geht, egal, wie sehr uns die letzte Kritik des Chefs niedergeschlagen hat oder wie erfreut wir über einen Geschäftserfolg sind. Blitzschnell versichern wir uns und anderen: »Ich bin o.k., ich bin tüchtig, ich komme damit zurecht.« Als Kind war ich ein leistungsorientiertes braves Mädchen, wollte immer gescheit und tüchtig sein, um die Liebe meines Vaters zu verdienen und mir seine Zustimmung zu sichern. Diese Maske dringt auch im Erwachsenenalter durch, wenn ich mir zusehe, wie ich »etwas Gutes tue« und daher besser bin als andere.

Ob wir uns die Maske des braven Mädchens oder Jungen basteln oder diejenige des starken Mannes oder der starken Frau, des eifrigen Studenten oder selbstbewußten Lehrers, des bedürftigen Kindes oder des tüchtigen Erwachsenen, des naiven Suchers oder des weltlichen Zynikers, wir versuchen, uns mit diesen Masken nur über Fehler und Schmerz zu erheben und unsere Gewöhnlichkeit und Kleinlichkeit zu verdrängen. Wir nutzen jedesmal eine Maske, wenn wir uns liebevoller oder stärker, tüchtiger oder bedürftiger, mitfühlender oder zynischer ausgeben, als wir uns im Augenblick fühlen oder gerade motiviert sind.

Die Unterschlagung dessen, was wir im Augenblick tatsächlich empfinden, ist eine ungeheure Energieverschwendung. Dies läßt sich vermeiden, indem wir uns jeden Augenblick der Tatsache stellen, was wir gerade sind. Eine solche Selbstakzeptanz erfordert die Einsicht, daß wir die Maske brauchen. Das Bedürfnis des Kindes verlangt, eine akzeptable Person vorzuzeigen, wenn unsere Selbstachtung gerade bröckelt und gefährdet ist.

Wenn wir die Verpflichtung ernst nehmen, uns selbst und anderen gegenüber ehrlich und aufrichtig zu sein, entsteht eine verläßlichere Basis für Selbstachtung. Um viel von uns zu halten, brauchen wir nicht mehr den unrealistischen Forderungen einer tollen Maske zu entsprechen, sondern es hängt vom Mut ab, den unvollkommenen menschlichen Gegebenheiten ins Auge zu sehen. Die ganze Bandbreite des menschlichen Potentials steht uns erst offen, wenn wir das zu sein wagen, was wir in jedem Augenblick sind.

»Wenn du nicht vorgibst, mehr zu sein als du bist, wirst du es wagen, alles zu sein, was du bist.« Diese Worte, die der GUIDE mir vor Jahren gab, sind mir nach wie vor ein Leitstern.

Unser spirituelles Potential wecken

Mensch zu sein heißt auch, eine angeborene Ganzheit und Vollkommenheit in uns erleben zu können. Wir können erkennen, daß wir eins mit der Lebenskraft, mit dem Geistigen, mit Gott sind.

Als ich an der Straße Abfall sammelte, merkte ich, daß ich mich bemühte, »gut« zu sein; damit zwang ich mich unweigerlich in meine Braves-Mädchen-Maske. In dem Augenblick, in dem ich diese Vorstellung fallenließ, wurde ich leer und war in der Landschaft nicht wichtiger als die wiederkäuenden Kühe oder die glitzernden Gräser zu meinen Füßen. Jetzt war ich bereit, mit der Schönheit und Vollkommenheit des Augenblicks zu verschmelzen, die vorübergehend meine Getrenntheit aufhoben und mein Selbstgefühl so erweiterten, daß es mit allem Leben in Einklang stand.

Wir können das Einssein mit allem Sein erleben. Der Universalgeist, der alles durchdringt, offenbart sich im einzelnen Menschen. Die meisten Religionen und mystischen Traditionen besagen, daß unser wahres Wesen eine uns innewohnende Göttlichkeit sei. »Gottselbst«, »Buddhanatur« oder »Christusselbst« sind verschiedene Bezeichnungen des höheren Selbst oder der höheren Macht in jedem Menschen. Es gibt eine Ganzheit hinter der gewöhnlich fragmentierten, getrennten Selbsterfahrung.

Wir sind so viel mehr als das, was wir zu sein glauben. In jedem Augenblick, egal, ob wir uns der inneren Weite bewußt sind oder nicht, dehnen wir uns über das uns bekannte Selbst aus. Die Frage nach größerer Selbstachtung mündet daher in die Suche, was dieses »Selbst« eigentlich ist. Dabei entdecken wir würdigere und edler gesinnte Identitäten, als wir uns je hätten träumen lassen. Wir können Bewußtseinszustände erleben, in denen wir wissen, daß jeder Augenblick unseres Daseins der vollkommene Ausdruck einer unvorstellbaren Totalität ist.

Im Kern deines innersten Selbst findet ihr den ewigen Gott … [Es gibt ein inneres] Weltall, in dem alles gut ist und es nichts zu fürchten gibt. Dort bekommt ihr ein Gefühl von Ganzheit und von ewigem Leben, die Macht, zu heilen, und eine emotionale Erfüllung auf der tiefinnersten Ebene. (Lesung 200: »Das kosmische Gefühl«)[4]

Aus Angst, nur noch aus Begrenzungen zu bestehen, wehren wir uns, das unvollkommene menschliche Selbst in uns zu erkennen. Ebenso weigern wir uns, unser bequemes, fest umrissenes Selbstbild aufgeben und das angeborene göttliche Selbst in uns zu erkennen. Wir glauben, unsere beschränkte menschliche Persönlichkeit sei unsere Identität, und sträuben uns gegen die Erkenntnis, mehr zu sein. Wir bewegen uns an der Oberfläche des Lebens und fürchten uns davor, in die

---

[4] Nachfolgend wird nach einem Zitat nur noch die Nummer der Lesung angegeben. Die Überschriften sind in der vollständigen Liste der Lesungen am Ende des Buches aufgeführt.

29

Tiefen unseres Inneren zu tauchen, wo wir soviel mehr sind als das, was wir gewöhnlich erleben.

Wir haben Angst, unsere Fehler und unbewußten negativen Seiten zuzugeben, weil dieses Bewußtsein unseren Stolz und unsere Identifikation mit dem, was die Maske vortäuscht, ins Wanken bringt. Genauso fürchten wir, das unbewußt positive Selbst zu wecken, weil wir das uns bekannte Universum nicht in Frage stellen oder enttäuscht werden wollen, indem wir mehr anstreben als wir haben können. So engen Angst und Stolz die Erfahrungsgrenzen ein, und das Bewußtsein bleibt unvollkommen.

Die Realität, die ihr als Menschen und auf dieser menschlichen Ebene erlebt, ist ein verschwindend kleiner fragmentarischer Aspekt der Gesamtwirklichkeit ... Steht das Bewußtsein nicht mit der tieferen Bedeutung der Dinge in Verbindung, ist das Leben notgedrungen ein Kampf. Das trifft auf jeden Menschen zu, wenigstens bis zu einem gewissen Grad. Denn sogar für die bewußtesten und höchstentwickelten Menschen gibt es Zeiten, in denen auch sie sich im Labyrinth ihrer eigenen Unverbundenheit und ihres eigenen Unverständnisses verlieren. *(Lesung 181)*

Wir leben die meiste Zeit in einer Abwehrhaltung und errichten Mauern um das Bewußtsein, indem wir versuchen, alles »draußen zu lassen«, was uns bedroht und bei dem wir finden, es gehöre nicht zu uns. Einerseits schieben wir das Bewußtsein des einfachen fehlerhaften Menschseins mit seinen Schlechtigkeiten, häufigen Fehlern, seinem gewöhnlichen Schmerz und seiner großen Verletzlichkeit beiseite – wir verschanzen uns hinter einer Maske. Andrerseits verleugnen wir unseren tiefinnersten spirituellen Kern, der uns die Ganzheit als großartige Äußerungen des Weltalls vermittelt.

Das Selbstgefühl ausdehnen

Spirituelle Arbeit ist die Disziplin, langsam und stetig die Grenzen des Selbst zu erweitern und immer mehr in das Bewußtsein aufzunehmen, wer wir eigentlich sind. Es braucht Hingabe und Mut, das Selbstbild auszudehnen. Wollen wir wachsen, müssen wir bereit sein, die Abwehr gegen den versteckten Schmerz zu entfernen.

Harriet erforschte gerade ihren Widerstand gegen die Erweiterung ihres Selbstbildes. Sie spürte eine innere Mauer, ein starres und trotziges »nein«, sich selbst von einer anderen Seite kennenzulernen als die bekannte ungemein tüchtige Erwachsene oder umgekehrt das deprimierte, verlorene Kind. Diese beiden Selbstbilder fühlten sich vertraut an. Alles andere war unbekannt und bereitete Angst.

In einer geführten Visualisierungsübung sah sie ihren Verstand als Wache auf der grauen Steinmauer um das bekannte Territorium des Selbst stehen. Er warnte sie davor, in die gefährlichen Gebiete des Gefühls oder Geistes abzuwandern. Jedesmal, wenn sie den leisesten Wunsch nach etwas mehr Leben verspürte, befahl die Wache: »Paß auf! Das da draußen ist eine Gefahrenzone. Geh zurück in deine bekannte Burg. Du überlebst außerhalb nie!«

Harriet konnte sich an eine längst vergangene Zeit erinnern, in der sie als Kind gelebt hatte. Es war eine helle Zauberwelt, wo die Teddybären redeten und sie mit ihren glücklichen imaginären Freunden Tee trank. Damals war die Welt noch ein sicherer Ort, und Mutti und Papi waren da, um sie zu beschützen. Damals hatte sie keine Wache gebraucht.

Harriet erinnerte sich auch, wodurch diese helle, glückliche Welt sich in ein unerklärliches völliges Dunkel gewandelt hatte. Der Auslöser war der Tod von Harriets Vater gewesen, als sie sechs Jahre alt war. Nach diesem Ereignis hatte Harriets Mutter ihr inneres Gleichgewicht verloren und war gefühlsmäßig abhängig geworden. Die Sicherheit der kleinen Harriet war bedroht, und das Licht erlosch in ihrer übersinnlichen Welt. Sie hatte sich unbewußt entschieden, so rasch wie möglich aufzuwachsen, um diesen schrecklichen Verlust zu überleben. Sie unterdrückte ihre Trauer und gab sich alle Mühe, die tüchtige Erwachsene zu spielen, die ihre Mutter brauchte.

Harriet erkannte langsam, daß ihre Gefühle, auch ihr Selbstgefühl, beim Tod des Vaters eingefroren waren. Unbewußt hatte sie beschlossen, ihre Gefühlswelt einzuebnen, sie grau zu färben und in der sicheren Burg der Depression zu leben. Mit ihrer sonnigen, lebhaften Hochstimmung war sie der schrecklichen Enttäuschung zu sehr ausgesetzt. Es war besser, alle extremen Gefühle stillzulegen. Sie hatte die Mauer errichtet und die Wache als Beschützer ihrer verletzlichen Gefühle, als Hüter ihrer Abwehr, eingeladen. Diese längst vergessene Entscheidung trat nun ans Licht.

In einer Pfadsitzung sprach Harriet den Wächter wie einen Menschen an, dankte ihm, sie vor Gefühlen und Wahrnehmungen geschützt zu haben, die sie als Kind möglicherweise überwältigt hätten. Dann bat sie ihn, sie über die engen Grenzen des

31

Selbst hinausgehen zu lassen. Harriet sagte ihm, sie sei jetzt wirklich erwachsen und habe die nötige Ichstärke, sich ihrer Gefühlswelt auszusetzen.

Harriet ließ ihre Trauer- und Wutenergie zu; sie weinte und zeterte. Jetzt hatte sie den Mut, ihr fühlendes Selbst anzunehmen. Als sie sich tieferen Gefühlen öffnete, spürte Harriet, wie Helligkeit und Hoffnung sie durchfluteten. Sie nahm langsam wieder die Unschuld und Offenheit ihrer Kindheit für sich in Anspruch. Die Mauer würde sich wieder schließen, aber nie mehr so lückenlos wie zuvor. Jedesmal, wenn sie sich dem Schmerz oder der Sehnsucht öffnete, würde ihr Leben etwas weniger grau und abschreckend sein, als es einst gewesen war.

Unsere Lebenserfahrung spiegelt genau das wider, was wir im Inneren sind. Ist das Leben eingeengt und sind wir nicht erfüllt, müssen wir uns weiter in das innere Territorium wagen und das Potential für eine reichere Lebenserfahrung aufdecken. Der beste spirituelle Lehrer, den wir haben, ist stets das unmittelbare Leben.

Um das Leben zu erweitern, müssen wir bereit sein, zum Unbekannten in uns vorzustoßen.

Zuerst macht es immer Angst, über die jetzigen Ichgrenzen hinauszugehen. Neuland ist ungewohnt, fremd, unbekannt. Das Ich unterliegt der Illusion, in den engen Grenzen des bekannten Territoriums zu verbleiben sei leicht, entspannend und mühelos. Dieses Gefühl ist eine Illusion, weil die Stagnation in Wirklichkeit sehr viel Mühe erfordert. Stagnation erfordert eine Unmenge meist unbewußter Anstrengung, um den Widerstand gegen den natürlichen Wachstumsdrang der Seele aufrechtzuerhalten. (*Lesung 199*)

Die innere Sehnsucht zulassen

Der Ruf der Seele nach innerem Wachstum zeigt sich als Sehnsucht. Jeder Mensch sehnt sich nach etwas, das sein Leben befriedigender gestaltet. Dies kann ein umfassender Austausch mit einem Partner, eine sinnvolle Arbeit oder eine liebevollere Familie sein. Oder wir hegen den Wunsch nach geistiger Erfüllung, nach einer engeren Beziehung zu Gott, Christus oder der Welt. Hinter diesen konkreten Wünschen steckt eine Ahnung oder ein »Gefühl, daß es einen anderen, befriedigenderen Bewußtseinszustand und eine größere Fähigkeit, das Leben zu erfahren, geben muß«. *(Lesung 204)* [5]

Jede Sehnsucht ist letztlich dieselbe Sehnsucht: eine liebevollere Beziehung zu sich selbst, anderen, der Umgebung und Gott zu erfahren. Möglicherweise schämen wir uns dieser Sehnsucht, weil sie uns verletzlich macht wie als Kind, als unsere Wünsche unerfüllt blieben oder sogar zunichte gemacht wurden. Vielleicht haben wir auch Angst vor unserer Sehnsucht, weil sie eine Enttäuschung in sich birgt. Doch erst, wenn wir die Sehnsucht wecken und zulassen, sind wir wirklich motiviert, die innere Arbeit zu tun, um unser Leben zu entwickeln.

Die meisten Sehnsüchte lassen sich in der Sehnsucht zu lieben (sich selbst, jemand anderen, die Arbeit, die Natur oder Gott) und geliebt zu werden (von sich selbst, jemand anderem, der Umgebung oder Gott) zusammenfassen. Der erste Schritt ist immer, sich selbst lieben zu lernen und von sich selbst geliebt zu werden. Damit legen wir das Fundament zur Erfüllung aller Sehnsüchte. Wir lernen, uns mit dem Teil in uns zu verbinden, der lieben kann, und lenken diese Liebe zu den Bereichen, die sich nicht liebenswert anfühlen. Uns ganz und gar lieben und akzeptieren zu lernen ist das erste und stete Werkzeug zur Selbstheilung.

Die Sehnsucht zu lieben und geliebt zu werden führt zur Ausdehnung unserer selbst und des Lebens, das wir führen. Aber wir müssen auch bereit sein, den Preis innerer Ehrlichkeit und Selbstkonfrontation zu bezahlen und zu erkennen, wie wir uns selbst einengen. Wir lernen, wo wir gemein statt liebevoll (sowohl uns als auch anderen gegenüber) waren, wo wir uns aus Angst oder Stolz einschränken, wo wir glauben, die hilflosen Opfer zu sein und andere für unser Unglücklichsein verantwortlich machen.

Die Sehnsucht ist realistisch, wenn ihr davon ausgeht, daß der Schlüssel zur Erfüllung in euch liegt, wenn ihr die Verhaltensmuster finden wollt, die euch hindern, das Leben auf erfüllte, sinnvolle Weise zu erfahren, wenn ihr die Sehnsucht als Botschaft eures innersten Wesenskerns deutet, die euch auf einen Pfad schickt, der euch zu eurem wahren Selbst führen kann. *(Lesung 204)* [6]

---

[5] *Der Pfad der Wandlung*, S. 18.   [6] *Der Pfad der Wandlung*, S. 19.

33

Der Pfad des Selbst

Der Pfad zum wahren Selbst erfordert, daß wir die Maske ablegen lernen, unsere »niedere«, unvollkommene Menschennatur akzeptieren und unser »höheres«, vollkommenes spirituelles Wesen annehmen. Spirituelles Wachstum zielt auf ein Selbst ohne Mauern ab, das weder menschliche Fehler überdeckt noch die geistige Essenz leugnet. Es beschert uns die größtmögliche Harmonie und Zufriedenheit im Leben und bildet das solideste Fundament für wahre Selbstachtung.

Das vorliegende Buch beschreibt ein Wachstum, bei dem es gilt, alle Gegensätze und Extreme des eigenen Wesens auszuloten – Teufel und Engel, verletzliches Kind und tüchtiger Erwachsener, die Kleinlichkeit des Ich und die geistige Größe. Wir lernen die Vielfältigkeit menschlicher Identitäten und Erfahrungen anzunehmen. Wir überwinden unsere Vorbehalte, die unerwünschten wie erwünschten Seiten unseres Wesens kennenzulernen. Um das Menschsein für sich zu beanspruchen, muß man die Masken der Abwehr ablegen und die uns innewohnenden Begrenzungen und Unvollkommenheit zugeben. Um die eigene Spiritualität zu entfalten, muß man den Anspruch fallenlassen, bereits zu wissen, wer man ist, und sich den weiten, unbekannten Tiefen des eigenen Selbst öffnen.

Übungen zum ersten Kapitel

Wonach sehnen Sie sich am meisten im Leben? Schreiben Sie Ihre konkreten Sehnsüchte auf. Versuchen Sie, herauszufinden, ob sie ein tieferliegendes Bedürfnis nach einem erweiterteren und liebevolleren Bewußtseinszustand darstellen. Fassen Sie Ihre größte Sehnsucht in Worte.

Stellen Sie eine Liste von Ihren vermeintlichen Mängeln oder Fehlern auf. Bitten Sie jemand anderen, Ihnen zu sagen, was für Fehler Sie seiner Meinung nach haben, und schreiben Sie diese nieder.

Stellen Sie eine Liste mit Ihren guten Eigenschaften auf. Bitten Sie jemand anderen, Ihnen zu sagen, was Sie seiner Meinung nach für Vorzüge haben, und schreiben Sie sie auf. Beschäftigen Sie sich sowohl mit der Liste der »guten« als auch der mangelhaften Seiten und prüfen Sie, wieweit Sie beide akzeptieren können.

Beschreiben Sie einen Lebensbereich, der Ihnen Mühe macht. Vergleichen Sie diesen Bereich mit Ihrer Mängelliste. Erkennen Sie einen Zusammenhang?

Beschreiben Sie einen Lebensbereich, in dem alles glatt läuft. Vergleichen Sie diesen Bereich mit der Liste Ihrer Vorzüge. Ergibt sich ein Zusammenhang?

Bitten Sie Ihr inneres Gottselbst um Hilfe, Sie auf Ihrem Weg zu führen. Bleiben Sie einfach still sitzen und bitten Sie ganz konkret um geistige Führung. Horchen Sie auf eine innere Stimme. Wenn Sie etwas hören, schreiben Sie es auf. Bitten Sie um einen Traum als Führung auf Ihrem spirituellen Weg. Schreiben Sie alles auf, was erscheint.

Auf welche(n) Lebensbereich(e) möchten Sie die Arbeit an Ihrem Wachstum jetzt am liebsten konzentrieren? Welche Aspekte Ihres höheren Selbst sollten gefördert werden? Welche Aspekte Ihrer Maske und Ihres niederen Selbst möchten Sie besser kennenlernen?

2. Kapitel

Die Vereinigung des eigenen Selbst

»Wenn die Erforschung eurer Innenwelt zur Hauptaufgabe eures Lebens wird, verschwindet die Unruhe, und ein tiefer Sinn und eine starke Ausrichtung machen sich in eurer Seele bemerkbar.«

Lesung 208,
Die angeborene Schöpferkraft.

Maureen: Kind und Löwenbändiger integrieren

»Ich liebe meinen Mann sehr«, platzt Maureen zwischen Schluchzern heraus. »Aber seit der Geburt der Kinder fühle ich mich sexuell wenig oder gar nicht mehr zu Jim hingezogen. Es ist wie ein schrecklicher Verlust. Als wir uns kennenlernten, konnte ich die Finger nicht von ihm lassen. Jetzt empfinde ich zwar Zuneigung und mag ihn sehr, aber ich verspüre kaum mehr wirklich Lust auf ihn. Und es ist nicht nur das sexuelle Verlangen«, gesteht sie, »ich habe überhaupt nicht mehr viele Gefühle für ihn, obwohl ich weiß, daß ich ihn liebe, sehr sogar.« Maureens große braune Augen schwimmen wieder in Tränen, als sie mich und Alan, meinen Koleiter, flehend ansieht. Sie meint zum Schluß: »Ich weiß nicht, was da vor sich geht.« Dann erzählt Maureen, eine erfolgreiche, hübsche Therapeutin Mitte Dreißig, etwas über ihre irische katholische Familie. Sie war die Älteste von fünf Kindern, hatte einen herrschsüchtigen Alkoholiker zum Vater, der unter starken Stimmungsschwankungen litt, und eine verbitterte, unterwürfige Mutter, die anscheinend ständig müde war.

Wir bitten Maureen, sich einen »Vater« unter den Gruppenteilnehmern auszusuchen, und sie wählt Bob aus, dessen Vater ebenfalls Alkoholiker war. Nach ein paar

36

Hinweisen von Maureen weiß Bob, welche Rolle er zu spielen hat. Bob wankt durch den Raum – er spielt die manische Phase – und brüllt seine »Tochter« Maureen an: »Toller Tag heute. Viel verkauft heute. Is' das nicht großartig, Maurie?« Bei dieser Frage, die eher wie ein Befehl klingt, haut er sie auf den Rücken. »Nanu, wie wär's denn mit'm Lächeln? Was guckste so trüb in die Welt?« Maureen hebt zu einer Antwort an, aber der »Vater« unterbricht sie: »Komm schon, sag ›ha‹ zu mir.« Das war der Trick ihres Vaters gewesen, mit dem er seine eher düstere, ernste Tochter zum Lachen brachte. Er gebot ihr, »ha« zu sagen, worauf er mit »haha« antwortete und sie wiederum »hahaha« erwidern mußte, bis sie das obligatorische Lachen produzierte. Er hatte ihr schließlich den Spitznamen »Ha« gegeben. Diesmal versucht Maureen zu protestieren: »Hör mich doch mal an, Papi, ich will dir was über meinen Tag erzählen.« Bob springt als Vater auf und fängt an, Maureen zu kitzeln. »Komm schon Ha, was soll ich mir diese traurige Geschichte anhören. Großartiger Tag heute, wir woll'n Spaß haben.« Maureen spürt deutlich, daß sie verloren hat, und zieht sich leise weinend auf die andere Seite des Raumes zurück. Alan und ich reden ihr gut zu, ihrer Trauer freien Lauf zu lassen, aber die Tränen tröpfeln nur spärlich.

Dann spielen Bob und Maureen eine Situation, in der die Stimmung des Vaters umgeschlagen hat. Bob kommt mit düsterem Gesicht herein und bellt im Befehlston: »Pantoffeln, Maurie!« Als sie sich Zeit nimmt und mit ihm reden will, schreit er sie an: »Sofort!« Sie schleicht weg, kommt aber gleich mit den Pantoffeln und Schulaufgaben zurück, die sie ihm zeigen will. Bob winkt ab: »Nicht jetzt. Kann mir heute nichts anschauen. Schrecklicher Tag. Nichts verkauft.« Und fährt lauter fort: »Ich bin nicht in Stimmung, mich mit euch Gören abzugeben! Wenn es so weitergeht, holen wir euch alle aus dieser teuren katholischen Schule, in der eure Mutter euch unbedingt haben will. Schreckliche Zeiten für den Verkauf. Geh, sag deiner Mutter, sie soll mir vor dem Essen was zum Trinken bringen.« Wieder verzieht sich Maureen, aber diesmal ohne Tränen.

Plötzlich setzt sich Maureen gerade hin und eröffnet: »Ich kann mich an eine Situation erinnern, im Flur vor dem Schlafzimmer meiner Eltern. Er war in einer seiner schrecklichen Launen und hatte mich angeschrien, weil ich ihm nicht die richtigen Pantoffeln gebracht hatte oder so was. Dann ist er mit seinem Aperitif ins Schlafzimmer gegangen und hat die Tür zugeschlagen. Dabei hat er mir zu spüren gegeben, daß ich ihm etwas ganz Schreckliches angetan hatte. Ich bin innerlich klein geworden wie immer, wenn ich es ihm wieder einmal nicht recht gemacht hatte, und dann ist etwas gerissen. Oder hat sich verhärtet. Oder hat nachgelassen. Ich weiß noch, wie ich dachte: ›Ich werde das nie wieder zulassen, nie wieder.‹ Und so war es dann auch. Ich glaube nicht, daß ich je wieder geweint habe, bis ich im College war und Jim, meinem Mann, begegnet bin. Ich habe einfach zugemacht und nichts mehr gespürt, wenn Papi eine seiner Launen hatte.«

Alan nimmt ihre Hand in die seine und drängt sie, ihn anzusehen. Als sie aufschaut, fangen die Tränen wieder an zu fließen, und sie flüstert: »Ich glaube, ich habe bei Jim genauso zugemacht wie bei meinem Vater. Jetzt, wo Jim der Vater unserer Kinder ist, liebe ich ihn mehr als je zuvor. Er ist mir so wichtig – ich glaube, ich habe Angst, er könnte mich verletzen, mich so tief verletzen wie mein Vater.«

Alan und ich fordern Maureen auf, eine andere Wahl zu treffen als in ihrer Kindheit. Alan steht neben Bob und redet Maureen gut zu, die gesamte Bandbreite der Gefühle an ihnen auszulassen, die sie für ihren Vater empfand. Zuerst zischt sie: »Weißt du überhaupt, wie sehr du mich verletzt hast? Du hast mich völlig übergangen, du egoistischer Mistkerl. Du hast überhaupt nicht gemerkt, wer ich eigentlich war. Ich war bloß eine Requisite in deinem Theater. Du hast uns alle nie wirklich gesehen, wir waren für dich nur der Hintergrund, nur ›die Gören‹.« Sie wird lauter: »Und ich, Papi?« Jetzt zeigt sie auf sich, stampft auf und schreit: »Sieh mich an! Sieh mich an, verdammt noch mal! Du bist nicht der einzige Mensch auf der Welt. Ich bin auch jemand.« Ihre Stimme ist inzwischen zu einem hohen Piepsen geworden. Angst und Kummer haben ihr die Sicherheit genommen. Sie fällt auf dem Sofa in sich zusammen, schlingt die Arme um eine Gruppenteilnehmerin und schluchzt: »Ich bin gar nicht so sicher, daß ich auch jemand bin. Wenn er mich nicht lieben konnte, bin ich vielleicht gar nicht liebenswert.« Jetzt kommt der Kummer richtig heraus, und sie schluchzt haltlos.

Als Maureen wieder auf die Füße kommt, meine ich: »Du kannst jetzt bewußt eine neue Wahl treffen, alle deine Gefühle zuzulassen. Dein Vater kann dich nicht mehr so verletzen wie früher. Und Jim kann dir bestimmt näher sein und dich mehr lieben.« Dann frage ich leise: »Kannst du diese neue Verpflichtung eingehen?« Maureen geht in sich und antwortet ehrlich: »Nicht ganz, irgend etwas fehlt.«

Ich taste mich nach dem Fehlenden vor: »Vielleicht solltest du noch das Gegenteil des zum Opfer gewordenen Kindes erleben. Vielleicht solltest du herausfinden, wie du deinen Vater strafen oder ihn sogar zum Opfer machen möchtest. Lechzt ein Teil in dir noch immer nach Rache?« Maureens Augen leuchten zustimmend auf: »Das könnte sein!«

38

Sie bittet Bob, ihren jetzt 65jährigen alternden Vater zu spielen, dem seine Gebrechlichkeit zunehmend bewußt wird. Bob bittet Maureen, doch lieb zu ihm zu sein und ihm seine Jugendfehler zu verzeihen. »Kommt nicht in Frage!« bellt sie. »Jetzt bin ich an der Reihe, dich herumzukommandieren. Ich bin am Ruder und du tust, was ich sage.« Und sie fügt mit Nachdruck hinzu: »Ist das klar?« Bob jammert weinerlich: »Aber ich brauche dich, sei doch bitte lieb zu mir, Ha.« Mit einem scharfen »Ha« wiederholt Maureen: »Kommt nicht in Frage! Du springst jetzt, wenn ich gebiete, herumzuspringen. Geh jetzt und hol mir die Pantoffeln.« Er geht und holt sie. »Ich habe das Gefühl, als hätte ich den Löwen endlich gebändigt«, teilt sie uns allen mit, »jetzt ist er ein alter Mann, und ich habe die Macht, ihn zu verletzen.«

Alan und ich suchen nach etwas, das einer Peitsche ähnelt. Ein junger Mann zieht ein Seil aus seinem Hosenbund und gibt ihn Maureen. Wir feuern sie an, den Löwenbändiger in sich stärker herauszulassen. Sie schlägt mit dem Seil auf den Boden und schreit ihrem willfährigen »Vater« Forderungen zu. »Und jetzt lach, Papi, mach ›haha‹!«. Bob fügt sich. »Gut, jetzt mit etwas mehr Gefühl«, befiehlt Maureen und läßt das Seil mehrmals neben Bob zu Boden sausen. Sie lacht herzlos und genießt offensichtlich die Rolle des Löwenbändigers. Sie stellt weitere Forderungen, die Bob erfüllt, und faßt triumphierend zusammen: »Du tust genau das, was ich dir sage, und nichts anderes!«

Maureens Wechsel von der traurigen Opferrolle des Kindes zur Rolle des grausamen erwachsenen Übeltäters ist nun vollendet. Wir bitten sie, die negative Freude ihrer neuen Rolle zu spüren, und sie hat keine Mühe, die Befriedigung auszukosten, die aus der Macht erwächst, den Vater herumzukommandieren und ihn völlig unter der Knute zu haben. Sie gibt auch zu, froh zu sein, keine anderen Gefühle ihm gegenüber zu verspüren. »Kein Mitleid, nur Macht und Herrschaft«, ruft sie triumphierend aus. Sie stelzt noch ein wenig herum, läßt das Seil auf den Boden knallen und genießt ihre »süße« Rache. Einige der Teilnehmerinnen äußern, wie sie sich über Maureens Rache an ihrem Vater freuen.

Kurz danach verändert sich die Stimmung sowohl bei Maureen als auch im Raum. »Ich fühle mich ganz leer«, meint sie. »Das macht keinen Spaß. Ich fühle mich kein bißchen mehr geliebt oder liebenswert, und ich empfinde die Verbindung nicht, nach der ich mich bei meinem Vater gesehnt habe. Jetzt bin ich nur noch traurig. Über mich, über den Verlust meines Vaters und weil ich ihn jetzt so verletzen will. Traurig, weil Männer und Frauen das einander immer wieder antun. Dieses schreckliche Spiel, hin und her. Das alles fühlt sich im Augenblick sehr traurig an; was für eine Energie-verschwendung.«

Wieder fließen die Tränen, und sie geht langsam auf Alan und Bob zu. Ganz ver-letzlich steht sie vor ihnen und sagt einfach: »Es tut mir leid. Es tut mir so leid.« Alan spricht aus, was im Herzen von Maureens Vater begraben ist: »Mir auch. Mir tut es auch leid.« Maureen fällt Alan schluchzend um den Hals. Lange sitzen sie miteinander auf dem Sofa, Alan hält sie im Arm. Einige Teilnehmer haben angefangen zu weinen und sind dem Nachbarn in die Arme gefallen, um einander zu halten und zu trösten. Wir spüren alle die Trauer über unsere gemeinsamen Verluste als Mensch und den Schmerz der Rachegefühle. Nachdem Maureen schließlich aufgehört hat zu weinen, sagt sie: »Jetzt ist es vorbei. Wir brauchen das nicht mehr zu tun. Es ist so traurig, aber jetzt ist es vorbei. Ich kann mich lieben. Ich kann vergeben. Es wird etwas dauern, aber ich kann es. Nun weiß ich es.«

Nachdem Maureen die einst begrabenen Gefühle ihres verletzten inneren Kindes heraufgeholt hatte, war die Heilung noch nicht vollständig. Ein Schritt war über-sprungen worden. Sie mußte dem Gegenteil des verletzten Kindes, dem rachsüch-tigen Erwachsenen, begegnen, bevor sie den Schmerz aus der Kindheit loslassen und ihrem Vater vergeben konnte.

Die Heilung hängt gerade von dieser Vereinigung der Gegensätze ab. Der tüchtige Erwachsene tritt beiseite und läßt das Kind vor, das Schaden genommen hat. Das verletzte Opfer weicht, um den grausamen Übeltäter zu entlarven. Der spirituelle Weg läßt uns jede innere Dualität annehmen, alles aus dem Schatten holen, was wir als unannehmbar, gemein, kleinlich oder schwach versteckt haben. Nur so kann die dunkle, unentwickelte Seite ins Bewußtsein integriert werden, und die Begeisterung und Freude, die im negativen Schatten weggesperrt sind, wieder in den Topf der uns zur Verfügung stehenden Energie fließen.

Gerade weil der Menschenverstand das Leben in Gegensätzen erfährt, erleben wir sogar die Sehnsucht nach Wachstum als Wunsch, die positiven Erfahrungen zu fördern und die negativen auszuschalten. Wir wollen Gesundheit, Freude und Glück, aber keine Krankheit, Schmerz und Unglück.

Es ist auch nicht verkehrt, all das Positive, das ein Menschenleben zu bieten hat, zu wollen. Wie könnte es anders sein, wenn das menschliche Bewußtsein so angelegt ist? Dennoch entsteht ein spirituelles Problem, wenn wir das Negative oder Verletzliche in uns zu unterdrücken versuchen.

40

Daß die Ausrichtung auf die Göttlichkeit automatisch die dunkle Seite der menschlichen Natur aufhebt, ist Wunschdenken. Das ist unmöglich. Ihr könnt nicht überwinden, was ihr nicht bewußt voll und ganz erlebt habt. *(Lesung 193)*

Wir setzen die Unbewußtheit nur fort, wenn wir darum ringen, ausschließlich die positive Seite des Menschenlebens anzunehmen und die andere Hälfte leugnen oder vermeiden. Es ist eine Illusion, Erfüllung zu erhoffen, ohne zu erkennen, was dieser Erfüllung im Wege steht.

Wenn ihr nur die eine Seite eines Gegensatzpaares sucht, widersetzt ihr euch notgedrungen der anderen. Bei diesem Widerstreit ist eure Seele erregt und furchtsam, und in einer solchen Verfassung werdet ihr den ge-einten Zustand nie erlangen. So lange ihr euch der einen Seite widersetzt und euch an die andere klammert, bleibt die Selbstverwirklichung oder Befreiung – das heißt, das einende Prinzip – unerreichbar. *(Lesung 144)*

Wenn wir Liebe und Macht, Freude und schöpferische Entwicklung wollen, müs-sen wir auch bereit sein, Angst und Hilflosigkeit, Schmerz und Widersprüche zu empfinden, weil der Versuch, diese »schlechten« Zustände auszuschließen, unser Erleben so einschränkt, daß die »guten« ebenfalls unerreichbar werden. Trübt sich das Gewahrsein der einen Seite, verschließen wir uns auch dem Gegenteil. Öffnen wir uns, öffnen wir uns beidem.

Die Entstehung der Gegensätze

Gewöhnlich erfahren wir eine begrenzte und zerstückelte Realität, in der die Ausdehnung des Bewußtseins in die Grenzen von Mensch, Zeit und Ort gezwängt wird. Manchmal befreit sich das Bewußtsein vorübergehend von der Enge des dualen Verstandes und trägt uns in das größere Wissen unseres vollkommenen Seinszustandes, wo wir unser Einssein mit anderen Menschen und allen Lebewe-sen erfahren. Dann aber kehren wir in den Normalzustand des eingezwängten Teilwissens zurück, in dem das »Ich« von allem getrennt ist, was als »nicht ich« wahrgenommen wird.

Jede Geburt ist der Beginn einer getrennten Identität. Wie sehr wir uns von uns selbst, anderen Menschen und der Umgebung trennen und entfremden, ergibt sich aus den dualistischen Problemen, die wir zu lösen bekommen.

Bei der Geburt besitzt der Säugling kein Ich. »Selbst« und »Nichtselbst« werden nicht unterschieden. Trotzdem erlebt das Baby Dualität auf physischer Ebene. Manches (Hunger, nasse Windeln, Kälte, harte Hände) führt zu Unzufriedenheit oder Schmerzen. Das Baby weint. Andere Dinge (Nahrung, Trockensein, Wärme und sanfte Berührung) erzeugen Befriedigung und Lust. Das Baby gluckst zufrieden vor sich hin. Instinktiv versucht der Säugling, mehr von dem zu erleben, was sein Überleben sichert und ihm Lust bereitet. Die frühesten Erfahrungen menschlicher Dualität auf physischer Ebene prägen sich ein und bestimmen häufig, wie wir den Rest des Lebens mit Essen und Hunger, Wärme und Kälte, Sauberkeit und Unsauberkeit umgehen.

Nach und nach lernt das Kind weitere Gegensätze auf der Gefühlsebene kennen. Es merkt, daß bestimmte Verhaltensweisen und Gefühle negative oder unangenehme Folgen für seine Welt haben, die vorwiegend von seinen Eltern bestimmt wird. Aus dem physischen Instinkt wird ein gefühlsmäßiges Überleben, und immer mehr Dualitäten, »was gefühlssicher« und was »gefühlsmäßig nicht sicher« ist, entstehen bei dem Versuch, vermehrt elterliche Reaktionen hervorzurufen, die sich gut anfühlen und die unangenehmen verringern. Dabei werden die speziellen emotionalen Gegensätze, psychischen Probleme, Neurosen und Schwierigkeiten beim Ringen um das emotionale Überleben und Wohlbefinden festgelegt. Die Erfahrungen der frühesten Kindheit mit Eltern, Familie und Umgebung bestimmen unser Verhalten und unsere Gefühle, die im Gegensatz zu den »nicht guten« als »gut« eingestuft werden.

Das sich entwickelnde Kind legt sich im physischen, emotionalen und kognitiven Bereich fest und lernt, bestimmte Vorstellungen als »in Ordnung« anzunehmen, andere aber als »nicht in Ordnung« abzulehnen. Manche Vorstellungen werden nicht nur als falsch beurteilt, sondern es wird als unannehmbar betrachtet, sie überhaupt zu haben. Entsprechend werden solche Gedanken ins Unterbewußtsein verdrängt.

Das physische, Gefühls- und Verstandesselbst, dessen Erfahrungen wir auf angenehme Körperempfindungen, schöne Gefühle und Gedanken begrenzen möchten und von dem wir glauben, es ende an der Hautoberfläche, wird als getrennt von der Umgebung wahrgenommen. Alles außerhalb dieser Grenze wird

42

als »anders« und verschieden vom Selbst gesehen. Wie weit wir uns von dem »anderen« Bereich entfernt oder abgeschnitten fühlen, hängt größtenteils davon ab, wie gefährlich oder wohlwollend wir unsere Umgebung in der Kindheit empfunden haben. Setzen wir uns erst einmal mit einem getrennten Ich gleich, wird unsere Sehnsucht nach körperlichem, gefühls- und verstandesmäßigem Wohlbefinden in das Bedürfnis nach Icherhöhung und Selbstachtung eingebunden. Mit der Entwicklung eines Ich entstehen weitere dualistische Glaubenssätze über das Wünschenswerte (Icherhöhende) und Nichtwünschenswerte (Ichherabsetzende).

Beim Heranwachsen zu einem getrennten Wesen richten wir immer mehr Schranken gegen die eigene Selbsterkenntnis auf. Viele Erfahrungen unserer physischen, gefühls- und verstandesmäßigen Welt und viele Aspekte in unseren Beziehungen zu anderen haben wir als unerwünscht, ja sogar unerträglich abgestempelt. Bis wir erwachsen werden, sind diese abgelehnten Seiten tief im Unterbewußtsein begraben. Wir haben unser Selbstverständnis auf ein mehr oder weniger kleines Erfahrungsgebiet begrenzt, das wir annehmbar finden, und glauben nun, das idealisierte Bild von uns selbst zu sein.

In die Einheit hineinwachsen

Der spirituelle Weg erfordert, daß wir die Gegensätze in uns ausloten, die sich in der Kindheit zeigen und ins Erwachsenenalter übernommen werden. Es ist notwendig, den Vorgang aufzudecken und umzukehren, durch den wir uns selbst und unserer Umgebung fremd geworden sind. Wir unternehmen eine Reise von der begrenzten Identität eines idealisierten Selbstbildes zur Ausdehnung des wahren Selbst.

Auf dieser Reise wird die Sehnsucht nach der erweiterten Identität geweckt. Es entsteht der Wunsch, mit dem innersten Kern in Berührung zu kommen und jenen Ort im Innersten kennenzulernen, wo Einheit herrscht. Mit der gewöhnlichen Ichwahrnehmung sehen wir das Leben in Gegensätzen, von denen der eine angestrebt wird, der andere aber nicht.

In der Bewußtseinssphäre der Einheit gibt es keine Gegensätze, kein gut oder schlecht, kein richtig oder falsch, kein Leben oder Tod. Es gibt nur das Gute, das Richtige, nur Leben. Jedoch ist es nicht eine Form des Guten, des Richtigen, des Lebens, die nur den einen Pol der dualistischen

Gegensätze umfaßt. Sie transzendiert beide Pole und ist völlig von ihnen verschieden. Das Gute, das Richtige, das Leben, das in der einheitlichen Bewußtseinssphäre existiert, verbindet beide dualistischen Pole, so daß kein Konflikt entsteht. *(Lesung 143)*[7]

Diese tiefere Einheit erlangen wir jedoch erst, wenn wir lernen, das anzunehmen, was wir in uns ablehnen, uns also zu dem aufmachen, was wir zu vermeiden suchen. Die Einheit erreichen wir, indem wir die Dualitäten in uns annehmen.

Dorothy bat um einen Traum als Führung auf ihrem spirituellen Weg. Sie hatte sich eine gute Stellung als erfolgreiche Geschäftsfrau geschaffen und war der spirituellen Suche verpflichtet. Sie war bereit, tiefer zu gehen. Ihr Traum zeigte ihr den Weg mit einer wunderbaren Klarheit:

»Ich komme vom Keller eines Gebäudes herauf, einem engen Raum, in dem ich gewohnt habe. Ich habe eine sehr weltliche, anspruchsvolle Freundin bei mir. Das Gebäude ist viel größer, als ich es je für möglich gehalten hätte.

Mitten in diesem Haus ist ein kleiner Garten mit einem winzigen Zaun. Dort wächst eine riesige Kürbispflanze, aus deren kräftigem Zentrum sich zwölf oder mehr Ranken entwickelt haben. Am Ende jeder Ranke befindet sich eine Frucht, aber jeder Kürbis ist gespalten. Ich ahne, daß die Pflanze die Einheit und Dualität darstellt, den ganzheitlichen Kern des Lebens und die dualistische Ausdrucksform der Lebensfrüchte. Der Anblick erfüllt mich mit tiefer Gelassenheit. Die Pflanze wird von einem heiteren, alten und weisen Paar gepflegt, das ich als die ewigen Hüter der Pflanze erkenne. Ich möchte bleiben und von diesem Paar lernen, aber meine Freundin ist ungeduldig und will weitergehen. Sie sieht die Pflanze, die meine Aufmerksamkeit gefangennimmt, nicht einmal. Sie brennt darauf, das Anwesen auszukundschaften.

Ich begleite also meine Freundin, zuerst um das Haus, dann eine Treppe hinauf. Wir treten auf eine Veranda, die im Dunkeln liegt. Ein Mann begegnet uns, anscheinend der Partner meiner Begleiterin. Sie verhalten sich aber nicht wie ein Paar; jeder ist in seine eigenen narzißtischen Gedanken vertieft. Vor einigen Jahren hatte ich eine zwanghafte Beziehung zu diesem Mann, der jetzt besorgt und ängstlich auf und ab geht. Ich versuche, ihn zu beruhigen und zu trösten, doch er ist in seinem negativen Raum verloren und kann weder zu mir noch zu seiner Partnerin Verbindung aufnehmen. Ich

---

7 *Der Pfad der Wandlung*, S. 70.

44

lasse die beiden auf der dunklen Veranda herumgehen; sie reden unentwegt darüber, wie das Haus gebaut ist.

Ich kehre ins hell erleuchtete Haus zurück und schaue von der obersten Treppe ins Innere des Gebäudes. Seine Schönheit überwältigt mich. Die große Kürbispflanze steht anmutig in der Mitte, und um sie herum befinden sich Tische mit leuchtend grünen Tischdecken, an denen Leute darauf warten, bedient zu werden. Zufriedenheit erfüllt mich bei dieser Betrachtung, und ich spüre, was für ein gesunder, sanfter Ort das ist. Alle zehren sowohl von dem Raum wie von der Pflanze in seiner Mitte.

Während ich den Reichtum in mich aufnehme, spüre ich, wie ich schöner, anmutiger und gesund werde. Ich gehe hinunter, um etwas bei der Pflanze zu verweilen, und erblicke einen Mann. Wir sehen uns an, und ich erkenne meinen wahren Partner. Dieser Mann fühlt sich wie mein wirklicher Partner an, nach dem ich mich sehne, und entspricht auch meiner eigenen männlichen Seite.

Der Mann, der mein Partner werden soll, folgt mir zu meiner neuen Aufgabe, für diese Pflanze zu sorgen. Das alte weise Paar, die ewigen Hüter der Pflanze, werden es uns beibringen; sie kommen mir wie mein geeintes männlich-weibliches höheres Selbst vor. Ich werde mit meinem Partner daran arbeiten, den Leuten Nahrung zu geben. Die Gäste gehören zur Gegenseitigkeit, die zwischen mir und denjenigen besteht, denen ich diene.

Es ist mir klar, daß meine Aufgabe damit nicht zu Ende ist. Ich habe mich um das Paar zu kümmern, das draußen auf der dunklen Veranda gefangen ist und wohl die verzerrte männliche und weibliche Seite meiner Maske und auch meines niederen Selbst darstellt. Meine Maske zeigt eine kluge, weltmännische Kompetenz. Das niedere Selbst äußert sich in meiner zwanghaft raffenden Energie und dem ängstlichen Mißtrauen gegenüber anderen. Mir fehlt das Vertrauen in mein spirituelles Selbst, und deshalb achte ich darauf, daß mein kleines Ich die Kontrolle beibehält. Dabei wachsen meine Ängste ins Unermeßliche. Ich weiß, daß ich diesem Paar die spirituelle Nahrung der Pflanze bringen soll. Ich werde immer wieder in die Dunkelheit hinausgehen müssen, wo die beiden in ihrer Unwissenheit und Angst gefangen sind, bis sie eines Tages mit mir hineingehen.«

Dorothys Traum hat deutlich gezeigt, daß sie ihrem begrenzten äußerlichen Leben den Rücken kehren und in den Reichtum ihres inneren Hauses eintreten soll. Dort würde sie den durch den Kürbis symbolisierten spirituellen Kern finden – in seinem Ursprung geeint und in seiner Ausdrucksform dual. Dorothy sieht die männlich-weibliche Spaltung ihres negativen, niederen Selbst in dem zwanghaften Paar und verpflichtet sich, so lange mit ihnen zu arbeiten, bis sie nach Hause können. Sie entdeckt auch ihre wichtigste Aufgabe, die innere Pflanze unter der Führung ihres geeinten höheren Selbst zu beschauen und zu pflegen. Dazu wird sie ihren Partner kennenlernen, das heißt, ihre eigene männliche und weibliche Seite miteinander vereinen müssen. Zudem soll sie anderen dienen, die in dieses Haus der geistigen Nahrung gekommen sind.

Der Traum zeigt sehr schön auf, daß der spirituelle Pfad sowohl die Begegnung mit den eigenen Fehlern und Gegensätzen als auch die Aufgeschlossenheit gegenüber unserem ganzheitlichen Kern beinhaltet.

Wenn ihr die innere Erforschung als eure wichtigste Lebensaufgabe betreibt, verschwindet die Ruhelosigkeit, eure Seele wird von einem tiefen Sinn und starken Gefühl der Ausrichtung erfüllt. Damit verschwinden die Frustrationen des Lebens langsam, aber sicher, und an ihre Stelle tritt eine reiche Erfüllung. Ihr könnt euren Platz im Leben nur finden, wenn ihr euch auf die Gründe konzentriert, durch die ihr überhaupt zu dieser Existenzebene gekommen seid. *(Lesung 208)*

Das Ziel der spirituellen Arbeit

Wir manifestieren uns als geteilte menschliche Wesen, um diejenigen Seiten in uns zu läutern und zu vereinen, deren Verbindung zum Ganzen unterbrochen ist. Unsere Kindheitserfahrungen lassen uns bestimmte Seiten von uns abtrennen und als untragbar erscheinen. Diese abgelehnten Aspekte befinden sich nun im Unterbewußtsein und wissen nichts mehr von ihrem wahren Ursprung in Gott. Sie sind die verlorenen Schafe unserer Psyche, und wir müssen zum guten Hirten werden, der sie wieder nach Hause holt.

Das Ziel spirituellen Wachstums ist »die Wiedervereinigung jedes Stücks und Fragments des Bewußtseins, das sich je abgespalten hat«, nämlich von der ursprünglichen Einheit mit Gott. *(Lesung 193)*

Das wahre spirituelle Wachstum ist immer ein Prozeß der Vereinigung. Es erfordert stets das Überbrücken eines Grabens, die Meisterung eines Konflikts, die Auflösung eines Widerspruchs oder anscheinenden Widerspruchs.

Das ganze Leben ist ein Fortschritt, um eine größere Einheit zu erlangen und immer mehr Bereiche der Uneinigkeit abzulegen. *(Lesung 178)*

Einen spirituellen Weg zu gehen heißt nicht nur, Erfahrungen der Vereinigung zu suchen. Es geht auch darum, alle negativen Fragmente des Selbst kennenzulernen, die vom einenden Bewußtsein abgespalten wurden. Das erfordert eine innere Verpflichtung zur Selbstläuterung und das Bewußtwerden der eigenen Fehler und Begrenzungen.

Wenn ihr den begrenzten Ichzustand annehmt, tut ihr dies zu einem ganz bestimmten Zweck. Ihr kommt zum Zweck der Läuterung und Vereinigung in diesen begrenzten Zustand und manifestiert euch in diesem. *(Lesung 208)*

Die Manifestation als Mensch ermöglicht uns in bestimmter Weise auf Fehler und Unvollkommenheiten zu konzentrieren. Im einenden Bewußtseinszustand wissen wir, daß Fehler lediglich Stäubchen auf dem leuchtenden Gewand des Seins sind. Nur im Menschenleben treten die Fehler genügend stark zutage, daß wir sie erforschen und ganz und gar umwandeln können. Wir müssen uns auf die Schwierigkeiten und Begrenzungen konzentrieren, sie sozusagen in »Lebensgröße« sehen, damit sie unsere volle Aufmerksamkeit bekommen und wieder in unser totales Sein aufgenommen werden.

Wir haben uns zur Inkarnation entschlossen, um unsere Menschlichkeit durch und durch kennenzulernen. Die Transformation besteht darin, immer mehr von uns zu inkarnieren und die Bedeutung des Menschseins auszudehnen. In menschlicher Gestalt können wir sowohl unser höheres als auch niederes Wesen aktivieren.

Man kann die Fähigkeiten des größeren spirituellen oder höheren Selbst aktivieren, die Aufmerksamkeit darauf richten und für seine allgegenwärtige Stimme aufnahmebereit sein. Ebenso kann man sich auf die negativen Persönlichkeitsaspekte konzentrieren, mit denen man sich auf dem Weg der Entfaltung ebenfalls befassen muß. Dieser Pfad lehrt euch, mit allen verborgenen Schichten in Berührung zu kommen und angemessen mit ihnen umzugehen. Manche Seiten sind mehr, andere weniger entwickelt. Die entwickelteren Seiten sind in der Lage, die weniger ent-wickelten Seiten zu erforschen, sie ans Licht zu heben und sich mit ihnen zu verbinden. *(Lesung 208)*

Die entwickelten Seiten in uns nehmen die unentwickelten Seiten, die bewußt werden wollen, ins Bewußtsein auf. Jeder Mensch, und sei er noch so hochste-hend, hat menschliche Schwächen. Niemand ist vor der Blindheit und den Grenzen des Menschseins, der *Conditio humana*, geschützt. Wie aufgeklärt wir auch in bestimmten Bereichen sein mögen, manche Seiten bleiben unentwickelt, solange wir Menschen sind. Die nicht bearbeiteten Aspekte werden zur Läuterung in eine Inkarnation mitgebracht, und die spirituelle Aufgabe besteht darin, uns auf diese Bereiche zu konzentrieren und sie umzuwandeln. Häufig zeigen uns Träume, worauf wir als nächstes zu achten haben.

Ein junger Mann, der sich auf seinen inneren Weg begeben hatte, erzählte folgen-den Traum:

»Ich bin in einem großen Naturschutzpark – er ist riesig, aber eingezäunt – unter einem sehr hohen Dach. Ich merke, daß ich fliegen kann. Ich bin teils Mensch, teils ein Wesen mit mächtigen reptilartigen Flügeln, dabei aber verletzlich und voller Selbstzweifel. Ich weiß nicht, was ich tun soll, außer daß ich zum obersten Punkt des Geheges fliegen muß, um dort mein Nest zu bauen.

Dabei muß ich an einem schlafenden Biest vorbeifliegen, das aussieht wie ein Dinosaurier – ein rostfarbener Fleischkloß. Ich möchte an ihm vorbeischleichen, ohne ihn zu wecken, denn ich weiß, daß er unentwickelt, dumm und böse ist und sein Territorium verteidigt. Gleichzeitig spüre ich, daß ich mich mit ihm befassen muß, denn er schläft bestimmt nicht weiter, wenn ich ihn passiere.«

Der Träumende wird aufgefordert, sein Nest hoch oben in seinem inneren Schutzgebiet zu bauen. Aber um dorthin zu gelangen, muß er die Kraft seines pri-mitiven Selbst entfalten und das unbewußte Biest annehmen, das ihm den Weg in die Höhe verwehrt.

Genau wie im Märchen *Die Schöne und das Biest* können wir das Biest in uns nur erlösen, wenn wir es lieben und akzeptieren. Es gibt in der menschlichen Psy-che nichts, das so dunkel wäre, daß es nicht umgewandelt werden könnte, wenn es ans Licht des Bewußtseins gebracht wird. Negativität, der man im Selbst begeg-net, kann angenommen, vergeben und losgelassen werden. Die grundsätzliche

48

Lebenskraft, die in der negativen Energie liegt, kann ins Bewußtsein integriert werden und zur insgesamt zur Verfügung stehenden Energie beitragen.

Jeder zugegebene Fehler, jede entlarvte Abwehr und jeder empfundene und losgelassene Schmerz verleiht uns mächtige gedankliche und gefühlsmäßige Reserven, mit denen wir das Leben in eine neue, positive Richtung lenken können. Andrerseits bindet jede negative, unbewußt beibehaltene Einstellung, jede Abwehr, an der wir festhalten, und jeder verleugnete Schmerz die Lebensenergie und engt das Bewußtsein ein.

Die meisten Menschen vergessen oder ignorieren völlig die Tatsache, daß das Schlechteste in ihnen im wesentlichen äußerst wünschenswerte schöpferische Kraft ist ... weit wichtiger und grundlegender ist, daß das Ausschließen des unerwünschten Teils die Stagnation fortbestehen läßt, so daß Wandlung nicht stattfinden kann. (Lesung 184)[8]

Die Arbeit an unseren mangelhaftem Selbst legt gewaltige Mengen positiver Energie frei, weil letztendlich nichts in uns von der ursprünglichen Einheit getrennt ist.

Eine ältere Frau, der ihr Leben wie ein verworrenes Durcheinander neurotischer Beziehungen vorkam, hatte folgenden Traum: »Ich bin in einem klebrigen Spinnennetz gefangen, das meinen Körper umgarnt hat. Ich habe so ziemlich jede Hoffnung verloren, bis ich mich umdrehe und direkt neben mir ein anderes, formvollendetes Spinnennetz sehe, an dem glasklare Tautropfen glitzern. Dieses Netz ist atemberaubend schön; ich kann meinen Blick nicht davon abwenden. Ich sehe, daß es mit dem Netz, in dem ich gefangen bin, verbunden ist und die Fäden auch zu allen Balken des Hauses reichen, in dem ich mich befinde. Ich bin sehr erleichtert.«

Sie erwachte im Wissen, daß das, worin sie jetzt steckt, sich nicht grundsätzlich von dem unterscheidet, aus dem die allerschönsten Netze gewoben sind. Würde sie ihre neurotischen Seiten annehmen, könnte sie mehr göttliche Essenz in sich freisetzen.

---

8 Der Pfad der Wandlung, S. 169.

Krisen und spirituelle Entfaltung des Menschen

In der Entwicklung des Menschen stehen wir an einem kritischen Punkt. Die kollektive Negativität des niederen Selbst äußert sich in der selbstzerstörerischen Umweltverschmutzung und der ständigen militärischen Bedrohung. Die Sehnsucht des höheren Selbst, in Liebe und Frieden mit anderen zu leben, ist sogar im engsten Kreis nicht ohne weiteres zu erfüllen. Noch nie ist die Notwendigkeit spirituellen Wachstums so dringend gewesen. Die Evolution ruft uns klar und dringend zu dieser Aufgabe auf.

Zudem erleben wir die zunehmende Auflösung vieler Gewißheiten – in der Religion, Wirtschaft, sozialen Organisation, sogar in der Wissenschaft. Neue Paradigmen werden aufgestellt. Rasche Wechsel beschwören Krisen herauf.

Jede Krise eines einzelnen oder auf globaler Ebene ist eine Botschaft über die Dringlichkeit der spirituellen Entwicklung.

Die Krisen sind ein Versuch der Natur, durch die kosmische Gesetzmäßigkeit des Universums Wandel zu bewirken ... Krisen jeder Art versuchen, alte Strukturen, die auf falschen Schlüssen und Negativität fußen, niederzureißen. Krisen rütteln an tiefverwurzelten, verfestigten Gewohnheiten, so daß neues Wachstum möglich wird. Dies ist ein vorübergehend schmerzhafter Prozeß, aber Transformation ist ohne ihn undenkbar. *(Lesung 183)* [9]

Krisen sind also eine Hilfe, das Alte abzureißen, um Raum für Neues zu schaffen. Sie können ein Wachstumsschritt sein, wenn die Lektionen uns Verzerrungen erschließen, die der Aufmerksamkeit und Wandlung bedürfen. Begegnen wir der Negativität (oder Sünden, Neurosen, Begrenzungen oder Unwissen) in der eigenen Seele, können wir sie als Abwehrmechanismen erkennen und aufhören, Angst vor ihnen zu haben. Die inneren Negativitäten und die Stagnation, welche die Krise heraufbeschwören, sind meistens unbewußt. Der erste Schritt zur Ehrlichkeit gegenüber dem Selbst besteht darin, diese unbewußten Seiten bewußtzumachen.

Welches sind diese? Falsche Auffassungen, die dann zu zerstörerischen Gefühlen, Einstellungen und Verhaltensweisen führen, sowie Vortäuschungen und Abwehrmechanismen. *(Lesung 183)* [10]

---

[9] *Der Pfad der Wandlung*, S. 152 f.   [10] *Der Pfad der Wandlung*, S. 153.

50

Das spirituelle Wachstum erfordert, daß wir dem Negativen direkt ins Auge schauen. Wenn wir dieser inneren Betrachtung ausweichen, eskalieren die Krisen und Schwierigkeiten im äußeren Leben.

Harry war Vietnamveteran und von mittlerem Alter. In seinem Leben zeigte sich plötzlich eine lang unterdrückte Feindseligkeit gegenüber Autoritäten, die sich bei seiner Arbeit auf unangemessene Weise äußerte. Er verurteilte sich für seine heftigen Gefühle, die ihn ängstigten, und war versucht, sie zu verdrängen.

Er erzählte folgenden Traum: »*Ich bin an einem Fluß, und dann taucht diese Guruperson auf. Plötzlich wird der Fluß reißend und sieht gefährlich aus. Der Guru winkt mir, ich solle hineinspringen, aber ich sage nein. Der Guru springt selbst und schwimmt mit schönen Bewegungen etwa 100 Meter flußabwärts und winkt mir wieder, hineinzuspringen. Erneut sage ich nein. Plötzlich trocknet der Fluß aus, und das Flußbett ist voll Stecken, die sich in Schlangen verwandeln. Der Guru winkt, ich solle zwischen den Schlangen hindurchgehen. Nein! Problemlos geht der Guru durch die Schlangen und fordert mich auf, zu ihm zu kommen, und ich lehne weiterhin ab. Jetzt drehen sich die Schlangen nach mir um und verfolgen mich, da wache ich auf.*«

Harrys Deutung lautete: Ich habe mein ganzes Leben versucht, die Verantwortung für meine gewalttätigen Gefühle abzuschieben. Aber der Traum sagt mir deutlich, daß die Krise sich immer mehr zuspitzt, je mehr ich diese aufwühlenden Gefühle zu vermeiden suche. In Vietnam konnte ich meine Gewalttätigkeit mit gutem Recht ausleben. Aber jetzt muß ich sie als einen Teil anschauen, der mir nicht mehr dient. Mein höheres Selbst versucht mir zu zeigen, daß ich gefahrlos in den Fluß meiner inneren Gewalttätigkeit springen kann, und ich wehre mich ständig. Ich glaube, ich werde mich zum Sprung entscheiden und die innere Arbeit tun müssen, bevor alles noch schlimmer wird!

Nachdem Harry sich ernsthaft auf die Pfadarbeit bei mir eingelassen hatte, um seine gewalttätigen Gefühle anzunehmen, träumte er folgendes:

»*Ich schwimme in einem See, der auch zu Forschungszwecken für die Marine dient; es sind viele Fische darin. Ich sehe einen großen Fisch, den ich für einen Pfeilhecht halte, und bekomme Angst. Als ich näherkomme, verliere ich meine Angst und bin sicher, daß er mir nichts tut. Dann erblicke ich direkt vor mir einen riesengroßen Fisch mit spitzen Zähnen; er ist größer als ein Hai, aber nicht so groß wie ein Wal. Ich erschrecke und habe ziemlich Angst. Wieder merke ich, daß er mir um so weniger bedrohlich vorkommt, je mehr ich mich ihm nähere. Ich entspanne mich und sehe viele Fische, die alle um mich herumschwimmen, aber keiner beißt mich. Ich seufze vor*

Erleichterung auf und tauche tiefer. Unter Wasser stelle ich fest, daß ich den Atem viel länger anhalten kann, als ich dachte. Ich komme am anderen Seeufer an und gehe in eine Art Labor, wo mir eine Frau hilft, wieder normal zu atmen.«

In der Prozeßarbeit mit mir nimmt Harry seine innere Gewalttätigkeit an, taucht tief in sein Unterbewußtsein und lernt mit dem zu schwimmen, was er dort vorfindet.

Die Anziehungskraft der Evolution

Spirituelles Wachstum – die Integration all unserer unharmonischen Seiten – ist nicht einfach nur eine momentane Notwendigkeit. Spirituelles Wachstum ist der Sinn und Zweck des Menschenlebens. Die Aufgabe, spirituell zu wachsen, verbindet die Menschheit mit dem gesamten Leben auf der Erde. Der kosmische Geist manifestiert sich dabei in immer komplexeren und selbstbewußteren Formen.

Die *Conditio humana* ist eine beschleunigte Evolution, ein ewiges »Werden«. Im Gegensatz dazu ist der Zustand der nichtmenschlichen Natur ein einfaches »Sein«, in dem die Kräfte der Evolution sich langsam bewegen und das Stadium der Selbstbewußtheit oder des freien Willens noch nicht erlangt haben. Jenseits des gewöhnlichen menschlichen Bewußtseins befinden sich reingeistige Wesen, die sich über die Dualität des Menschseins hinaus entwickelt haben. Sie verweilen in vollkommener Einheit und in vollkommenem Selbstbewußtsein als »bewußtes Sein«. Das menschliche Bewußtsein ist weder einfache Natur noch reiner Geist. Wir gehören sowohl als geistige als auch materielle Wesen, die in ruheloser Unvollständigkeit und innerer Spaltung leben, zum mittleren Evolutionsstadium. Wir sind in einem Ungleichgewicht und suchen das Gleichgewicht, spüren die Gegensätze und entwickeln uns auf die Einheit zu.

Im Gegensatz zur Natur, die sich ihrer nicht bewußt ist, hat der Mensch die Fähigkeit, sich – wenn auch nur vorübergehend – seiner eigenen Entwicklung zu widersetzen. Wir können »nein« zum Wachstum sagen, indem wir einen Muskelpanzer schaffen, der Lust und Schmerz den Eintritt verwehrt und uns den Tatsachen des körperlichen Lebens gegenüber gefühllos macht. Wir können uns weigern, gefühlsmäßig zu wachsen und dadurch in unangemessenen und kindisch überholten Reaktionen auf das Leben steckenbleiben. Wir haben die Möglichkeit, uns gegen die geistige Erweiterung zu entscheiden und damit in Vorurteilen weiterzudenken. Wir können uns von allem abschotten, was das Leben zu bieten

52

hat, und uns als Opfer fühlen. Wir können das Leben zu überlisten versuchen, indem wir mehr bekommen wollen, als wir zu geben bereit sind.

Früher oder später schlägt solches Verhalten aber fehl. Das Leben läßt sich nicht überlisten. Wenn wir uns weigern, zu wachsen – sei es mental, emotional oder spirituell –, machen wir im Leben entsprechend seichte und unbefriedigende Erfahrungen. Jedesmal, wenn wir uns dem Ruf nach Entwicklung widersetzen, brocken wir uns am Ende nur mehr Schmerz und Schwierigkeiten ein. Es gilt immer wieder zu lernen, daß das Glück darin besteht, den Pfad der eigenen Entfaltung zu gehen, unseren Ängsten zum Trotz.

Der Ruf der Lebenskraft nach Entfaltung ist eine Tatsache. Man kann ihm widerstehen, aber man kann ihn nicht leugnen. Das eigene Wachstum ist nicht nur wünschenswert – es ist unvermeidlich. Es gehört zur unaufhaltsamen kosmischen Anziehungskraft der Evolution.

Ein großes Drängen durchzieht das Universum, in dem du lebst. Dieses Drängen muß es in jedem Menschen geben. Dieses Drängen zielt auf Vereinigung ab – darauf, einzelne Bewußtseinsfragmente zu vereinen oder zusammenzubringen ... Daher manifestiert sich das Drängen nach Einheit als ungeheure Kraft, die Menschen aufeinanderzu bewegt und Getrenntheit schmerzlich und leer erscheinen läßt ... Leben, Lust, Kontakt mit anderen, Einssein mit anderen sind das Ziel des kosmischen Plans. *(Lesung 149)* [11]

Die Kraft der Evolution drängt uns ständig zum Wachsen, um ein erweitertes Bewußtsein und mehr Einheit zu erlangen. Entscheiden wir uns bewußt, an der universellen Evolutionsarbeit teilzunehmen, dann bekommt das Leben einen Sinn und ein Ziel, während wir freudig am kosmischen Schauspiel teilnehmen.

[11] Pierrakos, Eva: *Bereit sein für die Liebe.* Synthesis 1997, S. 24.

Übungen zum zweiten Kapitel

Gehen Sie einigen Gegensätzen in sich selbst nach. Welche Teile weisen Sie zurück oder beurteilen Sie als a) unerträglich, b) unannehmbar oder c) unerwünscht? Stellen Sie sich vor, wie Sie diese abgelehnten Teile wieder willkommen heißen, wie es der Vater mit seinem verlorenen Sohn tat oder der gute Hirte mit seinem verlorenen Lamm.

Welche Teile Ihrer selbst oder Ihres Lebens beurteilen Sie als a) erträglich, b) annehmbar oder c) wünschenswert? Wie könnten Sie sich selbst und das Leben noch besser annehmen?

Beschreiben Sie mögliche Erfahrungen Ihres Wesenskerns, jener geeinten Lebensmitte, die in Ihnen sprudelt.

Blicken Sie auf den Verlauf Ihrer eigenen spirituellen Entwicklung zurück. Welche Ereignisse oder Menschen haben den Wunsch in Ihnen geweckt, sich auf den inneren Weg zu machen? Schreiben Sie einen kurzen Dankesbrief. Achten Sie besonders darauf, ob Krisen oder Schwierigkeiten in Ihrem Leben Auslöser der spirituellen Suche waren, und seien Sie rückwirkend für diese Begebenheiten dankbar.

Überdenken Sie eine vergangene Lebenskrise und versuchen Sie, die Lektion zusammenzufassen, die sie enthielt. Wozu hat sie gedient? Welche innere Dualität beleuchtet? Hat die Auflösung der Krise mehr Einheit in Ihr Leben gebracht?

Gehen Sie eine bewußte Verpflichtung zu Ihrer eigenen Entfaltung ein und heben Sie auch alle unentwickelten Persönlichkeitsaspekte ins Bewußtsein. Halten Sie dies in Ihren eigenen Worten fest, überlegen Sie sich ein Ritual für eine Verpflichtungsfeier und laden Sie (wenn machbar) jemanden als Zeugen dazu ein.

3. Kapitel

Das Beobachterselbst entwickeln

»Es gibt ein wahres Selbst, das weder mit euren negativen Seiten noch mit euren unnachgiebigen Selbstbeurteilungen, noch mit den Vortäuschungen, unter der die Negativität versteckt wird, gleichzusetzen ist. Uns geht es darum, dieses wahre Selbst zu finden.«

Lesung 189,
Die Identifikation mit dem Selbst auf dem Weg durch die verschiedenen Bewußtseinsstadien.

James: Das Mikroskop und der Verbandkasten

Mit seinen fünfzig Jahren wußte James, wer er war. Oder glaubte es zumindest. Er hatte sich aus einer Unterschichterziehung hochgekämpft, die Universität absolviert und sich zu einem kulturell hochstehenden und finanziell erfolgreichen Leben hochgearbeitet. Er war über eine frühe, unreife Ehe mit einer abhängigen, kontrollierenden Frau hinausgewachsen und hatte sie und ihre beiden Söhne, um die sie sich jetzt kümmerte, verlassen.

Als Kind hatte James den starren Katholizismus seiner Familie ernst genommen und war sogar ein hingebungsvoller Ministrant geworden. Er hatte die Witze der anderen Jungen über das Schwänzen der Messe oder den Mißbrauch von Gottes Namen nie verstanden. Für James stellte die ewige Verdammnis wegen solcher Sünden eine ernstzunehmende Bedrohung dar. Als Halbwüchsiger geriet James mit seiner aufwallenden Sexualität und den kirchlichen Verboten in Konflikt. Gleichzeitig fing sein Verstand an, die abergläubischen Vorstellungen der Kirche zu hinterfragen. Schließlich kehrte er der katholischen Kirche den Rücken und wurde ein unerbittlicher Atheist.

55

Dabei hat er nie aufgehört, Fragen nach dem Sinn von Leben und Tod zu stellen. Ende Zwanzig hatte James die östliche Mystik entdeckt und sich dem Zenbuddhismus verpflichtet. Nach vielen Jahren der Meditation machte er eine überwältigende Erleuchtungserfahrung, bei der sein ichverhaftetes Gefühl der Getrenntheit sich im einenden Bewußtsein und der Gotteserkenntnis auflöste. Seither fürchtete er sich nur mehr selten und hatte jede Todesangst verloren. Später fand James den Pfad und hatte in bewundernswerter Weise daran gearbeitet, seine Persönlichkeit mehr auf sein spirituelles Erwachen auszurichten.

Doch in der letzten Zeit langweilte das Leben James. Er freute sich über seine Kompetenz, Unabhängigkeit und intellektuelle Reife und meinte, er habe alle irdischen Ziele, die er sich gesetzt hatte, erreicht. Sein spirituelles Wissen war ihm sicher, und er fühlte sich selten in irgendeiner Bedrängnis. Unbewußt hatte er wohl um etwas gebeten, das ihn aufrütteln und auf seinem spirituellen Weg wieder vorantreiben sollte.

James' 25jähriger Sohn Matthew kam zu Besuch. James hatte Matthew seit der Trennung von seiner Frau vor vielen Jahren nur selten gesehen. Vater und Sohn waren einander nie nahe gewesen. Obwohl er Matthew sehr mochte, hatte James keine innige Liebe zu diesem sanften Jungen empfunden, der ein zartes Kind und nie aggressiv oder erfolgreich genug gewesen war, um seinem Vater zu gefallen. In James' Ambivalenz gegenüber seinem Sohn steckte auch eine gute Portion Schuld wegen seiner eigenen Unzulänglichkeit als Vater.

Kurz nach seiner Ankunft teilte Matthew dem Vater mit, er sei schwul und habe Aids, und die Krankheit werde ihn wahrscheinlich innerhalb eines Jahres aufzehren.

James reagierte mit einem Schock und Gefühllosigkeit. Er suchte nach Gefühlen, aber empfand nur Kälte und Härte.

James bat seinen Sohn, darüber zu reden, und im Lauf der folgenden Woche wurde Matthew immer offener. Zuerst beschrieb er die Angst vor dem Vater und den Groll, den er gegen ihn empfunden hatte, als James von der Familie wegging. Er erzählte, wie er vor kurzem wieder bei der Mutter eingezogen war und dasselbe Gefühl des Eingesperrtseins und der Einengung verspürte, das er beim Aufwachsen empfunden hatte. Matthew gab zu, wie sehr ihn der Tod schreckte, weil seine eigene Ablehnung des katholischen Glaubens durch keine andere spirituelle Sicht ersetzt worden war. Er gestand, daß sein Geschlechtsleben als Homosexueller zumeist stürmisch und keineswegs erfüllend gewesen sei, bis er das Jahr zuvor einen Mann kennengelernt hatte, den er innig liebte und mit dem er kurze Zeit zusammengelebt hatte. Als

56

aber bei Matthew Aids diagnostiziert wurde, war die Beziehung unter diesem Druck zerbrochen.

James hörte sich dies fast ohne jede Reaktion an, und die Kälte in seiner Herzgegend gefror zu eisiger Gefühllosigkeit. Er verurteilte die Homosexualität seines Sohnes keineswegs, aber er fand auch nichts Tröstliches, was er ihm über den Tod hätte sagen können. Seine Stimme schien in einen eisigen Brunnen gefallen zu sein. Als Matthew eine Woche später wieder ging, um sich der Pflege seiner Mutter anzuvertrauen, spürte James lediglich Gewissensbisse wegen der schlechten Erfüllung seiner Vaterpflichten.

Dann begannen die Alpträume. Mehrere Nächte hintereinander erwachte James zitternd und schweißüberströmt. In einem Traum »bin ich von Nonnen oder vielleicht auch Hexen umringt, schrecklichen übergroßen Frauen ganz in Schwarz gekleidet, die anklagend mit dem Finger auf mich zeigen. Ich bin sicher, daß man mich gleich wegen irgendeines schändlichen Vergehens töten will. Sie kommen langsam auf mich zu, und wie durch Zauberei liegt ein Mikroskop in meiner Hand. Als ich hindurchschaue, verändert sich die gesamte Szenerie, und ich sehe mich und die übergroßen Frauen ganz weit weg. Ich beobachte sie so unbeteiligt, wie ein Wissenschaftler ein Naturphänomen untersucht.«

In einem anderen Traum »bin ich ganz allein auf einem kalten, dunklen Feld, auf dem ich wohl werde übernachten müssen. Irgendwie weiß ich, daß es dort Vampire gibt, die vielleicht mein Blut aussaugen. Ich sehne mich nach einem Freund mit einem Verbandkasten.«

Nachdem er mehrere Wochen lang Alpträume gehabt hatte, kam James wieder regelmäßig zu den Pfadsitzungen, in der Hoffnung, die Hinweise aus seinen Träumen würden ihm weiterhelfen. Sein Helfer empfahl ihm, ein Tagebuch zu führen und alle Träume und Empfindungen darin festzuhalten. Als James sich mit seinen Träumen befaßte, wurde ihm klar, daß das Mikroskop in seinem ersten Traum das Werkzeug des objektiven Wissenschaftlers darstellte, das ihm geholfen hatte, nicht von der bedrohlichen Traumfrau überwältigt zu werden. Im zweiten Alptraum hatte James gehofft, ein mitfühlender Freund würde einen Verbandkasten bringen, um ihm »Erste Hilfe« zu leisten. Es war sowohl James als auch dem Helfer klar, daß alte, tiefsitzende Gefühle an die Oberfläche geholt werden mußten. Beide wußten, daß James die Klarheit des Wissenschaftlers und das Mitgefühl eines Freundes brauchte, um das Geschehen urteilslos betrachten und aufnehmen zu können. Mit Hilfe seines Beobachterselbst konnte James den zunehmenden unbewußten Aufruhr als Zeichen für

57

eine neue Phase seiner spirituellen Arbeit annehmen. Es dauerte nicht lange, bis er einen Traum über den Zustand seines »inneren Hauses« hatte.

»Ich bin in einem baufälligen Haus. Als ich die Treppe hinuntergehe, sehe ich, wie Vorhänge zu Boden fallen, dann stürzt ein Teil der Treppe ein. Ein junger Kerl lacht. Der Hausbesitzer sagt: ›Schlimm. Sie wissen nicht, wie ich kämpfen mußte, um dieses Haus zu errichten. Jahrelang habe ich Land gekauft und verkauft, weil ich wußte, daß jeder Verkauf einen kleinen Gewinn abwerfen würde. Alles habe ich für dieses Haus gespart, und jetzt fällt es auseinander. Ich werde nie soviel dafür bekommen, wie es eigentlich wert ist.‹

Ich gehe mit dem Besitzer des einstürzenden Hauses und mehreren seiner Freunde hinaus. Wir gehen durch die kurvenreichen Straßen der Stadt, und ich mache eine Bemerkung, wie schwierig der Weg sei. Wir kommen in einer Bar an, wo ich ein ›Bud‹[12] bestelle, aber der Barmann lacht und sagt: ›Das ist das einzige, was Sie hier nicht bekommen.‹ Darauf meine ich: ›Dann geben Sie mir einfach das, das Sie haben.‹ Der Barkeeper wirft mir einen spöttischen Blick zu, beugt sich herüber und antwortet: ›Ich habe sehr vieles, was ich Ihnen sonst noch anbieten könnte.‹ Es ist mir nicht wohl in meiner Haut, also breche ich alleine auf, gehe durch die verlassenen Straßen und fühle mich völlig verloren.«

In den darauffolgenden Monaten kam James seiner Angst auf die Schliche, die Ichstruktur, die er sich mit viel Arbeit jahrelang gezimmert hatte, könnte wie das Haus im Traum einstürzen und seinen Wert verlieren. Einige seiner Ichabwehrmechanismen fallenzulassen hieß zuzulassen, daß er sich vorübergehend verloren fühlte. Hinter der Angst vor dem homosexuellen Barkeeper entdeckte er eine Sehnsucht nach einem ›Buddy‹,[13] einem brüderlichen Freund. Der Wettkampf mit Männern, den er sein Leben lang betrieben hatte, wich langsam dem Wunsch nach echter Nähe zu einem Mann.

James hatte auch den kleinen Jungen in sich aufgespürt, der von seiner moralisierenden Mutter und den Nonnen, die ihn zwölf Jahre lang in katholischen Schulen betreuten, völlig überrollt worden war. James hatte als Halbwüchsiger größte Angst, wegen seiner sexuellen Regungen in die Hölle geworfen und verdammt zu werden. Sogar jetzt noch fürchtete James unbewußt, seine Sexualität verdamme ihn zu »bösem Blut«. Der Vampir, der ihn im Traum bedrohte, stammte aus dieser Furcht und hing mit der unbewußten Angst zusammen, die Aidserkrankung seines Sohnes sei die Strafe für seine Sexualität.

---

12 Budweiser-Bier.   13 Das Wortspiel verbindet *Budweiser* (eine Biermarke) mit *buddy* (Kumpel).

In James kam Wut über den Machtmißbrauch dieser katholischen Frauen auf, und er überdachte all die Jahre, in denen er sich unbewußt dafür gerächt hatte. Jetzt empfand er echte, erwachsene Schuldgefühle, weil er Frauen gegenüber aus Angst, sie könnten ihn verletzen oder die Kontrolle über ihn übernehmen, sein Herz verschlossen hielt.

Er überdachte seine Beziehungen zu Männern und stellte fest, daß er vielen den Rücken gekehrt hatte, die ihm ihre Freundschaft angeboten hatten. James spürte den kleinen Jungen in sich, der Angst vor dem Vater hatte, vor einem großen, sportlichen Mann, der sich ständig über James' Empfindsamkeit lustig machte. Die Erinnerung an Taubenjagden mit dem Vater, der ihn die heruntergefallenen Vögel holen hieß, schmerzte ihn noch immer. Er weinte bei der Erinnerung an eine verletzte Taube, die vor ihm ihren letzten Atemzug tat, und er, der folgsame Apportierjunge, hatte dazu beigetragen. Schließlich hatte er sich geweigert, mit dem Vater auf die Jagd zu gehen, und benutzte eine verächtliche, überlegene Maske gegenüber dem Vater und seinem Sport. Jetzt aber spürte James den Schmerz der Entfremdung vom Vater, und in seiner Qual spürte er auch, wie weh es tat, seinen empfindsamen Sohn Matthew abgelehnt zu haben.

James staunte über sein Innenleben, als er die großen verborgenen Gemächer seines Gefühlswesens öffnete. Er träumte noch einmal von seinem inneren Haus: »Ich bin in einem Zimmer des baufälligen Hauses aus meinem damaligen Traum, aber ich weiß, daß es dahinter ein noch größeres Zimmer gibt, das völlig in Ordnung ist. In dem Raum findet etwas ganz anderes statt. Dort drehen viele unterschiedliche Männer aller Altersstufen einen Film, und sie möchten, daß ich mitmache. Ich frage mich, ob ich das tun soll.«

Der Traum verhalf ihm zur Einsicht, daß es hinter den alten Strukturen seiner Maske einen Bereich gab, der ganz in Ordnung war und eine große »Besetzung« enthielt. Er wurde aufgefordert, beim inneren Drama, das sich dort abspielte, mitzumachen.

In seinen Träumen und der Pfadarbeit eröffneten sich James viele zuvor verborgene Seiten: Angst vor und Sehnsucht nach einem Mann, sexuelle Ängste aus der Kindheit und echte, erwachsene Schuldgefühle. Er begab sich auf ein unbekanntes Territorium, das sich weiblicher und verletzlicher anfühlte als die vertraute männlich-stoische Stärke, die er bisher gekannt hatte.

Er träumte: »Ich stehe vor der Eingangstür meiner Schwester. Ich bin erst wenige Male bei ihr gewesen, und noch nie in ihrem Haus. Aber diesmal bittet sie mich, hereinzukommen, und ich gehe hinein, als sei es ein Heiligtum, als träte ich in eine Kirche ein.«

Das ist das neue Gemach in James' innerem Haus, der Raum seiner zuvor verleugneten weiblichen Seite. Kurz nach diesem spirituellen Zugang träumte er:

»Ich bin unterwegs nach einem heiligen Ort in Südamerika. Im Flugzeug kommt eine Frau zu mir und sagt, sie sei die erste peruanische Stewardess. Ich bin verlegen und weiß nicht, was ich ihr sagen soll. Dabei habe ich das Gefühl, als sei diese Reise nur dazu da, sie kennenzulernen.« Hier wurde eine äußerst wichtige Ursache für James' unbewußten Aufruhr deutlich: Er war unterwegs, um seine vergrabene urweibliche Seite kennenzulernen.

In den Pfadsitzungen lernte er immer neue Gefühle kennen und begegnete vielen Teilpersönlichkeiten, die unter der Fuchtel seiner starren Ichmaske getobt hatten. Im Lauf der Veränderung bewahrte sich James ständig einen unversehrten Teil, der sich auf alles einlassen, jedes Gefühl zulassen und jede unbewußte Mitteilung aufnehmen konnte. Dieser Teil war sein Beobachterselbst, ein spiritueller Anker im aufgewühlten Meer des Wachstums. Sein Gefühlsleben, das wenige Monate zuvor völlig eingefroren schien, war vollends aufgetaut.

Als James viele verborgene Seiten seines Wesens integrieren konnte, stellte er fest, daß er neuerdings seinem Sohn Gefühle mitteilen konnte. Als Matthews Leben zu Ende ging, konnte James mit ihm weinen, zugeben, wie leid ihm sein Verhalten als Vater tue, und dem Sohn danken, daß er in sein Leben getreten war. Während der letzten Tage im Krankenhaus gelang es James zum ersten Mal, seinen Sohn zu streicheln, zu trösten und ihm gut zuzureden. Der tragische, frühzeitige Tod dieses sanften, jungen Homosexuellen hatte dem Vater geholfen, seine eigene Sanftheit wiederzufinden und ihn seiner Ganzheit näherzubringen.

Das Beobachterselbst

Jeder Mensch besteht eigentlich aus vielen Wesen. Wie James existieren wir gleichzeitig auf vielen Bewußtseinsebenen. Das ist einerseits verwirrend, aber es hilft auch, die vielen Widersprüche unter einen Hut zu bringen. Der erwachsene James wollte Mitgefühl mit seinem Sohn empfinden. Doch James' inneres Kind war wegen der Angst, lächerlich gemacht zu werden, immer noch gelähmt. James' spirituelles Selbst wußte, daß der Tod eine Illusion ist, aber sein eingefrorener Kummer verhinderte, das zur Sprache zu bringen, was ein anderer Teil in ihm so gut kannte. Sein männliches Ichselbst hatte gekämpft, sich durchgesetzt und ein

60

starkes Selbstgefühl aufgebaut. Sein weibliches Gefühlsselbst hatte die Starrheit dieser Struktur aufgebrochen und den Strom seines Unterbewußtseins freier fließen lassen. Die vielen inneren Selbst widersprechen der begrenzten Vorstellung, wer wir sind, und die verschiedenen Ebenen stehen häufig gegeneinander.

Diese Komplexität kann man mit einer inneren »Rollenverteilung« vergleichen, wobei jede Rolle mit eigenen Überzeugungen und Gefühlen ausgestattet ist. Jede Figur lebt in einem Zimmer unseres seelischen Hauses für sich, jede in einer anderen Realität. Oder man könnte sagen, daß jede Bewußtseinsebene auf einer anderen Frequenz liegt und wie eine Radiostation angewählt werden kann. Haben wir eine Station eingestellt, merken wir möglicherweise gar nicht, daß wir mit einem winzigen Dreh bereits Zugang zu einer völlig anderen Frequenz hätten.

Wenn wir unsere inneren Rollen oder die inneren seelischen Frequenzen kennenlernen, sollten wir vor allem die unerwünschten Bereiche des verängstigten, empfindsamen Kindes und des feindseligen, rachsüchtigen Erwachsenen akzeptieren. Diese Rollenträger leben als unser Schattenselbst im verborgenen; sie können verdrängt, aber nie ausgemerzt werden.

Wenn wir auch begreifen, daß es gleichzeitig verschiedene widersprüchliche Bewußtseinsebenen in uns gibt, so nehmen wir meistens nicht wahr, daß jede davon von Natur aus schöpferisch ist. Das Leben ist das äußere Abbild der Summe aller verschiedenen Rollen oder Bewußtseinsebenen, aus denen wir bestehen, ob wir uns ihrer bewußt sind oder nicht. Machen wir uns die inneren Welten der eigenen Rollenträger bewußt, verstehen wir auch besser, das Leben selbst zu gestalten.

Wie machen wir uns nun auf den inneren Weg der eigenen Transformation? Wenn wir dem verletzten Kind begegnen und das negative Ich loslassen, die Maske ablegen und das niedere Selbst umwandeln sollen, wer verrichtet diese Arbeit? Welches Selbst arbeitet mit den anderen?

Die Bereiche, die in uns bereits entwickelt sind, übernehmen die Aufgabe, die anderen Bereiche ins Bewußtsein aufzunehmen und umzuwandeln. Die reifen Aspekte in uns werden zu »Helfern« der unentwickelten Seiten. Jedes helfende Selbst führt uns zur Reife und Ganzheit. Anregungen von äußeren Lehrern, Heilern, Therapeuten und Führern sind hilfreich, aber wir sollten auch daran denken, den inneren Lehrer/Heiler zu erwecken, der stets in uns weilt und bereit ist, uns zu führen.

Auch wenn man sich keineswegs reif vorkommt und mit dem inneren Lehrer nicht in Verbindung zu treten vermag, kann man mit etwas Geduld ein Beobachterselbst entwickeln. Es besteht aus den Mitteln, die James im Verlauf seiner Arbeit in sich selbst entdeckte: Objektivität und Distanz (das Mikroskop des Wissenschaftlers) sowie Liebe und Mitgefühl gegenüber den anderen Selbst in uns (der Verbandkasten des Freundes). Der Beobachter steht gleichsam »außerhalb« unserer Selbst und nimmt auf, was gerade erlebt wird. Mit dieser Haltung begeben wir uns innerlich an einen Ort, von dem aus wir alle übrigen Aspekte des eigenen Lebens betrachten. Währenddessen lernen wir, andere Seiten des Selbst zu erkennen und zu benennen. **Die Fähigkeit, uns objektiv und mitfühlend zu beobachten, ist die wichtigste Fähigkeit, die es auf dem spirituellen Weg zu entwickeln gilt.**

Der objektive Beobachter ist eine positive Ichfunktion. Er ist ein Aspekt des höheren Selbst, den wir in der gewöhnlichen Ichrealität erfahren. Er ist ein wohlwollender Zeuge der inneren und äußeren Ereignisse. Ohne zu urteilen nimmt er alles wahr, was an die Bewußtseinsoberfläche gelangt.

Laura war aus der Stadt, wo sie sehr erfolgreich als Tänzerin und Tanzlehrerin gearbeitet hatte, mit ihrem neuen Ehemann aufs Land in eine einfachere Umgebung gezogen. Sie hatte folgenden Traum:

»Ich komme aus einer Pfadsitzung zum Parkplatz, wo drei Fahrzeuge stehen. Alle drei gehören mir. Ein eleganter weißer Cadillac, eine schwarze Harley-Davidson und ein kleiner roter Lieferwagen. Alles, was ich besitze, befindet sich in diesen Fahrzeugen. Einige maskierte Räuber versuchen, meine Sachen zu stehlen, und ich schreie sie an: ›Ihr könnt das nicht nehmen, es gehört mir.‹ Ich weiß, daß einiges davon nichts wert ist. Wahrscheinlich sind es sogar Sachen, die ich wegwerfen würde, wenn ich zum Sortieren käme. Aber ich will nicht, daß sie es nehmen. Ich weiß, daß es mir gehört, und bin fest entschlossen, meinen Anspruch darauf zu behaupten. Schließlich mache ich ein solches Geschrei, daß sie fliehen. Ich habe ein richtiges Hochgefühl, weil ich alles als mein Eigentum beansprucht habe.«

Für Laura stellten die drei Fahrzeuge ihre inneren Aspekte dar: der weiße Cadillac ihre Maske als Berufstänzerin, elegant und luxuriös; das Motorrad ihre Vorstellung des negativen niederen Selbst, aufregend und gefährlich; und der kleine rote Lieferwagen ihr höheres Selbst, das sie jetzt zu einem Leben auf dem Land führte. Sie folgte ihrem Herzen statt ihrem idealisierten Selbstbild. Die maskierten Räuber waren in ihren Augen die abwehrende Seite (Maske), die die anderen Identitätsaspekte verleugnen

62

wollte. Und sie fühlte sich so gut, weil sie darauf bestanden hatte, daß alle drei Fahrzeuge samt Inhalt ihr gehörten. Der Traum verstärkte ihren Anspruch auf alles in ihr: die Maske, das niedere und das höhere Selbst. Er zeigte auch, woher sie kam und wohin sie ging. Im Medizinrad der Prärieindianer ist Weiß die Farbe für den Norden, das Loslassen und den Tod (ihres alten Lebens), und Rot die Farbe für den Osten, die Geburt und den Neubeginn.

Laura ist im Traum das Selbst, das die anderen Seiten erkennen kann, ohne sich mit einer gleichzusetzen. Dieses Beobachterselbst nennt man auch den »gerechten Zeugen«, der alles ohne Verzerrungen sieht und aufnimmt. Der Beobachter sitzt am Rand der verschiedenen inneren Selbst und achtet auf alles, was geschieht.

Man kann sich die Unendlichkeit des Selbst wie einen Behälter vorstellen, in dem Teile des universalen Bewußtseins »herumschweben«, um sich da oder dort zu manifestieren.

Jeder dem Menschen vertraute Charakterzug, jede in der Schöpfung bekannte Haltung, jeder Persönlichkeitsaspekt ist eine der vielen Manifestationen des Bewußtseins. Jede davon, die noch nicht in das Ganze integriert ist, muß vereinheitlicht, verschmolzen und zu einem Teil des harmonischen Ganzen werden ... Könnt ihr euch einen Augenblick lang vorstellen, daß viele vertraute Züge, die ihr immer mit einem Menschen in Verbindung gebracht und deren Existenz ihr nur in einem Menschen angenommen habt, nicht den Menschen an sich ausmachen, sondern selbst freischwebende Teilchen des allgemeinen Bewußtseins sind, die es gilt, in die sich manifestierende Persönlichkeit einzubinden. Erst dann finden die Läuterung, Harmonisierung und Bereicherung des sich manifestierenden Bewußtseins statt, welche den Evolutionsvorgang der Vereinigung getrennter Bewußtseinsteilchen auslösen. (Lesung 189)

Verstehen wir uns als »Behälter« vieler verschiedener Bewußtseinsteilchen, von denen einige oberflächlich, negativ oder zerstörerisch sind, dann ist das eine Hilfe, uns selbst mit mehr Mitgefühl und Distanz zu betrachten.

Eine negative, unproduktive Einstellung gegenüber dem Selbst entsteht aus der Fehlannahme, nur ein begrenzter oder negativer Teil und nicht unsere Ganzheit zu sein. Derjenige, der die Brücke zur inneren Ganzheit schlägt, ist der

Beobachter oder das Beobachterselbst, jener Teil in uns, der alles im Inneren akzeptiert. Lernen wir, uns mit dem Beobachterselbst gleichzusetzen, entsteht Selbstakzeptanz. Eine vollkommene Selbstakzeptanz ist die heilsamste Stufe, die wir auf dem spirituellen Weg entwickeln können.

Verzerrungen bei der Selbstbeobachtung

Wenn wir mit der Selbstbeobachtung anfangen, neigen wir dazu, dualistische Urteile über das, was wir sehen, abzugeben und die Eigenschaften unserer Selbst als gut oder schlecht, schwach oder stark, töricht oder tiefsinnig einzuschätzen. In der Sekunde, in der wir uns beurteilen, beobachten wir nicht mehr. Dann muß die Beobachtung einen Schritt »hinter« den Richter tun, damit wir die Selbstbeurteilung in Ruhe wahrnehmen können. Überkommt uns Hoffnungslosigkeit angesichts dessen, was wir da sehen, tun wir einen weiteren »Schritt zurück« und beobachten die Hoffnungslosigkeit.

Meistens erschrecken wir, mißbilligen uns oder verzweifeln gar, wenn wir auf eine Art und Weise handeln oder empfinden, die mit unserem idealisierten Selbstbild nicht übereinstimmt. Ein Verhalten, das aus den unentwickelten Selbst entsteht, läßt sich jedoch nicht verändern, solange es nicht mitsamt der zugrundeliegenden Haltung bewußt geworden ist.

Meistens werden die negativen Urteile von den verinnerlichten Stimmen der Eltern und frühen Autoritätspersonen oder starren kulturellen und religiösen Verhaltensmaßregeln geprägt. Diese Urteile werden nicht vom Selbstbeobachter gefällt, sondern stammen vom idealisierten Selbstbild, das einen unrealistischen Perfektionsanspruch aufgestellt hat, an dem wir uns ständig messen. Der erste Schritt zur echten Selbstbeobachtung besteht also darin, diesen Perfektionismus im Auge zu behalten. Jedesmal, wenn wir in strenge Selbstverurteilung verfallen, sollten wir zurücktreten und auch diesen Vorgang mitfühlend beobachten.

Martha wollte in eine neue Wohnung umziehen. Zum Packen brachte sie einige Schachteln von der Arbeit mit und beschloß, auch die kleinen Styroporschnipsel darin mitzunehmen, falls etwas Zerbrechliches zu schützen sei. Zu Hause merkte sie jedoch, daß sie das Styropor nicht brauchte und nun wegwerfen müsse.

Plötzlich wurde sie deprimiert und konnte kaum weiterpacken. Als sie sich nach innen wandte, nahm sie eine innere Stimme wahr: »Du bist ja so dumm! Wie konntest

64

du bloß glauben, das Styropor würde dir nützen?« Die Macht dieser Selbstverurteilung kam Martha absurd und komisch vor, obwohl sie darunter litt, weil sie eigentlich sehr schmerzlich war.

Als sie sich Zeit nahm, dieser schwächenden Selbstkritik nachzuspüren, wurde ihr klar, daß sie wie die Stimme ihrer Mutter klang, die sie als Kind ständig kritisiert hatte. Martha hatte die Stimme ihrer Mutter verinnerlicht und verwendete sie nun dazu, ihre eigene Selbstachtung zunichte zu machen. Obwohl sie diesen selbstzerstörerischen Zug nicht gleich ändern konnte, gelang es ihr doch, einen Schritt hinter den kritischen Richter zum echten Selbstbeobachter zu tun, der einfach nur feststellte, was in ihr ablief: das alte Drama der kritischen Mutter und des verletzten Kindes.

Daraufhin begann ein Zwiegespräch zwischen Mutter und Kind. Die zweite Stimme fühlte sich wie ein Opfer, wenn die erste »obenauf« war. Plötzlich behauptete sich das Opfer in Martha und sagte, es würde bei solchen Selbstbeschimpfungen nicht mehr still dasitzen. Der Kritiker wich zurück. Martha war sofort wohler, und sie konnte weiterpacken. Ihr objektives Beobachterselbst hatte Marthas Heilung durch die Arbeit mit ihren verschiedenen inneren Rollen wie ein gütiger, unvoreingenommener Helfer erleichtert.

Die Stimmen des Perfektionismus, der Selbstzweifel und der Selbstverurteilung sind meistens verinnerlichte negative Elternstimmen. In der Gestalttheorie sind es die Stimmen des »Überlegenen«, der den »Unterlegenen« ständig kritisiert. In anderen Therapien ist es die Stimme der »Eltern«, die das »Kind«-Selbst kritisiert. Der Perfektionsanspruch des verinnerlichten Richters läßt sogar die einfachsten, lächerlichsten Fehler zu Katastrophen für die Selbstachtung ausarten. *Martha ging der kritischen Stimme in einer Pfadsitzung auf den Grund und entdeckte die Überzeugung: »Wenn es schmerzt, ist es bestimmt richtig.« Sie schenkte den selbstkritischen Stimmen in sich mehr Glauben als jeder Stimme, die sie lobte.*

Später erkannte sie, wie sehr sie sich als Kind nach der Anerkennung ihrer Mutter gesehnt hatte und glaubte, sie sei erst dann in Ordnung, wenn sie die Perfektionsmaßstäbe der Mutter erfülle. Bis dahin mußte sie es jedoch ertragen, daß ihre Mutter sie nicht liebte. Es fiel ihr schwer, zu akzeptieren, daß ihre Mutter sie nie so lieben würde, wie sie es sich gewünscht hatte, und daß die Tatsache, daß die Mutter sie nicht akzeptiert hatte, eigentlich deren Problem war. Marthas Bedürfnis, angenommen zu werden, war echt, aber unerfüllt. Eigentlich war ihre Mutter eine unvollkommene Mutter und sie ein unvollkommenes Kind gewesen.

Martha mußte die Illusion fallenlassen, daß sie die Schlechte und die Mutter die Gute oder Perfekte war, deren Liebe Martha eines Tages verdienen würde, wenn sie so vollkommen wäre, wie es die Mutter verlangte. Sie hatte zu akzeptieren, daß sie nicht richtig geliebt worden war und daß es nicht ihre Schuld war. Es war einfach so gewesen.

Sie weinte bittere Tränen, die Illusion aufgeben zu müssen, die Mutter könnte sie eines Tages lieben, wenn sie bloß vollkommen wäre. Als sie den Schmerz des einsamen kleinen Mädchens in sich spürte, das sie so häufig in Gedanken zurechtgewiesen hatte, wurde das Weinen sanfter. Martha stellte sich ihr höheres Selbst als eine gute Mutter vor, eine »neue Mutter« für ihr kleines Mädchen, das sie im Arm hielt, tröstete, bedingungslos liebte und ruhig Fehler machen ließ.

Wir müssen die negativen, selbstkritischen Stimmen in uns aufspüren und lernen, uns nicht mit ihnen gleichzusetzen. Sie sind lediglich Aspekte der eigenen inneren Landschaft und nicht »wahrer« als irgendein anderer Teil in uns.

Viele haben falsche Vorstellungen von ihrem Selbstbewußtsein, die etwa lauten »Wenn es schmerzt, ist es bestimmt richtig« oder genauso verkehrt »Wenn es schmerzt, ist es bestimmt nicht richtig.« Tatsache ist, daß Bewußtsein, besonders das Bewußtsein des niederen Selbst, schmerzt. Gelingt es, diesen Schmerz einfach zu spüren, geht er vorbei und läutert sich. Bewußtsein, besonders das Bewußtsein des höheren Selbst und der geeinten Seinszustände, kann auch große Freude bereiten. Jenseits der vorübergehenden Empfindungen von Schmerz oder Freude ist das Bewußtsein einfach ein leerer Behälter für alle Lebenserfahrungen.

Radikale Selbstakzeptanz

Vor zwanzig Jahren bekam ich ein umwerfendes Beispiel für eine Haltung wohlwollender Selbstbeobachtung zu sehen. Ich war eben erst Mitglied der Pfadgemeinschaft geworden und nahm an den GUIDE-Lesungen teil, die Eva Pierrakos in New York abhielt. Eine Frau, die ich Penny nennen will und die gerade eine Beinamputation wegen Krebs hinter sich hatte, war auch da. Einige Monate später, als die Diagnose für Penny »unheilbarer Krebs« lautete, fragte Eva, was Penny angesichts des nahen Todes empfände: »Penny, ist es für Sie in Ordnung, zu sterben, oder nicht?« Penny antwortete einfach: »Es ist beides nicht, Eva, es ist einfach.« Dieses »ist einfach« des Todes ist mir zum Vorbild für eine radikale Selbstakzeptanz aller Bereiche geworden, die irgendwann im Selbst beobachtet werden.

66

Ich glaube, daß die Pfadlehren für das Verständnis der Negativität und des Bösen ähnlich hilfreich sind wie andere in jüngerer Zeit bekanntgewordene spirituelle Lehren für das Verständnis des Todes. Das Böse ist einfach, genau wie der Tod. Auf der dualen Ebene, auf der wir die meiste Zeit verbringen, gibt es sowohl wohlwollende wie böse Energien. Nur verleugnen wir die Negativität mit mehr Geschrei als den Tod. Letztlich können wir unmöglich glauben, daß wir nicht sterben. Wir können jedoch die Illusion aufrechterhalten, in uns gebe es nichts Böses. In dieser Illusion zu verharren ist für die spirituelle Gesundheit ebenso abträglich, wie die Sterblichkeit zu verleugnen. Vielmehr können wir gefahrlos lernen, uns der negativen und bösen Seiten mit würdevoller Selbstakzeptanz bewußt zu werden.

Es gibt nichts in uns, das letztlich unannehmbar wäre. Es ist einfach, was immer es ist. Die wichtigste Arbeit besteht darin, eine Haltung ehrlicher und mitfühlender Selbstbeobachtung zu entwickeln.

Wie anders eure Haltung euch selbst gegenüber erst ist, wenn ihr begreift, daß die Aufgabe des Menschen darin besteht, negative Seiten in sich zu haben, um sie zu integrieren und zu verschmelzen! Das erlaubt eine Ehrlichkeit ohne Hoffnungslosigkeit. Welche Würde verleiht es euch doch, wenn ihr bedenkt, daß ihr eine wichtige Aufgabe um der Evolution willen auf euch genommen habt. Wenn ihr in dieses Leben eintretet, bringt ihr negative Seiten ausdrücklich zum Zweck ihrer Wandlung mit ... Jeder Mensch erfüllt eine hervorragende Aufgabe innerhalb der universellen Evolution. (Lesung 189)

Ungeduld und Anforderungen an das Selbst, sich zu ändern, sind immer kontraproduktiv. Selbstverurteilung erzeugt eine rebellische Haltung gegen das gestrenge Überich. Schauen wir jedoch klar (ohne Selbstbetrug) und mitfühlend (ohne Nachgiebigkeit) hin, dann können wir uns entscheiden, die negativen Seiten zu verändern. Es ist viel wahrscheinlicher, daß wir uns ändern wollen, wenn wir einfach sanft feststellen, wen oder was wir jeden Moment ausdrücken, und gleichzeitig wissen, daß das nicht alles ist, aus dem wir bestehen.

Wenn ihr zu wachsen statt vollkommen zu sein versucht, lebt ihr im Jetzt. Ihr verzichtet auf übergestülpte Werte und findet eure eigenen. Ihr verzichtet auf subtile Vortäuschungen und Überlagerungen. Das alles führt einen Zustand herbei, in dem ihr euch mit eurem wahren Selbst gleichsetzt und in eurem wahren Selbst verankert seid statt in den oberflächlichen Schichten. *(Lesung 97)*

Zwei Seiten des Beobachterselbst: Wahrheit und Liebe

Die Übung ehrlicher Selbstbeobachtung lehrt uns als erstes etwas über die Wahrheit und die Liebe: Wir lernen vollkommene Ehrlichkeit mit dem Selbst und das Selbst voll und ganz anzunehmen.

Ehrlich mit uns selbst zu sein und vor nichts zurückzuschrecken, was wir in den verborgensten Gedanken, Gefühlen oder im eigenen Verhalten aufdecken, ist gleichbedeutend mit einem Lebenlernen in der Wahrheit. Fördern wir die Fähigkeit, uns gegenüber aufrichtig zu sein, wächst auch die Fähigkeit, anderen gegenüber aufrichtig zu sein und uns ehrlich den Problemen der Welt zu stellen.

Lernen wir, uns selbst anzunehmen, zu vergeben und jedem verborgenen Gedanken und Gefühl, jeder Tat gegenüber Mitgefühl aufzubringen, egal, wie unannehmbar sie auch scheint, heißt, in der Liebe zu leben.

Die universellen Werte der *Liebe* und *Wahrheit* zu erlernen beginnt damit, eine Haltung absoluter Aufrichtigkeit und bedingungsloser Akzeptanz einzuüben. Wenn wir uns mit dem Beobachterselbst gleichsetzen, lernen wir, alles, was uns im Leben begegnet, als zu unserem spirituellen Wachstum gehörig anzunehmen.

Dem Selbst gegenüber ehrlich zu sein heißt, unbewußte Inhalte ins Bewußtsein aufsteigen zu lassen, auch wenn sie sich als Schreckensträume, negative Gedanken oder unangenehme Gefühle zeigen. Jedesmal, wenn wir unbewußte oder halbbewußte Inhalte ans Licht des Bewußtseins heben, trägt es zur Bewußtseinsentwicklung bei, ist es ein Schritt vom Unwissen zum Gewahrsein, von der Begrenzung zur Ganzheit.

Unbewußte negative Gefühle und ein unbewußtes begrenztes Denken sind mächtige schöpferische Kräfte im Universum. Auf der persönlichen Ebene sabotieren die eigenen unerforschten Vorurteile gegenüber dem anderen Geschlecht unsere Anstrengungen, um mit einem Partner eine intime Beziehung aufzubauen. Auf gesellschaftlicher Ebene erzeugen Vorurteile gegenüber Menschen einer anderen Farbe, Kultur oder Religion weitere negative zwischenmenschliche Beziehungen. Solange diese Negativität rationalisiert oder verleugnet wird, sind

68

ihre Folgen unbewußt. Dann wundern wir uns, daß eine Ehe auseinanderbricht oder es Kriege in der Welt gibt. Die negativen Folgen lassen sich nur verhindern, wenn wir die Negativität bewußt werden lassen.

Das mag anfänglich furchterregend erscheinen. Verdrängung verhindert jedoch, daß Ursache und Wirkung zusammengebracht werden, und das ist für eine zunehmende Selbstverantwortung und ein erweitertes spirituelles Bewußtsein unabdingbar. Bewußtsein ist stets wünschenswerter als Unwissen, sogar wenn es nicht immer angenehm ist.

Nach und nach lernen wir, zwischen ehrlicher Selbstbeobachtung einschließlich der moralischen Unterscheidungsfähigkeit und strenger oder verurteilender Selbstkritik zu unterscheiden. Letztere fühlt sich immer schlecht an und löst unnötige, den Verstand benebelnde Schuldgefühle aus, während die Wahrheit klärt, auch wenn sie schmerzt.

Um eine echte Selbstakzeptanz zu erlangen, müssen wir uns mit Haltungen befassen, die sich als Liebe verkleiden. Nachsicht mit sich selbst, Verleugnung oder Rationalisierungen sind keine echte Liebe; sie halten nur die unangenehme Wahrheit von uns fern. Wir glauben fälschlicherweise, wir seien gut zu uns (oder anderen), wenn wir das niedere Selbst nicht anschauen, sondern das positive Selbst betonen oder Selbstachtung aufbauen. Zwar sollte der Zeitpunkt sorgfältig bestimmt werden, um die eigene Negativität (und diejenige anderer) zu betrachten, aber sie zu verleugnen oder zu rationalisieren stammt nicht aus der Liebe, sondern der Angst oder dem niederen Selbst.

Die Negativität zu verleugnen füttert die Angst vor uns selbst und untergräbt damit die Selbstachtung. Jeder Mensch hat eine tiefinnere Angst, er sei grundsätzlich schlecht, hoffnungslos oder nicht liebenswert. Wir fürchten, daß die Konfrontation damit uns zerstören würde. Dieser grundlegenden Illusion der menschlichen Persönlichkeit muß man ins Auge sehen. Schauen wir uns die Negativität in uns an und merken, daß sie nicht alles ist, was wir eigentlich sind, dann löst sich das offensichtliche Bedürfnis, sie zu verleugnen, nach und nach auf.

Mit der Zeit identifizieren wir uns nicht mehr so sehr mit den beobachteten Seiten unseres Selbst, sondern mit dem Beobachter, der sie wahrnimmt. Wir werden zum Bewußtsein statt dem Bewußtseinsinhalt.

Ein liebevoller Selbstbeobachter zu werden läßt sich damit vergleichen, ein guter Vater und eine gute Mutter für uns selbst zu werden. Langsam lernen wir, besonders den kindischen, schwachen oder unreifen Seiten in uns bedingungslose

69

Liebe zuzugestehen. Der gute Elternteil zeigt dem Kind seine Stärken und hilft ihm, die schwachen Bereiche zu entfalten. Ebenso setzen Vater oder Mutter auch Grenzen, wenn das Kind seine Negativität äußert, und helfen ihm, sich angemessen auszudrücken. Die Eltern bringen ihm bei, daß Negativität nicht der Kern seines Wesens ist, ohne jedoch solche Aspekte zu verleugnen oder sie gutzuheißen. Wir können die negativen Seiten wie unreife Kinder in uns betrachten, die unsere Aufmerksamkeit und Liebe brauchen, um »aufzuwachsen« und zu reifen.

Ich bin überzeugt, daß uns das Versprechen des 23. Psalms zuteil wird, wenn wir alle unser Selbst lieben: »Muß ich auch wandern in finsterer Schlucht, ich fürchte kein Unheil; denn du bist bei mir«. Das »du« im Psalm ist ein Wesen bedingungsloser Liebe, das sogar bei uns ist, wenn wir der Angst, dem Tod und dem Bösen begegnen. Dieses »du«, das man sich als Gott, Christus oder ein Engelwesen außerhalb des Selbst vorstellen kann, ist auch innerhalb des Selbst erfahrbar. Es ist möglich, diese Liebe als das eigene höhere Selbst, als Begleiter der Seele, als inneres Gottselbst wahrzunehmen. Gestehen wir uns diese spirituelle Begleitung zu, können wir allem ins Auge sehen.

Nehmen wir die eigenen unreifen Seiten einfach an und lieben sie, dann geben wir ihnen das, was sie zum Erwachsenwerden am meisten brauchen. »Wir haben unser ganzes Leben darauf gewartet, die eigene Stimme sagen zu hören: ›Ich liebe dich.‹« Üben wir Liebe statt Verdrängung, gestehen wir uns die eigene Ausdehnung zu. Wir schaffen uns ein geräumiges Gefäß der Billigung für alles, was wir in uns erleben. Dann brauchen sich die negativen, schmerzhaften oder unerwünschten Aspekte nicht mehr zu verstecken. Im Licht der Liebe und Wahrheit wachsen sie.

Mit der Entfaltung einer positiven, aufrichtigen und selbstbilligenden Einstellung bauen wir eine Brücke zum größeren Selbst. Der objektive Beobachter beginnt als Ichfunktion. Wir lassen einen Teil unserer selbst von außen zuschauen. Reift die innere Fähigkeit, sich selbst gegenüber sowohl aufrichtig wie liebevoll zu sein, identifiziert man sich immer mehr mit jenem wahrhaftigen, liebenden Selbst – der eigenen Ausdrucksform der göttlichen Macht im Weltall. Wir erkennen uns als das höhere Selbst, das alles andere beobachtet und umwandelt.

In dem Maß, in dem das bewußte Selbst sein bereits vorhandenes Wissen um die Wahrheit, seine bereits vorhandene Macht, seinen guten Willen auszuüben, seine bereits vorhandene Fähigkeit, ... die Einstellung gegenüber dem Problem zu wählen, verwendet, in dem Maß erweitert sich das Bewußtsein und wird zunehmend stärker vom spirituellen Bewußtsein durchdrungen. Das spirituelle Bewußtsein kann sich nicht manifestieren, wenn das bereits vorhandene Bewußtsein nicht vollständig für die Selbstbeobachtung eingesetzt wird. (*Lesung 189*)

Selbstidentifikation

Freiheit entsteht, indem wir lernen, uns mit dem objektiven Beobachterselbst gleichzusetzen und von den vielen unvereinbaren Seiten zu lösen.

Durch die Anerkennung eines zuvor abgelehnten Aspekts des Selbst findet eine subtile, aber deutliche Verschiebung der Identifikation statt. Vor dieser Anerkennung habt ihr die zerstörerischen Seiten nicht gesehen, was darauf hinweist, daß ihr sie zu sein glaubtet ... aber in dem Augenblick, in dem ihr das zuvor Unannehmbare anerkennt, hört ihr auf, das Unannehmbare zu sein und setzt euch statt dessen mit dem gleich, das dieser Anerkennung fähig ist ... Die Situation verändert sich, je nachdem, ob ihr euch mit den häßlichen Zügen gleichsetzt oder sie erkennt. In dem Augenblick, in dem ihr sie erkennt, setzt ihr euch nicht mehr mit ihnen gleich. Deshalb ist es so befreiend, das Schlimmste in der Persönlichkeit anzuerkennen, nachdem der allgegenwärtige Widerstand dagegen überwunden wurde ... In dem Augenblick, in dem ihr die zerstörerischen Aspekte erkennt, sie benennt, sie aussprecht, sie formuliert, sie beobachtet, könnt ihr euch wahrhaft, gefahrlos und realistisch mit dem Selbst gleichsetzen, das sie erkennt, benennt, ausspricht, formuliert und beobachtet. Dieses Selbst bietet viele Alternativen und Wahlmöglichkeiten. Deshalb braucht ihr euch nicht mehr erbarmungslos mit Selbsthaß zu verfolgen. So lange ihr euch diese überaus wichtige Gleichsetzung mit dem in euch, das ohne vernichtendes Selbsturteil beobachten, aussprechen, benennen, wählen, bestimmen, sich stellen, umgehen, erkennen kann, entgehen laßt, scheint es keinen Ausweg zu geben, als euch zu hassen. (*Lesung 189*)

71

Kathy zweifelte stark an ihrer Ehe. Zuweilen wollte sie ihren Mann verlassen, weil sie so ungeduldig mit ihm war. Er schien spirituell und gefühlsmäßig ziemlich unterentwickelt zu sein. Dann hatte sie wiederum das Gefühl, es sei ihre Schuld, weil sie ihm zu wenig Liebe gebe. Sie zwang sich zu einem anderen Verhalten, nur um festzustellen, daß die gefühlsmäßige Öffnung ihm gegenüber schwieriger wurde denn je.

Als ich Kathy aufforderte, das Selbst zu suchen, das diese Widersprüche und Ambivalenz akzeptieren könne, stellte sie sich ein Tal mit wabernden Nebelschwaden vor, die sich in verschiedene Richtungen bewegten und ihr die Sicht auf den Talboden verwehrten. Dann saß sie auf einem der Hügel, sah wohlwollend in das Tal ihres inneren Aufruhrs und wartete ruhig darauf, daß sie sich auflösten.

Dabei veränderte sich Kathys Bild, und aus den Hügeln, die das Tal säumten, wurden vier Gefängniswände. Die eine Wand empfand sie als Schranke ihres erwachenden Bewußtseins. Sie konnte dadurch nicht in eine Zeit zurück, in der sie sich ihrer nicht bewußt gewesen war; sie war von der »Unschuld« des Unterbewußtseins getrennt. Die Wand gegenüber verkörperte den Widerstand, die Angst vor der Zukunft ihrer Beziehung. Sie merkte, daß sie auf dem Dach ihres Gefängnisses »sitzen« und das vergangene Unbewußtsein ebenso wie den Widerstand gegen die Zukunft betrachten konnte. Und als sie die Wände ihres inneren Gefängnisses so ansah, löste Frieden ihre heftige Ambivalenz ab, und es stellte sich sogar ein gewisses Maß an Selbstakzeptanz ein.

Das Wissen, daß wir nicht nur aus Mängeln bestehen, hilft uns, sanft und mitfühlend zu sein sowie die Verteidigungshaltung zu meiden. Wollen wir Fehler rechtfertigen oder werden wir durch sie in Verlegenheit gebracht, geht der Beobachter einfach einen Schritt zurück und sieht sich diese Situation mitfühlend an. Wir machen also ständig »einen inneren Schritt zurück«, bis wir an einen Ort kommen, an dem wir in gelassener Selbstakzeptanz ruhen. Ganz gleich, wie düster das Bild ist, das wir von uns haben, wir können lernen, unser Gewahrsein zurückzunehmen und uns in dem geräumigen Gefäß liebender Wahrnehmung zu fühlen, das alles einfach annimmt.

Zu lernen, sich mit dem Beobachterselbst gleichzusetzen, heißt die anderen vorübergehenden negativen Selbst zur Einsicht zu bringen, daß sie nicht unsere wahre Identität bilden.

Ihr lernt, daß ihr das seid, was beobachtet, und nicht das, was beobachtet wird. Somit wird es durchaus möglich, mit einem bestimmten Aspekt

72

umzugehen, ihn anzunehmen, zu erforschen, mit ihm zu arbeiten und keine Angst mehr vor ihm zu haben, ganz egal, wie unerwünscht er auch sein mag. Die Fähigkeit zu beobachten und über etwas zu befinden sowie die beste Haltung in der Frage, was mit dem Beobachteten zu tun sei, bilden die Macht eures wahren Selbst, das bereits jetzt da ist. Freiheit, Befreiung, Selbsterkenntnis, Aufspüren des Selbst sind die ersten Schritte zur Erlangung des größeren Bewußtseins, des universellen, göttlichen Bewußtseins in euch. *(Lesung 189)*

Hilfen zur Entfaltung des Beobachterselbst

Es braucht Disziplin, um das objektive, mitfühlende Beobachterselbst zu entwickeln. Sich nach innen zu wenden und allem zuzusehen, was das Selbst enthält, erfordert Übung. Die hilfreichsten spirituellen Disziplinen sind dabei Meditation und Tagesrückschau.

Auch wenige Minuten täglicher Meditation, in denen wir den geschäftigen Verstand ausspannen und uns auf die tieferliegenden Selbst einstimmen, ist von außerordentlichem körperlichem, seelischem und geistigem Nutzen. Dank der Meditation gelangen wir zu jeder inneren Ebene. Wir hören sowohl auf die Stimmen des inneren Kindes und niederen Selbst und nehmen mit dem höheren Selbst Kontakt auf. Es wird möglich, die unreifen Seiten umzuerziehen und Spannungen fallenzulassen. Und in Augenblicken göttlicher Gnade gelangen wir an den Ort des geeinten Bewußtseins.

Als erstes erfordert die Meditation, daß wir die Geschäftigkeit des schwatzhaften äußeren Ichgeistes, der sich ständig mit der Vergangenheit und Zukunft beschäftigt, hinter uns lassen und eine ruhige Haltung gewinnen. Wir nehmen uns also täglich etwas Zeit, um an einem ruhigen Ort allein sein zu können, setzen uns entspannt und gerade hin und haben dabei die Füße auf dem Boden. Dann nehmen wir uns Zeit zur Einstimmung auf unser Inneres, Ausschalten äußerer Ablenkungen und Zentrieren. Die folgenden Methoden empfehle ich besonders.

Mit dem Atem meditieren

Richten Sie Ihre gesamte Aufmerksamkeit auf das Aus- und Einatmen. Bei der Atmung verbinden sich willkürliche und unwillkürliche Abläufe, und die Grenze zwischen »innen« und »außen« verschwindet. Daher ist sie ein hochwirksamer Begegnungspunkt für Körper und Geist, für das getrennte Selbst und das Weltall. Während Sie sich auf den Atem konzentrieren, beobachten Sie alle Gedanken und lassen sie ziehen. Allmählich wird Ihre Aufmerksamkeit auf den Augenblick konzentriert, auf das Gewahrsein eines jeden Atemzugs. Versuchen Sie nicht, irgend etwas zu ändern. Werden Sie sich des Atems bewußt, so wie er ist. Sie können entweder die Ausatmung zählen, jeweils bis zehn und dann wieder von vorne, oder sich einfach auf eine Körperstelle konzentrieren und beobachten die Atemzüge von dort aus. Dem Atmen zuzuschauen verschiebt die Aufmerksamkeit vom Bewußtseinsinhalt zum Beobachterselbst.[14]

Meditation und Achtsamkeit

Stellen Sie sich vor, daß Sie an der Schwelle des denkenden Verstandes stehen. Sie werden gleichsam zur Wache und beobachten jeden Gedanken, jedes Gefühl und jede Empfindung im Augenblick des Entstehens. Nehmen Sie alles wahr und lassen Sie es ziehen, ohne sich an irgend etwas zu hängen. Richten Sie Ihre Aufmerksamkeit immer wieder auf das Gewahrsein des Wächters, der einfach beobachtet. Das beruhigt Körper und Geist. Versuchen Sie nicht, irgend etwas zu ändern, sondern achten Sie einfach auf das, was ist.

Die beiden Zentrierübungen fördern die Gleichsetzung mit dem objektiven, mitfühlenden Selbstbeobachter. Haben Sie dies erreicht, können Sie die Meditation darauf verwenden, mit Ihren unreifen Selbst zu arbeiten und auf die Führung Ihrer erleuchteten Selbst zu hören.

Im zehnten Kapitel wird beschrieben, wie man durch Meditation das niedere Selbst in einem Dreiecksgespräch zwischen dem positiven Ich, dem niederen Selbst und dem höheren Selbst umwandeln kann. Das elfte Kapitel enthält eine Visualisierungsübung, um sich sein Leben positiver und erfüllender zu gestalten. Beides sind komplexe Aufgaben, an die man sich erst machen sollte, nachdem der Verstand zur Ruhe gekommen und man zum Beobachterselbst geworden ist.

---

[14] Eine ausgezeichnete Einführung in die Atemmeditation und Meditation der Achtsamkeit findet sich in Henepola Gunaratana: *Die Praxis der Achtsamkeit*. Kristkertz, Heidelberg 1996.

Beten

Das Gebet läßt sich leicht in die stille Meditation einflechten. Es entspringt dem spontanen Wunsch der Persönlichkeit, sich auf eine höhere Macht oder einen höheren Geist auszurichten und dort Schutz oder Führung zu suchen. Das Gebet kann viele Formen annehmen – angefangen von der unschuldigen Äußerung eines Wunsches bis zum komplexen, ausgeklügelten Anrufungsritual. Mit fortschreitender spiritueller Entwicklung wandelt sich das Gebet von einer einfachen Bitte an eine höhere Macht, die als außerhalb des Selbst gesehen wird, zu einem Mittel, uns an die eigene innerste schöpferische Seelensubstanz zu richten, wobei wir die Mächte des Universums anrufen.

Wie die Meditation ist das Gebet ein Weg, auf dem das kleine Ich den höheren Lebensenergien weicht. Während man bei der Meditation jedoch eher aufnimmt und ruhig ist, ist das Gebet eine Anrufung des Göttlichen und damit auf ein Ziel ausgerichtet. Aus meiner Sicht ist das beste Gebet zur Ausrichtung des eigenen Ich und Ziels auf den umfassenderen Plan Gottes: »Nicht mein Wille, sondern dein Wille geschehe.«

Zusätzlich zur täglichen Meditation und dem Gebet ist die Tagesrückschau die wichtigste spirituelle Übung zur Förderung der Selbstwahrnehmung. Wir nehmen uns täglich Zeit für eine Tagesrückschau der inneren und äußeren Ereignisse. Das läßt sich am leichtesten mit einem Tagebuch bewerkstelligen, es kann aber auch eine stille Betrachtung der Tagesereignisse sein. Die schriftliche Form fördert die Selbstwahrnehmung. Im Tagebuch kann man zudem Träume und Gedanken festhalten.

Die Übung der Tagesrückschau geht über ein Festhalten der äußeren (oder inneren) Tagesereignisse hinaus. Sie soll die Fähigkeit steigern, sich mit dem Beobachterselbst gleichzusetzen und mit den anderen Selbst zu arbeiten.

Tagesrückschau

Lassen Sie die Ereignisse des Tages vor Ihrem inneren Auge vorbeiziehen und beachten Sie insbesondere alle Vorfälle, die ein unharmonisches Gefühl oder eine unharmonische Reaktion in Ihnen auslösten. Halten Sie nur diese schriftlich fest. Die Vorgänge liefern Ihnen Hinweise auf die inneren Befindlichkeiten, die diese Reaktionen ausgelöst haben.

Jede negative Erfahrung ist eine Aufforderung, tiefer in sich zu gehen und die Lektion des Tages zu finden. Die Tagesrückschau hilft uns, verstärkt wahrzunehmen, wie wir eigentlich reagieren. Dadurch häufen sich Gedanken und Gefühle nicht mehr im Unterbewußtsein an. Wir lernen jeden Tag mit uns »ins reine zu kommen« und betreiben damit eine Seelenhygiene, die für das spirituelle Wohlbefinden genauso wichtig ist wie die Körperhygiene für den Körper.

Mit der Tagesrückschau wird der Wunsch nach Wahrheit gestärkt. Wir erlauben uns, nachzuempfinden und festzuhalten, was wir tatsächlich gedacht und empfunden haben. Macht sich Widerstand bemerkbar, nehmen wir ihn einfach genauso zur Kenntnis wie jede andere Seite in uns. Die Tagesrückschau verhindert Selbsttäuschung und Verdrängung, also die Auslöser geistiger Störungen und Verwirrung.

Wenn ihr dies über einige Zeit, nicht nur ein- oder zweimal, sondern regelmäßig durchführt, werdet ihr nach einer Weile ein deutliches Muster sehen. Zuerst werden euch diese Vorfälle [in denen Ihr etwas Unharmonisches erlebt] völlig unzusammenhängend und vereinzelt erscheinen. (Lesung 17)

[Aber nach einer Weile] werdet ihr feststellen, daß sich bestimmte Vorfälle wiederholen. Dann schält sich ein Muster heraus, das Hinweise auf eure inneren Anlagen gibt. Wiederholt sich etwas regelmäßig, dann ist es ein wichtiger Hinweis auf eure Seele. (Lesung 28)

Schält sich ein Erfahrungsmuster heraus, können wir tiefer nach innen gehen, um die Ursache dieses Musters aufzudecken. Wir fragen uns: »Welche Rolle in mir reagiert so?« Dann können wir mit den verschiedenen Selbst, die sich zeigen, arbeiten, und einen Dialog zwischen dem Teil, der Heilung braucht, und dem höheren Selbst, das die Heilung lenkt, beginnen. Allmählich wird die Tagesrückschau eine Zeit, in der wir uns regelmäßig mit den verschiedenen Selbst beschäftigen, die sich während des Tages gemeldet haben.

Mit täglicher Meditation, Beten und der Tagesrückschau läßt sich vieles alleine bearbeiten. Allerdings muß ich hinzufügen, daß jeder, der sich bewußt auf den spirituellen Weg begibt, ab und zu auch einen äußeren Helfer braucht, der

76

ihm bei der Transformationsarbeit hilft. Wir alle haben blinde Flecken, die nur Außenstehende sehen. Außerdem brauchen wir die Sicherheit und Unterstützung anderer, die unseren Schmerz miterleben und unser Ringen anerkennen. Wir brauchen jemand, der das »du« des Beobachterselbst spiegelt und uns beisteht, wenn wir mit Schmerz und Verzerrungen konfrontiert sind.

Die spirituelle Entfaltung wird durch regelmäßige spirituelle Übungen sehr viel leichter, aber diese Disziplin läßt sich nicht erzwingen. Ich bin der Ansicht, daß die tägliche spirituelle Übung einem echten menschlichen Bedürfnis entspricht, wenn man sich um Bewußtwerdung bemüht. Eine spirituelle Disziplin sollte sich jedoch langsam und organisch entwickeln, gewöhnlich über eine anfänglich sporadische Praxis. Die spirituelle Übung sollte nicht zu einem neuen Hammer werden, den der Perfektionismus dazu verwendet, uns eins hinter die Ohren zu hauen (»Siehst du, wie unmöglich du bist, du arbeitest einfach nicht genug an dir, meditierst nicht genug« usw.).

Das Ich ist für die Selbstdisziplin nötig, aber es kann die Arbeit nicht alleine verrichten. Der Prozeß wird durch Anrufung des höheren Selbst erleichtert. Bei einer erzwungenen und unangenehmen Selbstbeobachtung fällt die Übung rasch in sich zusammen. Verspüren wir ein echtes Bedürfnis nach Selbsterkenntnis, führt die Erfahrung einer spirituellen Disziplin zu Freude und Erfolg. Meditieren wir, weil es sich gut anfühlt, und arbeiten wir an uns, weil wir die Erleichterung kennengelernt haben, in der Wahrheit statt im Unwissen über uns selbst zu sein, dann steht die Übung auf einem wahrhaft festen Fundament.

Jody hatte zu Beginn ihrer Pfadarbeit mit spirituellen Übungen begonnen, aber in letzter Zeit hatte sie ihre tägliche Meditation vernachlässigt, weil sie im Leben stark beschäftigt und ausgefüllt war. Sie meditierte wenig und nur, wenn sie aus ihrer Mitte geraten war. In einer Sitzung mit mir erwähnte Jody eine innere Anspannung. Sie fühlte sich »in den Krallen des Tages gefangen« und durch die Anforderungen ihres Alltags vorangetrieben. Als Jody nach meiner Ermunterung ihre tägliche Meditationspraxis wieder aufnahm, ließ die Spannung nach. Ihr Leben verlief glatter. Jody sagte, die Meditation zum Pfeiler ihres Lebens zu machen, sei gewesen: »Als hätte man eine alte Schallplatte, die sonst nur auf dem Plattenteller herumgeeiert sei, am Mittelstift einrasten lassen.«

Auf dem spirituellen Weg der Selbsterkenntnis begegnet man vielen Bewußtseinszuständen und -ebenen. Vielleicht kommen uns unvertraute Gedanken –

hochtrabendere, verrücktere oder gemeinere als wir uns jemals hätten träumen lassen. Es kommt auch vor, daß wir unvorstellbare Gefühle empfinden, unerträgliche Qualen leiden oder eine unerwartete Ekstase erleben. Der spirituelle Weg erfordert, daß wir uns den zahlreichen Selbst öffnen und stets auf den Wesenskern, den einenden Bewußtseinszustand, zusteuern. Die Übung der Selbstbeobachtung ist die Brücke zwischen den gewöhnlichen, zerstreuten Selbst zum Kern des geeinten Selbst.

Übungen zum dritten Kapitel

Suchen Sie sich ein Thema, das Ihnen zur Zeit Sorgen bereitet. Lernen Sie zwei Ihrer inneren Rollenträger kennen, am besten solche, die gegenteilige Ansichten zu diesem Thema vertreten. Beschreiben Sie als erstes die beiden Rollenträger und deren Standpunkt. Schreiben Sie daraufhin einen Dialog zwischen den Widersachern, der auf die anstehende Frage Bezug nimmt. Beschäftigen Sie sich eingehend mit beiden Ansichten und versuchen Sie, mehr über Ihre Konflikte oder Ambivalenz in diesem Bereich zu erfahren.

Üben Sie sich fünf Tage lang in einer schriftlich festgehaltenen Tagesrückschau, indem Sie täglich mindestens eine Begebenheit zusammenfassen, bei der unharmonische Gedanken oder Gefühle aufkamen. Versuchen Sie nach den fünf Tagen festzustellen, ob sich ein gemeinsamer Nenner für diese Erfahrungen herausschälen läßt.

Meditieren Sie fünf Tage lang mindestens zehn Minuten täglich. Schreiben Sie jeden Tag auf, wann Sie meditiert haben, und fassen Sie Ihre Erfahrungen zusammen. Sie können dabei eine Zentrierübung verwenden; halten Sie fest, welche Sie ausprobiert haben – dem Atem zu folgen oder an der Schwelle des Verstandes zu stehen und die Gedanken, Gefühle und Empfindungen zu beobachten.

Versuchen Sie, sich fünf Tage lang bei irgendeiner alltäglichen Verrichtung mit Ihrem objektiven Beobachterselbst gleichzusetzen, beispielsweise beim Zähneputzen. Beobachten Sie zu diesem Zeitpunkt alles, was Sie äußerlich tun und gleichzeitig alles, was in Ihnen abläuft. Schreiben Sie auf, was Sie dabei erlebt haben.

4. Kapitel

Das Kind, das erwachsene Ich und das transpersonale Selbst annehmen

»Erst wenn ihr im Vollbesitz eures äußeren Selbst, eures Ich, seid, könnt ihr darauf verzichten und das wahre Selbst in euch erreichen.«

Lesung 132,
Die Funktion des Ich in Beziehung zum wahren Selbst.

Barbara: Die Entdeckung des inneren Kindes und der inneren weisen Frau

Barbara hatte fünf Jahre lang gegen ihren Krebs gekämpft. Zuerst hatte man ihr eine Brust entfernt, dann die Lymphknoten. Jetzt hatte sie Metastasen in der Leber und kaum mehr sechs Monate zu leben. Sie kam zu einer Intensivwoche nach Sevenoaks, um mit mir und ihrem Helfer Donovan näher an die emotionalen Ursachen der Krankheit heranzukommen und sich seelisch auf das Bevorstehende vorzubereiten. Sie wollte leben, wußte aber, daß sie nicht mehr viel Zeit hatte.

Barbara brachte ihren eigene, wohlentwickelte spirituelle Sicht mit: eine Mischung aus jüdischer Kultur, übersinnlichen Fähigkeiten und einer großen Achtung für alles, was uns die Natur den Indianern zufolge lehrt. Sie hatte sich kurz vor dem ersten Tumor von ihrem Mann getrennt – für sie war es ein herzzerreißender emotionaler Verlust gewesen.

Vor der Intensivwoche schrieb Barbara in ihr Tagebuch:

»Die Herbstluft riecht so gut. Ich sitze auf der Holzbank bei dem Kreis der sieben heiligen Eichen, den Bergen gegenüber. Es riecht nach trockenem Laub und Gras,

79

nach Insekten und reifen Eicheln. Ein süßer Geruch modernder Erde und all dessen, was zu Erde wird. Schaue zu, wie die braunen Eichenblätter leicht und anmutig auf einem Windhauch auf die wartende Erdmutter fallen. Erkenne die Seiten in mir wieder, die wie Zweige und Äste von einem Baum gefallen sind. Noch will ich mich nicht ganz entblößen. Aber ich hoffe, daß ich so mühelos und anmutig wie ein Blatt herunterfalle, wenn es an der Zeit ist. Mein Körper wird dann zu Asche und versorgt die Erde mit Kalzium und anderen Mineralien. Meine Seele wird sich auf Adlerflügeln über dieses Land erheben.«

Barbara war sich ihrer inneren weisen Frau bewußt, die Tod und Verlust als Lebenszyklus akzeptierte. Gleichzeitig wollte ihr erwachsenes Ich nicht sterben, und ihr inneres Kind fürchtete, sie könnte keine Gelegenheit mehr zum Erwachsenwerden finden. Barbaras inneres Kind, Bobbi, war in ihrem Inneren noch immer eingefroren und hatte sich von früheren Traumata nie erholt. In der Intensivwoche nahm Barbara ihr erwachsenes Ich zu Hilfe, um sich an Bobbi zu wenden und das Gespräch aufzunehmen. Sie benutzte auch ihr Ich, um ihr spirituelles Selbst anzurufen, das sich als alte Großmutter zeigte. Die weise Frau redete dem Kind Bobbi und der erwachsenen Barbara gut zu und tröstete beide, die solche Angst vor dem Sterben hatten. Alle drei Selbst waren bei der Arbeit zugegen.

Zuerst bearbeitete Barbara ihre unerledigten Gefühle gegenüber ihrem Vater, der sich erschossen hatte, als Bobbi erst vier Jahre alt war. Als ihr inneres Kind schrieb sie ins Tagebuch:

»Mein wunderbarer Paps. Wenn du bloß am Leben geblieben wärst. Aber vielleicht hätte sich meine Liebe zu dir auch getrübt wie bei Mami und wäre verletzend und böse geworden.

Ich hätte nie aufgehört, dich zu lieben, Paps! Niemals! Egal, was geschehen wäre. Ich hätte nicht auf Mam gehört. Ich werde nie auf Mam hören. Sie lügt mich an, weil es ihr so besser paßt, und ich will nicht auf sie hören. Ich werde ihr nie glauben. Sie ist kalt, hart, kein bißchen sexy, haßt die Männer. So will ich nie zu dir sein. Ich liebe dich. Wir beide sind gleich. Lieb, warmherzig, lebendig, sexy und spielerisch. Laß uns ewig so beieinander bleiben, ja? Laß uns zusammen fortlaufen und nie erwachsen werden.«

In den Sitzungen mit Donovan und mir ließ sich Barbara immer mehr zum kleinen Mädchen regredieren. Donovan und ich spielten manchmal die Vater- und Mutterrollen und halfen ihr, die Wut und den Kummer abzuladen, der aus der Kindheit übriggeblieben war. Sie schrie ihren Zorn gegen die Mutter heraus und schluchzte wegen des Verlustes ihres Vaters.

Barbaras Vater war ein gestörter, kindischer und unverantwortlicher Mann gewesen, der bei keiner Arbeit bleiben oder seine Familie ernähren konnte. Er hatte sich lange als Versager gefühlt, bis er sich schließlich erschoß. Barbara schrieb einiges von ihrer Arbeit mit uns in ihr Tagebuch:

»Donovan hat mich gehalten und war eine lange Weile mein Paps. Er sagte mir, ich sei in Ordnung, und was auch immer mir zustoße, es werde mir gut gehen und er, mein Helfer, sei froh, daß ich in sein Leben getreten sei. Mein Paps sei sehr froh, daß ich auf die Welt gekommen sei. Mein Paps. Mein wunderbarer, trauriger, verrückter, lieber, warmherziger, verlorener, verwirrter, liebevoller Paps, der die Kontrolle über sich verloren hat.

Donovan sagte mir als mein Pa, meine Liebe sei die einzige Freude in seinem Leben, aber alle Liebe der Welt hätte ihn nicht am Leben gehalten, weil ein Mensch einem anderen nicht genug Liebe geben kann, wenn er sie nicht annimmt. Donovan/ Paps sagte: ›Ich schaffe es einfach nicht mit einer Arbeit oder einer Frau. Ich liebe dich. Du bist das Licht und die Süße meines Lebens, aber ich gehe in meinen riesigen Schwierigkeiten unter. Ich bin verwirrt, habe keine Kontrolle mehr über mich und muß gehen, aber ich bin nicht daran schuld.‹ Das klang ganz wie ich. Man muß bloß den Mann durch die Frau ersetzen.

Der einzige erwachsene Mann, den ich je annähernd so ungestüm und wild wie meinen Vater geliebt habe, war mein Mann. Vielleicht war die Auflösung dieser Beziehung deshalb auch so schwierig und schmerzhaft.

Diese Liebe empfinde ich auch Donovan gegenüber. Ich habe Angst um ihn. Ich habe Angst, daß unsere tiefe gemeinsame Erfahrung ihn in Gefahr bringt. Mein ›Schicksal‹ wird ihm irgendwie schaden. Er könnte ... ich kann es nicht aussprechen. Will den Gedanken nicht in Worte fassen und vielleicht der Tat Gewicht geben. Aber ich habe große Angst.«

Barbaras Vater hatte oft gedroht, sie zu verlassen, und das viele Male, bevor er sich tatsächlich umbrachte. Sie hatte wieder Angst, daß Donovan weggehen könnte, und empfand Schmach darüber, daß es ihre Schuld wäre. Sie spürte auch das Entsetzen nach dem Tod des Vaters, als ihre Mutter völlig gebrochen war und nicht mehr richtig für sie sorgen konnte. Trauer und Wut stiegen mit der Erinnerung in Barbara hoch, daß ihre Mutter alles, was ihrem Vater gehört hatte, gleich nach seinem Tod vernichtet hatte, einschließlich eines Briefes, den er Bobbi geschrieben hatte, unmittelbar bevor er sich erschoß.

»Empfinde es als riesigen Verlust, den Brief nie gesehen zu haben, den mir mein Vater hinterließ. Was mochte es wohl gewesen sein? Egal, wie einfache oder tiefsinnige Worte er auch gewählt haben mochte ... Es war ein Verrat der Mutter, die sich nach seinem Tod ins Bett gelegt und jedes Zeichen von ihm vernichtet hat. Sie ist immer so selbstsüchtig gewesen, vom Drama ihrer eigenen großen Schwierigkeiten absorbiert. Wie ich sie gehaßt habe!

Ich sagte Donovan zum ersten Mal, daß meine Mutter den letzten Brief meines Vaters an mich verbrannt habe. Da mußte Donovan weinen ... das hat mich sehr bewegt. Seine Tränen haben die Größe meines Kindheitsverlustes gewürdigt. Das Kneifen und die Schwäche in meinem Rücken – dieser vertraute, furchterregende Schmerz – sind seit der Sitzung heute früh vergangen. Ich glaube, er ist vergangen, als Donovan seine warme Hand auf mein Kreuz legte, als ich die Wut und den Schmerz meines verstörten, gepeinigten Kindes erlebte und herausließ.«

Barbara schlug auf Kissen ein, drehte Handtüchern »den Hals um« und ließ so eine Menge kindliche Wut gegen ihren Vater ab, weil er sich umgebracht hatte, und gegen ihre Mutter, weil sie bei seinem Tod zusammengebrochen war und ihre Beziehung zum Vater heruntergemacht hatte. Die nachfolgende Arbeit half ihrem erwachsenen Ich, diese Erfahrungen zu verstehen, vor allem, wie sehr der Tod des Vaters ihr inneres Kind beeindruckt hatte. Sein Selbstmord fand gerade in der Entwicklung des kleinen Mädchens Bobbi statt, als die geschlechtlichen und liebevollen Gefühle ihrem Paps gegenüber erwachten und sie die völlige Abhängigkeit von Mam abzulehnen begann. Damals war er immer noch ihr vollkommener Pa, und Mam die Böse.

Daraufhin stieg Barbara in ihre Kinderseele hinab und fand dort die Verallgemeinerungen und falschen Schlußfolgerungen, die für das kindliche Denken so typisch sind: »Wenn mir etwas Böses widerfährt, bin ich bestimmt böse.« In ihrem kindlichen Unterbewußtsein glaubte sie, der Tod des Vaters sei bestimmt die Strafe für ihre Schlechtigkeit gewesen. Wahrscheinlich wurde sie bestraft, weil sie Paps liebte und Mam ablehnte. Diese falsche Schlußfolgerung führte zu: »Weil ich Strafe verdiene, will ich mich selbst bestrafen. Wenn ich mich gleich bestrafe, straft Gott mich vielleicht nicht.« Barbaras Krebsleiden, besonders die Chemotherapie, hatte sich für sie schon immer wie eine Selbstbestrafung angefühlt, wie eine Buße, aber sie wußte nicht wofür. Jetzt konnte sich ihr erwachsener Verstand eingehend mit den irrationalen kindlichen

82

Schlußfolgerungen befassen, sie in Frage stellen und Mitleid mit dem verwirrten Kind haben, das sich ein so schmerzhaftes Bild gemacht und eine so übergroße Selbstbestrafung erlitten hatte.

Als ihr erwachsener Verstand die Verzerrungen Bobbis noch besser erfaßte, versank sie tiefer in ihr inneres Kind und fand dort folgendes vor:

»Ich bin genauso wie er. Ich hasse Mam und möchte, daß sie tot ist. Er hätte lieber sie statt sich umbringen sollen. Dann hätten wir zusammen weggehen können, ich und mein Paps, und diese kalte, gemeine Frau zurückgelassen. Aber er hat sie nicht getötet. Wenn ich eine erwachse Frau bin, werde ich sie umbringen müssen, weil sie ihn und seine Lebenslust umgebracht hat. Vielleicht ist es besser, ich bringe mich um, bevor ich sie töte.

Frauen sind kalt und böse, also bringe ich mich besser selber um, bevor ich eine Frau wie meine Mutter werde. Mein Mann hat mich verlassen. Sicher war ich daran schuld. Ich war kalt, fordernd und kritisch, und er hat angefangen zu trinken. Dann hatte er eines Abends einen Autounfall und hätte dabei umkommen können; es wäre meine Schuld gewesen. Ich bin eine Frau genau wie meine Mutter geworden. Sie hat meinen Paps zum Sterben gebracht, und jetzt habe ich meinen Mann verletzt. Ich tue es also auch. Ich töte. Ich bringe mich besser ganz schnell um, damit ich niemand sonst töte.«

Als sie das aufgeschrieben hatte, schlief Barbara ein, aber mitten in der Nacht erwachte sie voller Angst und schrieb:

»Etwas kommt, mich in der Nacht zu holen.

Niemand sonst hört oder sieht es.

Sie werden mir nicht glauben.

Vielleicht bin ich es.«

Das kleine Mädchen meldete sich da zu Wort und teilte der erwachsenen Barbara deren Angst vor dem Dämon, der Zerstörungswut, dem Mörder im Inneren mit. Dann kam wieder die Stimme des vierjährigen Kindes und äußerte noch mehr verborgene negative Gedanken, die seit dem Trauma nach dem Selbstmord ihres Vaters in ihr geschmort hatten:

»Es ist vorbei.

Ich bin froh, daß es vorbei ist.

Ich wünschte, sie wären beide tot.

Ich wünschte, alle wären tot.

83

Wer wird sich um mich kümmern?

Ich wünschte, ich wäre auch tot.«

Dann kam wieder eine klare Einsicht in das, was Barbaras zerstörerische Seite ihr antat:

»Wir tun das, weil wir sonst jemand anderen töten würden, wenn wir die Kontrolle verlieren. Deshalb lassen wir den Krebs die Kontrolle in uns verlieren, damit wir die Kontrolle nach außen hin nicht verlieren.«

Barbara war zu einer der Ursachen ihres Krebses vorgestoßen, die Angst vor dem Mörder in sich, den sie gegen sich selbst gerichtet hatte. In derselben Nacht meldete sich das Kind wieder und redete mit der Großmutter, der Hüterin ihrer Seelenreise.

»Es tut weh, Großmutter. Ich will, daß es mir nicht mehr weh tut.«

Sie bat, Großmutters Stimme zu hören, und diese gab zur Antwort:

»Ja, mein Kind. Der seelische und körperliche Schmerz, den du dir gegeben hast, um für deine versteckte Schuld und Angst vor deiner Schlechtigkeit zu büßen, kann jetzt aufhören. Du brauchst dich nicht mehr zu bestrafen oder dir deine Liebe vorzuenthalten. Du hast mehr als genug gelitten. Du kannst aufhören, dir selber wehzutun. Gott liebt dich, wie du bist. Dir ist vollkommen vergeben, und so ist es immer gewesen. Der Mörder, vor dem du solche Angst hattest, ist nicht so schlimm, wie du dachtest. Es war eine natürliche kindische Reaktion auf deinen echten Kindheitsschmerz. Jetzt bist du sicher, frei und vollkommen geliebt.«

Als sie später daran dachte, wie sie ihr zerstörerisches Kind entdeckt hatte, erkannte Barbara, daß sie viel mehr Kraft als je zuvor in ihrem Leben gehabt hatte. Sie schrieb später von der Warte ihres intelligenten erwachsenen Ichselbst über diese Einsicht:

»Ich habe mich machtlos gefühlt, weil ich mein niederes Selbst, meinen unbewußten Mörder, nicht zur Kenntnis genommen hatte. Weil ich nicht zu meiner Mörderin gestanden habe, war deren Macht an einem dunklen Ort verbannt, wo sie mich langsam umgebracht hat. Ach, welche Freude, sie jetzt zur Verbündeten zu haben und ihre Energie wieder für mich zu verwenden. Jetzt kenne ich ihre geheimen Gedanken, ihre tödlichen Gedanken, und kann die Kraft meines Hasses zurückfordern, ohne mich selbst dafür bestrafen zu müssen.«

Gegen Ende der Intensivwoche schrieb Barbara als erwachsenes Selbst:

»Gut, mein kleines Mädchen, ich kümmere mich jetzt um dich. Ich will wirklich versuchen, mich auf die bestmögliche, liebevollste Weise um dich zu kümmern, und gebe zu, daß ich unvollkommen bin. Vielleicht sterbe ich an Krebs, aber ich will mich nicht mit dem Krebs umbringen. Ich will mich – alle meine Selbst – lieben!

84

Wenn unsere höheren und niederen Selbst zusammenhalten, gelangen wir eines Tages zu dem Gott und der Göttin, denen wir gehören. Die Dunkelheit in uns ist nur der Schmerz des Teilwissens. Holt euch zur Läuterung und Heilung Energie von der Erde. Der Adler fliegt noch, wenn die Sonne untergeht, und Großmutter Erde strömt einen so süßen, vollen Duft aus.«

Dann schloß Barbara allmählich Frieden mit ihrer Mutter.

»Ich sehe jetzt, daß meine Mutter sich auch entwickelt hat und wirklich selbstlos für andere zu sorgen versucht. Eine süße, zarte Liebe entsteht zwischen uns. Meine Aufgabe besteht jetzt darin, zu vertrauen und das von ihr anzunehmen, was sie mir in meiner Bedürftigkeit gibt. Ich habe Mitgefühl mit ihr und kann mit ihr um die schmerzliche Vergangenheit trauern.

Meine Mam wird mich nie zu Bett bringen, und mein Pa wird mich nie in den Armen halten, doch meine Helfer haben beides getan und waren für diese kurze Zeit meine Eltern und dennoch sie selbst. Jetzt gehe ich weg, um mein eigener Vater und meine eigene Mutter zu sein und für mich zu sorgen. In dieser Zeit war ich Bobbi, das Kind des höheren und niederen Selbst, und gleichzeitig die erwachsene Barbara. Und wie immer war Großmutter hier.

Hurra für uns, für alle »wirs«, die in diesen wenigen kostbaren Tagen da waren. Hurra!«

Barbaras Intensivwoche schloß mit einem Ritual am Medizinrad von Sevenoaks. In die Mitte des Kreises wurden Fotos ihres Kindselbst und Erwachsenenselbst gelegt, dazu kam eine Adlerfeder, die ihren Geist darstellte. Die Mächte der vier Windrichtungen wurden um Heilung und Stärkung für ihren Körper und ihre Seele angerufen.

Barbara lebte ein Jahr länger als erwartet und hatte nur mehr wenig Schmerzen. Sie füllte die Zeit mit spiritueller Vertiefung aus. In den letzten Monaten kümmerte sich Barbaras Mutter wunderbar um sie, und eine sanfte Liebe verband beide. Gegen Ende ihres Lebens ging Barbaras Geist häufig auf »außerkörperliche« Wanderungen und verbrachte mehr Zeit mit der Großmutter. Ihr Ichbewußtsein wußte nicht, daß der Körper im Sterben lag, aber sie erwähnte oft, sie sei bei der Großmutter, sehe die Berge und schwebe mit den Adlern in den Lüften. Nach ihrem Tod wurde ihre Asche unter den sieben Eichen und beim Medizinrad verstreut.

Wie für Barbara ist es für uns alle notwendig, dem inneren Kind zu begegnen und uns darum zu kümmern. Auch wir können unsere spirituellen Großmütter und Großväter, Schutzengel, Lehrer oder Führer anrufen, die von jenseits der Ebene unserer gewöhnlichen Ichpersönlichkeit zu uns kommen.

Auf dem Weg nach innen lernen wir viele verschiedene innere Selbst kennen. Um die vielen Arten von Bewußtsein auseinanderzuhalten, die uns ausmachen, benötigen wir Landkarten.

Landkarten des Bewußtseins

In diesem Buch will ich zwei Landkarten des Bewußtseins für die menschliche Psyche anführen, die uns verläßliche Führer bei der eigenen Transformation sein sollen. Jeder kommt auf seinem Weg durch ein bestimmtes inneres Gebiet. Dabei entsteht eine einmalige Erlebnislandkarte. Allerdings können Sie die Gültigkeit der nachfolgenden Landkarten nur überprüfen, wenn Sie Ihren eigenen Weg antreten.

Die Hauptkarte, die ich hier vorstellen will, gilt für die folgenden Selbst: Maskenselbst, niederes Selbst und höheres Selbst. Die Maske, die im sechsten Kapitel ausführlich besprochen wird, ist ein falsches äußeres Selbst, das wir uns für die Welt aneignen; es ist die Person, die wir glauben sein zu müssen. Die Maske entspricht in etwa der Jungschen *Persona*. Hinter der Maske versteckt sich das niedere Selbst, die negativen Seiten des Jungschen *Schattens*, eine Ansammlung dunkler und in der Regel unbewußter Energie, die aus Verzerrungen und falschen Vorstellungen besteht. Das niedere Selbst und dessen Transformation wird im siebten, neunten und zehnten Kapitel eingehend besprochen.

Das Maskenselbst ist eine Reaktion auf den Einfluß anderer. Im Gegensatz dazu ist das niedere Selbst ein aktiver, spontaner und zerstörungsfreudiger Kern, der aus einer längst vergessenen Entscheidung stammt, uns von unserem Herzen und der Ganzheit der Schöpfung – von Gott – zu trennen. Im innersten Kern oder unserer Mitte weilt das höhere Selbst (Jung nannte es das *Selbst*), eine Ansammlung positiver Lebensenergie, die unser wahres Selbst darstellt. Wie wir im achten und elften Kapitel noch sehen werden, steht dem höheren Selbst eine grenzenlose Lebenskraft zur Gestaltung positiver Lebenserfahrungen zur Verfügung.

Das Masken- und niedere Selbst sind Ballungen oder Abwehrmechanismen, die uns davon abhalten, unsere wahre Identität als Emanation Gottes zu erkennen. Trotzdem sind das Masken- und niedere Selbst auf der menschlichen Ebene real. Die Aufteilung des Bewußtseins in Maske, niederes Selbst und höheres Selbst ist für die Grundlagen, den Prozeß und die Übungen des Pfades grundlegend wichtig. Die Reise nach innen beginnt, indem man die Maske durchdringt, das niedere Selbst aufdeckt und umwandelt und schließlich das höhere Selbst kennenlernt und sich darin verankert. Auf diesem Weg erkennen wir Gott im Inneren.

Hier ist ein Bild der drei Selbst, wobei die Maske als »äußere« Identität abgebildet ist; darunter liegt das niedere Selbst als Abwehr vor dem Wesenskern oder höheren Selbst; in der Wesensmitte ist Gott.

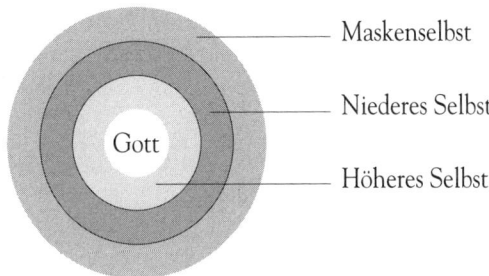

Nachfolgend beschreibe ich eine zweite Landkarte der menschlichen Psyche, auf die ich später zurückkomme. Es ist eine Karte, auf der die vier Stadien der menschlichen spirituellen Entwicklung verzeichnet sind. Sie lassen die Welt auf verschiedene Art und Weise erleben und kennenlernen. Obwohl es sich dabei um vier aufeinanderfolgende Stadien der spirituellen Entwicklung handelt, existieren sie gleichzeitig in der Psyche als

das innere Kind oder das primitive Bewußtsein,

das erwachsene oder Ichbewußtsein,

die Seele oder transpersonale Ebene, welche die karmische Vorgeschichte unserer Seelenreise enthält und auf der sich zudem das kollektive, archetypische Bewußtsein der ganzen Menschheit äußert, und

die einende Ebene, die gleichbedeutend mit dem kosmischen Bewußtsein ist.

In jedem dieser Entwicklungsstadien ist eine andere Arbeit erforderlich.

Die beiden Landkarten überlagern einander. Die Maske, das niedere und das höhere Selbst drücken sich sowohl auf der Ebene des Kindes und des Ich aus. Die Maske verschwindet auf der transpersonalen Ebene, auf der sich das niedere Selbst jedoch immer noch äußert. Auf der einenden Ebene verschwindet die dunkle

87

Seite unseres Wesens, da sie jenseits jeglicher Dualität und damit jenseits des Konfliktes zwischen dem niederen und höheren Selbst liegt.[15]

Eine Zusammenfassung finden Sie in der Tabelle »Landkarte der menschlichen Psyche«.

Hier werden die Grundzüge der Arbeit in jedem Stadium und mit jedem der drei Selbst beschrieben. Beim spirituellen Weg wird das, wofür wir uns halten, in die Spalte des höheren Selbst verschoben. Wir beginnen auf der Ichebene damit, uns mit dem positiven Ich gleichzusetzen und die Fähigkeit einer objektiven, mitfühlenden Selbstbeobachtung zu fördern. Dann legen wir den Anker des Selbst in immer tiefere Bereiche des höheren Selbst einschließlich des spontanen, kreativen inneren Kindes und der weisen, liebevollen inneren Eltern und Lehrer. Die sichere Identifikation mit dem höheren Selbst ermöglicht uns daraufhin, andere Aspekte wie unsere fragmentierten, defensiven Selbstidentitäten aus der Masken- und Niedere-Selbst-Kolonne aufzunehmen. Wir integrieren diese weniger entwickelten Aspekte im Bewußtseinsgefäß des höheren Selbst. So holen wir abgesplitterte Teile nach Hause und manifestieren ständig wachsende Einheit. Wir fördern zudem das Gewahrsein der tiefinnersten Wirklichkeit, die bereits in Einheit und Ganzheit weilt und eins mit Gott ist.

Versuchen Sie nicht, das alles sofort verstehen zu wollen. Lassen Sie es in den folgenden Kapiteln auf sich zukommen. Alles wird sich klären!

---

[15] Die Landkarten des Bewußtseins stammen aus den Lesungen des GUIDE. Meine eigenen Gedankengänge sind jedoch stark von Ken Wilbers Büchern beeinflußt worden, insbesondere von *Das Spektrum des Bewußtseins, Wege zum Selbst* und *Mut und Gnade*. Darin werden die verschiedenen Bewußtseinsebenen unterschieden. Ich vermute, daß die drei Entwicklungsstufen des GUIDE (Kind/ primitives, erwachsenes Ich und universelles Selbst oder Seele) genau dem entsprechen, was Wilber das prärationale, rationale und postrationale Stadium in der Entwicklung zur Selbsterkenntnis nennt. Diese Ebenen wurden auch als präpersonal, personal und transpersonal bezeichnet oder als vorbewußt, bewußt und überbewußt. Ich nenne die drei Ebenen nur deshalb »Kind«, »erwachsenes Ich« und »transpersonal«, weil ich diese Bezeichnungen für einfach und klar halte.

88

LANDKARTE DER MENSCHLICHEN PSYCHE

Entwicklungsstadium und Aufgabe:	DIE DREI SELBST		
	Maskenselbst	Niederes Selbst	Höheres Selbst
Kindselbst *Umerziehung des inneren Kindes, damit es ein autonomer Erwachsener wird.*	Unechtes Kind, das auf die Erwartungen anderer reagiert und versucht, der Verletzlichkeit des Echtseins zu entgehen.	Selbstsüchtiges, starrköpfiges Kind, das nur seinen Kopf durchsetzen will. Negatives, verletztes Kind, das Schmerzempfindungen und Enttäuschungen abwehrt. Abergläubisch, nicht autonom.	Spontanes, liebevolles, kreatives Kind, das mit dem Geistigen in Verbindung steht. Offenes Kind ohne Abwehrhaltung, das fühlen kann und verletzlich ist. Offenheit gegenüber der geistigen Welt.
Erwachsenes Ich *Stärkung des positiven Ichgeistes; Ausrichtung auf das spirituelle Selbst.*	Idealisiertes Selbstbild, das der Welt dargeboten wird und für das man sich halten möchte. Perfektionistische Anforderungen an das Selbst und andere. Charakterabwehr der Maske: Verzerrung der Göttlichkeit durch Unterwerfung (Liebe), Aggression (Macht), oder Rückzug (Gelassenheit).	Persönlichkeitsmängel. Egoistisches, selbstsüchtiges Ich, das über alles herrschen möchte, was es sieht. Umgekehrt ein schwaches, abhängiges Ich, das keine Verantwortung übernehmen will oder Anspruch auf Verdientes erhebt. Stolz, Eigensinn und Angst (Aspekte des niederen Selbst auf allen Ebenen).	Gute Persönlichkeitseigenschaften. Positiver Ichwille, der dem spirituellen Selbst dient. Trifft positive Entscheidungen. Beobachtet und akzeptiert alle Aspekte des Selbst. Beschäftigt sich mit einer spirituellen Disziplin und folgt der inneren Führung. Persönliche Stärken sind Liebe, Macht oder Gelassenheit.
Seele / transpersonale Ebene *Die persönliche und kollektive Seele heilen; Hingabe an Gott.*	Keine Maske mehr.	<u>Eigene Seele:</u> Negative Seelenausrichtung, die die Dualität fortsetzen möchte. Eigene Seelendellen, karmische Verzerrungen. <u>Kollektive Seele:</u> Negative Archetypen und dämonische Impulse. Klammern an negativer Macht und Trennung (das Böse).	<u>Eigene Seele:</u> Positive Seelenausrichtung, die auf Vereinigung abzielt. Eigene Seelengaben und Wunsch, zu dienen. <u>Kollektive Seele:</u> Positive Archetypen und engelgleiche Essenz. Hingabe an die inneren Führer und an Gott.
Einende Ebene *In Gott weilen.*	Keine Maske mehr.	Keine trennenden Impulse mehr; kein niederes Selbst mehr.	Kreative Ausstrahlung; Liebe und Wahrheit; Jetzt hier sein.

Anmerkung: Auf den Seiten 296 und 297 findet sich dieselbe Tabelle unter der Überschrift »Schritte auf dem spirituellen Weg«, die jedoch um eine Zusammenfassung der im jeweiligen Stadium zu leistenden Arbeit sowie die der Haltung, die der Helfer einnimmt, erweitert wurde.

Das Kindselbst

Jeder hat ein inneres Kind. Eigentlich haben wir viele inneren Kinder, die den verschiedenen Entwicklungsstadien des Lebens entsprechen. Für die innere Heilung sind diejenigen inneren Kinder besonders wichtig, deren gefühlsmäßige Entwicklung infolge von Vernachlässigung, Übergriffen oder einem Trauma in einem Stadium stehengeblieben ist. Wird die emotionale Entwicklung nicht abgeschlossen, wiederholt der Erwachsene ungelöste Kindheitsprobleme, bis man sich ihrer bewußt wird. Der Erwachsene kann das Bewußtsein der inneren Kinder nacherleben, um deren Heilung herbeizuführen.

Das Baby in uns war einst völlig von seinen Betreuern abhängig, und sein Verlangen nach Sorge, Liebe und Behaglichkeit waren Bedürfnisse, bei denen es um alles ging. Wurden diese Bedürfnisse nicht ausreichend gestillt, versucht das innere Kind auch später noch andere dazuzubringen, für es zu sorgen, oder weigert sich umgekehrt, das Bedürfnis anderer nach Sorge überhaupt zu bemerken. Die Forderung nach sofortiger Befriedigung war beim Kind ein echtes Bedürfnis; beim Erwachsenen ist es weder angemessen noch machbar. Erst wenn wir empfinden, welche Wirkung die Nichterfüllung der ersten Bedürfnisse hatte und wie groß der Schmerz darüber war, können wir uns erneut um das Kleinkind in uns kümmern und ihm helfen, sich zu einem eigenverantwortlichen, reifen Erwachsenen zu entwickeln.

Das Kleinkind mußte seine Unabhängigkeit beweisen und die eigenen Körperfunktionen in den Griff bekommen. Wurde sein Streben nach Ablösung vereitelt, fürchtet sich das Kind in uns vor Übergriffen anderer und beharrt unbewußt auf seinem Recht, getrennt zu sein, was das Verlangen nach Nähe im Erwachsenenalter untergräbt. Erst wenn wir die kindliche Wut nacherleben, weil das Bedürfnis, unabhängig von den Eltern aufzuwachsen, vereitelt wurde, können wir einen echten Ausgleich zwischen Getrenntheit und Zusammensein als Erwachsene finden.

Jedesmal, wenn in der Entwicklung ein als zu gefährlich, traumatisch oder bedrohlich erachtetes Ereignis stattfindet, das im jeweiligen Zeitpunkt nicht vollständig empfunden und losgelassen werden kann, friert ein Teil der Psyche ein. Die Störungen reichen von unerfüllten körperlichen oder emotionalen Bedürfnissen im Säuglingsalter über mangelnde Hilfe bei der Ablösung als Kleinkind bis zum Überschreiten der eigenen Grenzen und Übergriffen in die Privatsphäre im

90

späteren Entwicklungsstadium. Das Kind hat in der Regel nicht den Überblick, um zu wissen, daß ihm etwas Unrechtes geschieht. Es paßt sich der Umgebung an und unterdrückt seinen Kummer oder Protest. Auch wenn es weiß, daß ihm etwas Unrechtes geschieht, aber mit niemandem darüber sprechen kann, wird innere Einsamkeit unerträglich und die auslösende negative Situation ebenfalls verdrängt.

Nehmen wir jedoch später unser Verhalten als Erwachsene unter die Lupe, erkennen wir deutlich, daß manche Entwicklungsstadien gestört oder nicht abgeschlossen sind. Dann können wir uns in den Verstand und die Gefühle des Kindes zurückversetzen, das immer noch in uns lebt, und den Wachstumsprozeß vervollständigen. Barbara, mit deren Bericht dieses Kapitel anfing, hat ihr inneres Kind aufgespürt und zu Wort kommen lassen. Ihre Bobbi hat, wie zu erwarten war, mit einer kindlichen Stimme geredet. Die erwachsene Barbara hat ihr, gemeinsam mit den Helfern, so zugehört, wie niemand ihr zugehört hatte, als sie Kind war und schrecklichen Kummer über den Selbstmord des Vaters empfand. Dieses Zuhören hat dem Kind zur Heilung seiner mörderischen Gefühle verholfen, die sie so streng verurteilt und auf schmerzliche Weise bestraft hatte.

Im fünften Kapitel wird die Arbeit mit dem inneren Kind ausführlicher dargestellt. Hier möchte ich den Kindgeist allgemein besprechen, obwohl die Unterschiede zwischen Säugling und zehnjährigem Kind natürlich riesengroß sind. Dennoch sind beide entwicklungsmäßig immer noch damit beschäftigt, ihre Bedürfnisse erfüllt zu bekommen und ihre Abhängigkeit nach und nach aufzugeben. Sie sind in unterschiedlichem Grad mit ihrer Umgebung verschmolzen und werden erst langsam zu getrennten, eigenständigen Menschen.

Der undifferenzierte Kindgeist

Das Kind in uns hat nicht nur alle Eigenschaften des Kindes, das wir einst waren, sondern auch noch die universellen kindlichen Qualitäten. Das Kindselbst ist spontan, kreativ, verspielt, empfindsam, spricht sowohl emotional als auch körperlich auf Reize an und ist von Freude, Staunen und Liebe erfüllt. Das sind die Eigenschaften des Kindes im höheren Selbst. Aber das Kind ist auch egozentrisch, fordernd, abhängig, unverantwortlich, unkritisch, chaotisch, unreif und abergläubisch. Das sind die Eigenschaften des Kindes im niederen Selbst.

Das Kind besitzt bei der Geburt noch kein Ich. Ohne Ich nimmt es die Mitteilungen des wahren Selbst deutlich wahr. Aber ohne Ich ist die Bedeutung der Mitteilung notgedrungen verzerrt. Das Kind sehnt sich nach höchster Vollkommenheit, äußerster Macht und größter Lust. Doch sind diese Wünsche beim unentwickelten Ich nicht nur illusionär, sondern auch selbstsüchtig und zerstörerisch. *(Lesung 132)*

Das Kind weiß spontan um das grenzenlose Potential der unsichtbaren geistigen Welt, aus der es gerade gekommen ist. Aber die Mitteilungen werden durch die Forderungen des Kindes nach sofortiger Befriedigung verzerrt.

Die Mentalität des Kindes ähnelt derjenigen des primitiven oder kollektiven Geistes.[16] Dieser ist vorwiegend unbewußt und reagiert automatisch oder instinktiv. Das Kind lebt vorwiegend auf der physischen und emotionalen Ebene und ausschließlich im Augenblick. Es kennt nur seine eigene Erfahrung und trifft aus der Sicht seiner begrenzten Welt eine Verallgemeinerung über die Natur der Dinge. (Im fünften Kapitel sehen wir uns dann genauer an, wie Verallgemeinerungen aus der Kindheit die jetzige Erfahrung der Realität färben oder sogar bestimmen.)

Das kindliche Bewußtsein ist mit seiner Umgebung, der Familie, dem Stamm und der Natur verschmolzen. Infolge dieser Verschmelzung hat das Kind Allmachtsillusionen. Bevor es sich seines begrenzten Getrenntseins bewußt wird, glaubt es, es könne alles, und kennt keine Angst vor dem Tod. Sein Gefühl der Sterblichkeit beginnt, wenn es sich als getrennter Körper und getrenntes Ich wahrnimmt. Als Erwachsene fürchten wir das innere Kind wegen der starken, spontanen Energie, in der es lebt und die unsere Erwachsenenhandlungen weitgehend aus dem Unterbewußtsein beeinflussen.

---

16 Ich möchte hier klarmachen, daß ich nicht unterstelle, eingeborene oder primitive Völker würden nur mit dem Kindgeist denken, wenn ich das Kind und den primitiven Geisteszustand miteinander verbinde. Hier handelt es sich um eine Art des Denkens oder Bewußtseins, um den unentwickelten oder kindlichen Aspekt in allen Völkern. In jeder Kultur der Welt treten Elemente aller drei Aspekte auf, des transpersonalen, Ich- und Kindgeistes. In vielen Eingeborenenkulturen ist das Ich oder der unterscheidende Verstand der am wenigsten entwickelte. Sowohl die kindisch-abergläubischen wie die reifen spirituellen Seiten treten stärker hervor. Da in der westlichen Kultur die Entwicklung des getrennten Ichverstandes überbewertet wurde, findet ein notwendiger Ausgleich statt, indem sich Westler für die spirituellen Lehren von Ureinwohnern interessieren.

Wir fürchten das innere Kind auch, weil seine primitiven Impulse und Handlungen nicht nur aus dem höheren, sondern auch dem niederen Selbst stammen. Das kleine Kind hält auf primitive Weise das für »gut«, was sich im Augenblick »gut« anfühlt; »schlecht« ist, was die unmittelbare Bedürfnisbefriedigung vereitelt. Der kindliche Geist trifft keine unabhängigen Moralurteile, und das Kind versteht manchmal gar nicht, was falsch an dem ist, was es tut. Es lebt den Sitten der Familie und/oder des Stammes gemäß, hat aber noch keine eigene moralische Sensibilität entwickelt.

Beim Kind folgt manchmal eine völlig selbstsüchtige Handlung auf eine spontan großzügige Geste, und das ohne inneren Widerspruch. Meine Tochter Pamela hat ihre Katze Butterscotch immer geliebt, und dennoch hat sie ihr ohne zu zögern die Schnurrhaare abgeschnitten, weil die Katze in dem Moment nichts anderes war als eine ihrer Barbiepuppen, denen sie regelmäßig die Haare schnitt. Empfindsame Einfühlung in einen geliebten Menschen folgt zuweilen auf eine barbarische Grausamkeit. Ein anhaltendes moralisches Gewahrsein anderer hängt von einer gesunden Ichentwicklung und dem Verständnis ab, daß wir von den anderen zwar getrennt, aber dennoch mit ihnen in Beziehung stehen.

Die Beziehungen des Kindes zu seinen Mitmenschen sind noch nicht differenziert oder selbstverantwortlich. Wir sehen das Kindselbst im Erwachsenen operieren, wenn wir unbewußt Partner oder Autoritätspersonen zu »Eltern«figuren machen, von denen wir vollkommene Liebe oder eine beständige emotionale Unterstützung verlangen. Ein Erwachsener, der nicht geben und nehmen kann und die grundsätzliche Gleichheit zu leben vermag, die in einer Beziehung zwischen zwei Erwachsenen erforderlich ist, folgt immer noch einem vergessenen Kindheitsskript. Das Bedürfnis nach strengen Regeln und einer Hierarchie ist ein weiterer Hinweis darauf, daß der Kindgeist die einfachere Welt sucht, als Mamis und Papis oder Stammeshäuptlinge die Verantwortung übernahmen und bestimmten, was richtig und gut ist.

In Beziehung zu Gott ist das Kind oder Primitive in uns abergläubisch. Wir basteln uns eine äußere Autorität aus Gott, der uns für unser Verhalten belohnt oder bestraft, genau wie wir es von den Eltern erwarteten. Der kindlichen Mentalität zufolge werden alle seelischen und geistigen Strömungen nach außen projiziert und die Welt mit Teufeln und Engeln, guten und schlechten Geistern bevölkert, denen man dankt oder die man beschuldigt, je nach den Erfahrungen des Kindes. Das Kind macht aus der unsichtbaren Welt greifbare, sichtbare Dinge und Wesen, und das ist eine der Eigenschaften, die wir an Kindern so mögen.

Nur versteht das Kind nicht, daß viele seiner Fantasiefiguren Projektionen aus dem eigenen Selbst sind. Jedesmal, wenn wir den eigenen abergläubischen Vorstellungen verfallen, befinden wir uns gerade im Kindgeist. Das tun wir alle, wenn wir insgeheim versuchen, einen Handel mit Gott abzuschließen, »Opfer« zu bringen, um zu bekommen, was wir wollen, oder uns dem Göttlichen gegenüber verhalten, als sei es ein »großer Papi« im Himmel.

Der spirituelle Weg erfordert, daß wir das unentwickelte, negative innere Kind – in Beziehung zu sich selbst, anderen und Gott – erkennen und die unentwickelten Seiten fördern. Stehen wir wirklich mit dem eigenen inneren Kind in Verbindung, dann spricht es mit uns und zeigt, wo wir steckengeblieben sind. Wir sollten dem inneren Kind gleichsam Eltern sein und ihm gut zureden, erwachsen sowie selbstverantwortlich und unabhängig zu werden.

Die positiven Seiten des Kindselbst sind sein Zugang zur spontanen, schöpferischen Energie. Das Kindselbst bietet die Verbindung zur inneren Weisheit der primitiven Kulturen, wie wir gleich sehen werden:

Ein älterer Mann, der als Firmenberater arbeitete, hatte bei einem dreitägigen Retreat unter freiem Himmel in Sevenoaks folgenden Traum:

»Ich soll eine Gruppe über Organisationsentwicklung leiten, aber es geht schlecht voran. Ein kleiner Junge kommt zu mir und sagt: ›Hier spielt sich nichts Neues ab. Alles, was hier abläuft, ist schon vor 2500 Jahren geschehen.‹ Und ich denke: ›Er hat recht. Die Gruppendynamik wird eigentlich zum Großteil von ungelösten Enttäuschungen bestimmt, die diese Menschen mit ihren Müttern und Vätern erlebt haben. Die meisten Abspaltungen in der Gruppe haben mit Stammesloyalitäten und Gebietshoheitsfragen zu tun. Schließlich ist die Organisationsentwicklung gar nicht so modern!‹

Dann führt mich der Junge in den Keller des Gebäudes. Vom Keller aus gehen wir in eine Höhle und immer weiter. Schließlich kommen wir in einen schwach erhellten Zeremonienraum, und der Junge zeigt auf etwas, das halb vergraben im Schmutz liegt. Ich gehe darauf zu und fange an, es auszugraben. Es ist ein großes Rad aus Stein, auf dem ich vier Handabdrücke erkennen kann, jeweils einen für die Speichen, die den vier Windrichtungen im Medizinrad entsprechen. Ein Abdruck ist der Handabdruck eines Kindes.«

94

Der Träumer wurde zu einer tieferen Erkundung seines inneren Kindes und dessen Verbindungen zum ursprünglichen Selbst, der primitiven tiefinneren Weisheit geführt, die sich unter der zivilisierten Tünche befand. Er spürte, daß die Entdeckung weiterer Aspekte seines inneren Kindes und seiner »angeborenen« Weisheit ihm auch helfen würde, die neuen Seiten zu vertreten.

Die Erforschung des Kindes in uns erschließt uns die tieferliegenden Energien der universellen oder transpersonalen Erlebnisebenen.

Das erwachsene Ich

Jeder Mensch besitzt ein erwachsenes Ichselbst, für das wir uns gewöhnlich halten. Das Ich kann Entscheidungen treffen und ausführen, Frustration ertragen und hart auf ein zukünftiges Ziel hinarbeiten. Mit dem Ich sind wir autonom, verantwortlich, ordentlich und unabhängig und gehen als getrenntes Selbst erfolgreich mit dem materiell/menschlichen Bereich um. Das Ich ist aber auch berechnend, materialistisch, allzu intellektuell und in den starren Grenzen seines engen Eigeninteresses eingeschlossen. Von sich aus kann das Ich keine Lust, Freude, Kreativität oder Liebe erzeugen. Es muß sich dem größeren Selbst hingeben, um den spontanen Strom der Lebenskraft zu spüren. Zuerst aber muß der Kindgeist die Forderung nach sofortiger Befriedigung aufgeben und ein Ich entwickeln, das die Begrenzungen des Lebens akzeptiert.

Ihr müßt eure Begrenzungen als Mensch akzeptieren, bevor ihr zur Einsicht kommen könnt, daß euch eine Quelle grenzenloser Macht zur Verfügung steht. Ihr müßt sowohl eure eigenen unvollkommenen Seiten als auch die Unvollkommenheiten des Lebens akzeptieren, bevor ihr erlebt, daß absolute Vollkommenheit das Schicksal ist, das ihr am Ende verwirklichen sollt. Das könnt ihr aber erst erfassen, nachdem ihr die kindischen Verzerrungen dieses Wissens abgelegt habt. Ihr müßt lernen, das Verlangen nach größter Lust aufzugeben und euch mit einer begrenzten Lust zufriedengeben, bevor ihr erkennen könnt, daß absolute Lust euer letztendliches Schicksal ist. Mit weniger auszukommen heißt, die Realität der Begrenzungen dieser Dimension zu akzeptieren. Dafür sind die Fähigkeiten des Ich erforderlich. Erst wenn euer Ich mit dem Bereich, in dem eure

Persönlichkeit und euer Körper jetzt leben, angemessen umgeht, begreift ihr eure wahren Fähigkeiten, Potentiale und Möglichkeiten ganz. *(Lesung 132)*

Wenn die Begrenzungen des menschlichen Bereiches nicht akzeptiert werden, kann man nicht über sie hinausgehen. Solange das Ich nicht genügend entwickelt ist, kann man es nicht hinter sich lassen. Das mag widersprüchlich klingen, aber es sind wesentliche Schritte auf dem spirituellen Weg. »Erst wenn das Ich gesund und stark ist, erkennen wir, daß es nicht die letzte Antwort und nicht der letzte Seinsbereich ist«. *(Lesung 132)*

Das erwachsene Ich besteht wie das Kindselbst aus positiven und negativen Seiten, aus Bewußtsein und Energie, die sowohl aus dem höheren wie niederen Selbst stammen. Verlieren wir uns im Glauben, das Ich sei alles, was es gibt, dann verhärten sich unsere Grenzen, und ein negatives Getrenntsein setzt ein. Die Wahrnehmung verengt sich auf äußere Erscheinungen und konzentriert sich auf das, was uns voneinander trennt, statt auf das, was uns miteinander verbindet. Das führt zu Konkurrenzdenken, Neid, Selbstüberhöhung, Stolz und Eigensinn. Die negativen Seiten des Ich fördern übertriebene Vorstellungen des getrennten Selbst und eine feindselige Sicht anderen gegenüber. Setzen wir uns ausschließlich mit dem erwachsenen Ich gleich, treten wir in die paranoide Welt des »ich gegen sie« ein.

Die positiven Seiten des Ich hingegen enthalten jene Willensfähigkeiten, mit denen wir positive Entscheidungen fällen, Verpflichtungen einhalten, uns von den anderen unterscheiden und Frustrationen aushalten. Dem positiven Ich ist die objektive Selbstbeobachtung und ein zunehmendes Selbstbewußtsein möglich. Es kann auch eine Verbindung zwischen Vergangenheit, Gegenwart und Zukunft herstellen und verstehen, wie sich Ursache und Wirkung im eigenen Leben und in der kollektiven Menschheitsgeschichte auswirken. Indem es sich von der undifferenzierten kindlichen Welt des »Hier-und-Jetzt« löst, erstreckt das erwachsene Ich seine Wahrnehmung nach rückwärts und vorwärts und kann wohlwollend auf andere zugehen, die als eigenständige, getrennte Wesen und nicht als eigene Ausdehnungen wahrgenommen werden. Diese Fähigkeiten sind Brücken zum transpersonalen höheren Selbst.

An sich ist das Ich weder gut noch schlecht. Die Unterscheidung des individuellen Selbst von Familie und Kultur ist ein notwendiges Entwicklungsstadium

96

des Menschen. Die wachsende Wesenheit hat die Aufgabe, ein eigenständiges Selbstgefühl zu entwickeln, eigene Grenzen aufzubauen und Begrenzungen anzunehmen. Das spirituelle Potential des Ich hängt davon ab, auf welche innere Seite des Selbst es sich auszurichten lernt – auf das höhere oder das niedere Selbst. Werden die Ichfunktionen auf das höhere Selbst ausgerichtet, dann ist es flexibel genug, entweder seine Arbeit zu tun oder aus dem Weg zu gehen und die spontanen spirituellen Energien durchzulassen, wenn diese verfügbar sind.

Das Ich muß wissen, daß es nur ein Diener des größeren Wesens im Inneren ist. Seine Hauptfunktion besteht darin, bewußt Kontakt mit dem größeren Selbst aufzunehmen. Es muß seinen Platz kennen. Es muß wissen, daß seine Stärke, seine Möglichkeiten und seine Funktion darin liegen, mit dem größeren Selbst Kontakt aufzunehmen, sich für dieses zu entscheiden und es um Hilfe zu bitten, eine ständige Verbindung mit ihm herzustellen. *(Lesung 158)*

Das Ichselbst ist viel bewußter und selbstreflektierender als das Kindselbst; es ist der Eigenverantwortung und willentlichen Selbstkontrolle fähig. Dank dieser Eigenschaften kann es auch reif mit anderen umgehen.

Mit zunehmender Reife entwickelt der Mensch ein Gefühl für das Selbst. Je bewußter er sich seiner wird, desto mehr kümmert er sich paradoxerweise um andere. Bedenkt nur die folgende große spirituelle Tatsache, meine Freunde: Ein Mangel an Eigenpersönlichkeit heißt Ichbezogenheit. Eine ausgereifte Eigenpersönlichkeit heißt Fürsorge für andere und eine gerechte Einschätzung der eigenen Vor- und Nachteile sowie derjenigen anderer. Das bedeutet nicht Vernichtung des Selbst zum Nutzen anderer im verdrehten Sinn des Märtyrertums. Aber es beinhaltet eine Fairneß, die dazu befähigt, auf einen Vorteil zu verzichten, wenn er einem anderen übermäßigen Schmerz bereitet oder ihm einen ungerechten Nachteil beschert.

Somit haben wir auf der einen Waagschale das Kleinkind, das kein Ich, keine Eigenpersönlichkeit, kein Selbstbewußtsein hat, völlig ichbezogen und ganz von stärkeren Wesen abhängig ist. In der anderen Waagschale haben wir den reifen Menschen mit Eigenpersönlichkeit und Selbstbewußtsein jenseits des Lust-Schmerz-Prinzips. Daraus entstehen soziales

Gewissen, Verantwortlichkeit, Fürsorge und Verständnis für andere sowie Mitgefühl mit ihnen, so daß dieser Mensch mit anderen Menschen seiner Umgebung bei allseitig gleichen Zielen und Interessen ein harmonisches Ganzes bildet. Er ist frei und unabhängig, was nicht mit Allmacht zu verwechseln ist. Weder beherrscht er, noch wird er beherrscht. Statt dessen herrscht eine gesunde gegenseitige Abhängigkeit zwischen ihm und seinen Mitmenschen. *(Lesung 120)*

Eine autonome, verantwortliche Eigenpersönlichkeit ist die Voraussetzung für gesunde Gegenseitigkeit. Ohne differenziertes Ich baut der Mensch einfach immer wieder kindliche Beziehungen auf und neigt zu einer Partnerwahl, bei welcher dieser einen Elternteil darstellt und er sich dessen Erwartungen völlig unangemessen fügt, anstatt sein Selbst zu entdecken und dazu zu stehen. Familienverstrickungen und allzu abhängige Beziehungen sind stets ein Zeichen für mangelnde Differenzierung des Ich.

Auf der anderen Seite fällt es äußerst schwer, sich der Liebe oder den Bedürfnissen anderer hinzugeben, Fehler zuzugeben oder die notwendige Flexibilität für Beziehungen aufzubringen, wenn das Ich stur auf seiner Autonomie beharrt.

Das reine Ichselbst ist atheistisch und materialistisch. Das Ich zweifelt an allem, was es mit dem rationalen Verstand nicht versteht oder den Augen nicht sieht. Ein solcher Atheismus lehnt das abergläubische Gottesbild der Kinderseele zumindest teilweise ab.

Dieses atheistische Stadium, das an sich irrig ist, deutet dennoch auf einen Entwicklungsstand jenseits des abergläubischen Gottesglaubens hin. Ein solcher Glaube stammt vorwiegend aus Angst, Ausweichen, Realitätsflucht, Wunschdenken und Leugnen der Eigenverantwortlichkeit. Der Atheismus als zweites Stadium des spirituellen Wachstums ist häufig ein notwendiger Übergang zu einer realistischeren und echteren Gotteserfahrung. In diesem atheistischen Stadium wird das Selbstvertrauen gefördert, welches für das individuelle Wachstum äußerst wichtig ist. Ich befürworte den Atheismus ebensowenig wie einen kindischen, klammernden Glauben an Gott. Beides sind Stadien. In jedem Stadium hat die Seele etwas Wichtiges zu lernen. *(Lesung 105)*

Haben wir uns endlich aus der kindlichen Verstrickung mit Familie und Kultur gelöst, stehen wir allein da. Wir werden allein geboren und wir sterben allein. Das Schicksal liegt in unseren eigenen Händen. Niemand rettet uns, und niemandes Verurteilung spielt irgendeine Rolle außer der eigenen.

Offensichtlich besteht aus materialistischer Sicht die Gefahr zu glauben, das sei schon alles. Werden die unsichtbaren Welten und die innerste geistige Wirklichkeit geleugnet, muß das Selbst in einer öden Wüste ohne das lebensspendende Wasser der Mysterien, des Staunens und Geistes ausharren.

Die Notwendigkeit eines gesunden Ich

Wir brauchen nicht nur ein gesundes Ich, um effizient sowie mit einem Gefühl von Autonomie und eigener Kraft mit der Welt umzugehen. Wir benötigen auch ein starkes Ich, um die Arbeit des spirituellen Weges zu leisten.

Der Sprung in das spirituelle Selbst erfordert eine gründliche innere Vorbereitung. Das negative, ichbezogene Kind und das negative, erstarrte Ich – beides Aspekte des niederen Selbst – müssen umerzogen und neu ausgerichtet werden, damit die Hingabe an die Spiritualität auf einem festen Boden steht und von Dauer ist.

Gerade diese Umerziehung erfordert ein starkes positives Ich. Wir müssen den Inhalt des Unterbewußtseins einschließlich der Gedanken und Gefühle aus der Kindheit, kultureller und kollektiver Archetypen, karmische Prägungen und der primitiven, spontanen Impulse erkennen und integrieren können. Das Ich muß stark genug sein, um sich nicht ständig durch die Äußerungen dieser vielen Selbst überwältigen zu lassen. Ichstärke ist zur Unterscheidung erforderlich, um manche Aspekte des Selbst zu fördern und andere umzuwandeln. Das Ich muß daher eine Ausrichtung, Disziplin und Offenheit besitzen.

Ein gesundes Ich weiß, daß tief im Selbst etwas liegt, das viel größer ist als es.

Die Bewußtseinserweiterung des begrenzten Geistes ist außerordentlich schwierig. Denn zumindest am Anfang eurer Suche habt ihr nur diesen begrenzten Geist zur Verfügung. Dieser begrenzte Geist muß also über sich selbst hinauswachsen, um seine unbegrenzte Macht und seinen unbegrenzten Horizont zu erkennen. Daher erfordert der Pfad, daß der Geist ständig die Lücken seiner eigenen Begrenzungen überbrückt, indem er neue Möglichkeiten in Betracht zieht, Raum für Alternativen für das Selbst, für das Leben und für die Äußerungen des Selbst im Leben schafft. *(Lesung 193)*

Die für das spirituelle Wachstum erforderlichen Entscheidungen kann ein schwaches Ich nicht treffen. Ein schwaches Ich muß ständig unterstützt werden und seinen Wert bestätigt bekommen; demnach fällt es ihm schwer, über sich selbst hinauszuwachsen. Taucht ein schwacher Ichkomplex in die Gewässer seines Unterbewußtseins, kann er leicht weggeschwemmt werden und in einem Meer anderer Realitäten herumtreiben, bevor es ein Gefühl für sein eigenständiges, getrenntes Bestehen bekommt. Ohne klare Abgrenzung des äußeren Selbst können die mächtigen Energien des Unterbewußtseins die zerbrechliche Persönlichkeit vernichten.

Daher befaßt sich die spirituelle Arbeit manchmal zuerst mit der Entwicklung eines funktionstüchtigen positiven Ich.

Donald hatte ein kleines Erbe durch seine sparsame Lebensweise gestreckt. Nach dem Collegeabschluß hatte er jahrelang am Rand der Gesellschaft gelebt. Er hatte häufig Marihuana und andere Drogen zur Entspannung und ab und zu für eine spirituelle Einsicht genommen.

Jetzt war er für eine ernsthafte spirituelle Arbeit bereit. Er erkannte, daß er nie viel Ichstärke für eine konzentrierte, gleichmäßige Arbeit und zum Aufrechterhalten seiner Willenskraft besessen hatte und daß diese durch den ständigen Marihuanakonsum noch geringer geworden war. Er begann mit einem Wiedereingliederungsprogramm und fing an, für sehr wenig Geld als Journalist zu arbeiten; die Arbeit machte ihm wirklich Spaß. Nach einem Jahr Arbeit wußte er, daß es Zeit für eine Gehaltserhöhung war, aber es war ihm dabei nicht wohl. Da träumte er folgendes:

»Ich bin in einer Stadt im Nordwesten Amerikas. Ich habe kein Geld, um nach Virginia heimzufahren. Ich begegne einem unheimlichen Typen, der versucht, mir mein Geld abzuluchsen. Da erscheint ein offensichtlich reicher Student, und der Gauner fängt an, ihn um ein Almosen zu bedrängen. Dann verschwindet der Gauner mit dem Geld des Studenten.

Ich folge dem Gauner in eine Wohngegend und gehe dort mit ihm in ein Haus. Ich beschließe, per Autostop zurück nach Virginia zu fahren, und der Gauner sagt, er zeige mir eine Abkürzung zur Autobahn. Als wir dort sind, sehe ich, daß die Auffahrt

100

mitten in der Luft anfängt; es ist unmöglich, von unserem Standort aus auf die Auto-bahn zu gelangen. Also gehen wir zum Haus zurück.

Der Gauner geht weg, um sich zu betrinken. Dann kommt der Student. Es stellt sich heraus, daß wir in seinem Haus sind. Ich erkläre ihm alles, was geschehen ist, und der Student glaubt mir. Gemeinsam finden wir einen Teil des gestohlenen Geldes, das unter Blumen im Garten vergraben liegt.

Der Dieb kehrt zurück. Ich sage ihm, das sei das Haus des Studenten und wir müßten jetzt mit ihm reden. Ich erkläre jedem das Geschehen aus karmischer Sicht. Der Student brauche diese Lektion, um zu lernen, für sich einzustehen. Das versteht er. Es macht mir mehr Angst, dem Gauner mitzuteilen, die Lektion für ihn sei, daß er sein Leben in Ordnung bringen müsse. Zuerst wird er wütend, dann nickt er schwei-gend und stimmt zu. Offensichtlich ist es meine Aufgabe, zu vermitteln und beiden etwas beizubringen.«

Donald arbeitete mit den Traumfiguren. Er konnte sich leicht mit dem bestohlenen Studenten identifizieren, da er selbst das Gefühl hatte, bei der Arbeit wegen schlechter Bezahlung übers Ohr gehauen zu werden. Es war an der Zeit, den Gegenwert für seine Arbeit zu verlangen, statt sich hinter seinem Erbe zu verstecken.

Als Gauner erkannte Donald, daß er immer noch abhängig war – zwar nicht mehr von Marihuana, aber von dem Erbe, das ihn davon abhielt, seinen eigenen Weg zu beschreiten. Deshalb konnte er sich im Traum nicht auf den Heimweg machen, weil die Auffahrt zu »hoch« lag, kein Fundament hatte und mit nichts verbunden war.

Bevor er aufbrechen konnte, mußte er zuerst zwischen den beiden Aspekten, dem Studenten und dem Gauner, schlichten. Die Verantwortung von Donalds erwachsenem Ich war eindeutig festgelegt – diesen Seiten in sich beim Erwachsenwerden zu helfen. Er hoffte sehr, daß ihm die innere Arbeit gelingen würde, denn das Geld, das sie im Garten fanden, schien ihm ein gutes Vorzeichen für sein berufliches Potential zu sein.

Manche versuchen, aus einem schwachen Ich eine spirituelle Tugend zu machen, aber das ist eine Flucht, die nur noch mehr Schwäche erzeugt. Was zur Fülle führen soll, muß aus der Fülle kommen. Solange das Ich schwach ist, fehlen uns einige Fähigkeiten im Bereich des Denkens, Urteilsvermögens, der Initiative oder der Bewältigung einer Sache. Das spirituelle Wachstum erfordert Disziplin und Ausdauer. Im obigen Traum merkt Donald, wie nötig es ist, daß er bei der Konfrontation mit den nicht erwachsen werden wollenden Bereichen standfest bleibt.

Im Gegensatz zu denen, die ihr Ich herabsetzen, behaupten andere, ein starkes Ich sei gleichbedeutend mit Selbstverwirklichung. Ein starkes Ich reicht jedoch nie aus, um uns glücklich zu machen.

Glück, Lust, Liebe und innerer Friede entstehen, wenn wir das tiefinnere, spontane Wesen erschließen. Wenn ihr euch ausschließlich mit dem Ich, mit dem äußeren bewußten wollenden Selbst, gleichsetzt, kommt ihr völlig aus dem Gleichgewicht, und euer Leben wird leer und sinnlos ... Dann werden – meist verzweifelt – Ersatzfreuden gesucht, die euch erschöpfen und nicht befriedigen. Das Ich kann weder tiefe Gefühle noch ein farbenfrohes, lustvolles Leben erzeugen. Ebensowenig kann es eine tiefe, schöpferische Weisheit hervorbringen. (*Lesung 158*)

Ein wirklich gesundes Ich ist daher ein Ich, das weder zu groß und stark (übermäßig aktiv, allzu beherrschend, starr, stolz oder eigensinnig) noch zu klein und schwach (passiv, hilflos, beschämt, handlungsunfähig) ist. Ein gesundes, starkes und flexibles Ich ist Veränderungen und neuen Ideen gegenüber aufgeschlossen. Vor allem ist sich ein gesundes Ich bewußt, daß es lediglich ein Bewußtseinsfragment des Ganzen ist, und bewahrt sich seine Demut. »Wenn das Ich stark genug wird, um das Risiko auf sich zu nehmen, anderen inneren Kräften zu vertrauen als seinen beschränkten bewußten Fähigkeiten, wird es eine ungeahnte neue Sicherheit finden«. (*Lesung 152*) [17]

Die Seelen- oder transpersonale Ebene

Die Seele ist weder zeitlich noch räumlich begrenzt. Sie stirbt nicht, weil sie nie geboren wurde. Sie ist ewig und überall zugänglich. Während Gottes Geist sich in jeder einzelnen Seele je nach Prägung verschieden äußert, ist sie essentiell dasselbe wie die ewige Lebenskraft, die das gesamte Universum durchdringt.

Die Erfahrung der Seele oder der transpersonalen Ebene des Selbst übersteigt und zerschlägt den vom Ich geschaffenen »Behälter« des Selbst. In der Erfahrung »breitet sich« das Selbst gleichsam »aus«, um immer mehr von dem, was wir sind, zu umfassen. Öffnen wir uns dieser Ebene, dann lassen wir die vertrauten Grenzen

[17] *Der Pfad der Wandlung*, S. 207.

102

der jetzigen Inkarnation und Persönlichkeit, die Manifestation dieser Zeit und dieses Raumes hinter uns und erleben uns als etwas Größeres, Tieferes, Umfassenderes und Ganzes.

Vielleicht machen wir die Erfahrung vergangener Leben; dann wissen wir, daß wir eine ewige Seele sind, die viele Leben durchlaufen, Weisheit gesammelt und nach einer immer umfassenderen Ganzheit gesucht hat. Vielleicht werden wir in eine schamanistische Realität versetzt oder in verborgene Naturwelten der inneren Ebenen, die uns eine nicht-alltägliche Realität bieten können. Vielleicht lernen wir unsere engelsgleiche Essenz als Lichtwesen oder Aspekte Gottes kennen, die sich zur Erfüllung verschiedener Aufgaben manifestiert haben. Oder wir begegnen universellen Archetypen, der weisen Frau oder Mutter, dem Weisen oder König, und erkennen, daß wir auch auf der Ebene des kollektiven Unbewußten existieren, das sich durch alle menschlichen Kulturen zieht. Vielleicht erleben wir unsere inneren Führer und Gurus, wenn wir uns über die gewöhnlichen menschlichen Grenzen der Interaktion hinausbegeben.

Barbara, mit deren Bericht dieses Kapitel begann, hatte häufig Verbindung zu einer wichtigen eigenen Führerin, die sie als Großmutter der Erde erlebte. Vor ihrem Tod war sie oft bei der Großmutter, die sie auch mit den Adlern fliegen lehrte. Nachfolgend ein Erlebnis von der Lehre über den Tod, die mich zu der Zeit auf keine andere Weise hätte erreichen können.

Ich bin ein leicht zu beeindruckender Mensch. Zwar fühle ich mich in der normalen Ichwelt verwurzelt und kompetent, aber es fällt mir auch leicht, in andere Realitäten zu wechseln. Als Kind habe ich mich jeweils mit den Hauptfiguren der vielen Romane identifiziert, die ich las. Vergangene Leben waren mir zugänglich. Das kann eine wunderbare Gabe sein, um das »Universum« eines anderen zu betreten, aber es ist manchmal auch von Nachteil, wenn ich mich in der Realität anderer verliere.

Filme sind eine besondere Verlockung. Wenn ich in die Fiktion eines guten Filmes schlüpfe, stelle ich meinen Unglauben ein, mein Ich verschwindet und läßt sich für die Dauer des Filmes »treiben«. Danach dauert es eine geraume Weile, bis ich mein gewohntes Ichgefühl wiedergefunden habe. Manchmal rutsche ich in eine andere Realität meines Unterbewußtseins. Dieser veränderte Zustand hilft mir häufig, eine verborgene Seite zu erhellen, was mir in meinem normalen Ichzustand nicht gelungen wäre.

In den 70er Jahren erlebte ich nach dem Film »Heaven can wait« eine außerordentliche Bewußtseinserweiterung. Der Film ist eine leichte Komödie, in der jemand

»aus Versehen« stirbt und nacheinander in verschiedene andere Körper schlüpft, bis er den richtigen findet. Als ich mit meinem Mann Donovan aus dem Kino kam, hatte ich plötzlich ein seltsames Gefühl im Nacken. Ich spürte, wie mich etwas nach hinten aus dem Körper herauszog.

Plötzlich war ich eineinhalb Meter über meinem physischen Körper, der mit Donovan auf der Straße stand. Tiefster Frieden und größtes Wohlbefinden durchfluteten mich. In jenem Augenblick wußte ich, daß ich ewig war. Das, was sich am ehesten in Worte fassen ließ, platzte aus mir heraus, und ich sagte zu meinem Mann: »Weißt du, wer ich bin, Donovan? Weißt du, wer du bist? Wir sind hingebungsvolle Engel Gottes! Und wir können nicht sterben, weil wir nie geboren wurden – wir sind einfach.«

Als wir die Straße überquerten, um zu unserem Wagen zu gehen, überkam mich die Lust, meinen Körper vor ein heranfahrendes Auto zu werfen. Da ich meinen Körper als leblose Puppe empfand, die unter mir hing, war ich völlig zuversichtlich, daß es nicht den geringsten Unterschied für die Existenz meines wahren Selbst machte – des Wesens, das zu sein ich eben erkannt hatte –, ob ich lebte oder starb. Dennoch war es klar, daß es nicht an mir lag, diesen Körper zu zerstören. Ich begriff, daß ich auf die Weltenebene gerufen worden war, um mich zu läutern und Gott zu dienen. Es wäre arrogant und selbstsüchtig gewesen, meinen Körper zu zerstören, wie belanglos er sich auch im Vergleich zu meiner wahren Identität anfühlen mochte.

Als Donovan und ich unser Auto erreichten, kehrte ich langsam wieder in mein begrenzteres Selbst zurück. Ich spürte und hörte ein sanftes »Wusch«, als ich mich wieder im Körper festsetzte.

»Es geht um den Tod«, sagte ich immer wieder. »Wir müssen unbedingt verstehen, was der Tod ist. Daß er nicht das ist, wovor sich die Leute fürchten, sondern einfach der Übergang von einer kleineren zu einer größeren Identität. Wir müssen das unbedingt verstehen. Ich glaube, daß ich diese Erfahrung bekommen habe, um anderen besser helfen zu können. Was für ein Geschenk!«

Auf der Heimfahrt war ich still und nachdenklich. Eine Weile konnte ich die »größere« Identität noch spüren, dann verblaßte auch dieses Gewahrsein, und ich war wieder Susan mit dem gewöhnlichen Körper- und Ichbewußtsein.

Erst später ging mir auf, was der Zeitpunkt dieser Erfahrung in meinem Leben bedeutete. Es war kurz nach Eva Pierrakos' Erkrankung an Krebs, und ich mußte darauf vertrauen, daß der Tod, auch Evas Tod, nicht das Ende war, wenn ich mit anderen Menschen arbeiten wollte. Nach ihrem Tod hatte ich natürlich trotzdem mit

104

tiefer Trauer und Verzweiflung fertig zu werden. Doch das Wissen aus meiner außerkörperlichen Erfahrung half mir dabei.

Als ich mit Barbara arbeitete, mit deren Fall dieses Kapitel begann, wußte ich, daß die Arbeit der Selbstläuterung die Seele heilt, die jenseits irgendeines bestimmten Lebens weilt. Der unmittelbare Tod eines Menschen behindert diese Arbeit nicht, sondern macht sie unerläßlich.

Das sanfte »Wusch« des Energieschubs, den ich verspürte, als ich wieder in meinen Körper schlüpfte, war das plötzliche Zusammenziehen meines Bewußtseins, als es in seinen Ich/Körper-«Behälter« zurückkehrte. Meist empfinden wir etwas Ähnliches, wenn wir aus einem Traum erwachen, in dem wir uns in ein anderes, größeres Bewußtsein ausgedehnt hatten. Das Umgekehrte geschieht manchmal beim Einschlafen, indem wir aus dem Ichbehälter in andere Dimensionen der Wirklichkeit schlüpfen.

Auf der transpersonalen Ebene dehnen wir uns über das Ich hinaus aus und werden zu den größeren Wesen, die wir vor der Geburt waren und nach dem Tod wieder werden. Wir können eine Verbindung zu anderen spirituellen Wesen oder Energien herstellen, die jenseits der gewöhnlichen Alltagsrealität existieren. Durch Meditation und andere spirituelle Übungen können wir diese Bereiche aufsuchen und erkennen, daß wir und die Wirklichkeit sehr viel mehr sind, als wir dachten.

Die transpersonale Ebene befindet sich noch innerhalb der Dualität. Auf der transpersonalen Ebene können wir böse, unwissende oder verzerrte Seiten erschließen, genauso wie es auf der Kind- und Ichebene der Fall ist. Das niedere Selbst besteht aus den Impulsen des unreifen Kindes, des negativen Ich und der Verzerrungen der transpersonalen Ebene.

Die Archetypen und übersinnlichen Fähigkeiten auf der transpersonalen Ebene zu erleben ist verführerisch, weil man mit mächtigen geistigen Energien in Berührung kommt. Spirituelle Wesen haben aber auch ihre Schattenseiten; sie haben ethische Absichten oder auch nicht. Der »Glanz« und die geistige Macht, die sich aus dem Kontakt mit dieser Ebene ergibt, sollten uns nicht von der Aufgabe der eigenen Transformation und dem Dienst an Gott ablenken.

Mit zunehmender Arbeit an den inneren Verzerrungen erlangen wir unvermeidlich mehr geistige Macht. Das bringt eine größere Verantwortung mit sich, diese Macht gut zu nutzen. Dabei sind Versuchungen unvermeidlich. Möglicherweise begegnen wir dem Archetyp des schwarzen Magiers, der seine geistige

Macht zur Selbsterhöhung verwendet. Oder wir müssen uns bei zunehmender Liebesfähigkeit ansehen, wie eine verdrehte Liebe aussieht, die andere beherrschen soll. Vielleicht kommen wir mit dem Archetyp der Mutter in Berührung, die ihre Kinder verschlingt. Ist unsere Absicht dabei spirituelles Wachstum, wird die Begegnung mit den negativen Archetypen in uns ihre Transformation ermöglichen.

Vor sehr langer Zeit hatte ich als Afrikaner mit außergewöhnlichen schamanistischen Gaben eine wichtige Aufgabe zu verrichten. Ich konnte mich mühelos ins Bewußtsein anderer begeben und Energieveränderungen bei ihnen vornehmen, die verblüffende Heilungen bewirkten und mich berühmt machten. Schließlich nutzte ich diese Gaben, um Frauen zu verführen und meine männlichen Rivalen auszuschalten. Am Ende wurde ich vom Stamm ausgeschlossen, und kurze Zeit darauf starb ich in qualvoller Einsamkeit. Diese Erfahrung hat mich äußerst vorsichtig in bezug auf einen möglichen Mißbrauch geistiger Macht werden lassen und meine Verpflichtung gestärkt, die erwachenden Gaben nur im Dienst an meinen Brüdern und Schwestern einzusetzen.

Wir sehnen uns danach, mit der transpersonalen Ebene in uns in Berührung zu kommen. Solche Erfahrungen sind manchmal äußerst spannend und lebendig. Wir öffnen uns und hören Gottes Stimme; manchmal erfahren wir sie als Stimme Christi oder unseres Schutzengels, der Göttin oder unserer Geistführer oder einfach als leise Stimme. Manchmal erleben wir auch die Stimmen unentwickelter nicht-inkarnierter Wesenheiten einschließlich der bösen Mächte, die man Teufel nennt, und die die Verbindung mit uns mißbrauchen wollen. Bei jeder Begegnung mit Geistwesen ist sorgfältig abzuwägen, ob die Mitteilungen wahr und liebevoll sind und zum Besten der Menschheit dienen. Seien wir besonders vorsichtig, wenn eine Führung uns schmeichelt oder Versprechungen macht. Wenn die Botschaft uns auffordert, genauer in uns hineinzusehen, ist das ein Hinweis auf eine echte Führung. Bei jedem Kontakt mit Geistwesen müssen wir uns immer wieder auf die Ausrichtung unseres Ich und Willens auf das Göttliche und den Dienst an Gott besinnen.

Hinsichtlich der zu erschließenden Ebene täuschen wir uns leicht. Die Entwicklung zum einenden Zustand ist nur verläßlich und begründet, wenn wir aktiv mit dem niederen Selbst als trennender Kraft arbeiten und uns zu dessen Transformation verpflichten, ob es sich nun durch das innere Kind, das Ich oder auf den transpersonalen Ebenen zeigt.

106

Sind wir uns der Wirklichkeit der Seele bewußt, sind wir allen unbewußten Ebenen in uns gegenüber aufgeschlossen. Jede von ihnen bringt ein »Stück« dessen, was wir sind, zum Ausdruck. Wir wissen, daß wir für die Entfaltung des eigenen Lebens verantwortlich sind, und verstehen diese selbstschöpferische Entfaltung auch im größeren Rahmen, in dem wir das eigene und kollektive Karma annehmen.

Die Erfahrung der transpersonalen Ebenen ist ein Fallenlassen in unwillkürliche Abläufe und spontane Gefühle, jedoch mit einem größeren Gewahrsein und einer größeren Urteilsfähigkeit, als sie das Kindselbst besitzt. Nachdem wir uns beim Ausräumen der eigenen Negativität unter die Lupe genommen haben, erkennen wir die günstigen Momente, in denen wir uns dem göttlichen Strom überlassen können. Und wir können auch in die Grenzen des Ich zurückkehren, wenn es angezeigt ist.

In Beziehungen zu anderen lassen wir die Grenzen des Selbst durchlässiger werden, entwickeln eine tiefe Sympathie und Mitgefühl für sie und geben uns der Erfahrung der inneren Kommunion hin. Das innere Wissen um jemand anderen unterscheidet sich von der Verschmelzungserfahrung des Kindes, dem das Bewußtsein, ein getrenntes Selbst zu sein, fehlt. Das transpersonale Selbst sorgt für andere und liegt damit sowohl jenseits der kindlichen Bedürfnisse, die gestillt werden möchten, wie auch jenseits der eigenfürsorglichen Aufgabe des Ich.

In Beziehung zu Gott weiß das transpersonale Selbst um die unsichtbaren Welten. In diesem Stadium wissen wir, daß die Materie oder äußere Wirklichkeit lediglich eine Spiegelung der inneren geistigen Welt ist. Wie das Kind spüren wir das Unsichtbare; im Gegensatz zum Kind personifizieren wir das Unsichtbare nicht, sondern erkennen es als etwas Subjektives, Inneres und grundsätzlich jenseits jeder Form. Gott wird nicht objektiviert, sondern in uns und allem Leben erkannt.

Die Ebene der Einheit

Auf der Ebene der Einheit kommt die Selbsterfahrung der Erfahrung des kosmischen Bewußtseins gleich. Im Gewahrsein des absoluten Einsseins allen Lebens lösen sich alle Unterscheidungen zwischen separaten Selbst, ja sogar separaten Seelen, verschiedenen Archetypen oder Arten von Engeln in der Erfahrung des »Seins« in allem auf. Innerhalb dessen, was wir gewöhnlich für das Selbst halten, erfahren wir etwas, das völlig jenseits des Selbst liegt. Weil es auf dieser Ebene keine Dualität gibt, existiert kein »Selbst« und kein »Nichtselbst«. Diese Ebene wird als gut und wahr erlebt, jedoch nicht in der Art der Dualität.

Eine echte Gotteserfahrung ist Sein. Gott wird nicht als jemand wahrgenommen, der handelt: straft, belohnt oder bestimmte Wege entlangführt. Ihr erkennt, daß Gott ist. *(Lesung 105)*

In einer kosmischen Erfahrung erlebt ihr die Unmittelbarkeit Gottes im Inneren ... Diese Offenbarung wird sodann als eure ewige Wirklichkeit, als euer ewiger Zustand, als eure wahre Identität erlebt. *(Lesung 200)*

Die Ebene der Einheit ist die Erfahrung des Seinsgrundes, des kosmischen Bewußtseins und ein Gewahrsein, daß alles, was lebt, in Wahrheit eins ist. Alles ist ein gigantisches pulsierendes Energiebewußtsein. Alles ist Gott.

Die Öffnung zum transpersonalen Selbst und der einenden Ebene entsteht durch Gnade. Keine noch so große Selbstdisziplin oder spirituelle Übung gewährleistet diese Erfahrung. Wir können üben, uns an die Erfahrung des Augenblicks hinzugeben, ohne daß uns der urteilende, unterscheidende Ichverstand vom Rest des Lebens abschneidet. Ist das Ich vertrauensvoll genug, die Raum-Zeit-Begrenzungen zu bewältigen, die uns durch die Inkarnation auferlegt werden, dann kann es sich genügend entspannen, um das größere Wesen durchzulassen.

Eine solche Hingabe geschieht in tiefer Entspannung, in Augenblicken schöpferischer Ekstase, beim Gebet oder in der Meditation, beim Tanz, Geschlechtsakt, sogar in tiefer Trauer oder großem Schmerz, solange wir uns nicht von der Erfahrung trennen. Jedesmal, wenn wir völlig offen sind und zulassen, daß sich uns die innere Wirklichkeit offenbart, werden wir mit dem Segen der Hingabe belohnt. Diese Quelle ewiger Erneuerung anzuzapfen und mit der Zeit zu lernen, aus ihr zu leben, ist das Ziel jedes spirituellen Weges.

Die Gleichzeitigkeit der Stadien

Alle Stadien, also das innere Kind, das erwachsene Ich, transpersonales Selbst und die einende Ebene sind beim Erwachsenen gleichzeitig vorhanden, egal, ob sie ins Bewußtsein gehoben wurden oder noch unbewußt sind. Das spirituelle

Wachstum erfordert, sich im höheren Selbst verankern zu lernen, dabei jedoch die anderen Aspekte der Psyche aufrichtig und liebevoll anzunehmen. Wir wenden uns beispielsweise an die transpersonalen Archetypen der göttlichen Mutter und des göttlichen Vaters, um dem erwachsenen Ich zu helfen, das verletzte innere Kind zu lieben. Oder wir aktivieren das positive Ich, um das negative innere Kind, das zerstörerische Gefühle ausagieren möchte, zurückzuhalten und ihm Grenzen zu setzen. Andrerseits kann das positive Kind dem überkontrollierten Ich zeigen, wie man spielt und Spaß hat. Das verletzte Kind bleibt meistens verdrängt, bis das erwachsene Ich stark genug ist, um sich den vergrabenen Verletzungen und daraus entstandenen Fehlannahmen aus der Kindheit stellen zu können.

Ist das Ich gesund und flexibel genug, dann hat es auch die Kraft, sich dem universellen Strom der Liebe und Lust hinzugeben, der über das Ich hinausgeht. Ein gesundes Ich ist meistens der »Vermittler«, der uns sowohl mit Erfahrungen des inneren Kindselbst wie der transpersonalen Ebene in Kontakt kommen und diese integrieren läßt. Je weiter wir uns entwickeln, um so mehr bekommen wir Zugang zu den verschiedenen Selbst.

Das spirituelle Wachstum ist nie linear. Es verläuft in einer ständigen Spiralbewegung nach innen und kreist immer wieder auf einer ständig tieferen Erforschungs- und Integrationsebene um die verschiedenen inneren Selbst. Das innere Kind zeigt, wo die Energie in einem Entwicklungsstadium feststeckt und unsere Aufmerksamkeit erfordert. Ebenso offenbart das Ich seine Unreife, wenn es sich schwach oder stur äußert. Bei jeder Entwicklungshemmung ist der erste Schritt zur Heilung, den inneren Tatsachen offen ins Auge zu blicken. Der Schwächen braucht man sich nicht zu schämen; sie zeigen uns den Zweck unserer Inkarnation auf. Wir sind hier, um Unzulänglichkeiten aufzudecken und zu Wesen mit einer größeren Liebesfähigkeit heranzureifen, die mehr Wahrheit vertragen.

Paradoxerweise birgt die Entwicklung sowohl den Impuls nach Differenzierung als auch nach Vereinigung in sich. Die eigene Individuation vermittelt uns gleichzeitig ein stärkeres Gefühl für unsere individuelle Identität wie eine stärkere Identifikation mit dem Leben als Ganzes.

Der evolutionäre Impuls zur Differenzierung zeigt sich in der immer stärkeren Individualität und Komplexität des Lebens, die sich mit zunehmender Evolution herausgebildet hat. Der Mensch wird ständig genötigt, sich zu unterscheiden und einer regressiven Überidentifikation mit Familie, Stamm, Religion oder Land zu entziehen. Als Mensch gilt es, das Massendenken, das unser Bewußtsein gefangennimmt, in Frage zu stellen und statt dessen die eigene, einmalige Wahrheit zu finden. Wir müssen bereit sein, mit unserer Wahrheit alleine dazustehen. Das wichtigste Werkzeug für das Unterscheidungsvermögen des Menschen ist die Ichfunktion.

Der evolutionäre Impuls führt jedoch auch zur Vereinigung. Arbeitet jemand ständig gegen andere Artgenossen, riskiert er seinen Untergang. Das ganze Leben ist grundsätzlich ein Gewebe, ein Netz kompliziert miteinander verwobener Energien. Irgendeinen Teil des Gewebes zu stören hat einen Einfluß auf alle. Wenn wir begreifen, daß das Leben in seiner Essenz eins ist, auch wenn es sich unterschiedlich äußert, kommen wir nahe an die Wirklichkeit der Evolution heran.

Die Stoßrichtung des eigenen Wachstums liegt darin, genügend eigene Ichstärke zu erlangen, um willentlich das Getrenntsein aufzugeben und sich mit dem kosmischen Strom der Lebenskraft zu vereinen, die durch uns pulsiert, und umgekehrt zuzulassen, daß sich die universelle Intelligenz auf gebündelte, wirksame und wohlintegrierte Art äußert. In dem Maße, in dem wir unsere Persönlichkeit von Blockaden befreien, werden wir zu Werkzeugen der Transformation, zu Kanälen spiritueller Energie, die durch uns dem Planeten zuströmt. Wir werden zu Mitschöpfern bei der freudigen Aufgabe, die Materie zu vergeistigen und den Geist zu materialisieren.

Übungen zum vierten Kapitel

Denken Sie an einen schwierigen Bereich in ihrem jetzigen Leben. Bitten Sie darum, die Stimme Ihres inneren Kindes in bezug auf diese Schwierigkeit zu hören. Seien Sie allem gegenüber aufgeschlossen. Vielleicht fällt es Ihnen leichter, das innere Kind zu sehen. Machen Sie sich ein klares, konkretes Bild von ihm. Sehen Sie, was das Kind anhat, wo es sich befindet, ob es allein ist oder nicht und was für ein Gesicht es macht. Oder Sie spüren das Kind kinästhetisch in einem Teil Ihres Körpers. Stellen Sie sich auf Ihr inneres Kind ein, wie es Ihnen möglich ist. Dann lassen Sie den erwachsenen Teil zum objektiven, mitfühlenden Beobachter werden, damit Sie dem Kind zuhören können. Äußern Sie als Kind ausführlich alle Gedanken und Gefühle im Problembereich des erwachsenen Ich. Lassen Sie sich freien Lauf, wie verrückt, unreif oder zerstörerisch die Gedanken und Gefühle des inneren Kindes auch scheinen.

Beginnen Sie einen Dialog zwischen dem erwachsenen Ich und inneren Kind. Das positive Ich (mit seiner Fähigkeit objektiver, mitfühlender Selbstbeobachtung) könnte man mit einem fürsorglichen Elternteil vergleichen, der dennoch Grenzen setzt und damit dem Kind hilft, in den jeweiligen noch unentwickelten Bereichen zu reifen. Schreiben Sie den Dialog auf.

Nehmen Sie sich ein unharmonisches Ereignis vor, das Sie in der Tagesrückschau festgehalten haben. Laden Sie alle negativen inneren Stimmen – das zynische Ich oder rebellische Kind – ein, ins Bewußtsein zu treten. Halten Sie fest, was sie sagen, und hören Sie ihnen objektiv zu. Nehmen Sie das positive Ich zu Hilfe, um mit ihnen zu reden.

Konzentrieren Sie sich immer noch auf die erwähnte unharmonische Situation, rufen Sie die transpersonale Ebene des höheren Selbst an und bitten Sie dieses um Führung, Ausrichtung oder Segen. Achten Sie auf die inneren Mitteilungen an das unreife Kind und/oder das negative erwachsene Ich.

Sie könnten auch ein Dreiergespräch beginnen, in dem jeder Teil mit den anderen spricht: das transpersonale höhere Selbst, das (positive und negative) erwachsene Ich, und das (positive und negative) Kindselbst. Das positive Ich ist der Vermittler und hat die Aufgabe, die inneren Rollen sauber auseinanderzuhalten.

5. Kapitel

Die Neuinszenierung der Vergangenheit

»Das Kind zieht gewisse falsche Schlußfolgerungen über das Leben, die ins Unterbewußtsein versinken und dann das Leben des Erwachsenen bestimmen.«

Lesung 38, *Bilder*.

Bill und Joanne: Die Entwirrung sexueller Knoten

»Wir brauchen Hilfe für unser Geschlechtsleben«, kündigte Bill für sich und seine Frau Joanne bei der ersten Sitzung ihrer Intensivwoche für Paare an. »Wir lieben einander, aber das Interesse an einer sexuellen Äußerung dieser Liebe hat in den letzten Jahren stark nachgelassen, und wir möchten es wieder wecken«, fügte Joanne hinzu.

Bill und Joanne schilderten das sexuelle Muster, das in ihren zehn Ehejahren am bedrückendsten und frustrierendsten gewesen war. Bill leitete jeweils den Geschlechtsverkehr ein, meistens mit einem drängenden Verlangen. Joanne bekam dann plötzlich Angst vor der Intensität der männlichen Energie. Sie sagte Bill, daß sie sich fürchtete und bat ihn um liebevolle Beruhigung. Bill versuchte manchmal, Joanne zu trösten, dabei verpuffte seine sexuelle Energie, und er zog sich mit einem Gefühl der Niederlage zurück. Dies löste häufig ein schlechtes Gewissen bei Joanne aus, die daraufhin versuchte, Bill wieder anzuregen. Manchmal funktionierte es und der Geschlechtsakt wurde vollzogen, aber nicht mehr mit der ursprünglichen Intensität. Häufiger jedoch weigerte sich Bill verdrossen, was Joanne wiederum enttäuschte.

Bill und Joanne waren also beide frustriert und bei ihrer Bemühung nach körperlicher Intimität überfordert. Nachdem sie ihre Wut über den sexuellen Stillstand in

112

ihrer Beziehung am anderen ausgelassen hatten, machten wir uns daran, herauszufinden, was für einen Gewinn beide aus einer eingefrorenen Sexualität hatten. Es wurde ihnen klar, daß sie sich in einem risikolosen Muster von Rückzug und Schuldzuweisung eingerichtet hatten, statt die Angst, Verletzlichkeit und mögliche Enttäuschung zuzulassen, die unter der Oberfläche schwelten. Am Schluß einer abendlichen Sitzung fragte ich sie: »Seid ihr bereit, das Problem anzugehen?«

Nachdem sie die Frage über Nacht erwogen hatten, kamen beide mit dem Entschluß zur nächsten Sitzung, alles Nötige zu tun, um sich dem anderen sexuell zu öffnen. Bill gab zu, er sei rasch frustriert, wenn eine Frau nicht sofort auf seine Bemühungen reagierte. Es sei ein Muster, das auf die Zeit vor der Beziehung zu Joanne zurückging. Joanne ihrerseits konnte eingestehen, daß sie sich rasch bedroht fühlte, wenn ein Mann sexuell aggressiv wurde. Es war ihr wohler, wenn sie die Initiative ergriff und damit die Zügel in der Hand behielt. Beide merkten, wie sie Kontrolle über den anderen behalten wollten, und spürten die Angst, sich dem anderen hinzugeben. Sie erahnten eine unbewußte Angst vor der eigenen unwillkürlichen sexuellen Energie, und diese Angst verstärkte den beiderseitigen Kampf um die Kontrolle über den anderen. Erst die Bereitschaft, selbst die Verantwortung für die eigenen sexuellen Muster zu übernehmen, öffnete der Heilung die Tür.

In den nächsten Sitzungen konnten sowohl Joanne wie Bill vielversprechendes Traummaterial vorweisen. Joanne hatte geträumt: »Ich bin mit Bill im Keller des Hauses, in dem ich als Halbwüchsige gewohnt habe und wo ich zum ersten Mal mit Jungen sexuelle Spiele ausprobierte. Im Traum finde ich einen Skorpion und will ihn Bill geben, weil ich Angst davor habe. Aber Bill will mir den Skorpion nicht abnehmen. Statt dessen hält er eine Spinne auf seiner Brust fest: eine Schwarze Witwe.«

Joanne verstand den Skorpion als ihre sexuelle Leidenschaft, die sie ständig verleugnete, während sie Bill die erotische Intensität zuschrieb, die sie sich selbst nicht eingestand. Der Traum sagte ihr jedoch eindeutig, daß es ihr Skorpion war und nicht seiner. Zudem zeigte der Traum etwas, was sie unbewußt ahnte, nämlich daß Bill seinerseits Angst vor der weiblichen Sexualität hatte; das zeigte sich in der Schwarzen Witwe, die er festhielt und die nach dem Geschlechtsakt das Männchen auffrißt. Jetzt gab Joanne ihre Angst vor der eigenen sexuellen Lebenskraft zu und hörte auf, sie als Angst vor der Geschlechtlichkeit ihres Partners zu rationalisieren. Einen Blick auf Bills Ängste geworfen zu haben machte sie auch ihm gegenüber weicher.

Bill träumte: »Ich bin im Haus meiner Mutter und pinkle in den Spalt zwischen den Seiten eines offenen Buches. Ich weiß, daß sich meine Mutter deswegen furchtbar

113

ärgern wird, und um sie zu besänftigen, breche ich das Ende meiner Zigarette ab.«
Zum ersten Mal hatte Bill einen tiefergehenden Einblick in die Tatsache gewonnen,
daß er selbst die Intensität seiner sexuellen Leidenschaft aus Reue über eine längst ver-
gessene Geschichte mit seiner Mutter unterbrach.

Der Traum offenbarte die verdrängte Welt seines inneren Kindes. Er hatte eine
Zeitlang als kleiner Junge geglaubt, Geschlechtsverkehr bestehe darin, daß der Junge
in die »Spalte« eines Mädchens uriniere, und das sei etwas furchtbar Schreckliches.
Bills Mutter hatte sich für ihn immer wie eine strenge moralische Autorität angefühlt,
die Bill Predigten gegen den Geschlechtsverkehr hielt, obschon sie sich ihm gegenüber
sehr verführerisch verhalten hatte. Bill hatte ihr Moralisieren und ihre Scheinheiligkeit
gehaßt und als junger Mann dagegen rebelliert, indem er sexuell aggressiv wurde. Der
Traum zeigte Bill aber auch, daß er sich als »schlecht« einschätzte und durch eine Art
Selbstkastration vor der Mutter kapituliert hatte.

Darauf fragte ich Bill und Joanne: »Seid ihr bereit, die volle Verantwortung für
die sexuelle Erfüllung in eurer Beziehung zu übernehmen?« Inzwischen hatte Bill
erkannt, daß seine Schwierigkeit, das sexuelle Interesse nach einer Zurückweisung
aufrechtzuerhalten, aus der tiefen Ambivalenz hinsichtlich seiner eigenen Geschlecht-
lichkeit stammte. Welche Ursachen auch immer dahintersteckten, nur der in ihm ver-
grabene Stoff würde die Lösung bringen und nicht irgendeine Änderung Joannes.
Joanne wußte ihrerseits, daß die Angst vor ihrer eigenen sexuellen Energie und Bills
männlicher Intensität ein altes Thema war, das sie nur in der eigenen Psyche lösen
konnte. Als sie mehr Verantwortung für sich übernahm, entlastete sie Bill von ihren
Ängsten und ihrem Trostbedürfnis.

Die Verpflichtung, die Bill und Joanne nun eingegangen waren – die Bereitschaft,
ihre Schwierigkeiten miteinander zu lösen und jeder für sich die Verantwortung dafür
zu übernehmen, indem sie in sich gingen, um dort den Ursprung der Probleme aufzu-
decken –, bildete die Grundlage für eine erfolgreiche Intensivwoche als Paar.

Es ist nicht leicht, eine solche Verpflichtung einzugehen; Schuldzuweisungen sind
bei Paaren sehr verbreitet. Wie bei den meisten Paaren paßten auch hier die eigenen
Schwierigkeiten genau zu denen des Partners. Bill erwartete, sexuell abgewiesen zu
werden, und Joannes ängstliche Reaktion bot ihm Gelegenheit, diese Zurückweisung
immer wieder zu erfahren. Joanne hingegen erwartete sexuelle Gewalttätigkeit, was
ihre Hingabe gefährlich erscheinen ließ. Bills starkes sexuelles Verlangen gekoppelt mit
seiner Schwierigkeit, sie liebevoll zu beruhigen, gaben ihr immer wieder Gelegenheit,

114

erneut Angst vor der Sexualität zu haben. Beide äußerten die Hoffnung, ihre gegenseitige Partnerwahl beruhe auf dem Wunsch nach einer tiefgreifenden Selbstheilung auf sexuellem Gebiet.

Wir dachten uns ein Ritual aus, in dem jeder den anderen symbolisch aus der Schuld und Abhängigkeit entließ. Beide gaben einander das Versprechen, die Verantwortung für die eigene sexuelle Heilung selbst zu übernehmen und dem anderen zu vergeben. Das Ritual setzte ihre Liebe in Fluß, als jeder den anderen als Freund und helfenden Partner betrachtete statt als Ursache mangelnder Erfüllung. Jetzt konnte die eigentliche Arbeit einsetzen.

Joanne ging den Assoziationen mit dem Keller nach. Sie hatte ihn als einen gefährlichen Ort in Erinnerung, wo ihre erwachende Sexualität beinahe außer Kontrolle geraten wäre. In ihrer Familie war Sexualität verdrängt worden. Sie erinnerte sich an eine angstvolle Atmosphäre und geflüsterte Ermahnungen, die Herrschaft über sich nicht zu verlieren und von Jungen verletzt zu werden, die bei Mädchen nur Sex im Kopf hatten. Sie führte Gespräche mit Kissen, die ihre Eltern darstellten, wehrte sich und spürte den Schmerz der ständigen Angst in der Familie. Später sprach sie als sexuell befreite Mutter zur heranwachsenden Joanne, die sie einst gewesen war, und brachte ihrem inneren Kind neue, sichere Grundlagen über Sex bei.

Bill arbeitete ebenfalls an seiner tiefen Ambivalenz in Sachen Sex. Als katholischer Junge war er bei Nonnen zur Schule gegangen, die ständig wiederholten, Sex sei furchtbar schlecht; bis zur Adoleszenz hatte Bill sich sehr bemüht, einer unrealistischen Reinheit und Güte zu entsprechen. Doch als sich seine Geschlechtlichkeit in ihm regte, gab er ihr nach, indem er gleichzeitig ein negatives Selbsturteil über sich verhängte, das verhinderte, den als »schlecht« eingestuften Sex mit der als »gut« erachteten Liebe zusammenzubringen. Zudem ließ er wegen seines starken hormonellen Dranges den Wunsch fallen, ein Mädchen kennen- und lieben zu lernen, und spielte statt dessen insgeheim und schuldbewußt eine lieblose Reihe von sexuellen Eroberungen mit allen Mädchen durch, die das zuließen. Während der Intensivwoche für Paare spürte Bill die heftigen Schuldgefühle und die Trauer über seine frühere schlechte Behandlung von Mädchen und Frauen. Auch, daß er seinen eigenen Wunsch nach Liebe verraten hatte, bereitete ihm Kummer.

Bill erinnerte sich an einen Traum, als er gerade in die Oberschule gekommen war und angefangen hatte, Zigaretten zu rauchen. »Ich gehe mit einer angezündeten Zigarre durch den Vorgarten auf unser Haus zu. Auf halbem Weg zur Tür fällt mir ein: Meine Mutter soll mich doch nicht rauchen sehen! Also zerfetze ich die Zigarre und stopfe sie mir in den Mund. Ich fange an zu kauen, aber es sind noch brennende Teilchen darunter. Ich blase den Rauch aus dem Mund und versuche verzweifelt, den Rauch zum Verschwinden zu bringen.« Die Ähnlichkeit dieses Traumbildes mit dem oben erwähnten, in dem er seine Zigarette abbrach, machte Bill deutlich, daß er derjenige war, der für den Abbruch seiner Leidenschaft, der brennenden Zigarre, verantwortlich war. Noch einmal erkannte Bill, daß er erwartete, die Frau – ursprünglich seine Mutter und die katholischen Nonnen – solle seine sexuelle Leidenschaft ablehnen.

Sowohl Joanne wie Bill deckten zudem Schlüsselereignisse mit ihrem gegengeschlechtlichen Elternteil auf, die sie in ihren falschen Vorstellungen über Sex bestärkt hatten.

Bill hatte einen weiteren Traum, der ihn in die Kindheit zurückführte: »Ich stehe an einer New Yorker Straße, schaue vorbeigehenden Frauen nach und fühle mich sexuell zu einigen von ihnen hingezogen. In der Nähe ist ein rechteckiges Stück Straße frisch geteert. Ich trete hinein und versinke bis auf den Bahnsteig der Untergrundbahn. Dort fühlen sich meine Zähne plötzlich seltsam an: drei Zähne fangen an zu wackeln und fallen mir in die Hand.« Wieder erkannte Bill, daß er sich in seinem Unterbewußtsein (der Untergrundbahn) für die sexuellen Fantasien bestrafte, indem er seine Zähne, seinen »Biß«, seine Potenz verlor.

Diese Geschichte erinnerte Bill an ein prägendes Erlebnis, als er sieben Jahre alt war. Als kleiner Junge war er seiner Mutter sehr nahe gewesen und hatte dennoch schreckliche Angst vor ihr. Er erinnerte sich: »Ich renne in der Küche herum – gewöhnlich war ich kaum zu bändigen – und schlage wohl auch die Küchentür beim Hinaus- und Hereinlaufen zu. Meine Mutter arbeitet in der Küche und versucht, mich zu beruhigen, aber ich mache in meinem kindlichen Übermut weiter. Als ich auf die Spüle zulaufe, an der sie steht, schreit sie mich an und hebt etwas – vielleicht ist es ein Messer – hoch über mich. Ich reagiere überheftig, ducke mich und schlage mit dem Kopf an die harte Porzellanspüle. Ich breche mir meine zwei neuen vorderen Schneidezähne ab.« Bei diesem traumatischen Erlebnis kam Bill zum Schluß, er habe unbewußt seine Zähne »geopfert«, um die Mutter zu besänftigen, die sich durch seine Lebendigkeit bedroht fühlte. Genauso hatte Bill Joanne seine Sexualität »geopfert«, als seine Liebe und Nähe zu ihr ähnliche Ängste in ihm wachgerufen hatten, wie er sie seiner Mutter gegenüber empfand.

Das war ein Schlüsselereignis, in dem er mit Selbstunterdrückung auf die Mutter reagierte, die ihn in seinen Augen ablehnte. Dieses Muster hatte er seither immer wieder

116

durchgespielt. Bill redete nun mit seinem inneren Kind und bat das höhere Selbst um Hilfe, um seine Spontaneität wiederzuerwecken und mehr Vertrauen in die eigene gottgegebene Sexualität zu bekommen.

Joannes Arbeit mit dem inneren Keller ließ sie ein prägendes Ereignis mit ihrem Vater wiedererleben, als sie im Sommer vor dem Universitätsbesuch zu Hause war, sexuell noch unerfahren. In jenem Jahr hatte ihr Vater Krebs bekommen und sich einer Reihe von Operationen unterzogen. Er hatte Schmerzmittel vor den Operationen und gegen die Krankheit bekommen und war schließlich süchtig geworden. Die Arbeit hatte darunter gelitten, und sein Chef hatte eine Frühpensionierung vorgeschlagen. Joannes Vater wußte, daß er etwas unternehmen mußte. Als Joannes Mutter und Geschwister ans Meer gefahren waren und sie mit dem Vater allein zu Hause war, kündigte er ihr an, er wolle sämtliche Medikamente schlagartig absetzen, und er brauche ihre Hilfe, um den Totalentzug durchzustehen.

Joanne hatte nicht genau gewußt, wie abhängig ihr Vater von Schmerzmitteln gewesen war, und diese Ankündigung hatte sie umgehauen. Als sie jenen Augenblick am Küchentisch wiedererlebte, als ihr der Vater seinen Entschluß mitteilte, zitterte Joanne, weinte, wand sich und schrie vor Angst, wie unzulänglich sie sich als Siebzehnjährige gefühlt habe, dem Vater bei einem solchen Unterfangen zu helfen. Erst jetzt dämmerte ihr, wie übermäßig er sie damals als Erwachsener gebraucht hatte. Sie erinnerte sich, wie er an jenem Wochenende erbrochen hatte, wie depressiv er gewesen war, wie sich alles in ihr zusammengezogen hatte und sie ihr Bestes tat, um ihm zu helfen und für ihn zu kochen, während sie ihr eigenes Entsetzen innerlich verdrängte. Zwar hatte der Vater Joanne sexuell nicht bedrängt, aber sie vermutete, daß ihre eigene erwachende Sexualität sich mit der Angst davor vermischt hatte, wie sehr er sie brauchte. Für Joanne war der Moment, in dem der Vater sich dringend und intensiv an sie gerichtet hatte, genau das, was sie in der sexuellen Beziehung zu Bill immer wieder durchspielte. Endlich erlebte sie die Angst an ihrem Ursprung. Sie merkte, wie erschrocken und wütend sie gewesen war, weil er sie um ein Maß an Zuspruch und Unterstützung gebeten hatte, die ihrem Alter überhaupt nicht entsprachen. Sie spürte aber auch die Liebe und Sehnsucht nach dem Vater und den Wunsch, sie hätte ihm geben können, was er brauchte.

Joannes heranwachsendes Selbst war weder stark genug gewesen, um mit der Intensität des Vaters umzugehen, noch um ihre eigene Reaktion wirklich zuzulassen. Sie hatte diese Gefühle abgespalten und danach so lange mit Bill wieder durchgespielt, bis sie zu deren wahrer Ursache vordringen konnte. Joanne würde die Angst, die sie als

117

Siebzehnjährige gepackt hatte, überwinden. Es war ihr klar, daß sie jetzt viel fähiger war, die Gefühle und Wünsche eines Mannes entgegenzunehmen. Sie brauchte nicht mehr zu erstarren und eine alte Angst ständig aufs neue durchzukauen.

Bills und Joannes Liebe und Achtung füreinander nahm stark zu, als sie sahen, wie jeder sich um eine dynamische sexuelle Selbstäußerung bemühte. Sie waren nicht mehr in den Projektionen des gegengeschlechtlichen Elternteils gefangen, was ihre gegenseitige Wahrnehmung deutlich erleichterte. Ihr Geschlechtsverkehr wurde zu einer sanften gemeinsamen Zeit, in der sie langsam und empfindsam eine tiefere Verbindung zueinander suchten und sich jeden Moment ihre Gefühle mitteilten.

Besuch in der Kindheit

Spirituelle Entfaltung heißt, die eigene Erfahrung nach und nach zu erweitern und zu integrieren. Als Erwachsene leben wir die meiste Zeit in einem begrenzten Selbstbild. Das Denken ist eingeengt, die Energie gebremst oder zerstreut. Um über die begrenzten Erfahrungen hinauszugehen, müssen wir wissen, wodurch wir uns blockieren.

Bei der Geburt sind wir völlig offen. Der Atem fließt frei, und wir kennen keine Abwehr gegen die Welt. Das separate Selbst ist noch nicht gebildet, obschon die Seele bei der Geburt bestimmte Veranlagungen und Tendenzen mitbringt. Während der Geburt, im Säuglingsalter und in der Kindheit machen wir Erfahrungen, die uns offenbar sagen, bestimmte Seiten an uns und am Leben seien falsch; aufgrund dieses negativen Lernens engen wir den freien Fluß des Lebens ein.

Aus seelischer Sicht kommen wir mit bestimmten Problemen zur Welt, die wir im Verlauf des Lebens zu lösen haben. Eltern und schwierige Umstände in der Kindheit sind Bedingungen, die wir uns selbst eingerichtet haben, um Problembereiche zu beleuchten. Später können wir sie bearbeiten und umwandeln.

In jungen Jahren schrecken wir instinktiv vor der Negativität der unvermeidlichen Dualitäten zurück. Wir verkapseln uns vor Schmerz und Enttäuschungen und schließen daraus, bestimmte Aspekte oder Gefühle in uns seien unannehmbar. Infolgedessen verdrängen wir Teile der eigenen Erfahrung und engen unser Selbstbild ein. Auf der Seelenebene zeigen sich die vorhandenen Verzerrungen bereits im frühen Kindesalter.

Bills und Joannes Arbeit brachte die Entdeckung, daß jeder für sich und auch beide gemeinsam ihre sexuelle Beziehung als Erwachsene eingeschränkt hatten, um den Schmerz unbearbeiteter Kindheitstraumata zu vermeiden.

Haben wir als Kind einige Enttäuschungen erlebt, versuchen wir, künftigen Schmerz abzuwehren, indem wir bestimmte Verallgemeinerungen hinsichtlich des Lebens formulieren und Schlußfolgerungen treffen, die auf der jeweiligen Erfahrung und den Interaktionen mit den Eltern basieren. So hatte Bill beispielsweise aus dem Verhalten seiner Mutter und den Ermahnungen der katholischen Nonnen den Schluß gezogen, der freie Lauf seiner sexuellen Energie würde dazu führen, daß Frauen ihn ablehnten. Joanne hingegen hatte aus der Erfahrung mit ihrem Vater geschlossen, die männliche Geschlechtlichkeit sei überwältigend und zuviel, als daß sie damit umgehen könne. Beide hatten unbewußt gefolgert, Sex sei gefährlich, und es sei sicherer, ihn ganz zu vermeiden oder auf Sparflamme zu halten.

Diese Resultate unglücklicher Erfahrungen aus Kindheit und Jugend waren ins Unterbewußtsein gesunken und prägten den Blick auf ihre Sexualität. Jedesmal, wenn eine Frau Bills starke männliche Sexualität nicht uneingeschränkt annahm, wurde seine Erwartung, abgelehnt zu werden, bestätigt, und er fühlte sich entmachtet. Mit der Zeit riskierte er weniger, fühlte sich häufiger zurückgewiesen, was seine falschen Schlußfolgerungen nur zementierte. Joanne befürchtete, überwältigt zu werden, und wenn der Mann nicht ausgesprochen liebevoll war, bekam sie schnell Angst. Mit der Zeit wurde die Angst immer früher ausgelöst, was ihre falsche Schlußfolgerung, der männlichen Geschlechtlichkeit sei nicht zu trauen, bestärkte. Diese negativen Erwartungen führten zu negativen Erfahrungen, und die negativen Erfahrungen bestätigten die negativen Erwartungen.

Wir stülpen unsere begrenzten Vorstellungen, wie die Welt unserer Ansicht nach funktioniert und wie wir behandelt werden möchten, der Außenwelt über. Größtenteils liegen dabei Erfahrungen zugrunde, die wir als Kind durch die elterliche Behandlung gemacht haben. Meistens werden die Erwartungen bestätigt, da die eigene, selbstgezimmerte innere Wirklichkeit so überzeugend ist. Wir neigen dazu, alles zu übersehen, was nicht zu den vorgefaßten Meinungen paßt, und selektieren, was dazu paßt. In der Regel gewährleistet ein entsprechendes Verhalten, daß sich das erwartete Resultat einstellt. Die Eingrenzung der Wirklichkeit wird zum Teufelskreis.

Da die Selbstbegrenzungen gewöhnlich Reaktionen auf kindlichen Schmerz und Beschränkungen durch die Familie sind, heißt es, der Kindheit noch einmal einen Besuch abzustatten, wenn wir alle Selbst zurückgewinnen wollen. Indem wir noch einmal den kindlichen Schmerz nachempfinden, stärken wir unsere Fähigkeit als Erwachsene, die inneren Gegensätze anzunehmen, die guten und schlechten Seiten der Eltern, die guten und schlechten Seiten des inneren Kindes, Schmerz und Lust, die unser offenherziges, kindliches Selbst erlebt. Wir entdecken eine viel größere Aufnahmebereitschaft für Gefühle und Erkenntnisse in uns, die für das zarte Kindselbst unerträglich gewesen wären. Es gilt noch einmal nachzuerleben, was wir nicht ganz empfunden, verdrängt oder innerlich abgespalten haben. Dabei decken wir die eigenen begrenzenden und negativen Vorstellungen über das Leben auf und lernen, sie durch eine offenere, positive Haltung zu ersetzen. Das erzeugt eine wohltuende Wechselwirkung positiver Erwartungen, die durch gute Erfahrungen erfüllt werden, was wiederum Optimismus und Offenheit gegenüber dem Leben verstärkt.

Diese innere Ausdehnung hat einen Einfluß auf alle Menschen um uns herum. Jedesmal, wenn einer wagt, die eigenen Grenzen zu erweitern, wird die gesamte Menschheit gefördert.

Die Entstehung der Bilder

In der Pfadarbeit nennen wir falsche, einengende Glaubenssätze über das Leben »Bilder«. Ein falscher Glaubenssatz verkrampft die Energie im Körper, was die Gefühle einengt und eine Abwehrhaltung erzeugt, die wiederum die falschen Ansichten stärkt. So bestimmen Bilder die eigene Realität. Sie werden zu Scheuklappen oder einer dunklen Brille, die Gesichtsfeld und Lebenserfahrung beschränken.

Der GUIDE verwendet das Wort »Bild«, weil eine falsche Vorstellung über das Leben der reinen Lebenserfahrung übergestülpt und damit zum »Rahmen« wird, durch den wir das Leben betrachten. Auf spiritueller Ebene sind Gedanken und Gefühle sichtbar. Ein Bild ist eine kompakte Anordnung von Gedanken und Gefühlen, die in der Seelensubstanz zu einer starren Masse geworden sind, zu einer Energieblockade in Körper und Geist, die uns daran hindert, die Realität klar und deutlich wahrzunehmen.

Wir Geistwesen sehen den gesamten Denkvorgang als geistige Form – oder als Bild. Gedanken, Gefühle und Einstellungen, die nicht mit einem Bild verbunden sind, fließen harmonisch mit den göttlichen Kräften und Strömungen und passen sich spontan an die unmittelbaren Bedürfnisse an. Diese Gedanken und Gefühle sind alle im Fluß, dynamisch und entspannt; sie sind beweglich. Jene Gedanken und Gefühlsformen, die aus falschen Überzeugungen oder Bildern stammen, sind statisch und verstopft. Sie sind nicht flexibel und bewirken daher Unordnung und Disharmonie. Ich würde sagen, daß es zu einem Kurzschluß kommt. So sehen wir sie. Ihr aber seht und empfindet sie als Unglück, Angst und Verwirrung wegen vieler anscheinend unerklärlicher Dinge in eurem Leben. Zwei Beispiele dafür sind die Tatsache, daß ihr nicht ändern könnt, was ihr gerne ändern würdet, oder daß bestimmte Ereignisse sich in eurem Leben ständig zu wiederholen scheinen. (*Lesung 38*)

Ein Bild entsteht aus der dualistischen Überzeugung, einige Aspekte im Leben seien gefährlich, und man müsse sich dagegen abschirmen. Das Kind, das wir einst waren, hat eine bestimmte Enttäuschung und Schmerz erfahren und aufgrund dieser einmaligen Erfahrung eine Verallgemeinerung über das Leben aufgestellt. Bill beispielsweise hatte festgestellt, daß seine überschäumende Sexualität in seiner verletzlichen Kindheit sowohl von der Mutter geweckt als auch streng verurteilt wurde. Er hatte damals nicht die Ichstärke, den Schock und Schmerz ihrer Zurückweisung ganz zu erleben, seine Reaktion statt dessen verdrängt und gegen sich selbst gewandt.

Das Kind hat keine Vergleichsmöglichkeiten für seine Erfahrungen. Seine Familie bildet die Realität, und es zieht den selbstverständlichen Schluß, daß das Leben für alle so aussieht. Bill hatte gefolgert, daß seine Sexualität nicht nur für seine Mutter unannehmbar war, und übertrug die Erwartung, sexuell abgelehnt zu werden, auf alle Frauen. Das Kind folgert, es sollte auf eine bestimmte Weise reagieren, um künftigen Schmerz zu vermeiden. Bill beschloß also unbewußt, seine Sexualität abzuwürgen, um den Schmerz, von Frauen zurückgewiesen zu werden, nicht zu spüren.

Es ist anfänglich ein ziemlicher Schock, wenn man merkt, wie das unreife Kindheits-»Denken« das Erwachsenenverhalten beeinflußt. Aber es ist auch erhellend

121

zu sehen, wie heutige Schwierigkeiten häufig in einer unbewußten Kinderlogik wurzeln. Wird dieses kindische Denken erst einmal aufgedeckt, können wir das Muster auflösen. Bis dahin spielen wir die Vorgabe, derzufolge wir Kindheitserfahrungen im Erwachsenenleben ständig neu inszenieren, unbewußt weiter durch.

Ein in Ohio gebürtiger und dort aufgewachsener Radfahrer träumte von einer Radwanderung. Er fuhr in Virginia, wo er wohnt, über das Land, kam aber nicht ans Ziel. Als er endlich die Landkarte herausholte, um nachzusehen, wo er war, stellte er fest, daß er sich an einer Landkarte von Ohio statt von Virginia orientiert hatte! Der Träumer erwachte, und ihm war klar geworden, daß er immer noch nach der Lebenslandkarte fuhr, die er in seiner Kindheit erstellt hatte, statt nach derjenigen, die seinem Leben als Erwachsener angemessen gewesen wäre.

Viele Bilder entstehen im Säuglingsalter und in der Kindheit, also in einer Zeit, in der die Seele besonders verletzlich ist. Viele Bilder sind bereits vor der Inkarnation in der Seele eines Menschen vorhanden. Die Erfahrungen dieses Lebens verstärken gewöhnlich die tieferliegenden falschen Vorstellungen oder Seelendellen, die wie ein Magnet bestimmte negative Erfahrungen in der Kindheit anziehen, oder fördern sie zutage. Manchmal findet man den Ursprung festsitzender Bilder in Rückführungen. Da die Seele jedoch die Inkarnation auf sich nimmt, um Verzerrungen ans Licht zu bringen, lassen sich unsere Bilder zum Großteil durch eine eingehende Erforschung der sich in diesem Leben stellenden Probleme entwirren.

Je nach seelischer Veranlagung reagieren wir verschieden auf negative Kindheitserfahrungen. Manche Erlebnisse waren für das mentale, emotionale oder körperliche Wohlbefinden des Kindes wirklich bedrohlich. Viele aber, die es nicht sind, werden wegen der bereits vorhandenen Seelendellen des Kindes als lebensbedrohend wahrgenommen. Die Scheidung der Eltern wird dann vielleicht vernichtender erfahren, als sie es in Wirklichkeit ist.

Auch wenn unsere Arbeit darin besteht, die zutage tretenden Bilder allmählich zu entwirren, trägt die Betrachtung der tiefliegenden seelischen Auslöser häufig dazu bei, ihre seltsame Macht über die eigenen Gefühle zu verstehen. Kommen wir mit bestimmten Inhalten aus anderen Leben in Berührung, verleiht dies dem jetzigen Ringen unter Umständen Tiefe und Lebendigkeit. Selbstverständlich tragen wir Bilder, die wir in diesem Leben nicht auflösen, in das nächste weiter.

122

Bilderkategorien

Das Kind denkt absolut und verallgemeinernd. Solche Schlußfolgerungen helfen dem Kind, von schmerzhaften Erfahrungen nicht überwältigt zu werden. Der Erwachsene mit seinem stärkeren Ich kann seine unbewußten Annahmen über das Leben erschließen und diese Verallgemeinerungen näher untersuchen. Er kann konkrete eigene Erfahrungen aufspüren und mit einem stärkeren Ich den damals nicht empfundenen Kindheitsschmerz nacherleben und integrieren.

Bilder sind oft Verallgemeinerungen. Aufgrund von Erfahrungen mit einem grausamen Vater kommen wir zum Schluß »Alle Männer sind grausam.« Wenn in einer Familie ständig um Geld gestritten wird, schließen wir: »Geld macht immer Schwierigkeiten.«

Jedesmal, wenn wir verallgemeinern und etwa sagen: »Männer ... immer«, »Männer ... nie« oder sogar »Du ... immer« oder »Du ... nie«, bewegen wir uns in Bildern der Kindheit, statt angemessen auf die gegenwärtige Situation zu reagieren. Wir sehen die Gegenwart durch die Brille der Verallgemeinerungen und wehren den Schmerz der gegenwärtigen Lage ab.

Eine weitere falsche Schlußfolgerung zeigt sich in der Form: »Weil ... sind, deshalb sollte ich mich so oder so verhalten.« Wir befinden uns damit weit in der Vergangenheit.

Bilder zeigen sich auch als falsche Verknüpfungen zwischen Ursache und Wirkung »Wenn ... dann ... .« »Wenn ich mich so verhalte, straft mich Mami. Deshalb ist es gefährlich, diese Seite zu zeigen.« Schließlich versinkt der Teil, den das Kind als unannehmbar erachtet, ins Unterbewußte. Nur der Erwachsene kann die falsche kindliche Schlußfolgerung aus Ursache und Wirkung korrigieren und feststellen: Nur weil mich Mami dafür bestraft hat, weil ich mich auf eine bestimmte Weise ausgedrückt habe, heißt das noch nicht, daß diese Seite unannehmbar ist.

Das Kind lebt in einer instinktiv dualistischen Welt, in der Dinge und Menschen, Einstellungen und Gefühle entweder gut oder schlecht, in Ordnung oder nicht in Ordnung sind. Bilder verstärken immer dualistische Entweder-oder-Ansichten. Wenn uns die Mutter beispielsweise bestraft hat und wir das ungerecht finden, ziehen wir entweder den Schluß »Ich bin gut und Mami ist böse«, oder »Ich bin böse und Mami ist gut.« Nur der Erwachsene kann diese Folgerungen berichtigen und das Denken so weiten, daß sowohl/als auch Platz darin haben. »Sowohl Mami wie ich haben recht. Mami hatte recht, auf das zu reagieren,

123

was ich getan habe, aber sie hat wegen ihrer eigenen ungelösten Probleme überreagiert.«

Das Denken, das an der Entstehung eines Bildes beteiligt ist, ist irrational, folgt jedoch einer eigenen Gefühlslogik. Wir müssen uns in die Denkabläufe des eigenen inneren Kindes hineinversetzen, um zu verstehen, wie falsche Überzeugungen sich aufgrund unserer Gefühlsreaktionen verfestigt haben, auch wenn der erwachsene Verstand uns sagt, daß diese Schlußfolgerungen rational keinen Sinn machen.

Wir schämen uns häufig des Kindes in uns. Vielleicht erinnern wir uns nicht mehr an die kindlichen Denkvorgänge und haben schon längst die Erfahrungen und Eindrücke vergessen, die uns zu den falschen Schlüssen bewogen. Die Scham jedoch bleibt. Wir müssen »begreifen, daß ein Schamgefühl nichts anderes ist als die Ablehnung eines Zustandes zum betreffenden Zeitpunkt und anzeigt, daß ihr euch nicht so annehmen wollt, wie ihr gerade seid« (Lesung 40). Jedes Wachstum beginnt damit, das anzunehmen, was uns jetzt ausmacht, einschließlich der irrationalen Selbsteinengenden Gefühle und Verhaltensweisen sowie der zugrundeliegenden Bilder, welche die fehlgeleiteten oder eingeengten Reaktionen im Leben bestimmen.

Ein kleiner Junge spielt fröhlich in den Schneeverwehungen und bleibt länger in der Kälte draußen, als er sollte; daraufhin bekommt er eine Lungenentzündung. Der kindliche Verstand könnte daraus lernen: »Wenn ich zu lange in der Kälte bleibe, kann ich krank werden.« Das wäre eine vernünftige Schlußfolgerung aus dem Erlebten.

Aber der Schluß kann auch lauten: »Wenn ich in die Kälte hinausgehe, werde ich krank. Kälte ist bedrohlich. Es ist viel sicherer, drinnen zu spielen.« Trifft das Erlebnis mit einer bereits vorhandenen Seelendelle physischer Existenzangst zusammen, gräbt es sich noch tiefer in die Psyche ein: »Ich kann mich nicht auf den Körper verlassen, weil er krank wird.« Oder: »Man kann Draußensein nicht trauen, weil es mich krank gemacht hat.« Solche Schlüsse führen manchmal zu einem Rückzug. Hat ein nachlässiger Elternteil das Kind draußen gelassen, sind die Folgerungen noch ernster: »Meine Mami hat mich krank werden lassen, also kann man Frauen nicht trauen.« Wie tief ein Erlebnis greift, hängt sowohl vom elterlichen Rahmen wie der Veranlagung des Kindes ab.

124

Beatrice war eine attraktive junge Frau mit einer Karriere, die sie völlig beanspruchte. Sie hatte gute Freunde und viele Interessen. Nach einer gescheiterten jungen Ehe fand sie nicht den »richtigen« Mann für eine neue Beziehung. Zuerst schrieb sie es dem Mangel an noch ungebundenen Männern ihres Alters zu, aber schließlich begann sie, die Ursachen für diese unerfüllte Seite in sich zu suchen. In der Tagesrückschau beobachtete sie ihre Reaktionen auf Männer und deckte ein wiederkehrendes Muster auf: Sie hatte Angst, von Männern, die ihr gefielen, zurückgewiesen zu werden, und verachtete diejenigen, die sie bewunderten.

Beatrice und ich suchten nun nach den diesem Muster zugrundeliegenden Bildern. Ihre unbewußte Annahme lautete offensichtlich: »Jeder Mann, der etwas wert ist, weist mich sowieso zurück; nur Männer, die nicht eben begehrenswert sind, lieben mich. Wenn ich vermeiden will, zurückgewiesen zu werden, darf ich nicht zeigen, daß ich einen Mann haben möchte; ich muß vorgeben, kühl zu sein und über allem zu stehen. Erst dann habe ich überhaupt eine Chance, das Interesse eines Mannes auf mich zu ziehen.«

Beatrice ging dem Teufelskreis nach, den die im kindlichen Unterbewußtsein verankerten Bilder in Bewegung setzten. Wenn sie mit begehrenswerten Männern zusammen war, erwartete sie Zurückweisung und wurde ängstlich, mißtrauisch und furchtsam. Diese Unsicherheit und ihre Wünsche überdeckte sie, indem sie sich hochnäsig, reserviert und arrogant gab. Selbstverständlich führte dieses Verhalten tatsächlich dazu, daß die Männer sie ablehnten und anscheinend ihre ursprüngliche Überzeugung bestätigten, alle Männer, die etwas wert waren, würden sie abweisen.

Beatrice erinnerte sich, daß sie als Einzelkind wenig Erfahrungen auf dem Gebiet der Gleichstellung mit Männern gemacht hatte. Der Vater war streng und autoritär, kritisierte sie häufig und lobte oder ermutigte sie selten. Sie wuchs mit dem Eindruck auf, seine Liebe zu verlieren, wenn sie ihm nicht gefiel und gehorchte. Unbewußt nahm sie ihm das übel, aber sie liebte und bewunderte ihn auch, fühlte sich durch seine Kraft geschützt und wünschte sich seine Anerkennung sehnlichst. Diese Stimmung hinterließ einen tiefen Eindruck in ihrer Seele und verfestigte das Bild, alle wünschenswerten starken Männer würden sie – genau wie der Vater – mißbilligen. Unbewußt stellte sie zudem die Gleichung auf, nur Männer, die sie ablehnten, seien begehrenswert.

Ihre Mutter war sehr liebevoll und akzeptierte sie, konnte sie aber nicht vor der Strenge des Vaters schützen. Tatsache war, daß dieser auch die Mutter einschüchterte und sie sich unterwarf.

Damit entstand die unbewußte Anlage in Beatrice, alle potentiellen Partner entweder als stark, abweisend und begehrenswert zu sehen wie den Vater oder als liebevoll, schwach und zu leicht zu haben wie die Mutter. Dadurch war Beatrice mit allen Männern, denen sie begegnete, unzufrieden.

Der Zwang, Verletzungen aus der Kindheit neu zu inszenieren

Beatrices Schwierigkeiten sowie die Geschichte von Bill und Joanne illustrieren einen weiteren Aspekt, wie Bilder sich in Intimbeziehungen auswirken: Unbewußt fühlen wir uns zu Partnern hingezogen, die uns, wenn auch unmerklich, an den Elternteil erinnern, dessen Liebe wir uns immer noch wünschen. Wir versuchen sie dazu zu bringen, uns diese Liebe zu geben und wettzumachen, was wir nicht bekamen, als wir klein waren. Es ist, als hätten wir damals eine Niederlage erlebt und versuchten, diesmal zu »gewinnen«.

Solange ihr euch des Konfliktes zwischen eurem Verlangen nach vollkommener Liebe von euren Eltern und eurem Groll gegen sie nicht bewußt seid, müßt ihr versuchen, die Situation in späteren Jahren zu korrigieren … Ihr versucht, die Kindheitssituation herzustellen, um sie so zu berichtigen. Dieser unbewußte Zwang ist ein sehr starker Faktor, bleibt aber vor eurem bewußten Verstehen tief verborgen![18]

Dieser gesamte Vorgang ist höchst destruktiv. Ihr täuscht euch, wenn ihr glaubt, eine Niederlage erlitten zu haben. Deshalb täuscht ihr euch auch, wenn ihr glaubt, ihr könntet jetzt siegen. Der Mangel an Liebe, so traurig er für euch als Kind gewesen sein mag, ist nicht die Tragödie, als die ihn euer Unterbewußtsein noch immer empfindet. Die einzige Tragödie liegt in der Tatsache, daß ihr euer zukünftiges Glück behindert, indem ihr die Situation ständig reproduziert und dann versucht, sie zu meistern. *(Lesung 73)*[19]

Beatrice zieht also weiterhin Männer magisch an, die sie an ihren (autoritären, starken) Vater erinnern, und versucht dann, sie »dazu zu bringen«, liebevoll und fürsorglich zu sein. Dabei möchte sie in deren Augen attraktiv erscheinen, indem

[18] Der Pfad der Wandlung. S. 50.   [19] Der Pfad der Wandlung. S. 51.

126

sie unbewußt den Vater nachahmt, dessen Distanziertheit und Unzugänglichkeit sie mit Attraktion verbindet. Dieses Verhalten löst jedoch nicht die Wärme und Zuneigung aus, nach der sie sich sehnt.

Versteht Beatrice ihre kindlichen Bilder über Männer und wird ihr klar, wie illusorisch ihre Bemühungen sind, dann kann sie eine andere Entscheidung treffen.

Hinter dem Zwang, die Verletzungen aus der Kindheit wieder zu erleben, steckt ein höherer Zweck. Früher oder später werden wir mit unseren Mustern konfrontiert und übernehmen die Verantwortung dafür. Als Bill und Joanne bereit waren, ihre sexuellen Schwierigkeiten als eigenes Problem zu betrachten und im Inneren nach den kindlichen Ursachen ihrer Muster zu suchen, konnten sie zum erstenmal etwas ändern. Da wir aber das Leben als Reaktion auf vergangene Verletzungen führen, werden wir früher oder später auf uns zurückgeworfen, um nach der Wurzel des Problems zu graben.

Wie man Bilder findet

Die regelmäßige Tagesrückschau unserer unharmonischen Erlebnisse kann unter Umständen zu einem gemeinsamen Nenner führen. Bei jedem unerbaulichen Muster, in dem wir ohne Aussicht auf Änderung festzustecken scheinen, ist ein Bild am Werk. Sobald wir mühsame oder unbefriedigende Ereignisse oder Menschen magnetisch anzuziehen scheinen, wird das eigene Verhalten von einem Bild beherrscht.

Der gemeinsame Nenner solcher Muster ist stets ein Wegweiser zu falschen Vorstellungen, die wir, meist unbewußt, hegen. Solche Vorstellungen müssen in klare, prägnante Sätze gefaßt werden, wie irrational sie auch erscheinen mögen. Sie können beispielsweise mit der Verallgemeinerung beginnen: »Alle Männer sind ...«, »Die Liebe ist ...« oder »Die Arbeit ist ... «. Weitere falsche Schlüsse über Ursache und Wirkung lauten oft »Wenn ..., dann geschieht etwas Schreckliches.« Meistens suggerieren uns Bilder, daß eine Situation, die schmerzt oder auch nur unangenehm ist, lebensbedrohend ist. Dann verfangen wir uns in Abwehrmechanismen mit der falschen Vorstellung, es gehe irgendwie um unser Leben. Wir müssen lernen, diese Fehlschlüsse zu formulieren und genau auszudrücken, worum es geht. Das Bild in klare Worte zu fassen erhellt, wie irrational es ist, und vermindert die Macht, die es über uns hat.

127

Wir spüren manchmal, wie sich ein Bild auswirkt, wenn wir nach einer besonders unangenehmen Begebenheit eine seltsame »Befriedigung« empfinden: »Das habe ich schon die ganze Zeit erwartet«, »ich habe schon immer gewußt, daß Männer (Frauen) sadistisch sind«, »Kinder bescheren einem nur Kummer«, »man kann Menschen nicht trauen« usw. Die Enttäuschung bestätigt einen negativen Glauben, und darin liegt ein perverser Trost.

Jedesmal, wenn wir einen Blick auf die eigenen negativen Vorurteile erhaschen, haben wir Gelegenheit zu erkennen, wie die inneren Bilder unsere Realität formen. Stellen wir unrealistische Maßstäbe auf, um den erwarteten Enttäuschungen zu genügen? Glauben wir, unsere Bedürfnisse würden nicht befriedigt und bitten gar nicht darum? Nehmen wir an, wir seien unwürdig und lassen deshalb keine Fülle zu?

Wir hängen meistens mehr an Enttäuschungen und am Versagen als an Glück und Erfolg. Das Bild, keine Erfüllung zu verdienen, zieht negative Erfahrungen an, die die Erwartungen bestätigen und zu einem Teufelskreis der selbstherbeigeführten Niederlage werden.

Ist die Hoffnungslosigkeit in einer privaten Lage besonders groß, dann wissen wir, daß ein tief vergrabenes Bild am Werk ist. Ein solches Bild wird manchmal in einer Familie von Generation zu Generation überliefert; dann ist es besonders schwierig, es in einem einzigen Leben aufzulösen. Jede Familie setzt bestimmte Illusionen fort, an die alle Familienmitglieder glauben. Diese Vorstellungen ins Bewußtsein zu heben, verringert die Macht, die sie über uns haben.

Zusätzlich zu den falschen Vorstellungen der eigenen Familie haben wir an Bildern Anteil, die zur jeweiligen Kultur und Geschichte gehören. Darüberhinaus existieren Bilder der ganzen Menschheit, die der GUIDE Massenbilder nennt. Das wichtigste Massenbild ist die Grundannahme, die Gattung Mensch sei von der Vernetzung des Lebens getrennt und diesem überlegen.

Ein Haupthinweis auf ein Bild ist die weitverbreitete Tatsache, daß wir uns unserer selbst schämen und glauben, nicht wert- oder verdienstvoll zu sein. Das innere Kind hegt zudem eine konkrete Scham, die aus jener Zeit stammt, als es mit einem Riesenschock entdeckte, daß Eltern und Welt nicht vollkommen waren. Das Kind hat ein großes Bedürfnis, seine Eltern für vollkommen zu halten, da sie das einzige sind, das zwischen ihm und dem Chaos oder Tod steht. Wenn das Kind entdeckt, daß es nicht vollkommen geliebt oder sogar schlecht behandelt wird, nimmt es an, es sei natürlich seine Schuld, weil es keine andere Familie gut genug

128

kennt, um sie mit der eigenen zu vergleichen. Es empfindet tiefe Scham über das, was strafenswert erscheint oder verlassen zu werden verdient, wie es fälschlicherweise annimmt. Bis das heranwachsende Kind begriffen hat, daß die Eltern und anderen Erwachsenen selbst unvollkommen und voller Probleme sind, hat sich die Scham bereits festgesetzt, und die Selbstachtung hat Schaden genommen.

Heute wissen wir, daß genau dies bei Kindesmißhandlungen geschieht. Kinder nehmen im allgemeinen den eigentlichen Grund für das zerstörerische Verhalten von Menschen, die sie gleichzeitig beschützen und sich um sie kümmern, nicht wahr, und schließen deshalb, sie seien schuld, wenn ihnen ein Schaden zugefügt wird. Weil das Kind Abwehrmechanismen gegen künftige Verletzungen aufbaut, dabei jedoch eine zunehmende Scham empfindet, kann es die Wahrheit nur sehr schwer ans Tageslicht holen.

Der gesamte Vorgang versinkt also ins Unterbewußte: die Feststellung, daß etwas in der Familie nicht stimmt, die Annahme, man habe diese Unstimmigkeit selbst verursacht, wobei gleichzeitig verallgemeinert wird, Menschen sei nicht zu trauen, sowie das Errichten von Abwehrmechanismen gegen erlittene Verletzungen und Demütigungen. Und wie eine Pflanze, die man nur im Dunkeln läßt, kann ein Großteil der Persönlichkeit nicht wachsen. Das Licht des Bewußtseins muß die Angst, den Groll und die Scham des Kindes durchdringen, um die Bilder aufzudecken, die im Unterbewußtsein vergraben wurden. Wir müssen bereit sein, die Wahrheit über die Mißhandlung, die wir als Kind erlitten haben, einschließlich der Fehler der Eltern kennenzulernen, ohne das Gute auszurotten, das auch vorhanden gewesen sein mag.

Als Erwachsene können wir uns von der Scham oder Enttäuschungen, die wir in heutigen Situationen erleben, in Kindheitstraumen zurückführen lassen. Die heutigen Gefühle entsprechen denjenigen der Kindheit. Empfinden wir den jetzigen Schmerz voll und ganz, führt er uns zu den ersten, prägenden Erfahrungen. Wir können lernen, worauf wir aus der Vergangenheit reagieren, wenn wir ein hartnäckiges negatives Muster oder eine Scham bei uns entdecken. Jedesmal, wenn wir Unvollkommenheiten von Partnern, Chefs oder des Lebens »entdecken«, erleben wir die ursprünglichen Schocks aus der Kindheit. Empfinden wir Scham oder geben uns die Schuld an den Fehlern anderer, können wir sicher sein, daß wir aufgrund eines Bildes aus der Kindheit reagieren.

Holen wir uns die ursprünglichen Enttäuschungen ins Bewußtsein, können wir der Tatsache ins Auge blicken, daß Eltern unvollkommen sind, und bewußt

129

den unvermeidlichen Schmerz, Ärger und Groll erleben, die generell zum Menschsein gehören. Bis wir diesen Weg bewußt gehen, versuchen wir immer wieder, andere dazuzubringen, uns »perfekte Eltern« zu sein, und jedesmal werden wir enttäuscht. Niemand ist je vollkommen oder wird uns vollkommen lieben. Es ist nicht unsere Schuld, und wir können nichts tun, um andere zu mehr Vollkommenheit zu zwingen. Alle sind unvollkommen ... und alles ist entschuldbar.

Das Hauptbild oder die Seelenspaltungen

Nachdem wir unsere falschen Vorstellungen in den verschiedensten Bereichen – Liebesbeziehungen, Freundschaft, Arbeit, Spiel, Sexualität und Kreativität – ausgegraben haben, stellen wir fest, daß die Bilder gemeinsame Nenner besitzen. Wir grenzen bestimmte Themenkreise ein und fangen an, diese als Hauptbilder zu erkennen. Die Hauptbilder kennzeichnen die wichtigsten charakterlichen Probleme oder dualistischen Seelenabspaltungen. Wir begegnen beim Vordringen entlang der Wachstumsspirale immer wieder denselben Verzerrungen.

Das Hauptbild ist in der Regel eine grundlegende Fehlannahme über das Wesen des Lebens an sich und darüber, wer wir im Leben sind, etwa »Das Leben ist unsicher, und ich werde nie sicher sein«, »Das Leben ist ein Kampf, und ich muß gerüstet und angriffsbereit sein, sonst gehe ich zugrunde«, »Das Leben ist immer enttäuschend, also versuche ich besser gar nicht, mir meine Träume zu erfüllen«, usw.[20]

Das Hauptbild ist die Art, wie wir uns am häufigsten von der Ganzheit des Lebens abspalten. Das Leben ist seinem Wesen nach ein mit allem verbundener Energie- und Bewußtseinsfluß. Wenn wir jedoch irgendeine Lebenserfahrung ablehnen, trennen wir uns von der Einheit dieses Flusses. Wie wir uns davon trennen, was wir im Leben als gefährlich oder unannehmbar finden, weist auf Seelenspaltungen oder das Hauptbild hin.

Das Hauptbild ist der Kern des seelischen Lebensplanes für diese Inkarnation und zeigt, welche dualistischen Spaltungen wir diesmal umzuwandeln hoffen. Manchmal stoßen wir darauf, wenn wir uns aus der Sicht der Seele ansehen,

---

[20] Hauptbilder entsprechen den Überzeugungen, die unserer jeweiligen Charakterstruktur zugrundeliegen. Siehe dazu Pierrakos, John: *Core Energetik*, Synthesis, und Brennan, Barbara: *Hands of Light*. Susan Thesenga und Alan Hills A *Summary of Character Structures* kann im Sevenoaks Pathwork Center in Virginia angefordert werden.

130

welche Eltern und Lebensumstände wir uns ausgewählt haben. Dabei hilft die Frage, wie sich die eigenen seelischen Spaltungen durch die Wahl der Eltern zeigen.

Beatrices Hauptbild, deren Fall in diesem Kapitel erwähnt wurde, bestand darin, daß Verletzlichkeit, Bedürftigkeit und Weiblichkeit unannehmbar waren. Daß ihre Seele sich eine schwache Mutter ausgesucht hatte, brachte Verachtung gegenüber dem Weiblichen hervor, und die Wahl eines distanzierten Vaters bestätigte ihre Selbstablehnung als Frau. Gegen ihre Verletzlichkeit schützte sie sich, indem sie die Reserviertheit ihres Vaters nachahmte.

Bills Hauptbild war, Sexualität und Aggression – wichtige Seiten seiner Männlichkeit – seien beschämend und unannehmbar. Das wurde ihm durch eine Mutter bestätigt, die die Sexualität des Sohnes weder akzeptieren noch angemessene Grenzen für deren Äußerung setzen konnte. Bill schützte sich gegen Zurückweisung, indem er seine eigentliche männliche Kraft in der Welt drosselte. Joannes Hauptbild lautete, offene Hingabe sei gefährlich und würde sie vernichten, worauf sie einen kompensatorischen Kontrollwunsch entwickelte.

Hauptbilder beinhalten die wichtigsten Fehlannahmen über das Leben und uns selbst mit den daraus entstehenden Gefühlen und Abwehrmechanismen, welche die falschen Annahmen bestärken. Das Hauptbild ist der Kern unserer Charakterstruktur oder das Hauptmuster der Abwehrmechanismen. Es ist der Kernpunkt der falschen Einstellungen und jeweiligen Dualitäten. Decken wir das eigene Hauptbild auf, brauchen wir unsere Abwehrmechanismen nicht mehr so nötig, noch müssen wir unnachgiebig an den eigenen Überzeugungen festhalten.

Damit haben wir den Schlüssel, um das Gefängnis unseres eingeengten Bewußtseins zu öffnen. Gleich ob wir irgendwann über die eigenen Begrenzungen hinauswachsen oder nicht, die negativen Glaubenssätze und Ängste können wir unmöglich mehr so ernst nehmen wie zuvor. Dadurch wird das Leben leichter und froher.

Die Auflösung der Bilder

Der erste Schritt zur Auflösung eines Bildes liegt in dem Gedanken, daß unsere ureigene Art, das Leben zu erfahren, weder die einzige noch die richtige Weise darstellt, sondern vielmehr die Art ist, die sich aus unserer jeweiligen Vorgeschichte ergibt. Die Lebenserfahrungen könnten auch ganz anders aussehen. Wir

131

könnten die falschen Schlüsse, die wir hinsichtlich des Lebens gezogen haben und die die negativen Erfahrungen in Gang setzen, in Frage stellen. Wir könnten uns jener tieferen Realität öffnen, die bereits in uns weilt und frei von selbstauferlegten Begrenzungen ist.

Gedanken und Gedankengänge, die in eine falsche Bahn gelenkt werden, wirken sich auf allen anderen Ebenen aus, auf Willen, Gefühl und physische Ausdrucksweisen. Sie erzeugen immer einen Teufelskreis. Diese Teufelskreise halten euch gefangen und bringen euch in eine Lage, die sich hoffnungslos anfühlt. Im Augenblick jedoch, in dem der Teufelskreis durchbrochen ist, seid ihr aus dieser Falle befreit.

Deshalb ist es unbedingt nötig, diejenigen Einstellungen und Verhaltensmuster, die diesen Teufelskreis erzeugen, deutlich zu erkennen, zu verstehen und aufzugeben. Das setzt immer eine grundlegende Veränderung von Grundannahmen, Gedankengängen und Wirklichkeitsbetrachtung voraus. Die falsche Annahme muß als solche erkannt werden: Weshalb ist sie falsch, inwiefern gibt es sie und wie erzeugt sie einen Teufelskreis. Wie funktioniert der Teufelskreis? Wie lautet die entsprechende richtige Annahme? Inwiefern würde ein geändertes Leben zu einer offeneren Welt und einer günstigen Folge kreativer Selbstäußerungen führen? Das alles muß deutlich wahrgenommen, verstanden, bewußt gemacht und schließlich empfunden werden.

Nur durch die gefühlsmäßige Nachempfindung kann die Fehlannahme durch eine richtige Annahme ersetzt werden. Erst dann faßt die Wahrheit Wurzeln in der Psyche und eröffnet neue Kanäle für die eigenen Abläufe und spontanen Verhaltensweisen – im Gegensatz zu einem Verhalten aufgrund konditionierter Reflexe –, sowie die schöpferische Äußerung der Gefühle. (Lesung 193)

Wenn wir die gemeinsamen Nenner hinter der negativen Lebenserfahrung aufdecken, werden wir zu den noch nicht bewußten Verallgemeinerungen geführt, die wir bei vielen Aspekten des Lebens hegen. Wir fassen sie in Worte wie »Frauen sind ...«. Bei Glaubenssätzen über Ursache und Wirkung sagen wir »Wenn ..., dann«. Der gemeinsame Nenner bietet die Formulierung für das Hauptbild »Das

132

Leben ist unsicher, weil ...« oder »Ich bin nicht liebenswert, weil ...«. Wir sehen, wie die eigene Abwehr diese Überzeugung untermauert.

Es ist nötig, die Wurzeln in der Kindheit oder manchmal auch in früheren Leben zu suchen und die ursprünglichen Gefühle noch einmal zu empfinden. Lassen wir den Schmerz geschehen, gegen den wir als Kind kämpften, birgt er nicht mehr den damaligen Schrecken. Als Erwachsene können wir Gefühle aushalten, welche das noch ungeformte Ich des inneren Kindes zugrunde gerichtet hätten. Indem wir uns diesen schmerzhaften, negativen Gefühlen stellen, erübrigen sich die fälschlich getroffenen Verallgemeinerungen, die wir dem Leben übergestülpt haben.

Die Fähigkeit, uns den eigenen Gefühlen zu stellen, ist sowohl Ursache wie Wirkung der Bereitschaft, Verletzungen aus der Kindheit zu begegnen. Gleichzeitig können wir die Abwehr aufgeben, die soviel Energie verschluckt und uns daran hindert, das Leben unmittelbar und offenherzig zu erfahren.

In jedem Arbeitsstadium läßt sich die Macht der Bilder unverzüglich verringern, wenn wir bereit sind, die Verantwortung für das eigene Leben zu übernehmen. Auch wenn wir noch nicht genau wissen, was die Disharmonie oder das Unglücklichsein verursacht, werden durch das Einstehen für das eigene Unglücklichsein Teile des inneren Puzzles gelöst. Es befreit uns von dem Gefühl, Opfer zu sein, was einen Teil der Entstehung aller Bilder ausmacht. Als Kinder haben wir uns tatsächlich hilflos gefühlt und versucht, die Kontrolle über die eigene Umwelt so gut wie möglich zu übernehmen, um gegen künftigen Schmerz gewappnet zu sein. Im Erwachsenenalter können wir uns nur in dem Maß als Opfer des Lebens fühlen, wie wir es glauben. Übernehmen wir die Verantwortung für uns, brauchen wir nicht mehr ständig das kindliche Gefühl völliger Hilflosigkeit neu zu inszenieren.

Nach der Aufdeckung falscher Überzeugungen aktivieren wir die Wahrheit, indem wir der Seelensubstanz wahre Überzeugungen einprägen. Einer Fehlannahme wie »Sex ist gefährlich« setzen wir die neue Realität entgegen »Mit meinem Mann, den ich liebe und dem ich vertraue, ist Sex eine gefahrlose, lustvolle Äußerung unserer gegenseitigen Nähe.« Wir ersetzen die Unwahrheit des geschlossenen Bildes durch die Wahrheit des offenen, wohlwollenden Universums. Solche Affirmationen dringen allerdings erst tiefer in die Seele, nachdem die Arbeit des Aufspürens und Aufgebens der Fehlannahmen getan ist.

Während des Prozesses aktivieren wir das eigene höhere Selbst durch Gebet und Meditation und bitten darum, in der Wahrheit zu leben und uns auf die Wahrheit auszurichten.

Ein wichtiger Schritt beim Aufgeben eines Bildes ist der Fall in die Leere des Nichtwissens. Weil das Bild aus der Bemühung des Kindes entstand, sich durch einen Fehlschluß einen Reim auf die Welt zu machen und damit die Kontrolle über das Leben, besonders über seine schmerzlichen Seiten, zu bekommen, ist es erforderlich, daß wir beim Aufgeben des Bildes vorübergehend in den Zustand des Nichtwissens gelangen, in dem wir den damaligen falschen Schluß zogen. In der Pfadarbeit heißt dieser Vorgang: Fall in den »Abgrund der Illusion«, und genauso fühlt er sich an. Lassen wir ein Bild und seine entsprechenden Abwehrmechanismen los, fürchten wir, in den Abgrund zu fallen. Doch am Ende eines solchen Falles gelangen wir stets auf gesünderen Boden.

Harriet hatte mit sechs Jahren ihren Vater verloren und sich in ein Leben begeben, das wie eine Straße voller Schlaglöcher aussah. Kein einziger Übergang verlief glatt. Häufig zog sie sich bei einem Kontakt mit anderen innerlich vor lauter Angst zusammen. Ihrer Meinung nach lauerten hinter jeder Ecke Gefahren, insbesondere in engen Beziehungen. Harriet wußte, daß ihr Hauptbild, das Leben sei eine unsichere Sache, in der Zeit entstanden war, als der Vater starb und die Mutter ihr keine beständige Fürsorge zu geben vermochte.

Sehnsüchtig hatte Harriet einen Großteil des Lebens mit der Suche nach Ersatzvätern verbracht, die ihr die Sicherheit ihrer frühesten Jahre wiedergeben sollten. Andererseits war sie unfähig, sich auf eine enge Beziehung einzulassen, weil sie Angst hatte, der Mann verlasse sie. Statt dessen erfand sie Fantasiebeziehungen zu für sie unerreichbaren Männern.

Sie war bereit, dieses Muster aufzugeben und die falsche Sicherheit der Sehnsucht durch das wahre Fundament einer Sicherheit in sich selbst zu ersetzen. Harriet wußte, daß sie sich dem gefürchteten Vergessenen, das zur ihrer Familientragödie gehörte, stellen mußte. In einer längeren Visualisierung stellte sie sich vor, sie komme am Rand des behaglichen, unschuldigen Weges ihrer ersten sechs Kindheitsjahre an und blicke über den Rand, hinter dem alles ins Nichts versank. In der Visualisierung sprang Harriet schließlich in den Abgrund. Unerwarteterweise schwebte sie plötzlich wie von Engeln getragen, auch als der Schmerz ihren Körper wie Wellen durchwogte. Sie schrie ihre Angst laut heraus und fühlte sich sanft nach unten schweben, auf einen neuen Weg, der weit unter dem idyllischen Pfad der Kindheit lag.

Viele Tage danach fühlte Harriet eine Leere in sich und lebte sowohl mit dem Verlust der fantasierten Sicherheit wie der zugrundeliegenden Negativität in bezug auf die Gefahren des Lebens. Das Leben war neu und verwirrend, aber auch spannend und voller Verheißungen. Es würde eine Weile dauern, bis sie diesen neuen Weg gehen lernen würde.

Die Leere und manchmal sogar eine vorübergehende Depression, die sich beim Aufgeben eines Bildes einstellen, zeigen die Krise an, die vom Aufgeben eines falschen Glaubens stammt. Ein Bild läßt eine »falsche Einheit« von Glauben und Erfahrung entstehen, die eine Sicherheit verleiht, weil sie das Leben zusammenhängend und die Erfahrungen vertraut macht. Aber es ist ein geschlossenes System, ein vertrauter Teufelskreis, in dem wir gefangen sind. Mit unserer Sucht nach negativen Mustern sind wir wie das mißhandelte Kind, das sich an seine mißhandelnde Mutter klammert, wenn eine sanfte Hausmutter es in eine wohlwollendere Umgebung holen möchte. Das spirituelle Wachstum erfordert das Aufgeben der vertrauten Glaubenssysteme, um Raum für eine größere Wahrheit zu schaffen.

Aufgeben bringt immer eine Zeit der Verletzlichkeit mit sich, und manchmal geht sie mit Verwirrung und Depression einher. Die Leere ist ein notwendiger Schritt. Eine neue, tiefere Einheit, die auf die Hingabe an Liebe und Wahrheit fußt, stellt sich erst langsam ein. Sie läßt sich nicht zwingen, aber sie kommt bestimmt.

Ebenso, wie ein Bild einen geschlossenen Teufelskreis sich selbst verstärkender negativer Erfahrungen erzeugt, fördert eine aufrichtige, offene Haltung einen sich ständig ausdehnenden Kreis wohltuender Erfahrungen und Überzeugungen.

Die Menschenseele birgt im Innersten alle Weisheit und die ganze Wahrheit. Aber die falschen Schlußfolgerungen oder Bilder überdecken sie. Wenn ihr sie sowohl gefühls- wie verstandesmäßig bewußt macht, kommt ihr am Ende zwangsläufig zur Entfaltung eurer eigenen inneren Stimme der Weisheit, die euch dem göttlichen Gewissen und eurem eigenen Plan zufolge lenkt. *(Lesung 50)*

Alles Lebendige bewegt sich in Kreisen: Tag und Nacht gehen ineinander über; der Mond nimmt ab und zu; die Jahreszeiten lösen einander unablässig ab; alle Lebensformen werden geboren, wachsen, sterben und werden wieder geboren.

Auch der spirituelle Weg schreitet in einer sich vertiefenden Wachstumsspirale kreisförmig voran: Wir lösen Bilder auf, erlernen neue Wege des Seins, erkennen Fehler auf dem Weg und lösen die entsprechenden Blockaden auf. Manchmal arbeiten wir ein bestimmtes Problem durch, nur um eine Runde später demselben Problem auf einer tieferen, subtileren Ausdrucksebene erneut zu begegnen. Wir arbeiten so lange, bis wir das Bild schließlich in seinem Kernpunkt aufgelöst haben.

Nach und nach lernen wir, erwartungslos zu leben. Die Erfüllung liegt in der Entfaltung eines jeden wahren Augenblickes. Lernen wir, das Leben dankbar für alles, was wir bekommen haben, anzugehen, und sind wir bereit, uns vertrauensvoll der Wahrheit und Liebe zu öffnen, gibt uns das Leben viele großzügige Überraschungen zurück. Wir lernen, daß Geben und Empfangen dasselbe sind. So werden wir mit dem Kreislauf des Lebens eins und atmen den Lebenshauch, der uns alle belebt.

Übungen zum fünften Kapitel

1. Halten Sie täglich Rückschau über unharmonische Ereignisse in einem bestimmten Lebensbereich, z. B. Beziehungen zum anderen Geschlecht, Beziehungen zum gleichen Geschlecht oder die Arbeit. Suchen Sie den gemeinsamen Nenner der Probleme, die Sie in diesem Bereich haben, und versuchen Sie, wie folgt Rückschlüsse auf Ihre Bilder zu ziehen:

a) Suchen Sie die Fehlannahmen, die in diesem Bereich für Sie wirksam sind. Sie lassen sich etwa so formulieren:

»Männer sind ...« (Ergänzen Sie den Satz mit allen Einfällen, die Ihnen spontan in den Sinn kommen), oder

»Frauen sind ...«, oder

»Die Arbeit ist ...«

Schreiben Sie auch die Fehlschlüsse auf, die Sie über sich selbst hegen, z. B.: »Weil die Männer ..., muß ich mich ihnen gegenüber ... verhalten.«

Dann notieren Sie die falschen Verkettungen von Ursache und Wirkung, die Sie geschmiedet haben, z. B. »Wenn ich mich so und so verhalte, dann ...«, und »Wenn ich mich nicht so verhalte (oder genau das Gegenteil tue), dann ...«

b) Zeichnen Sie den Teufelskreis auf, der sich aus einem Ihrer Bilder und den entsprechenden Schlußfolgerungen ergibt. Decken Sie auf, wie Sie das Bild

136

anscheinend »rechtfertigen« und sich damit »beweisen«, daß Ihr einschränkender Gedanke stimmt.

2. Suchen Sie das Hauptbild, um das sich Ihre einzelnen Bilder gruppieren, indem Sie den gemeinsamen Nenner der in Übung 1 gefundenen Bilder suchen. Das fällt leichter, wenn Sie die Sätze zu mehr als einem Thema ergänzen. Das Hauptbild zeigt sich gewöhnlich bei Satzergänzungen wie »Das Leben ist gefährlich, und ich bin nicht vertrauenswürdig, weil ... . Deshalb muß ich mich verteidigen, indem ich ...« oder »Ich bin nicht liebenswert, weil ... . Deshalb erwarte ich, ... behandelt zu werden.«

3. Erforschen Sie Ihr Hauptbild aus der Sicht Ihrer Seele. Schauen Sie sich Ihre Eltern, Kindheit und die wichtigsten Kindheitstraumen an, als hätten Sie sie eigens gewählt, um Ihre wichtigsten seelischen Verzerrungen aufgezeigt zu bekommen.

a) Inwiefern stellen die beiden Eltern Ihre Hauptverzerrungen in bezug auf das Männliche und Weibliche dar?

b) Wie stellen beide Eltern Ihre Spaltung bezüglich Ihrer Lebenssicht dar? Stellt der eine Elternteil eine »Schlußfolgerung« über das Leben und wie man es wagen oder abwehren sollte, dar, und der andere eine zweite Schlußfolgerung und Verallgemeinerung?

c) Was hat in Ihrer Kindheit Ihr Hauptbild, Ihre grundlegende negative Lebenssicht, untermauert?

d) Hatten Sie ein bestimmtes Erlebnis oder Trauma, das die negative Verallgemeinerung über das Leben zu erhärten schien? Erinnern Sie sich an den Moment oder die Situation, als Sie diesen falschen Schluß in bezug auf das Leben zogen?

4. a) Nehmen Sie sich noch einmal die Bilder vor, die Sie in Übung 1 aufgedeckt haben. Schreiben Sie eine Affirmation über die Wahrheit in diesem Bereich nieder, um Ihre Fehlvorstellung zu ersetzen. Meditieren Sie über diese Affirmation und laden Sie Ihr höheres Selbst ein, mit den inneren Stimmen zu arbeiten, die Sie wieder in Ihre alten, falschen Glaubenssätze zurückziehen möchten.

b) Schreiben Sie Affirmationen auf, die im Gegensatz zum Hauptbild stehen, das Sie in der Übung 2 und 3 aufgedeckt haben. Solche Affirmationen lauten etwa »Das Leben ist sicher« und »Ich bin liebenswert, so wie ich bin«. Meditieren Sie über diese Affirmationen. Prägen Sie Ihrer Seelensubstanz ein, daß es möglich wäre, die Realität auf diese Weise neu zu erleben.

6. Kapitel

Das Maskenselbst
verstehen

»Bringt ihr den Mut auf, euer wahres Selbst zu werden, auch wenn es weit geringer als das idealisierte zu sein scheint, werdet ihr sehen, daß es weit mehr ist.«

Lesung 83, *Das idealisierte Selbstbild.*[21]

Connie: Das idealisierte Selbstbild aufgeben

Connie nahm in einer spirituellen Krise an einem Einführungswochenende über den Pfad teil. Sie war fromm, Mitglied der Episkopalkirche, des Kirchenrates sowie von Kirchenausschüssen und hatte ein Buch für Frauen über christuszentrierte Lebensführung geschrieben. Sie war eine hingebungsvolle Ehefrau, Mutter von vier Kindern und hatte anderen immer viel gegeben, wie sie es in ihren verschiedenen dienenden Rollen als Christin, Mutter und Kirchenvorsteherin tun zu müssen glaubte. Jetzt aber war sie völlig verausgabt. Sie besaß keine Energie mehr und konnte ihre vielen Rollen immer weniger gut erfüllen. In tiefster Depression, der Verzweiflung nahe, hatte sie auf der Suche nach spiritueller Erneuerung vor kurzem angefangen, Exerzitien innerhalb der Kirche und Workshops zu besuchen.

Connie war eine große, walkürenähnliche Frau mit einer Strenge, als trüge sie das Gewicht der Welt auf ihren Schultern. Doch trotz ihres großen Körpers und starken Willens zeigte sich nach und nach, wie leer sie innerlich war. Ihre Maske der guten

---

21 *Der Pfad der Wandlung*, S. 46.

138

Christin und Mutter drohte, den inneren Funken auszulöschen. Die Erwartungen, die sie an sich selbst stellte, sowie das, was sie als Forderungen anderer wahrnahm, waren ihr eine ungeheure Last. Je mehr sie darüber redete, desto zorniger wurde sie, bis es deutlich wurde, daß ihre unterdrückte Wut sie am meisten belastete.

Connie brauchte viel Zureden, um sich zu äußern, doch endlich polterte sie im Raum herum, daß die Dielen vor lauter Stampfen und Schreien bebten. Sie beschuldigte ihre Eltern, und sie beschuldigte die Kirche. Sie tobte gegen ihren Mann, und sie tobte gegen Gott. Als sie sich etwas beruhigt hatte, überlegte sie: »Mein Gott, ich habe die Erwartungen aller anderen auf mich geladen. Ich habe versucht, mir ihre Anerkennung dadurch zu gewinnen, daß ich die ganze Zeit über so verdammt perfekt war. Ich ersticke noch vor Güte!«

Damit Connie ihre Erwartungen an Vollkommenheit und Hingabe »abladen« konnte, baten wir sie, sich auf den Boden zu setzen, und überhäuften sie mit Kissen, wobei jedes eine der vielen Forderungen darstellte, die sie übernommen oder sich selbst auferlegt hatte. Sie warf sie freudig ab und schleuderte jedes so weit weg, wie sie nur konnte.

Als sie die symbolische Bürde abgeworfen hatte, war sie einen Augenblick lang still und sagte dann: »Wißt ihr, ich bin einfach stinksauer, weil ich diese Rolle so lange gespielt habe. Ich bin derart wütend, daß ich jemanden ermorden könnte. Oder vielleicht sollte ich mich umbringen, weil ich so dumm war.« Ich forderte sie auf, ihre Mordlust und ihren Zorn auszudrücken. Wieder stampfte sie herum, schrie und ließ ihrer tödlichen Wut freien Lauf.

Mitten in der Tirade hielt Connie inne: »Mein Gott, ich bin eine Zerstörerin. Jetzt fühle ich mich gerade so, als ob ich alle um mich herum töten könnte. Das ist grauenhaft. Ich bin ja ein schrecklicher Mensch!« Die Gruppenteilnehmer versicherten, ihr Verhalten sei nicht schrecklich. Solchen Gefühlen in einer verständnisvollen Umgebung freien Lauf zu lassen war viel gesünder als die Depression und Funktionsstörungen der letzten Zeit, mit denen sie sich und ihre Familie belastet hatte. Die Erschöpfung und der Zusammenbruch waren eine feindselige, anklagende Mitteilung an alle gewesen, denen sie so lange gedient hatte. Ihre unbewußte Negativität war viel zerstörerischer gewesen als ihr aktiver Wutausbruch im sichereren Rahmen der Gruppe. Wir erklärten, ihre Lebenskraft würde durch die Risikobereitschaft, sich auf ihre Wut einzulassen, wieder freigesetzt. Als Connie ihre Maske der »Güte« fallenließ, entdeckte sie eine Urenergie. Indem sie sich diesen echten Gefühlen öffnete, fand sie den Weg zu ihrem wahren Selbst, der unerschöpflichen Quelle im Inneren.

»Ach, dann hat meine Erschöpfung die Wut verdeckt. Dieses schreckliche Gefühl war also ständig in mir! Macht das nicht einen schrecklichen Menschen aus mir?«

»Nein, es macht dich nur echter«, erklärte ich. »Deine Maske der absolut liebenden Christin mußte früher oder später abbröckeln. Sie bestand aus unrealistischen Erwartungen, und du hast mit deiner Energie dafür bezahlt, diese Maske aufrechtzuerhalten. Jetzt tritt statt der christlichen Märtyrerin, die zum Opfer gemacht wird, die Macht deines wirklichen Ich zutage!«

Nach diesem Kommentar brachte Connie ihre Wut noch einmal lebhaft zum Ausdruck. Ihr großer Körper zitterte von oben bis unten, und sie fing an, sich über die sie durchströmende Energie zu freuen. Jetzt strahlte sie eine herrliche Stärke aus. Ich schlug vor, daß alle Teilnehmer aufstehen und sich Connie anschließen sollten. Sie bebte und stampfte als Anführerin der anderen. Die grimmige Schwere, die sie zuvor zur Schau getragen hatte, wich nach und nach einem frohen Strahlen.

Ich forderte Connie auf, ihre aggressive Energie in einen Tanz fließen zu lassen, um die Urkraft und schöpferische Energie Gottes zu feiern, die sie und alle anderen jetzt so stark durchdrang. Bald schwang der ganze Raum nach Connies Urtanz an die Macht des Lebens. Wir spürten alle die durch das Aufgeben des Zorns freigesetzte reine Energie. Das Resultat war höchst belebend, und wir dankten Connie für das Anführen des Tanzes.

Connie überdachte ihre neu entdeckte Macht und erkannte, daß ihre Wut nicht als etwas »Antichristliches« zu fürchten war, sondern als Weg zur eigenen Macht und Energie begrüßenswert war. Da Connie nun eine Ahnung von ihrem Potential, andere anzuführen und zu heilen, bekommen hatte, schloß sie ihre Arbeit mit dem Versprechen ab, ihre eigene Energie zu beanspruchen und besser auf sich zu achten. Sie wolle den eigenen Gefühlen nachkommen und darauf vertrauen, daß sie zu einem aufrichtigen Dienst an Gott führen würden.

Was ist die Maske?

Das Maskenselbst ist die äußere Persönlichkeitsschicht, das Selbst, für das wir uns oberflächlich halten, das Gesicht, das wir der Welt zeigen. Es ist das Selbst, das wir sein zu müssen glauben oder aufgrund von idealisierten inneren Bildern sein möchten. Connie hatte versucht, dem Idealbild der »guten, liebevollen Christin« nachzukommen, und diese erzwungene Identität hatte große Teile ihrer selbst

140

unterdrückt. Die Heuchelei der Maske hält uns davon ab, was wir im Augenblick eigentlich sind.

Wir alle wurden als Kind psychisch verletzt. Wir wurden unzulänglich gesehen und geliebt. Die Maske ist das Selbst, das wir uns gezimmert haben, um das verletzliche und verletzte Kind zu verbergen. Wir vermeiden es möglichst, anderen so nahe zu kommen, daß wir wieder wie in der Kindheit verletzt werden könnten, indem wir ein falsches Selbst zwischen unsere innere Verletzlichkeit und die anderen schieben. So versuchen wir, das Leben unter Kontrolle zu halten.

Die als Reaktion auf Schmerz und Zurückweisung entstandene Maske ist dazu bestimmt, anderen zu gefallen, sie von sich fernzuhalten oder zu kontrollieren. Im Maskenselbst konzentrieren wir uns darauf, auf andere zu reagieren, und isolieren uns vom inneren Ursprung. Das Maskenselbst trennt uns von der negativen wie positiven Energie des wahren, spontanen Selbst. Im Maskenselbst schieben wir anderen die Schuld an unserem Elend zu, statt die Verantwortung für die eigenen Gefühle zu übernehmen. Damit führt die Maske zum Glauben, wir seien die Opfer anderer, und zur Fehlannahme, andere seien für unser Glück oder Unglück verantwortlich.

Unter der Maske liegt das niedere Selbst, der Ursprung der Negativität und des Zerstörerischen. Die eigene Negativität ist die wahre Ursache unseres Unglücks. Das niedere Selbst ist gewöhnlich ganz oder teilweise unbewußt, weil man sich die eigene Negativität nur schwer eingestehen kann. Als Kind haben wir gelernt, uns des niederen Selbst zu schämen, und hatten Angst, negative Gefühle offen zu äußern würde dazu führen, daß die Eltern uns ablehnten. Deshalb haben wir sie mit einer Maske zugedeckt, von der wir hofften, sie würde uns stets liebenswert erscheinen lassen.

Die Maske gleicht in vielerlei Hinsicht den Pharisäern aus Christi Zeit: Sie trägt eine unechte Güte, Macht oder Ehrbarkeit zur Schau. Christus fühlte sich mehr zu den Sündern hingezogen, weil er ihre Echtheit spürte. Sie verdrängten oder rechtfertigten ihre negativen Seiten nicht. Ihre Fehler und ihr Schmerz waren deutlicher, und demnach war ihr Herz viel offener. Christus wußte, daß das niedere Selbst – der Sünder – zuerst zugegeben werden mußte, bevor dessen schöpferisches Potential umgewandelt werden konnte. Auch unser höheres Selbst oder Christusbewußtsein wird den inneren »Sünder« annehmen lernen, wenn die heuchlerische Pharisäermaske einmal abgelegt ist.

Im höheren Selbst fließt der Strom der universellen Lebensenergie frei. Das höhere Selbst ist unser wahres Wesen als individuelle Ausdrucksform Gottes. Im menschlichen Bereich jedoch sind die Schichten, die das höhere Selbst verbergen – die Maske und das niedere Selbst –, ebenfalls real und müssen zuerst durchdrungen werden.

Wenn Menschen gefühlskrank sind, liegt es auf die eine oder andere Weise daran, daß ein Maskenselbst aufgebaut wurde. Sie merken nicht, daß sie in einer Lüge leben. Sie haben eine unwirkliche Schicht aufgebaut, die nichts mit ihrem wahren Wesen zu tun hat, und werden daher ihrer wahren Persönlichkeit untreu. Sich selber treu zu sein heißt nicht, daß ihr euerem niederen Selbst nachgeben, sondern daß ihr euch dessen bewußt sein sollt ... Unter den Schichten des niederen Selbst liegt das höhere Selbst, eure endgültige, absolute Wirklichkeit, die es zu erlangen gilt. Und um sie zu erlangen, müßt ihr euch zuerst dem niederen Selbst und der vorübergehenden Realität stellen, anstatt sie zu überdecken, weil das den Abstand zwischen euch und der absoluten Wirklichkeit oder dem eigenen höheren Selbst noch vergrößert. Um das niedere Selbst anzusehen, müßt ihr die Verstellungen des Maskenselbst um jeden Preis niederreißen. *(Lesung 14)*

Nachfolgend eine Darstellung der drei Selbst, wobei die wichtigsten Aspekte aufgeführt sind:

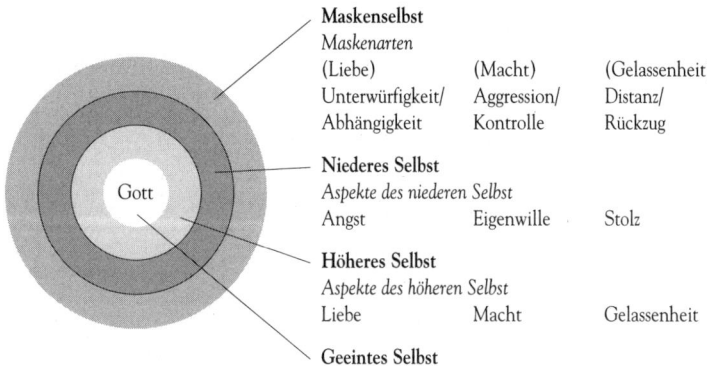

142

In Wirklichkeit sind die drei Schichten nicht so voneinander getrennt wie in der Darstellung. Stellen wir uns den äußeren Rand des Kreises als äußere Persönlichkeitsgrenze vor, als Begegnungspunkt mit der Welt, sähe das tatsächliche Bild der drei Selbst eher folgendermaßen aus:

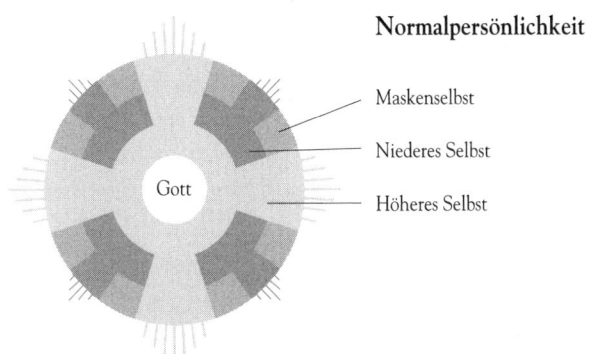

Normalpersönlichkeit

Maskenselbst

Niederes Selbst

Höheres Selbst

Gott

Diese Darstellung verdeutlicht die Tatsache, daß das höhere Selbst bei jeder Persönlichkeit durchschimmert, das niedere Selbst an anderen Stellen nicht überdeckt ist und Negatives unverändert an der Oberfläche sichtbar wird. An manchen Stellen sind sowohl das niedere wie das höhere Selbst maskiert. Die Maske und das niedere Selbst sind, je nach Läuterungsgrad der betreffenden Seele, manchmal mehr oder weniger vorhanden als abgebildet.

Wir könnten uns fragen, wie eine hochentwickelte Persönlichkeit aussähe. Ich vermute, daß sich etwa folgendes Bild ergäbe:

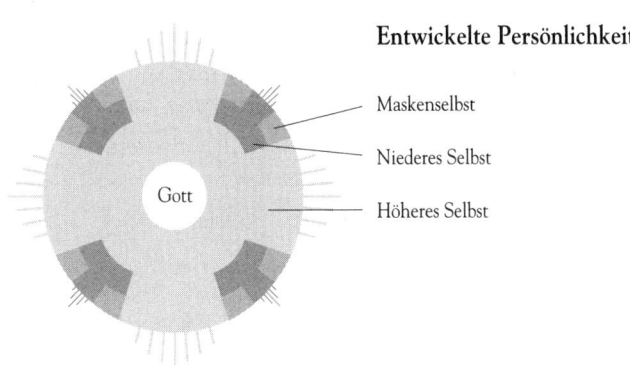

Entwickelte Persönlichkeit

Maskenselbst

Niederes Selbst

Höheres Selbst

Gott

143

In der Darstellung der entwickelten Persönlichkeit ist die Maske größtenteils abgelegt, das niedere Selbst befreit und die übriggebliebenen Bereiche des Masken- und niederen Selbst werden stärker vom Bewußtsein durchdrungen (und sind damit durchlässiger). Solange es jedoch noch eine Persönlichkeit gibt, das heißt, solange wir als Menschen inkarniert sind, bleiben alle drei Aspekte des Selbst bis zu einem gewissen Grad vorhanden. Wir lernen, unsere Identifikation zu unserem höheren Selbst hin zu verlagern, erkennen, wer wir in Wahrheit sind und lassen die Energie in den Dienst an anderen fließen. Wir lernen aber auch, das verbliebene Masken- und niedere Selbst nicht zu verleugnen, wenn sie sich zeigen. Alle Seiten, die noch der Heilung bedürfen, werden sanft ins Bewußtsein aufgenommen.

Die Maske ist die erste Persönlichkeitsschicht, die es auf dem Weg zur Transformation zu durchdringen, anzunehmen und freizusetzen gilt. Die Tatsache, daß wir zuerst mit der Maske fertigwerden müssen, heißt aber nicht, daß wir auf sie verzichten können. Wir haben so lange eine Maske, bis wir bereit sind, unser niederes Selbst aufzudecken und die Verantwortung dafür zu übernehmen. In der Zwischenzeit nehmen wir unser Maskenselbst ohne Schuld und ohne Selbstverunglimpfung an.

Der Transformationsweg erfordert, daß wir ständig die drei Selbst – Maske, niederes Selbst und höheres Selbst – auf den verschiedenen Entwicklungsebenen des Bewußtseins beobachten. Wie sich diese drei Selbst – Kind, erwachsenes Ich, Seele/transpersonale Ebene und einendes Bewußtsein – auf den verschiedenen Bewußtseinsebenen überschneiden, wurde in der Tabelle auf Seite 89 beschrieben.

Gewöhnlich fangen wir mit der Arbeit an der Persönlichkeit unseres erwachsenes Ich an. Wir lernen, die Ichmaske abzulegen, das positive Ich zu stärken sowie das negative Ich zu verstehen und freizusetzen, bevor wir weiterfahren und mit dem inneren Kind arbeiten, um dann zur Seele oder dem universellen Bewußtsein vorzudringen. Wir müssen uns mit dem objektiven, mitfühlenden Beobachter des positiven Ichselbst identifizieren und darin verankern, bevor wir die tieferliegenden Winkel des verletzten inneren Kindes wie der transpersonalen Ebene erkunden können.

Der Weg nach innen folgt einem zuverlässigen Rhythmus, wobei auf unterschiedlichen Ebenen abwechselnd mit den verschiedenen Selbst gearbeitet wird. Unter Umständen nehmen wir zu einem bestimmten Zeitpunkt mit der Seelenebene des höheren Selbst Kontakt auf oder hören auf unsere Geistführer, um die

144

Kraft, Würde und den Mut für eine weitere Selbsterforschung zu haben. Ein andermal gehen wir vielleicht intensiv auf die Verzerrungen des Kindes im niederen Selbst ein. Dann wieder gilt es einen Aspekt der Ichmaske zu erkunden. Es ist ein ununterbrochener Weg, eine sich ständig vertiefende Spirale des wachsenden Sich-seiner-selbst-bewußt-Werdens.

Die Maske entsteht aus dem meist verzweifelten und immer zum Scheitern verurteilten Versuch, einem »vollkommenen« Ideal oder idealisierten Selbstbild zu entsprechen. Die Anstrengungen, die wir dafür unternehmen, halten uns ständig in Bewegung und vom Frieden der Selbstakzeptanz fern. Perfektionismus ist die Hauptschwelle auf dem Weg zum Glück und verhindert, daß wir uns entspannen und die Unvollkommenheiten des Hier und Jetzt annehmen.

Je besser ihr die Unvollkommenheit akzeptiert, desto mehr Freude gebt und empfangt ihr. Freude und Glück hängen von eurer Fähigkeit ab, das Unvollkommene anzunehmen, und zwar nicht nur verstandesmäßig, sondern als Gefühlserfahrung … Ein wichtiger Schritt dabei ist die Einsicht, daß ihr euch die Unvollkommenheiten übelnehmt und sie nicht akzeptiert. Erst wenn ihr euren Groll gegen das Unvollkommene wirklich begreift und annehmt, könnt ihr froh leben und Freude aus euren allesamt naturgemäß unvollkommenen Beziehungen schöpfen. (Lesung 97)

Es braucht viel Arbeit, bis wir uns und andere so akzeptieren, wie wir und sie sind. Wir glauben alle, daß wir so, wie wir sind, nicht genügen. Also basteln wir uns ein falsches Selbst. Energie zum Erzeugen und Aufrechterhalten dieses idealisierten Selbstbildes aufzuwenden ist jedoch dasselbe, wie einen Roboter zu betreiben, statt das Leben eines Menschen zu führen. Hoch über dem wirklichen Selbst wankt die Maske auf Stelzen daher und wird mit großer Seelenanstrengung beibehalten.

Deswegen ist das Maskenselbst immer der Teil, der bei einer inneren Krise zusammenbricht. Krisen gehen häufig mit einem Identitätsverlust einher. Eigentlich sind Krisen ein häufiges Mittel der Natur, um uns von einem wackeligen Sockel herunterzuholen, auf dem wir versuchen, jemand zu sein, der wir nicht sind. Krisen wühlen die stagnierende Seelensubstanz auf und zwingen uns, eine echte, tiefere, fließende menschliche Identität anzunehmen. Nehmen wir unsere Realität so an, wie sie sich im Augenblick zeigt, können wir gar nicht zusammenbrechen.

Jeden Moment im Leben zu akzeptieren bewahrt vor der Maske. Das schließt jedoch nicht die Ideale aus oder den Wunsch nach Selbstvervollkommnung. Ein Ideal zu haben unterscheidet sich stark von einem idealisierten Selbstbild.

Der echte Wunsch, sich zu bessern, führt dazu, sich so anzunehmen, wie man jetzt ist. Wenn diese grundlegende Annahme das Hauptmotiv für Vollkommenheit ist, stürzt euch die Entdeckung, wie wenig ihr euren Idealen entsprecht, nicht in Depression, Angst oder Schuld, sondern wird euch eher stärken. Ihr werdet es dann nicht nötig haben, das »Schlechte« an eurem Verhalten zu übertreiben, auch werdet ihr euch dagegen nicht mit der Entschuldigung verteidigen, daß es der Fehler anderer oder des Lebens oder des Schicksals sei. Ihr werdet euch selbst in dieser Hinsicht mit objektiven Augen sehen, und dies wird euch frei machen. Ihr werdet die volle Verantwortung für das fehlerhafte Verhalten übernehmen und bereit sein, die Konsequenzen zu tragen. Agiert ihr aber eucr idealisiertes Selbst aus, werdet ihr nichts mehr als das fürchten, denn die Verantwortung für eure Fehler zu übernehmen ist gleichbedeutend mit der Aussage: »Ich bin nicht mein idealisiertes Selbst.«[22]

Die Maske läßt sich häufig durch die Frage entlarven: »Welchen Eindruck möchte ich erzeugen und weshalb?« Gilt es einen Anschein zu erwecken, der anders ist als das, was gerade innerlich zutrifft, dann wissen wir, daß wir eine Maske überziehen.

Fällen wir schnell ein Urteil über uns und andere oder sind wir verschlossen und befürchten, enttarnt zu werden, haben wir eine Maske an. Empfinden wir häufig Scham, Angst oder Schuld, weil wir dem selbstgesetzten Maßstab nicht entsprechen, können wir sicher sein, daß die Maske am Werk ist. Jedesmal, wenn wir nur mit der Maske leben, ist das Leben leer und sinnlos.

Der Ursprung des idealisierten Selbstbildes

Die Maske wurzelt im Dilemma der menschlichen Dualität. Jedes Menschenleben birgt sowohl Schmerz und Lust, Enttäuschung und Erfüllung, Unglück und

---

[22] *Der Pfad der Wandlung*, S. 40.

Glück. Als Säugling und Kind reagieren wir auf – tatsächliche wie eingebildete – Erfahrungen wie Enttäuschungen, Zurückweisungen und Mißverständnisse höchst verletzlich. Die instinktive Reaktion ist, diesem Schmerz zu entgehen und sich vor weiteren Verletzungen zu schützen.

Am schmerzlichsten ist es für das Kind, von den Eltern abgelehnt oder nicht beachtet zu werden. Dabei kann es sich um eine strenge Zurechtweisung oder um eine länger anhaltende, lieblose oder blinde Haltung seitens der Eltern handeln. Vielleicht ist es auch nur eine zeitweilige Bestrafung und Distanzierung oder aber eine Situation, die eigentlich wenig oder gar nichts mit dem Kind zu tun hat wie etwa eine Scheidung. Das Kind hält sich jedoch unweigerlich bei jeder Zurückweisung, Bestrafung und jedem Rückzug der Eltern für schuldig. Es kommt zum Schluß, die Eltern »gingen« wegen seiner »Schlechtigkeit weg«, und versucht verzweifelt, alles in sich zu verdrängen oder zu unterdrücken, was offenbar zur Verweigerung der elterlichen Liebe und Fürsorge beigetragen hat.

Das Kind hegt zudem die falsche Vorstellung, die Zustimmung der Eltern sei überlebenswichtig. Damit kommt es zum Schluß, es sei sicherer, alles in sich zu verleugnen, was die Ablehnung und Mißbilligung der Eltern hervorrufen könnte. Statt dessen übernimmt das Kind eine Rolle, von der es sich die erwünschte Anerkennung oder zumindest keine Verletzungen erhofft. Dieses idealisierte Selbstbild wird dann zur Pseudolösung seiner anscheinenden »Schlechtigkeit«.

Kein Erwachsener und auch kein Elternteil ist vollkommener Liebe fähig. Es gibt also immer einen Grund, daß sich das Kind zurückgewiesen fühlt. Die fehlende Sicherheit und Selbstachtung des unglücklichen Kindes lassen sich jedoch nie objektiv messen. Die Veranlagung oder das ererbte Karma des Kindes spielt dabei eine wichtige Rolle. Womit sich die eine Persönlichkeit im Elternhaus zurechtfindet, wirkt sich bei einem anderen Temperament möglicherweise vernichtend aus.

Manchmal erinnern wir uns sogar an den Augenblick, in dem wir etwas in unserer Umgebung unerträglich und als zu schmerzhaft empfanden, um es zu ertragen. Von da an beschlossen wir, unsere wahren Gefühle zu verdrängen. Dieser Entschluß, der im Laufe eines Lebens viele Male getroffen und bestärkt wird, macht die Maske nur solider.

Elizabeth erinnerte sich an den Augenblick, in dem sie beschloß, ihr Herz zu verschließen und eine Maske der ständigen Stärke und Kontrolle zu benutzen.

Als Kind hatte sie ihren romantisch veranlagten Vater angehimmelt, war aber immer vor ihrer Mutter, einer kaltherzigen, pflichtbewußten Frau, erstarrt. Zudem

147

hatte die Mutter die zarte Beziehung, die Elizabeth zu ihrem Vater unterhalten wollte, unterbunden. Sie spürte auch einen versteckten Groll gegenüber dem Vater, weil er sich nicht für ihre Beziehung eingesetzt hatte. Diesen Schmerz hatte sie bewußt die ganze Kindheit hindurch ausgehalten.

Als Halbwüchsige verliebte sich Elizabeth in den Nachbarjungen Andrew. Sie unternahmen lange, romantische Spaziergänge und konnten über alles reden. Sie waren jung, unschuldig und verliebt. Als der Junge mit seiner Familie in eine entlegene Stadt zog, schrieben Elizabeth und Andrew einander und bewahrten ihre Gefühle füreinander, obwohl sie sich nicht besuchen konnten.

Im darauffolgenden Jahr ging Elizabeth in der Nähe von Andrews Wohnort ins College. Sie hatte häufig Heimweh, war ziemlich durcheinander und sehnte sich sehr nach Andrews Zuwendung. Eines Tages beschloß sie, ihn ohne vorherige Ankündigung zu besuchen. Das Ergebnis war niederschmetternd. Andrews Mutter öffnete ihr die Tür mit den Worten: »Du bist hier nicht willkommen. Wir haben dich nicht erwartet. Was glaubst du eigentlich, einfach ohne Anmeldung herzukommen?« Hinter ihr stand Andrew, offensichtlich von seiner Mutter überrumpelt und unfähig, Elizabeth beizustehen. Sie ging gleich wieder und weinte die ganze darauffolgende Nacht. Es bedrückte sie nicht nur der Schmerz, von Andrew zurückgewiesen und isoliert zu werden, sondern auch der darin mitschwingende starke Widerhall der vereitelten Beziehung zum Vater.

Sie erlebte die erste Zurückweisung noch einmal und stärker als je zuvor. In jener Nacht schwor sie sich: »Nie wieder.« Nie wieder würde sie sich von einem Mann so verletzen lassen, nie wieder würde sie jemanden so sehr brauchen.

Als Andrew sie zwei Wochen später besuchte, hatte Elizabeth ihre Maske schon übergezogen. Sie war nicht mehr in Andrew verliebt und ging bereits mit einem anderen aus, den sie später heiraten sollte. Damit hatte sie ein Leben wohlberechneter Beziehungen begonnen, die auf Macht und Kontrolle in jeder Lage abzielten. Sie baute sich die gelassene Fassade einer anspruchsvollen, künstlerisch begabten, kompetenten und unabhängigen Frau von Welt auf. Weder in ihrer Ehe noch in späteren Beziehungen ging sie das Risiko ein, ihr Herz ganz zu verlieren. Nachdem sie sich eine Maske königlicher Unverletzbarkeit gebastelt hatte, vergaß Elizabeth, wie sie entstanden war, und glaubte schließlich, so zu sein.

Erst viel später erkannte sie, daß dieses selbstgemachte idealisierte Bild demjenigen ihrer Mutter sehr ähnlich war – kaltherzig, berechnend und mit dem Zepter in der Hand, statt den Strom des Lebens und der Gefühle zuzulassen. Es dauerte lange, bis

148

sie begriff, welchen entsetzlich hohen Preis sie für das Eintauschen ihrer spontanen Warmherzigkeit, Liebe und sogar ihres Schmerzes gegen das eingeschränkte Leben hinter der eingefrorenen Fassade bezahlt hatte.

Ein Bild ist eine falsche Schlußfolgerung oder Verallgemeinerung aus dem Leben. Das idealisierte Selbstbild (oder die Maske) ist eine falsche Fassade oder der Versuch, ein stets vollkommenes Abbild all dessen zu sein, was man sein zu müssen glaubt. Sowohl Bild wie Maske entstehen durch die Bemühung, konkrete Verletzungen aus der Vergangenheit in Zukunft zu vermeiden. Damit werden die echten momentanen Gefühle und Umstände durch ein unwirkliches, verallgemeinertes Bild der Realität ersetzt, das sich aus der Vergangenheit ableitet. Verfangen wir uns in den eigenen Bildern, dann leben wir in unseren Vorstellungen über die Vergangenheit statt in der Realität des Jetzt.

Die Maske ist der Abwehrmechanismus auf das Hauptbild. Elizabeths Hauptbild besagte, daß sie unerträglichen Schmerz erleiden würde, wenn sie ihre Bedürftigkeit, Liebe und Verletzlichkeit bekanntgab. Die Maske – das idealisierte Selbstbild von Macht und Zurücknahme – ließe sich so zusammenfassen: »Ich muß mich immer stark, distanziert und unabhängig geben, damit niemand erfährt, daß ich diesen Menschen brauche oder mich nach ihm sehne.« Mit dem Bild versucht das Kind, sich einen Reim auf die unvollkommene Liebe der Eltern zu machen. Die Maske stellt die Bemühung dar, sich vor Verletzungen zu schützen.

Wie in Elizabeths Fall wird die Maske nach dem Vorbild desjenigen Elternteils gebildet, der das Kind am wenigsten akzeptierte, weil dieser unbewußt mit dem gleichgesetzt wird, was wünschenswert ist.

Hinter jeder Maske steckt die falsche Überzeugung: »Ich bin so, wie ich bin, unannehmbar / nicht begehrenswert / nicht liebenswert.« Da das natürliche Selbst als unannehmbar erachtet wird, soll die Maske das langersehnte Angenommensein und die Liebe gewinnen oder wenigstens helfen, Zurückweisungen und Schmerz zu vermeiden. Selbst wenn das idealisierte Selbstbild aus wahren, positiven Seiten der Persönlichkeit besteht, ist seine Absicht, das wahre Selbst zu überdecken, ebenso falsch wie die Meinung, man sei an sich nicht liebenswert. Es gilt, diese negative Überzeugung über sich selbst immer wieder in Frage zu stellen.

Elizabeth schien ihr Bedürfnis nach Unterstützung unannehmbar, weswegen sie sich ein idealisiertes Selbstbild zimmerte, das ihr eigentliches Bedürfnis leugnete. Das Ergebnis war ein emotionales Ausgehungertwerden. Weil die wahren Gefühle und Bedürfnisse nicht beachtet werden, können sie auch nie gestillt werden. Wenn das wahre Selbst sich nicht äußern darf, erwirbt es sich auch nie die Liebe und Achtung anderer.

Die Abwehr

Menschen sind wie Tiere mit einer natürlichen Abwehr ausgerüstet, die ihnen angesichts plötzlicher Gefahren gute Dienste leistet. In einer lebensbedrohlichen Lage schüttet der Körper Adrenalin aus, das die Sinne schärft und die Wahrnehmung auf die Gefahrenzone richtet. Das Denken dreht sich nur noch um Strategien, die man »Kampf-oder-Flucht«-Reaktion nennt, und die Gefühle beschränken sich auf Angst oder Wut. Sogar der Geist zieht sich zusammen, weil wir uns mit allen Kräften auf das Überleben des Körpers konzentrieren. Angesichts einer körperlichen Bedrohung sind diese Reaktionen alle angemessen und tragen dazu bei, mit der momentanen Gefahr fertig zu werden.

Im Gegensatz zu Tieren neigt der Mensch dazu, diese natürliche Abwehr auf andere Bereiche auszudehnen und zu entstellen. Wir versuchen nicht nur den körperlichen Schmerz und die Unvermeidbarkeit des physischen Todes zu bekämpfen, sondern möchten uns darüber hinaus gegen seelischen Schmerz schützen. Statt die natürlichen Abwehrreaktionen echter physischer Gefahr vorzubehalten, mobilisieren wir die Abwehr jedesmal, wenn unsere Selbstachtung bedroht wird. Eine kritische Bemerkung, der kühle Empfang einer Freundin oder eine gegenteilige Meinung lösen manchmal schon Abwehr aus und versetzen uns in Kampf- oder Fluchtbereitschaft. Der Verstand ist gelähmt, die Gefühle beengt, und übermäßige Mengen von Adrenalin schießen in den Körper und vergiften ihn, weil eigentlich gar keine drastische körperliche Reaktion erforderlich ist.

Wer oder was ist denn in Gefahr? Unser wahres, geistiges Selbst kann nie bedroht werden, weil es nicht stirbt. Das körperliche Wohlbefinden wird weder durch Worte noch Meinungen gefährdet, wie feindselig sie auch seien. Die wahrgenommene Bedrohung richtet sich gegen unser Ich, an dem wir ebenso hängen wie am Körper. Am stärksten aber ist die Ichmaske bedroht, weil sie eine zerbrechliche Identität ist, die auf der Vorstellung beruht, wer wir unserer Meinung nach sein sollten.

Haltet ihr jede Verletzung oder Frustration, jede Kritik oder Zurückweisung für eine Gefahr, gegen die ihr euch schützen müßt, dann begrenzt

150

diese Abwehrhaltung die Bandbreite eurer Gefühle, das Potential eurer Liebe und Kreativität ... Kurz, euer spirituelles Leben wird ernstlich beeinträchtigt ...

Wenn ihr eine Abwehrhaltung einnehmt, kann euer Hauptziel nicht Wahrheit sein. Droht eine wirkliche Gefahr, ist diese Gefahr eine momentane Tatsache und wahr. Handelt es sich jedoch um unwirkliche Gefahren, liegt die Wahrheit anderswo ... In dem Augenblick ist es euch unterschwellig wichtiger, nachzuweisen, daß der andere im Unrecht ist oder ungerechtfertigt handelt, anstatt die Elemente des Wahren in allem zu finden, das euch geschieht. Deshalb lauft ihr in eurer Abwehrhaltung vor der Wahrheit, vor euch selbst und vor dem Leben davon ... Das alles wegen einer völlig irrigen Vorstellung von Perfektion, derzufolge ihr glaubt, euer Wert stünde wegen eurer Unvollkommenheit auf dem Spiel.

Würden die Menschen ihr Inneres erforschen, diese Verteidigungsmauern suchen und abtragen, ließe sich viel Elend verhindern. Eine Maske zu tragen, die es zu verteidigen gilt, vermittelt ständig das Gefühl, unzulänglich zu sein. Die Angst vor der Unzulänglichkeit ist viel schmerzlicher als wenn jemand euch etwas Verletzendes sagt oder antut, eure Sichtweise in Frage stellt oder nicht auf eure Wünsche eingeht ...

Laßt los und empfangt, was immer auf euch zukommt. Seht es euch ruhig an und wehrt es nicht ab. Setzt euch vor allem zum Ziel, die Wahrheit zu suchen und zu erkennen. *(Lesung 101)*

Wenn wir uns vor den eigenen Gefühlen fürchten oder uns ihrer schämen, setzen wir alles daran, sie zu verleugnen. Überdies setzen sekundäre Reaktionen ein, die diesen Vorgang verstärken und die Abwehrmechanismen aufrechterhalten. Ursprünglich empfanden wir als Kind Angst oder Zorn. Nachdem diese Gefühle unannehmbar erschienen, lehnten wir sie ab. Wir haben Angst vor der Angst bekommen und uns über den Zorn geärgert.

Ein verleugnetes Gefühl verstärkt und vermehrt sich. Verleugnete Angst erzeugt immer wieder Angst vor der Angst. Verleugnete Wut erzeugt Wut über das Wütendsein. Wird dies seinerseits verleugnet, wird man noch wütender, weil man die Wut nicht akzeptiert. Die Frustration selbst ist erträglich, wenn ihr ganz in sie hineingeht. Wenn ihr aber frustriert seid, weil ihr »nicht« frustriert sein solltet und dann noch frustrierter werdet, weil ihr das verleugnet, breitet sich der Schmerz immer weiter aus. Versteht man diesen Ablauf, erkennt man die Notwendigkeit, Gefühle unmittelbar zu empfinden, ganz gleich, wie unerwünscht sie auch seien. Wenn ihr den Schmerz ständig verstärkt, weil ihr ihn nicht spüren wollt, wird dieser sekundäre Schmerz unweigerlich heftig, verdreht und unerträglich.

Sobald ihr den Schmerz annehmt und spürt, löst er sich langsam auf. Viele unter euch haben haben bei der Pfadarbeit festgestellt, daß dies zutrifft. Habt ihr also Angst vor der Angst und laßt euch in die Angst fallen, tritt ein anderes verleugnetes Gefühl zutage. Es wird leichter, dieses verleugnete Gefühl zu ertragen als die Angst davor mit der darauffolgenden Verleugnung. Eure Gefühle zu bekämpfen und abzuwehren bildet eine Erfahrungsschicht, die dem Kern entfremdet und daher künstlich und schmerzhafter ist als die ursprüngliche, die sie bekämpft. *(Lesung 190)*

Ein Hauptgrund für unsere reaktiven Abwehrmechanismen liegt darin, daß sich viele unbewußt noch immer als Kind sehen und ihre Mitmenschen als Erwachsene – Elternfiguren –, die sie durch ihre Ablehnung vernichten könnten und deren Schutz für das Überleben notwendig ist.

Für den eigenen Wachstumsprozeß müssen wir die Verletzungen aus der Kindheit ansehen, empfinden und aufgeben. Nach und nach lernen wir, daß wir die Erwachsenen sind und keine Mamis und Papis mehr da sind. Als Erwachsene können wir die Verletzungen des Lebens aufnehmen, ohne deswegen am Boden zerstört zu sein. Niemand kann uns heute so verletzen, wie wir als Kind verletzt wurden, und niemand kann sich so um uns kümmern, wie wir es als Kind brauchten.

Mit einer reiferen Einstellung läßt der Hang zur Perfektion nach. Wenn andere uns kritisieren, lernen wir dies entweder als hilfreiche Unterstützung anzusehen oder als ein ungerechtfertigtes Verletzenwollen, das wir ohne Schaden überstehen. Der Schmerz, übergangen zu werden, ist zwar nie angenehm, braucht aber unsere Selbstachtung nicht zu untergraben. Wenn wir niedergeschmettert sind, können wir sicher sein, daß eine Seite in uns sich noch an die kindliche Identität klammert und wir den Schmerz aus der Kindheit wiedererleben. Seien wir also geduldig mit uns selbst und vergessen wir nicht, daß das emotionale und spirituelle Erwachsenwerden weder ein rascher noch einfacher Prozeß ist.

152

Solange der Erwachsene die ursprünglichen Verletzungen aus der Kindheit, die zur Bildung der Maske führten, nicht noch einmal erlebt und aufgibt, bleiben diese Verletzungen in der Persönlichkeit verankert und werden im Alltag neu inszeniert. Erwarten wir Ablehnung und Tadel von anderen, führen wir ebendies in unseren Beziehungen herbei. Wir ziehen Menschen an, die uns tadeln oder ablehnen und damit unsere schlimmsten Ängste bestätigen.

Da das Maskenverhalten sich unangenehm anfühlt, gehen ihm andere in der Regel aus dem Weg. Die Ablehnung der Maske verlangt jedoch nach einer noch vollkommeneren Maske, um den Schmerz der Zurückweisung zu vermeiden. Wir werden noch entfremdeter und belasten uns erneut in der Bemühung um ein noch höhergestecktes Idealbild. Ein Teufelskreis setzt ein, und zwar nicht nur im Umgang mit anderen, sondern auch mit uns selbst. Wir verinnerlichen eine »herrische« Stimme, die nach mehr Perfektion verlangt. Das ist die Stimme der »Eltern«, des tyrannischen, moralisierenden Überich, das dem inneren Kind ständig auflauert, es schilt und bestraft. Die Selbstentfremdung nimmt ständig zu, wenn wir nach jedem unvermeidlichen Fehlschlag die Meßlatte höher setzen.

Als Elizabeth 40 Jahre alt war, begann sie, an sich und ihrer Maske der starken, kompetenten Frau zu arbeiten. Dabei wurde sie sich ihrer Abwehrmechanismen bewußt, die sie hinderten, ihr Herz aufzuschließen. Zudem erkannte sie, daß ihre defensive Maske Zurückweisung oder scheinbare Ablehnung durch andere hervorgerufen hatte. Jahrelang versuchte ihr Mann Max, die anscheinende Kaltherzigkeit seiner Frau zu durchdringen, hatte aber schließlich aufgegeben. Die Distanz zu ihm war für sie sehr schmerzlich, weil ihr bewußt war, daß sie unter der königlichen Maske immer noch bedürftig, unsicher und verletzlich war.

Sie wollte seine Zuneigung wiederhaben, wußte jedoch, daß sie das nicht schaffen würde, ohne mehr Gefühl zu riskieren und ihn zu lieben. Sie sah den Teufelskreis deutlich: In dem Maß, in dem sie ihn in der Kälte stehenließ, hielt er seine Warmherzigkeit und Fürsorge zurück, und in dem Maß, in dem sie dies als Zurückweisung empfand, verschanzte sie sich noch mehr in ihrer defensiven Kälte.

Das idealisierte Selbst (die Maske) erzeugt dabei ein viel stärkeres Gefühl des Versagens, mehr Enttäuschung, Verlust der Selbstachtung und mehr schmerzliche Zurückweisung, als es ursprünglich verhindern sollte.

Drei Arten von Masken

Die Pseudolösung der Maske beruht gewöhnlich auf der Verzerrung eines der drei göttlichen Prinzipien der Liebe, Macht oder Gelassenheit. Im geeinten Zustand befinden sich diese Prinzipien im Einklang. Da wir jedoch tief in der Dualität und im Unwissen stecken, neigen wir dazu, sie als gegensätzlich wahrzunehmen. Unbewußt wählen wir eine der göttlichen Eigenschaften und eifern ihr bei der Bemühung nach einer vollkommen liebenden, vollkommen mächtigen oder vollkommen gelassenen Selbstdarstellung nach.

Da wir aber eine undurchdringliche, unverletzliche Vollkommenheit als Abwehrmechanismus gegen die verletzlichen Unvollkommenheiten des Lebens aufzubauen versuchen, verkehren sich diese Eigenschaften in Verzerrungen davon. Liebe wird zu Abhängigkeit und Unterwerfung, Macht zu Kontrolle und Aggression, und Gelassenheit zu Rückzug. In ihren Verzerrungen widersprechen diese Eigenschaften einander tatsächlich.

Die Maske der Liebe

Die Maske der Liebe versucht, sich die Liebe anderer durch ein ständig liebevolles Auftreten zu erwerben. Die Persönlichkeit wird unterwürfig, abhängig, besänftigend und übt Selbstverleugnung, weil sie sich dadurch die Anerkennung anderer zu sichern, zu kontrollieren und zu erkaufen hofft. Die falsche Annahme dieses Maskenselbst besagt, daß es um jeden Preis geliebt werden muß. Deswegen wird die Persönlichkeit absichtlich geschwächt und hilfloser oder unterwürfiger gemacht, als sie es eigentlich ist.

Die Notwendigkeit nach schützender Liebe gilt für das Kind. Bleibt diese Einstellung jedoch bis ins Erwachsenenalter bestehen, verliert sie ihre Gültigkeit. Da der Erwachsene die Eigenverantwortlichkeit und Unabhängigkeit nicht pflegt, führen sein Liebesbedürfnis und seine Abhängigkeit unter Umständen zu völliger Hilflosigkeit. Er verwendet die gesamte seelische Kraft darauf, seinem Idealbild zu entsprechen, um andere dazu zu bringen, sich nach seinen Bedürfnissen zu richten. Er richtet sich nach den anderen, damit sie sich nach ihm richten. Dabei ist die Hilflosigkeit seine Waffe. (*Lesung 84*)

154

Ein solches Maskenselbst richtet sich nach den tatsächlichen oder eingebildeten Forderungen anderer, um ihre Zustimmung, Sympathie, Hilfe und Liebe zu bekommen. Der Betreffende verwendet seine Unterwürfigkeit als Waffe, um Schuldgefühle in anderen zu erzeugen und damit ihren Schutz und ihre Fürsorge zu erzwingen. Oder aber er verwendet seine tugendhafte Maske, um sich besser als andere zu fühlen. Das alles sind natürlich verzerrte Versuche, den Selbstwert zu pflegen.

Jemand mit einer Liebesmaske sieht beispielsweise lauter gütige Beschützer – »große Vatis« oder »Mamis« – in der Welt, um deren Schutz er sich bemüht. Oder er ist der enttäuschte Idealist, der sich als einer der wenigen guten Menschen in einer gleichgültigen Umwelt betrachtet. Die Maske der Liebe projiziert immer ein »Gut«- oder »Nett«-Sein. Häufig ist sie mit einer kräftigen Prise moralischer Überlegenheit gewürzt, und der Betreffende hält sich für besser als andere. Er ist schwach und bedürftig oder ein netter Kerl, und die Schikanierer dieser Welt nutzen ihn aus.

Die Folgen einer solchen Selbstverstümmelung sind tiefsitzender Groll und Verbitterung. Andere haben schuld, daß man keine Erfüllung findet, und der geheime Groll gegen sie erzeugt ein doppeltes Versteck. Um dem idealisierten Selbstbild »treu« zu bleiben, muß die Verbitterung zusammen mit den ursprünglichen Unvollkommenheiten (und Stärken) unterdrückt werden. Die Liebesmaske verbirgt somit eine doppelte Schuld. Man fühlt sich wegen der tatsächlichen Mängel schuldig, und es kommt ein weiteres Schuldgefühl dazu, weil man vorgibt, liebevoller oder netter zu sein, als man ist. In einem solchen Klima kann keine echte Liebe entstehen. Die wahre Liebesfähigkeit gedeiht nur in einer offenen, spontanen und schuldfreien Atmosphäre. Dazu muß sich der Betreffende seine negativen Gefühle einschließlich Groll und Verbitterung eingestehen und die Verantwortung für seine Bedürfnisse wie für seine Beschränkungen übernehmen.

Connie, mit deren Bericht dieses Kapitel begann, hatte sich alle Mühe gegeben, eine liebevolle Mutter und Christin zu sein. Um den Anforderungen ihres idealisierten Selbstbildes zu entsprechen, hatte sie ihren Groll unterdrückt und sich auf stilles Leiden eingestellt. Connie verriet ihre eigenen Bedürfnisse immer wieder, weil sie sich im Umgang mit anderen deren Liebe und Achtung erwerben wollte. Sie versuchte stets, dem Bild zu entsprechen, das die anderen ihrer Meinung nach von ihr hatten. Natürlich funktionierte das nie, und schließlich mußte sie ihren angesammelten Groll entladen und lernen, direkt um das zu bitten, was sie wollte.

Die Maske der Macht

Mit der Maske der Macht versucht man, Kontrolle über sich und andere zu erlangen, indem man ständig unabhängig, aggressiv, kompetent und herrisch auftritt. Indem man mit der Maske der Macht fälschlicherweise das Leben auf einen Kampf um die Herrschaft reduziert, versucht man, der als Kind erlebten Verletzlichkeit zu entrinnen. Sicherheit und Selbstachtung beruhen darauf, in jeder Lebenslage die Oberhand zu behalten und sich von menschlichen Bedürfnissen und Schwächen zu befreien. Der Machttrieb wird idealisiert, Liebe und Kontakt werden abgelehnt.

Die Verleugnung der echten Bedürfnisse nach Wärme, Trost, Zuneigung, Fürsorge und Kommunikation erzeugt eine hektische Getriebenheit und Unfähigkeit, sich zu entspannen. Mit der Maske der Macht ist man unfähig, Fehler oder Schwächen zuzugeben und das Leben so anzunehmen, wie es ist. Der Betreffende neigt zu einer pessimistischen, zynischen Sicht der menschlichen Veranlagung, was wiederum seine Idealisierung der Eigensucht und Herrschsucht rechtfertigt. Selbstkontrolle ist ihm äußerst wichtig, wobei er manchmal negative Gefühle ausagiert und mit einem »So ist die Welt eben« rechtfertigt. Häufig plagen ihn insgeheim Scham und das Gefühl des Versagens, weil man unmöglich alle in jeder Hinsicht übertreffen oder rundum gewinnen und beherrschen kann. Das kompensiert er, indem er vermehrt nach Herrschaft strebt und andere für seine Mißerfolge beschuldigt.

Elizabeth sah bei der Erforschung ihrer Maske der Macht langsam ein, welch entsetzlich hohen Preis sie für ihre anscheinende Unberührbarkeit bezahlt hatte. Sie hatte sich den Zugang zum eigenen Herzen verwehrt und fühlte sich von anderen isoliert. Sorgfältige Ehrlichkeit sich selbst gegenüber lehrte sie, jedes und alle Gefühle, besonders die verletzten, mitzuteilen. Obwohl es ihr schwerfiel, begann sie ihrem Mann Max zu sagen, wenn sie verletzt war oder etwas brauchte.

Zuerst war sie versucht, alle Gefühle so extrem hochzuspielen, daß Max darauf reagieren mußte. Doch dann erkannte sie, daß ihre Überreaktion ein weiteres Mittel war, den anderen zu kontrollieren und dazu zu bringen, sich nach ihr zu richten. Sie mußte akzeptieren, daß ihr niemand die Erfüllung ihrer Bedürfnisse garantieren konnte. Allmählich ließ sie auch die unvermeidlichen Enttäuschungen des Lebens zu, wogegen sie sich mit der Maske der Macht geschützt hatte.

Als Elizabeth an ihren Bildern arbeitete, vermochte sie ihre vergangenen Verletzungen, die Angst vor Zurückweisung und ihre echten Bedürfnisse stärker zu

156

empfinden. Sie sah, wo sie die Liebe zu ihrem Vater und das Bedürfnis nach ihrer Mutter verraten und ihre eigene Weiblichkeit verleugnet hatte. Sie erlebte, daß sie das Risiko eingehen konnte, sich ihrem Mann gegenüber verletzlich zu zeigen, worauf er ihr wiederum seine eigene Verletzlichkeit offenbarte, was eine wohltuende Belebung ihrer Liebe in Gang setzte. Natürlich fanden diese Veränderungen weder plötzlich noch ohne viel Schmerz und Ringen statt. Mit der zunehmenden Distanz zum idealisierten Selbstbild und den diesem zugrundeliegenden falschen Glaubenssätzen ging es jedoch stetig und sicher voran, was einen zusätzlichen positiven Antrieb erzeugte.

Die Maske der Gelassenheit

Mit der Maske der Gelassenheit versucht man, den Schwierigkeiten und Verletzlichkeiten des menschlichen Lebens zu entgehen, indem man stets entspannt und distanziert auftritt. Dabei spielt der Betreffende eigentlich Verzerrungen der Gelassenheit durch, nämlich Rückzug, Gleichgültigkeit, Flucht vor dem Leben, mangelndes Engagement sowie zynische Distanzierung.

Meistens wird diese Pseudolösung gewählt, weil es dem Kind weder mit der Maske der »Liebe« noch der »Macht« gelang, das zu bekommen, was es brauchte. Da es sich weder die nötige Liebe durch Unterwerfung oder die nötige Durchsetzung durch Aggression erwerben konnte, zog es sich völlig von den Problemen zurück. Dabei bleibt es zerrissen und unsicher, obwohl es sich an einen Ort weit über seinen inneren Sturmböen zurückzieht.

Die der Maske der Gelassenheit zugrundeliegende Fehlannahme lautet, daß Probleme verschwinden, wenn sie wirksam verleugnet werden. Man glaubt, Sicherheit und Selbstachtung würden erlangt, indem man sich über alle Schwierigkeiten erhebt, »cool« bleibt und sich vom Leben nicht berühren läßt. Wer eine Maske der Gelassenheit trägt, idealisiert Unnahbarkeit und Distanz und verachtet meist das Ringen anderer »gewöhnlicher Sterblicher«. Eine so gewaltige Verdrängung wirkt sich lähmend auf die Persönlichkeit aus, die häufig durch eine zynische Weltsicht oder eine unfundierte Spiritualität überdeckt wird. Die Lebenskraft wird eingedämmt, der Energiefluß stockt. Die Fähigkeit, sich mit einer sinnvollen Arbeit zu befassen oder in einer erfüllenden Beziehung zu leben, ist in der Regel beeinträchtigt.

Harriet hatte ihre Selbstidentität mit sechs Jahren eingefroren, als ihr Vater starb. Sie hatte sich vom Leben zurückgezogen, eine Maske der Gelassenheit übergezogen und gab vor, daß nichts mehr sie berührte. Jedesmal, wenn irgendwelche – guten oder schlechten – Gefühle zu nahe an die Oberfläche drangen, zwang sie ihr innerer Wachposten hinter die Mauern ihrer Angst zurück, damit sie sich nicht mit dem niederschmetternden emotionalen Erlebnis aus ihrer Kindheit auseinandersetzen mußte.

Sie war sehr still geworden, lernte gut, teilte sich jedoch kaum mit. Ihre lebenslange Zurückgezogenheit hatte dazu geführt, daß sie in vollkommenem Grau ohne irgendwelche extremen Gefühle lebte. Sie wußte, daß sie ihre Maske der Gelassenheit ablegen und anfangen mußte, über ihre Gefühle zu sprechen, wenn sie wieder leben wollte.

Die Rückzugsmaske führt zu einem emotionalen Selbstverrat. Man vertraut den Gefühlen des wahren Selbst so wenig, daß man sich nur in geringem Maß auf das Leben und andere einläßt. Meistens zieht sich der Betreffende in seinen Verstand oder ein spirituelles Leben zurück. Im Gegensatz zur Maske der Liebe oder Macht, bei denen die Gefühle häufig übertrieben sind oder so manipuliert werden, daß sie einen bestimmten Eindruck erwecken, sind die Gefühle bei der Maske der Gelassenheit intakt, aber verborgen, und es braucht sehr viel gutes Zureden, bis sie geäußert werden. Die Wandlung der Maske der Gelassenheit ist ein Prozeß, bei dem man Schritt für Schritt das wahre Selbst riskiert und sich ins Leben hinauswagt.

Kombinierte Masken

Manchmal vermischen sich die Masken der Liebe, Macht und Gelassenheit bei ein und demselben Menschen, was eine schreckliche Verwirrung stiftet, weil sie widersprüchlichen Zielen und Idealisierungen entsprechen. Die Maske der Liebe gibt vor, alles zu lieben und Stärke und Unabhängigkeit zu verleugnen, während die Maske der Macht das Bedürfnis nach Liebe verdrängt und vorgibt, allmächtig zu sein. Die Maske der Gelassenheit zieht es vor, »über allem zu stehen«, und verwickelt sich weder in das Ringen um Liebe noch in den Kampf um Herrschaft, sondern verachtet beides. Die Maske der Liebe und der Macht zielen in verschiedene Richtungen ab, aber sie sind gleich falsch, starr, unrealistisch und unerfüllbar.

Viele Menschen haben widersprüchliche Persönlichkeitsideale. Ihr Leben ist unterteilt, so daß die Machtmaske beispielsweise das Geschäftsleben beherrscht, während die Liebesmaske in Intimbeziehungen den Ton angibt oder umgekehrt. Eine Frau, die Männern gegenüber eine unterwürfige, abhängige Rolle spielt, kann in Beziehungen zu Frauen manchmal bösartig konkurrieren. Oder ein Mann ist vielleicht Frauen gegenüber unterwürfig, jedoch herrisch in Beziehungen zu anderen Männern. Eine solche kombinierte Maske stiftet verstärkt Verwirrung.

Auch wenn es möglich wäre, nie zu versagen, alle zu lieben oder von anderen völlig unabhängig zu sein, wird es so gut wie unmöglich, wenn die Bewertungen des idealisierten Selbstbildes von jemandem verlangen, zu lieben und von allen geliebt zu werden *und* sie gleichzeitig zu erobern und ihnen gegenüber unverletzlich zu sein. Ein solches Selbstbild fordert dann etwa, daß jemand selbstlos sei, um Liebe zu erlangen, und gleichzeitig eigensüchtig sei, um Macht zu gewinnen; dazu soll er auch noch über allen menschlichen Gefühlen stehen, um nicht gestört zu werden. Könnt ihr euch vorstellen, welcher Konflikt in dieser Seele herrscht? Wie zerrissen ist solch eine Seele! Alles, was der Betreffende tut, ist falsch und erzeugt Schuld, Scham, Ungenügen und daher Frustration und Selbstverachtung. *(Lesung 84)*

Die Transformation des Maskenselbst

Die Maske versagt zwangsläufig und ruft mehr Elend hervor als sie verhindern sollte, weil sie auf der Fehlannahme basiert, wir könnten die Unvollkommenheiten, Enttäuschungen und Zurückweisungen vermeiden, die für uns Menschen typisch sind. Akzeptieren wir ihre Existenz und lassen wir die menschlichen Schmerzen, Mängel und Kämpfe gefühlsmäßig zu, so lockern wir die Bindung an die Maske.

Die Transformation der Maske erfordert, daß wir um den Tod unseres idealisierten Selbst trauern. Es ist eine leblose Fassung unserer Selbst, die aufgegeben werden muß, um zu dem zu werden, was wir eigentlich sind. Dabei müssen wir die Verletzungen aus der Kindheit noch einmal nacherleben, die zur Bildung der Maske geführt haben.

Wie stellt man es an, die alten Verletzungen wieder zu erfahren ... Nehmt ein aktuelles Problem. Entkleidet es aller es überlagernden Reaktionsschichten. Die erste und greifbarste Reaktion ist die Rationalisierung, der »Beweis«, daß andere oder die Situation schuld waren, nicht eure inneren Konflikte, die euch veranlaßten, eine falsche Haltung gegenüber dem Problem, mit dem ihr konfrontiert seid, einzunehmen. Die nächste Schicht ist wahrscheinlich Ärger, Groll, Angst, Frustration. Unter all diesen Reaktionen werdet ihr den Kummer des Ungeliebtseins finden. Wenn ihr in eurer jetzigen Lage den Schmerz, nicht geliebt zu werden, zulaßt und erfahrt, wird es euch helfen, das Kindheitsleid wachzurufen.

Während ihr der gegenwärtigen Verletzung mit offenen Augen begegnet, denkt zurück und versucht, die Situation mit euren Eltern zu überdenken: Was sie euch gaben, was ihr wirklich für sie empfunden habt. Es wird euch bewußt werden, daß euch in vielerlei Hinsicht etwas fehlte, was ihr nie zuvor richtig erkanntet – was ihr nie sehen wolltet. Ihr werdet herausfinden, daß euch dies als Kind verletzt hat, daß ihr es aber auf bewußter Ebene verdrängt habt. Jedoch ist es keineswegs vergessen. *Der Schmerz eures gegenwärtigen Problems ist ebenderselbe* ... Sobald ihr das Leid von früher und jetzt in Übereinstimmung bringen könnt und erkennt, daß es ein und dasselbe ist, ist der nächste Schritt viel leichter. Dann werdet ihr nämlich, indem ihr in euren verschiedenen Schwierigkeiten die sich wiederholenden Muster wahrnehmt, die Ähnlichkeiten zwischen euren Eltern und den Menschen, die euch Verletzungen zugefügt haben oder euch jetzt zufügen, erkennen lernen ... Die Erfahrung des alten und des gegenwärtigen Schmerzes wird euch allmählich verstehen lassen, daß ihr die Kindheitsverletzung noch einmal nachspielt, weil ihr fälschlicherweise glaubt, die jetzige Situation in der fehlgeleiteten Anstrengung wählen zu müssen, euch in einer Situation Liebe zu »gewinnen«, in der ihr als Kind eine »Niederlage« erlebtet. *(Lesung 73)* [23]

Als Marcie sich ernsthaft auf eine Beziehung einließ, hielt sie es anfänglich sowohl für romantisch wie natürlich, den Bedürfnissen des Mannes mit großem Eifer nachzukommen. Nachdem sie etwa zwei Monate lang perfekt für ihn gesorgt hatte, dämmerte es ihr, daß sie sauer auf ihn war, weil er nicht ebensogut für sie sorgte.

Es wurde ihr klar, daß sie bei diesem Mann ihre »Braves-Kind«-Liebesmaske angelegt hatte, weil sie unbewußt glaubte, sie sei nur liebenswert, wenn sie ihn besänftigte, an die erste Stelle setzte und seine Bedürfnisse erfüllte. Sie merkte, daß sie nicht besonders gut für sich selbst sorgte und von ihm erwartete, er solle ihre Bedürfnisse erraten.

Als sie mit der Arbeit an ihrer Liebesmaske begann, fühlte diese sich für sie wie Karamel an – klebriges, süßes Zeug. Sie spürte, daß die Maske sehr früh in ihrem Leben entstanden war, weil sie ihre Mutter nachgeahmt hatte. Sie lernte, nie »nein« zu sagen, immer guter Dinge zu sein, alles erledigen zu können, was in anderen Angst

[23] *Der Pfad der Wandlung*, S. 53 f.

160

auslöste, soviel wie möglich unter Kontrolle zu haben und Angst, Ärger oder ein Gefühl der Unzulänglichkeit nicht zuzulassen. Sie sollte alles schaffen, ruhig bleiben und anderen dienen. Einmal hatte ihre Mutter sogar gesagt: »Du bist für mich hier. Du mußt mir helfen, damit ich beieinander bleibe.« Als Marcie begriff, daß ihre Liebesmaske nur aus Scheingefühlen bestand, wurde sie ihrer langsam überdrüssig.

In einer Pfadsitzung stellte sie sich ihre Maske als Kissen vor und sagte zu ihr: »Ich will dich los sein. Du erstickst mich.« Da merkte sie, wie der Karamel sie sogleich mit seiner Klebrigkeit umwickelte.

Als Maske antwortete sie: »Wie kannst du etwas so Gemeines sagen? Ich bin deine beste Freundin. Ich sorge für deine Sicherheit. Solange du lieb und nett bist, wird dich niemand verletzen, wie du als Kind verletzt wurdest. Du hörst jetzt besser auf mich und spielst das Liebesspiel weiter.« Marcies Maske umgarnte sie, und es erschien nutzlos, sich davon zu befreien zu versuchen.

Daraufhin fragte Marcie ein anderes Kissen, das ihr höheres Selbst darstellte, was sie in dieser Lage tun solle. Als sie auf dem Kissen des höheren Selbst saß, kamen ihr plötzlich folgende Worte: »Iß sie auf. Iß sie«, sagte das höhere Selbst, »das klebrige Zeug ist Medizin. Wenn du es in dich aufnimmst und verdaust, löst es sich auf und verwandelt sich in reinen Zucker, seinen Grundbestandteil, aus dem du dich neu aufbauen kannst.« Diese Visualisierung half Marcie, ihre Maske besser zu akzeptieren und zu integrieren. Sie erkannte, daß deren Essenz aus denselben Zutaten bestand wie ihr höheres Selbst. Eigentlich war sie ein liebevoller, fürsorglicher Mensch und konnte ihre echte Liebenswürdigkeit wiedergewinnen, wenn sie die Angst aufgab, nicht liebenswert zu sein.

Die Maske als Verzerrung des höheren Selbst

Die Maske ist immer eine Verzerrung der echten Eigenschaften des höheren Selbst. Wir zehren von unseren tatsächlichen Stärken – Liebe, Macht oder Gelassenheit – um Imitationen zu fabrizieren, die andere von der Verletzlichkeit unseres eigentlichen höheren Selbst fernhalten sollen. Wir verlassen uns zu unserem »Schutz« auf das niedere Selbst und die Maske.

Die eigentlichen Eigenschaften des höheren Selbst werden vom niederen Selbst zu einer »Imitation« des höheren Selbst entstellt, die uns sowohl unverletzlich als auch für andere annehmbar machen soll. Die Angst verzerrt echte Liebesfähigkeit zu Unterwürfigkeit und Abhängigkeit (Maske der Liebe). Der

Eigensinn verdreht die wahre Macht zu Aggression und Kontrolle (Maske der Macht). Der Stolz entstellt Gelassenheit zu Distanz und Rückzug (Maske der Gelassenheit).

Die Angst, unser wahres Selbst sei unannehmbar, hat überhaupt erst zur Bildung der Maske geführt. Aber die Maske – weil sie unecht und daher unattraktiv ist – ruft genau die Ablehnung hervor, die wir am meisten fürchten, wodurch die ursprünglichen Verletzungen aus der Kindheit neu inszeniert werden. In diesem Teufelskreis gefangen, verdoppeln wir unsere Bemühungen bei jeder Zurückweisung, indem wir eine noch vollkommenere Maske aufsetzen, was noch mehr Ablehnung erzeugt. Das Hauptmittel gegen die Maske besteht darin, uns anzunehmen und lieben zu lernen. Dann können wir endlich die Angst, von anderen nicht geliebt und angenommen zu werden, aufgeben. Wir erlangen auch die echten Eigenschaften des höheren Selbst in ihrer ursprünglichen Form zurück. Wenn das echte höhere Selbst strahlt, stellen wir fest, daß sich Menschen zu uns hingezogen fühlen, und unser wahres Selbst wird unterstützt.

Als Connie ihre Maske der unterwürfigen »perfekten Christin« aufgab und ihren Ärger sowie ihre Macht anerkannte, erlangte sie auch ihre großzügige Liebesfähigkeit und Fürsorge für andere zurück. Sie brauchte nur aufzuhören, ihre Energie zur Konstruktion der Märtyrermaske zu verwenden, um als »gut« dazustehen und Beachtung zu finden.

Hinter ihrer Machtmaske war Elizabeth sehr fähig und stark im Umgang mit der Welt. Hohes Niveau, guter Geschmack und Kompetenz waren echte Qualitäten, über die sie verfügte und die so lange gefördert werden konnten, als sie nicht dazu dienten, Kontrolle über andere zu erlangen. Sie lernte ihre Kompetenz von ihrer Härte und ihren guten Geschmack vom diffamierenden Urteil über andere zu unterscheiden. Dadurch kamen ihr Urteilsvermögen und Geschäftssinn zur Entfaltung, ohne die näheren menschlichen Beziehungen zu verhindern.

Harriets Fähigkeit zur Distanzierung, die hinter der Maske der Gelassenheit steckte, wurde zur Verbündeten, als sie sich ernsthaft an ihre emotionale Arbeit machte. Als die Gefühlswogen zu bedrohlich wurden, konnte sie sich zurückziehen und ihre Gefühle objektiv und mitfühlend beobachten. Sie lernte, die Mauer um ihr Selbstbild zu erweitern, bis ihre Identität alle verleugneten Gefühle mit einschloß. Ihre gelassene Distanz wurde zu einer spirituellen Stärke statt sich dagegen zu wehren, ein ganzer Mensch zu sein.

162

Wenn wir hinter die Maske schauen, stehen wir sowohl dem niederen wie höheren Selbst gegenüber. Versuchen wir, Fehler oder Größe, Schlechtigkeit oder echte Güte nicht mehr zu vermeiden, erkennen wir uns besser. Sich aufrichtig anzunehmen bildet die Grundlage einer echten Selbstachtung, welche die falsche Selbstachtung ablöst, die auf dem idealisierten Selbstbild fußte.

Bringt ihr den Mut auf, euer wahres Selbst zu werden, auch wenn es weit geringer als das idealisierte zu sein scheint, werdet ihr sehen, daß es weit mehr ist. Dann werdet ihr den Frieden haben, in euch selbst zu Hause zu sein, und Sicherheit finden. Dann werdet ihr als vollständige Menschen funktionieren. Ihr werdet die eiserne Peitsche des Zuchtmeisters, dem zu gehorchen unmöglich ist, zerbrochen haben und echten Frieden und echte Sicherheit erkennen. Ihr werdet ein für allemal aufhören, mit falschen Mitteln danach zu suchen. *(Lesung 83)* [24]

Übungen zum sechsten Kapitel

Führe fünf perfektionistische Forderungen an dich auf und untersuche sie. Woher kommen diese Forderungen? Wem willst du gefallen oder wen willst du daran hindern, dich zu verletzen oder abzulehnen? Entsprechen diese Forderungen den Forderungen deiner Mutter oder deines Vaters an dich? Welche Forderungen stellt die Gesellschaft an dich?

Suche dir ein Thema oder eine Disharmonie in deinem jetzigen Leben aus. Schreibe einen Dialog zwischen deinem perfektionistischen befehlenden Überich und deinem mangelhaften menschlichen Selbst über dieses Thema. Was hast du über die Forderungen deines Perfektionismus erfahren? Woher scheint er zu kommen? Welche Funktion erfüllt er deiner Ansicht nach?

Beobachte fünf Tage lang in der Tagesrückschau, ob dir Situationen auffallen, in denen die Maske oder das idealisierte Selbstbild sich in der Interaktion mit anderen gezeigt hat. Beachte auch deine Reaktionen, wenn das idealisierte Selbst bedroht ist, von anderen aufgedeckt oder durchbrochen zu werden. Nimm die Verletzlichkeit wahr, die du in solchen Momenten verspürst.

---

[24] *Der Pfad der Wandlung*, S. 144.

Stelle fest, welches deine Hauptmaske ist – Liebe, Macht oder Gelassenheit. Belege deine Einschätzung durch Beispiele aus deinem Leben.

Erkenne, wieweit deine Hauptmaske die Pseudolösung einer Kindheitsverletzung darstellt. Bringe dein Hauptbild (deine hauptsächliche Fehlannahme über das Leben) mit deiner Maske in Verbindung.

Blättere einige Seiten zurück und lies das zweitletzte Zitat aus Lesung 73 nach. Führe die dort angegebene Übung durch, die mit dem Satz beginnt: »Nehmt ein aktuelles Problem ...« Geh ihm nach, bis du zum Grundgefühl des Nichtgeliebtseins kommst. Finde heraus, inwiefern die ursprüngliche Kindheitsverletzung im Elternhaus dem jetzigen Gefühl des Nichtgeliebtwerdens entspricht.

7. Kapitel

Dem niederen Selbst
ins Auge sehen

»Die Manifestation des Bösen unterscheidet sich nicht grundlegend vom reinen Bewußtsein und reiner Energie. Sie hat bloß deren Merkmale verändert.«

Lesung 197, Verzerrung von Energie und Bewußtsein: das Böse.

Albert: Die Begegnung mit dem niederen Selbst

Albert liebte die Frauen. Zumindest war er immer in eine verliebt gewesen, manchmal auch in mehrere gleichzeitig. Mit 46 Jahren betrachtete er sich immer noch als romantischen Ritter. Von den Sexspielen aus der Kindheit mit seiner Lieblingscousine bis zu seiner neuesten Versuchung – eine attraktive Klientin in seiner psychotherapeutischen Praxis – hatten Frauen eine Hauptrolle gespielt.

Seine erste Liebe aber war seine Mutter gewesen, die er Anna nannte. Sie war erst sechzehn gewesen, als Albert geboren wurde, und hatte sich nie wie eine Mutter benommen. In seiner Kindheit sorgte Alberts Großmutter für ihn, und Anna war ihm eher eine bedürftige, neurotische große Schwester gewesen. Alberts Vater war viel älter und Alkoholiker – eine Figur in der Ferne. Anna hatte sich bei Problemen deshalb meistens mit ihrem Sohn beschäftigt und ihn mit Liebkosungen und Küssen überschüttet. Rückblickend vermutete Albert, es könnte zu sexuellen Spielen zwischen ihm und seiner Mutter gekommen sein. Er konnte sich an intensive jugendliche sexuelle Fantasien erinnern, die alle um Anna rankten.

Albert kam jedoch nicht wegen seiner Leidenschaft für Frauen zum Pfad. Er war in letzter Zeit seltsamerweise von dunklen und bedrohlichen Geistern »heimgesucht«

165

worden, die ihm vor allem nachts erschienen. Verängstigt und verunsichert hatte Albert an Selbstmord gedacht. Er vermutete, die Spukgestalten seien seine Projektionen, hatte jedoch Angst, sich mit der Dunkelheit in seinem Inneren zu befassen. Er war in einer ländlichen Gegend im Süden der Vereinigten Staaten aufgewachsen, wo okkulte abergläubische Überlieferungen ihre Blüten mitten in einem fundamentalistischen Christentum trieben, und verstand den Glauben seiner jungen Mutter an Geister und Verwünschungen jetzt besser. Die dunklen Geister, die ihn umgaben, fühlten sich jedenfalls recht wirklich an; er wußte, daß er eine spirituelle Perspektive brauchte, um diesen bösen Spuk zu vertreiben.

Schon bald nach Beginn einer intensiven Pfadarbeit in Sevenoaks erwachte Albert eines Nachts mit einer schrecklichen Angst in der Magengegend. Spontan fielen ihm frühkindliche sexuelle Interaktionen mit seiner Mutter ein. Er kam sich winzig vor, Anna aber war riesig. Ihre großen Brüste und erregende Ausstrahlung riefen starke, widersprüchliche Gefühle wie Scham und Eifer, Schrecken und Erregung, Abscheu und Faszination in ihm hervor. Albert kroch unter die Decke, bis sich der Aufruhr in seinem Bauch gelegt hatte und er mit dem Gefühl, ganz klein und verletzlich zu sein, einschlief.

In darauffolgenden Sitzungen erinnerte sich Albert an weitere Einzelheiten der sexuellen Verbindung zu seiner Mutter bis ins Krabbelalter zurück. Er erzählte, wie Anna ihn badete und seine Geschlechtsteile berührte, und wie sie im Bett mit ihm schmuste und ihn sich zum Saugen an die Brust legte. Er spürte ihren schweren Atem und ihre Erregung wieder.

Bei einer Regression in diese inzestuösen Begebenheiten rief Albert Anna zu: »Was tust du, Mami? ... Wo bist du? Mami, ich habe Angst, komm zurück!« Er schrie die Qualen seiner Erinnerung heraus, und sein Körper bebte. Als das Zittern nachließ, schämte er sich – es war eine glühende Scham, die ihn sich vor jeder Berührung zurückziehen ließ. Da spürte er langsam seine eigene Erregung und welch besonderes Gefühl die intensive Beziehung zu seiner Mutter in ihm hervorgerufen hatte.

An jenem Abend spürte Albert, daß die dunklen Geister in der Nähe waren. Ich betete mit ihm und schlug vor, er solle mit ihnen reden.

Er fragte: »Wer seid ihr und was wollt ihr von mir?«

Zuerst spürte Albert, daß seine Großmutter, wie üblich schwarz angezogen, ihn aufforderte, ihr in den Tod zu folgen: »Stirb jetzt«, rief sie, »dann brauchst du dir die schrecklichen Dinge, die du getan hast, nie mehr anzusehen.«

166

»Ich will nicht sterben«, antwortete Albert, »ich will mir anschauen, was so schrecklich ist.« Plötzlich schien der Geist der Großmutter zu verschwinden.

Jetzt meldete sich ein anderer, bedrohlicherer und anklagenderer Geist als der erste. Ich bat Albert, ihn mir vorzustellen, und er sagte: »Es ist mein Vater.« Alberts Vater hatte sich vor Jahren umgebracht. Der Geistvater machte seinem Sohn eine so erschreckende Mitteilung, daß Albert nur wortlos zitterte und bebte. Dann begann er, laut zu beten und Christus um Hilfe anzuflehen. Schließlich beruhigten ihn das Gebet und mein Zureden soweit, daß er mir die Botschaft seines »Vaters« mitteilen konnte: »Du bist schlecht und verdienst es, getötet zu werden.«

Zuerst hatte Albert keine Kraft, ihm zu widersprechen. »Ja, ich weiß«, stieß er hervor und fing wieder an, am ganzen Leib zu zittern. »Ich habe Dinge mit ihr getan, die ich nie hätte tun sollen – schlimme, ganz schlimme Dinge.«

Hier griff ich ein und sagte sanft: »Vergiß nicht, Albert, Mami hat mit diesen Spielen begonnen. Sie war dafür verantwortlich. Du warst nur ein kleiner Junge, der Mami gefallen und tun wollte, was sie von dir wollte.«

Auf dem Sofa zusammengekauert flüsterte Albert: »Du kannst das nicht verstehen – du verstehst das nicht.«

»Was verstehe ich nicht, Albert?«

Fast unhörbar zischte er: »Aber ich mochte es doch. Ich mochte die Spiele, die Erregung. Ich war gerne etwas Besonderes«, und mit versagender Stimme flüsterte er: »Mein Pa ...«

»Ja?« fragte ich in beruhigendem Ton nach. »Was war mit deinem Pa? Was hast du ihm gegenüber empfunden?«

»Ich war bei ihr die Nummer eins. Ich war besser als mein Pa. Ich wollte nicht, daß er bei ihr ist. Ich wollte, daß er weggeht. Ich wollte, daß er tot ist!«

Albert fing an zu husten, zu weinen und hielt sich den Bauch. Mit der Angst im Nacken rollte er sich auf dem Sofa hin und her, keuchte und spuckte erstickte Schluchzer aus. Endlich konnte er flüstern: »Jetzt weiß ich es. Ich habe ihn mit meiner Schlechtigkeit getötet.«

»Du glaubst, du habest deinen Pa wegen der schlimmen Dinge getötet, die du mit deiner Mami getan hast, wegen der Spiele mit ihr, die du mochtest und die dich an seine Stelle setzten. Und du glaubst, das alles mache dich so schlecht, daß du zu sterben verdienst?«

Alberts nervöses Kopfnicken bestätigte mir, daß das Kind in ihm das tatsächlich glaubte. »Jetzt verstehen wir, weshalb sich Klein-Albert so schlecht fühlte, daß er *sterben wollte«, erklärte ich. »Jetzt wissen wir, weshalb die Geister deiner Großmutter und deines Vaters dich besucht haben. Sie sind gekommen, um dir zu zeigen, was du von deiner Schlechtigkeit hältst. Hören wir doch, was sie jetzt zu sagen haben.«*

Albert setzte sich auf, nahm meine Hand und bat die Geister, noch einmal mit ihm zu reden. Er spürte die Güte seiner warmherzigen, fürsorglichen Großmutter. Sie verschmolz mit einem hellen, vergebenden Christus. Ich bat Albert, diese Christusgestalt anzusprechen.

»Ich fühle mich so mies, nicht wie ein kleiner Junge, sondern richtig schlecht. Ich wollte tatsächlich meinen Vater ersetzen und etwas Besonderes für meine Mutter sein. Ich war nicht einfach nur ihr Opfer. Ich habe sogar als Kind bei ihrer Neurose mitgespielt. Ich möchte wissen, ob und wie ich mir vergeben lassen kann.«

Wir beide spürten eine immer tiefere Ruhe. Der Raum schien sich mit dem Licht der Christusgestalt zu füllen, mit einem warmen Strahlen, das zutiefst tröstlich war. Als ich mich auf dieses Gefühl der universellen, bedingungslosen Liebe einstimmte, spürte ich, wie sich mein Herz vertrauensvoll öffnete. Albert kleidete die Mitteilung, die er bekam, in folgende Worte:

»Alles kann vergeben werden, alles ist bereits vergeben. Es gibt nichts so Dunkles, sogar im verzweifeltsten Winkel deiner Seele nicht, das nicht ins Gewahrsein aufgenommen werden könnte. Im Gewahrsein liegt die Erlösung. Alles ist gut und wird gut.«

Was ist das niedere Selbst?

Wenn sich das niedere Selbst auch nicht allen Menschen auf so eindringliche Weise wie bei Albert zeigt, werden die meisten Menschen doch von der Macht ihrer unbewußten Geister und Dämonen zu irgendeinem Zeitpunkt im Leben ergriffen. Wir alle haben geheime Winkel der Scham und kindische Überzeugungen von unserer »Schlechtigkeit«. Und wir empfinden echte erwachsene Schuldgefühle wegen der Sünden, die wir getan oder durch Unterlassung begangen haben. Jeder Mensch hat Zeiten, in denen er Dinge tut, denkt oder empfindet, die eindeutig unfreundlich oder sogar bösartig sind. Im allgemeinen sind wir von der Ursache des Bösen in uns abgeschnitten und wollen diese Negativität entweder nicht wahrhaben oder versuchen, sie zu rechtfertigen.

Früher oder später müssen wir aber einsehen, daß wir selbst die Ursache der dunklen Flecken sind, die unsere Welt verfärben; die Dunkelheit aus uns. Das

168

Böse weilt in jedem Lebewesen als das, was der Pfad niederes Selbst nennt. Der Augenblick, in dem wir unser niederes Selbst anerkennen, ist ein heiliger Moment, der eine Wende in der geistigen Gesundung kennzeichnet. Wir nehmen unsere feindseligen Projektionen des Bösen auf andere zurück und akzeptieren die Dunkelheit demütig als unsere eigene. »Ja«, sagen wir, »du gehörst zu mir. Ich nehme dich an.« Der Stolz fällt ab, das Herz öffnet sich. Wenn wir das Böse in uns bewußt annehmen, heilt dies das Unglücklichsein in seinem Ursprung: der geistigen Entfremdung von Gott.

Wie Albert fällt es uns schwer, zu glauben, wir könnten ein niederes Selbst haben und trotzdem liebenswert sein. Wie Albert beschließen wir, unser niederes Selbst unbewußt auszuagieren, um die tiefliegenden Verletzungen unserer unvollkommenen Kindheit, den unvermeidlichen Schmerz des Erwachsenenlebens und die existentielle Verzweiflung unserer Trennung von Gott nicht zu spüren. Auch wollen wir über unserer Verletzlichkeit stehen, das Leben und andere beherrschen und uns sowohl vor unserer frühkindlichen wie existentiellen Hilflosigkeit verstecken. Unter Umständen sind wir nicht so mißbraucht worden wie Albert, aber trotzdem empfinden wir uns als Opfer und rechtfertigen damit unsere Negativität. Wir weigern uns, die eigene Schlechtigkeit anzuschauen und sie beim Namen zu nennen.

Das niedere Selbst ist der schöpferische Kern der negativen Einstellungen und Gefühle, die aus der egozentrischen Getrenntheit von der Totalität des Lebens entstehen. Es ist die Abwehr gegen unseren Schmerz, unsere Gefühlslähmung und unsere Abkoppelung von uns und anderen.

Wir projizieren die Rolle des »Feindes« auf andere, was uns gestattet, sie schlecht zu behandeln und in einem geheimen Melodrama mitspielen zu lassen, anstatt ihre gottgegebene Integrität zu achten. Das niedere Selbst stammt aus dem falschen Glauben, unser getrennter Körpergeist könne ein Leben führen, das vom Gewebe aller Lebewesen, von dem wir eigentlich nur ein einzelner, mitgewobener Faden sind, abgeschnitten ist. Die Essenz des niederen Selbst ist die negative Absicht, abseits des Lebens als Ganzes zu stehen und diese Getrenntheit auszudehnen.

Das niedere Selbst zeigt sich auf verschiedenen Bewußtseinsebenen. Auf der Ichebene befinden sich bestimmte chronische Persönlichkeitsfehler – etwa Wettbewerbsgeist, eine Neigung zu Klatsch oder Kritiksucht. Auf der Ebene des inneren Kindes haben wir falsche Vorstellungen und eine defensive Negativität, die aus den Wunden unserer Kindheit entstanden sind. Wenn wir tiefer gehen, finden wir negative seelische Tendenzen wie Rachedurst, Bitterkeit und Verzweiflung, die sich in eingefleischten negativen Lebensproblemen äußern. Solche Seiten des niederen Selbst haben wir zum Zweck der Läuterung in diese Inkarnation mitgebracht. Noch tiefer manifestiert sich das niedere Selbst als unser kollektiver Hang nach Kontrolle und Getrenntheit. Letztlich behindert das niedere Selbst den freien und zielgerichteten Strom göttlicher Energie in uns.

Jeder Mensch, der in der Dualität der irdischen Ebene lebt, widersetzt sich bis zu einem gewissen Grad der völligen Hingabe an Gott. Wir verweigern die vollständige Gleichsetzung mit unserer eigenen göttlichen Essenz, dem Strom göttlicher Energie, der unser wahres Wesen ist. Das Bündnis mit diesem Widerstand und dem getrennten Ich erzeugt die Fähigkeit zum Bösen.

Im Vaterunser bitten wir Gott: »Erlöse uns von dem Übel.« Gewöhnlich versteht man darunter, daß wir dem Bösen den Rücken kehren und es in allen seinen Ausdrucksformen meiden sollen. Unglücklicherweise wenden wir uns dadurch vom Gewahrsein des Bösen ab. Wir schieben es unter den Teppich, wo es wie Krebs in den Winkeln des Unbewußten wuchert. Erst wenn wir das Böse in das Bewußtsein heben, kann diese Energie in ihr ursprüngliches wahres Wesen zurückverwandelt werden. Die Zeit ist gekommen, uns dem niederen Selbst zu stellen. Dadurch gewinnen wir wahre Demut und wahre Macht als individualisierte Äußerungsformen der universellen Lebenskraft zurück.

Gewöhnlich behalten wir die Bezeichnung »das Böse« dem extremen und/oder bewußt gewählten Negativen vor. Zwar kann man moralische Unterscheidungen zwischen den verschiedenen Graden von Bösem treffen, doch gibt es ein Kontinuum zwischen den Handlungen eines völkervernichtenden Massenmörders wie Hitler und der selbstsüchtigen Getrenntheit jedes einzelnen, der sich unbewußt auf seine Negativität und Angst ausrichtet, anstatt sich der Liebe und Wahrheit hinzugeben. Hitlers Blindheit und Bösartigkeit stammt aus den gleichen negativen Kräften, die jeder Mensch in sich trägt.

Wenn wir die Fähigkeit zum Bösen verdrängen, bleiben wir innerlich gespalten. Der GUIDE erklärt dazu:

Gegenseitigkeit innerhalb deiner selbst fehlt, wenn du das Böse in dir ablehnst. Indem du das Böse ablehnst, ignorierst und leugnest du die vitale, ursprünglich kreative Energie, die in allem Bösen enthalten ist.

170

Um ganz zu werden, muß dir diese Energie verfügbar werden. Die Energie kann nur transformiert werden, wenn du dir ihrer verkehrten, verzerrten Form bewußt bist. Doch wie kannst du sie zurückverwandeln, wenn du die gegenwärtige Form ablehnst? So bleibst du innerlich gespalten. Und wenn die Spaltung nicht bewußt ist, spiegelt sie sich in deinen Beziehungen wider – oder in dem Mangel an Beziehungen. Ganz gleich, wie schlecht und unannehmbar, wie unerwünscht und zerstörerisch eine bestimmte Eigenschaft sein mag, die Energie und Substanz, aus der sie besteht, ist eine vitale Kraft. (Lesung 185)[25]

Das niedere Selbst ist die dunkle Seite der Lebenskraft, ob sie sich nun in einem Hitler oder als kleinere Gedankenlosigkeit äußert. Das niedere Selbst ist aber auch eine starke kreative Energie. Wenn wir das Gewahrsein dieser Seite in uns verdrängen, verlieren wir auch viel Kreativität und Vitalität. Bei jedem Menschen sind die sexuellen und aggressiven Funktionen irgendwie verzerrt. Die Angst vor diesen Verzerrungen begrenzt die Energie, die wir für diese lebenswichtigen Selbstäußerungen zur Verfügung haben. Je mehr wir die Macht unseres niederen Selbst verleugnen, Negatives zu schaffen, desto schwächer kommen wir uns im Leben vor und desto mehr neigen wir dazu, andere oder das Schicksal für unser Unglück zu beschuldigen.

Das niedere Selbst hat die Macht, alles Leid und alle Negativität zu erzeugen, die wir im Leben erfahren. Es ist eine mächtige schöpferische Kraft. Wenn wir seiner zerstörerischen Macht ins Auge blicken und sie anerkennen, erlangen wir die schöpferische Kraft, um dem eigenen Leben eine positivere Richtung zu geben.

Die Verleugnung des niederen Selbst

Die Verleugnung des niederen Selbst beim Menschen ist eine mindestens so starke Kraft wie die Verleugnung des Todes, manchmal sogar eine noch stärkere. Es hat Menschen gegeben, die lieber den Tod durch Selbstmord suchten, als sich wahren, aber negativen Offenbarungen über sich selbst zu stellen, die an die Öffentlichkeit gedrungen waren und ihren Ruf und ihre Selbstachtung bedrohten. Allzuhäufig meinen wir, unser Selbstwert hänge davon ab, »gut« zu sein

---

[25] Pierrakos, Eva: *Bereit sein für die Liebe*. Synthesis 1997, S. 85.

171

– oder mindestens anderen so zu erscheinen –, und das Bekennen unserer Schlechtigkeit käme einer Vernichtung gleich.

Der Preis des Erkennens und Annehmens der zerstörerischen, bösen Seite des Selbst scheint hoch, aber ist es nicht wirklich. Im Gegensatz dazu ist der Preis der Leugnung ungeheuer[26] ... In dem Maße, in dem das Böse richtig betrachtet wird, in dem Maße entstehen mehr Selbstakzeptanz, neue Energie, mehr Liebe zu sich selbst und Lust. *(Lesung 184)*

Je mehr wir uns dem spirituellen Weg verpflichten, desto mehr bekommen wir Geschmack an der Wahrheit und verstehen immer besser, daß Ehrlichkeit, wie schmerzhaft sie vorübergehend sein mag, für uns stets besser ist als Eigenlob und Verleugnung. Das wichtigste Werkzeug, um die Negativität besser zu vertragen, ist die Entwicklung des objektiven, mitfühlenden Beobachterselbst, einem Aspekt des höheren Selbst. Nennen wir die Tatsachen beim Namen, verlagern wir die eigene Identität vom Benannten zum Benenner. Wir werden zum Beobachter und sind nicht mehr das Beobachtete. Wir werden zum Bewußtsein statt zum Inhalt unseres Bewußtseins. Diese allmähliche Verschiebung der Identifikation verankert uns im höheren Selbst. Dabei wird die Läuterung des niederen Selbst um so wichtiger, je mehr wir das höhere Selbst erfahren.

Viele spirituelle Übungen entwickeln das wahre, höhere Selbst, lassen jedoch die unentwickelten Aspekte des Bewußtseins intakt. Viele Wesen haben eine solche Sehnsucht danach, ihr göttliches Wesen zu verwirklichen, daß sie darüber die Mission im universellen Plan vergessen, die zu erfüllen sie hergekommen sind, solange sie im Körper weilen. Diese Mission ist die Läuterung und das Wachstum der unentwickelten »kosmischen Materie«. *(Lesung 193)*

Drei Aspekte des niederen Selbst: Stolz, Eigenwille und Angst

Stolz, Eigenwille und Angst sind das Kreuz des niederen Selbst. Jede dieser Einstellungen ist eine andere Form von Verleugnung und daher noch gefährlicher für

---

[26] Pierrakos, Eva: *Der Pfad der Wandlung*, S. 169.

172

die Seele als Äußerungen des Bösen. Der Stolz besagt, wir seien besser als andere und hätten ein Recht auf Selbstgefälligkeit und Besonderheit. Die Angst besagt, wir müßten uns schützen, und daher ist alles, was wir zur eigenen Verteidigung unternehmen, gerechtfertigt. Der Eigenwille besagt, wir hätten unverzüglich zu bekommen, was wir wollen, was wiederum die Selbstsucht rechtfertigt.

Wo Stolz, Eigenwille oder Angst sind, herrscht zwangsläufig Kontraktion vor. Die Ichstrukturierung wird eng und starr. Der Eigenwille sagt »Ich, ich, ich« – das kleine Ich, das kleine Selbst, das Selbst, bei dem es nur um die äußere, bewußte Ichpersönlichkeit geht und das größere Bewußtsein, das universelle Bewußtsein, von dem ihr eine Ausdrucksform seid, völlig außer acht bleibt. Wenn nicht der ganze Mensch mit diesem größeren Bewußtsein, das über das Ich hinausgeht, vereint ist, wird das Festhalten am Ich zu einem Muß. Das Ich würde nicht so betont, gäbe es den falschen Glauben nicht, daß das Selbst in dem Augenblick vernichtet wird, in dem das Ich nicht alleiniger Herrscher über das Menschenleben ist. Wenn ihr euch also ausschließlich mit dem Ich gleichsetzt, könnt ihr euch weder mit dem größeren Bewußtsein noch mit den Empfindungen in eurem Körper gleichsetzen, denn sie gehen Hand in Hand. Wenn ihr euch mit dem Ich gleichsetzt, erzeugt ihr eine Enge in der Ichstruktur, die im wesentlichen besagt: »Was zählt, ist meine Ichwelt. Das ist alles, woraus ich bestehe, und deshalb kann ich sie nicht aufgeben, sonst höre ich auf zu existieren«. (Lesung 177)

Die Haltung des Stolzes besagt »Ich bin besser als die anderen« oder »Ich bestehe darauf, daß ich mein Idealbild und nicht mein mangelhaftes wirkliches Selbst bin.« Der Stolz erhebt uns über unsere Menschlichkeit und verführt uns ständig durch die Angst, daß wir in eine unerträgliche Wertlosigkeit gestürzt werden, wenn wir nicht »über« uns stehen. Stolz ist das Hauptmerkmal des kleinen getrennten Ichselbst, das glaubt, es müsse sich zu seinem Überleben über andere erheben und jemand Besonderer sein.

In einer bedenkenswerten Aussage über das Wesen des Stolzes innerhalb des Menschseins, der Conditio humana, sagt der GUIDE: »Wer die Demütigung eines anderen weniger stark empfindet als seine eigene, ist immer noch zu stolz« (Lesung 30). Die persönliche, rassische, ethnische oder geschlechtsspezifische

Selbstgefälligkeit liefert häufig die Rechtfertigung für Grausamkeit und Überlegenheit anderen gegenüber. Gegenmittel gegen den Stolz sind ehrliche Selbstkonfrontation und ein bescheidenes Annehmen seiner selbst, woraus echte Selbstachtung entsteht.

Der Stolz sagt: »Ich bin besser als du.« Das bedeutet Getrenntheit, die Kunst, den anderen immer um eine Nasenlänge voraus zu sein, und schließt alles ein, was der Liebe entgegengesetzt ist. Der Stolz kann sich auch folgendermaßen äußern: »Ich bin schlimmer als andere, ich bin unwürdig, ich bin nichts wert. Aber ich muß diese Tatsache verleugnen und vorgeben, mehr zu sein.« Selbstverständlich werden diese Gedankengänge nicht in Worte gefaßt, aber sie sind manchmal nicht ganz unbewußt. Dieser entstellte Stolz vergleicht im Gegensatz zu einer gesunden Würde immer und mißt sich selbst mit anderen; daher bleibt er ständig in der Illusion. Daraus kann keine wahre Beurteilung entstehen. Es ist eine hoffnungslose, endlose Jagd nach einem illusionären Ziel, das die Persönlichkeit nicht nur erschöpft, sondern auch zunehmend frustriert. Der Graben zwischen einem selbst und anderen wird ständig größer, die Liebe nimmt ab, und die Lust rückt weiter in die Ferne. Es spielt auch keine Rolle, ob ihr tatsächlich glaubt, mehr als andere zu sein oder es nur vorgebt, um euer Gefühl der Wertlosigkeit zu verbergen; es ist dasselbe. Das kann nie Liebe erzeugen. (*Lesung 177*)

Die Haltung des Eigenwillens besagt: »Ich will, was ich will, und zwar, wann ich es will.« Eigenwille unterscheidet sich vom freien Willen, der einfach die Fähigkeit des einzelnen ist, zu wählen, zu lenken, in Gang zu setzen. Eigenwille entsteht, wenn der freie Wille im Dienst des kleinen Ich, des begrenzten Ichbewußtseins, eingesetzt wird, um andere und das Leben unter Kontrolle zu bekommen. Weil wir mit einem freien Willen ausgestattet sind, haben wir jeden Augenblick die Wahl, uns auf unseren begrenzten Eigenwillen oder Gottes Willen auszurichten.

Wir können den Eigenwillen erkennen lernen, indem wir uns beobachten, wenn wir ungeduldig, fordernd, kompromißlos oder angespannt sind. Eigenwille kann bewußt sein oder auch nicht. Bei den meisten Menschen wird er nicht mehr so offen ausgelebt wie bei Kindern, Naturvölkern oder Verbrechern. Aber

174

er zeigt Wirkung, wenn wir darauf bestehen, daß die Dinge auf unsere Weise geschehen, wie gerechtfertigt diese Forderung auch sein mag.

Die Haltung der Angst besagt »Ich will nicht vertrauen« und meistens auch noch »Wenn ich nicht besonders bin oder bekomme, was ich will, geschieht etwas Schreckliches.« Die Angst unterstützt einerseits die Haltungen Stolz und Eigenwille, entsteht aber andererseits aus ihnen. Die Angst schränkt uns innerhalb der engen Grenzen des kleinen Ichselbst ein.

Die Angst kann niemandem trauen. Deshalb kann das Selbst, das Angst hat, sich nicht aufgeben. Lust ist unerreichbar, wenn die Persönlichkeit an das Ich, an Eigenwillen, Stolz und Angst, an das negativ Erzeugte gekettet und in den Kampf mit dem eigenen Inneren verstrickt ist, das seine eigene Negativität leugnet. Daher kennt er das Wesen seines eigenen Leidens nicht. Das Selbst leugnet seine Verantwortlichkeit für das Leiden und den Mangel und macht andere dafür verantwortlich, was wiederum zu Groll, Verbitterung, Ärger und Trotz führt. Die daraus entstehende Verwirrung ist eine Qual für die Seele. *(Lesung 177)*

Die Angst führt häufig dazu, daß wir negative Gedanken und Handlungen rechtfertigen, denen wir uns nie direkt stellen, weil wir in der durch die Angst verursachten Orientierungslosigkeit verloren sind. Wir müssen die Haltung der Angst an die Oberfläche bringen und Verständnis für ihre Weigerung, zu vertrauen, aufbringen.

Decken wir die Abwehrhaltungen Stolz, Eigenwille und Angst auf, verlieren sie ihre zerstörerische Macht. Unser objektiver, mitfühlender Selbstbeobachter nennt sie ohne Rechtfertigung oder Entschuldigung, aber auch ohne Selbstverurteilung beim Namen. Wie provozierend eine äußere Situation auch sein mag, wir übernehmen die Verantwortung für unsere eigenen negativen Reaktionen.

»Mein Vater hat mich heute früh angerufen. Ich hatte kurz den feindseligen Gedanken, ich wünschte, er wäre tot, damit ich sein Geld erbe.«
Aha ... das sind mein Eigenwille und meine Gier.

»Mein Mann hat gestern abend zuviel getrunken. Er ist manchmal so primitiv. Ich bin ihm geistig weit überlegen.«
Aha ... das ist mein Stolz.

175

»Meine Tochter möchte noch ein neues Tanzkleid. Sie soll es nie bekommen. Sie hat schon jetzt mehr Freunde, als ich in ihrem Alter hatte, und sie verdient es nicht.«

Aha ... hier haben wir meinen Konkurrenzgeist.

»Ich wünschte, mein Mann würde mir öfter sagen, daß er mich liebt. Ich fühle mich einsam, und er ist daran schuld.«

Aha ... das ist mein Opferlammgefühl, das meine Forderungen und meinen Eigenwillen verdeckt.

»Ich traue meiner Tochter nicht zu, daß sie etwas Rechtes aus sich macht. Ich stelle besser strengere Regeln für sie auf.«

Aha ... das sind meine Angst und mein Kontrollwunsch.

Ärger an sich ist kein Aspekt des niederen Selbst. Ärger ist eine natürliche menschliche Regung. Er ist ein Warnsignal in der Psyche, das anzeigt, daß etwas in uns oder in unserer Umgebung nicht stimmt. Ärger läßt uns handeln, fortbewegen und verändern. Ohne ihn könnten wir in Situationen steckenbleiben, die ungesund für uns sind. Wir wären nicht bereit, für uns und andere, die schlecht behandelt werden, einzustehen.

Wird Ärger als eindeutig vom Selbst stammendes Gefühl zugegeben, braucht es nicht zerstörerisch zu sein. Es ist stets gesünder, den Ärger zu spüren als ihn zu verdrängen. Verdrängter Ärger wird immer indirekt und negativer ausagiert, als er ist. Ärger wird erst zu einer Äußerung des niederen Selbst, wenn er zum Verletzen oder Zerstören eingesetzt wird.

Janet hatte sehr hohe Erwartungen an ihr Verhalten als Mutter. Sie sollte vernünftig, liebevoll und gerecht sein und vor allem ihre eigenen Probleme nicht den vier Kindern aufdrängen. Sie hielt dieses idealisierte Selbstbild weitgehend aufrecht, aber die Mutterschaft belastete sie ungemein, und manchmal packte sie eine unerklärliche, irrationale Wut, die wiederum schreckliche Schuldgefühle in ihr erzeugten.

In einer Pfadgruppe äußerte Janet ihre Frustration darüber, daß sie den eigenen hochgesteckten Idealen nicht entsprach. Ich meinte, sie solle vielleicht ihren Groll über die Last, die ihr idealisiertes Selbstbild ihr auferlegte, einfach mal spüren. Janet war mit dem Psychodrama einverstanden. Wir zeigten mit dem Finger auf sie und sprachen die Forderungen aus, die sie ständig an sich stellte. Als ihr Groll gegen uns immer größer wurde, merkte sie, daß sie sich auch über die unaufhörlichen Forderungen ihrer Kinder ärgerte. Eigentlich war sie wütend auf sie – ein Gefühl, das sie zuvor nicht zugelassen hatte. Ich forschte nach, was hinter ihrer Weigerung lag, den Ärger in dem Moment zu spüren, wo er möglicherweise die richtige Reaktion auf ihre Kinder war.

»Ich habe Angst«, flüsterte sie, »ich habe Angst, ich könnte sie umbringen wollen, wenn ich den Ärger bewußt spüre.« Da war der Gedanke des niederen Selbst, den sie vor sich selbst hatte verbergen wollen. Ich redete Janet gut zu, den verbotenen Gedanken zuzulassen und ihn in der Sicherheit der Gruppe weiterzuspinnen. Darauf sagte sie laut und deutlich: »Ich bringe sie um.« Dann stellte sie sich in allen Einzelheiten vor, wie sie die vier Kinder umbrachte. Sie ging mit ihnen zu einer Plattform, auf der ein riesiger Kessel mit siedendem Öl stand, warf jedes Kind hinein und wartete, bis sie starben.

Diese Vorstellung erschütterte sie zutiefst, aber sie war auch erleichtert. Endlich hatte sie ihr schlimmstes Geheimnis offenbart, die verborgene Mörderin in ihr, das Gegenteil der »Perfekte-Mutter«-Maske. Jetzt brauchte sie die Last ihrer falschen Schuld nicht mehr zu tragen, die eine Verzerrung des Stolzes war und versuchte, besser zu sein als sie sich innerlich manchmal fühlte.

In jener Nacht hatte Janet folgenden Traum: »Ich komme in ein Haus, in dem eine strenge, moralisierende Stiefmutter das Zepter geführt hatte. Ich gehe auf den Dachboden und finde dort einen alten Geschenkkorb. Darin liegt ein kleines Mädchen, das die Stiefmutter für ihre ›Schlechtigkeit‹ bestraft hatte, indem sie es einfach in den Korb gestopft und dort hatte sterben lassen. Ich befreie das kleine Mädchen, und es ist sehr dankbar. Es geht hinaus, um zu spielen, und ich bin sehr glücklich.«

Für Janet stellte die »Stiefmutter« die Idealforderungen ihrer Maske dar. Das »kleine Mädchen« verkörperte ihre spontane Energie, die so eingeengt war, daß sie starb. Nachdem sie das »Geheimnis« der Mörderin gelüftet hatte, konnte das »schlechte Mädchen« wieder herumlaufen und spielen, und ihre Lebensenergie kehrte zurück. Durch diese Arbeit beurteilte Janet ihren Ärger weniger streng und konnte ihn bewußt akzeptieren.

Ärger ist stets nützlich, weil er eine Gefühlstatsache des Augenblicks darstellt und uns tiefer ins Innere zu führen vermag. Allerdings sollten wir den Ärger bewußt äußern und darauf achten, wie, wo und bei wem er angemessen ist. In einem sicheren Rahmen wie einer Einzel- oder Gruppenberatung kann man den Ärger vollständig zulassen und ausdrücken. Sonst hängt es vom Vertrauen und der Bereitschaft ab, die eigenen Gefühle gegenüber dem Menschen, auf den wir ärgerlich sind, zu erforschen.

Besteht keine nähere Verbindung oder merken wir, daß der andere nicht fähig ist, sich unsere Gefühle anzuhören, ist es besser, den Ärger gar nicht zu äußern. Wenn wir etwas sagen, sollten wir darauf achten, den anderen nicht zu tadeln oder zu demütigen. Auf jeden Fall müssen wir dem Ärger selber nachgehen, vorzugsweise mit einer objektiven Außensicht, um zu sehen, ob etwas Angemessenes unternommen werden sollte.

Eine Abmachung, den Ärger offen und direkt auszudrücken, ist in jeder Beziehung, die auf echte Nähe abzielt, unumgänglich. Dann reicht in der Regel ein einfaches »Ich bin wütend auf dich«, um die Luft zu reinigen. Wir übernehmen die Verantwortung für den Ärger, teilen dem anderen mit, was uns auf die Palme gebracht hat, und versuchen herauszufinden, ob wir uns wegen einer tatsächlichen Beleidigung des anderen ärgern oder eine vergangene Verletzung aufgebrochen ist, oder ob es sich um eine Kombination von beiden handelt.

Klar zu sagen »Ich bin wütend« ist viel gesünder als insgeheim gehegte Empfindungen wie »Ich hasse dich«, »Sieh nur, was du mir angetan hast« oder »Ich zahle es dir heim«. Haß, Schuldzuweisung, Selbstgerechtigkeit und Rache schaden Beziehungen viel mehr als ein schlichtes Eingeständnis, daß man sich ärgert.

Ärger stammt erst dann vom niederen Selbst, wenn der Wunsch entsteht, zu verletzen, zu bestrafen oder zu zerstören. Gewaltsam ausgedrückter Ärger oder Ärger, der zu Haß oder Rache wird, ist stets eine Äußerung des niederen Selbst. Macht man dem Ärger erst Luft, nachdem viele Verletzungen stattgefunden haben oder sich ein gewaltiger Groll angesammelt hat, ist er meist verletzend und ein Racheakt. Es ist hilfreich, diesen Ärger während einer spirituellen Beratung oder Therapie zuzulassen. Dann kann man bewußt tiefergehen und die negativen Gefühle nach Ursachen erforschen.

Allerdings sollten wir auch einsehen, daß es unrealistisch ist, dem Ärger vollkommen Luft machen zu wollen. Sogar der spirituellste Mensch explodiert manchmal wegen eines schwelenden Ärgers. Ein solcher zeigt, wie weit die Masken der Liebe oder Gelassenheit noch immer als Abwehr gegen die Negativität eingesetzt werden. In einem solchen Fall heißt es: die Fehler akzeptieren, sie uns vergeben und dann an die Erforschung ihrer Ursachen gehen.

Das niedere Selbst ist für die meisten Menschen ein gefährliches, spannendes und furchterregendes Gebiet. Es zieht uns an und stößt gleichzeitig ab. Selbst wenn wir Gewalt widerlich finden, fesselt sie uns. Der Erfolg von Zeitschriften, Filmen und Fernsehsendungen hängt zum Großteil davon ab, wie gebannt wir sind, wenn andere ihr niederes Selbst ausleben; in ihnen erkennen wir das verborgene Potential zum Bösen, das in uns allen steckt. Instinktiv wissen wir, daß das niedere Selbst eine lebenswichtige Lebensenergie birgt. Deshalb zieht uns diese Energie in Form von Verbrechen und Grausamkeiten sowohl im realen Leben wie in der Fiktion an. Das positive Potential liegt in der jeweiligen Faszination, die wir als Wegweiser in unser eigenes »Land des niederen Selbst« verwenden können.

Weitere Hinweise liefert uns das eigene Verhalten. Manche schimpfen gegen Fremde, wenn sie meinen, ungerecht behandelt worden zu sein. Die übrigen äußern sich gewöhnlich nur im engen Kreis; meistens behandeln wir unsere Nächsten am grausamsten. Wir sind verletzt, fühlen uns bedroht und greifen an oder ziehen uns zurück. Während wir unser Verhalten zügeln, triefen unsere Gedanken vor Feindseligkeit. Wir stellen fest, daß wir die schlimmsten Gedanken auf andere projizieren und uns suggerieren, wie sehr sie uns hassen, während es sich eigentlich um unseren eigenen Haß handelt.

Das niedere Selbst äußert sich im Leben in Bildern, die die Realität entstellen und die Negativität rechtfertigen. Die Abwehrmechanismen Stolz, Eigenwille und Angst halten uns in einer Definition unserer selbst gefangen, die rationale Gründe für unser Getrenntsein von anderen liefert.

Auch wenn wir uns nicht bewußt sind, wie sich das niedere Selbst im äußeren Leben auswirkt, offenbaren sich uns die eigenen Schattenseiten im Traum.

Ein Mann, der in einer großen Stadt als Taxifahrer gearbeitet hatte, träumte: »Ich bin in ein Rotlichtviertel einer anonymen großen Stadt geraten. Überall, wo ich hinschaue, sehe ich zweifelhafte Gestalten: Fixer, Drogendealer, Huren und Zuhälter. Es sieht bedrohlich aus, und ich will weg. Aber jede Straße, in die ich hineinfahre, ist eine Sackgasse. Schließlich springen zwei Huren in mein Auto, als es bei einer Ampel hält. Sie sagen mir, daß sie mir den Weg zeigen könnten. Wir fahren durch noch schmutzigere Straßen, und die beiden beginnen, ihre Lebensgeschichte zu erzählen. Sogar im Traum wird mir klar, daß ich im ›Land des niederen Selbst‹ bin und wahrscheinlich nicht hinauskomme, bevor ich mir ihre Geschichten angehört habe.«

Wir können einen Blick auf das niedere Selbst werfen, wenn wir das eigene Sexualverhalten und unsere geheimen sexuellen Wünsche betrachten. Fast alle haben Fantasien, bei denen die Sexualität von der Liebe losgelöst ist und eine

179

Erniedrigung oder Nötigung anderer bzw. durch andere beinhaltet. Die vollständige Erforschung dieser Fantasien würde alle Hauptverzerrungen offenbaren. Albert fühlte sich sowohl im Leben wie in der Fantasie ständig zu »verbotenen« Frauen hingezogen. Er spielte das ursprüngliche inzestuöse Tabu immer wieder durch, weil seine sexuelle Energie mit der ursprünglichen negativen Situation verknüpft war.

Es kommt häufig vor, daß der Mensch nur in Verbindung mit Angst und Schmerzen erotisch und/oder sexuell funktioniert ... Ihr alle werdet feststellen, daß ihr erst erotisch reagiert, wenn wenigstens ein kleiner Anteil an Ablehnung, Ängstlichkeit, Ungewißheit, Unsicherheit oder Schmerz damit verbunden ist. (*Lesung 119*)

Wir untersuchen die Verbindung zwischen Sexualität und dem niederen Selbst eingehender im neunten Kapitel, in dem die Bindung der lustbringenden Lebenskraft an negative Lebenssituationen betrachtet wird.

Die schöpferische Kraft des niederen Selbst

Solange das »Land des niederen Selbst« unerforschtes Gebiet bleibt, erscheint es uns überwältigend und furchterregend. Wir fürchten, das Ichselbst, mit dem wir uns gewöhnlich identifizieren, würde sich im Dickicht unserer Verzerrungen verlieren. Wir haben vor den Ungeheuern Angst, die in den Wäldern des negativen Unbewußten lauern.

Dennoch haben wir keine Wahl, als in die dunklen Geheimnisse unseres Inneren einzutauchen, wenn wir den Pfad der Wahrheit einschlagen wollen, da das Böse ein wesentlicher Bestandteil unseres Menschseins bildet. Sonst leben wir hinter der Maske der Verleugnung an der Oberfläche des Lebens.

Wir sollten uns immer wieder daran erinnern, daß das Böse keine isolierte Kraft im All ist. Auf der alltäglichen, dualistischen Ebene erscheint das Böse manchmal als dem Guten entgegengesetzte, gleichwertige Kraft. Eigentlich ist das Böse eine Verzerrung der großen, schöpferischen Kraft des Universums. Dem Bösen zu begegnen und es anzunehmen ist die einzige Möglichkeit, seinen »Energiestrom« zum Ursprung zurückzuverfolgen.

180

Wenn das Böse als ein eigentlich göttlicher Energiefluß verstanden wird, der aufgrund besonderer falscher Ideen, Begriffe und Wahrnehmungen vorübergehend verzerrt ist, wird es in seiner Essenz nicht länger abgelehnt. (Lesung 184)[27]

Die Transformation des niederen Selbst besteht in der Rückverwandlung einer geronnenen Seelensubstanz in ihre fließende Essenz. So wie sich Materie durch physikalische Vorgänge zu Gas verflüchtigt, löst sich das niedere Selbst – durch Anwendung der spirituellen Übungen Erkennen, Annehmen, Eingestehen und Vergeben – in göttliche Energie auf. Aus sexueller Grausamkeit wird sexueller Überschwang. Feindselige Aggression wird zu positivem Durchsetzungsvermögen. Passives Stehenbleiben wird zu entspanntem Annehmen, und so weiter. Bei jeder Verwandlung öffnen wir uns stärker der wohltuenden Energie und erlangen die unbehinderte Vitalität des Selbst wieder.

Durch die Integration der eigenen Dunkelheit wird das Leben kompletter und interessanter. Im folgenden Traum erkennt eine junge Frau, die gegen Selbstmordgedanken gekämpft hatte, ihren selbstzerstörerischen Schatten als Freund:

»Ich sitze mit meiner Mutter in einem Kino, um eine Komödie anzuschauen. In den vorderen Reihen sehe ich einen bedrohlich aussehenden, aber attraktiven Schwarzen, und ich gehe langsam auf ihn zu. Meine Mutter mahnt, der Film fange gleich an, und fügt die unheilvolle Warnung hinzu, wenn ich von ihr weggehe, werde etwas Schlechtes passieren.

Während ich verängstigt auf den Schwarzen zugehe, starrt er mich verführerisch an, und ich fürchte, mich an seine Macht zu verlieren. Je näher ich jedoch komme, desto weniger Angst habe ich. Schließlich setze ich mich neben ihn und suche seine Hand. Wir schauen einander in die Augen und scheinen einen Augenblick lang miteinander zu verschmelzen – ich fühle mich stärker und gefestigter denn je. Da weiß ich, daß ich nicht zu meiner Mutter zurückgehe und daß der Film, der nun läuft, ernst, spannend und lebensverändernd ist.«[28]

---

27 Der Pfad der Wandlung, S. 171.

28 Dieser Traum, in dem sich der Schatten einer Weißen als Schwarzer zeigt, ist ein Beispiel für die kulturbedingte Symbolik, die dem Rassismus zugrunde liegt. Das verleugnete niedere Selbst wird auf »andere« projiziert, sei es auf Schwarze, Juden oder irgendeine andere Gruppe, und dient der Maske oder dem Pharisäer in uns als Entschuldigung für die Unterdrückung anderer. Die Zurücknahme der Projektionen wie bei dieser Träumerin ist die Lösung des persönlichen und kollektiven Rassenhasses.

Die Träumerin faßte zusammen: »Meine Mutter ist wie mein idealisiertes Selbst, das keine Schattenseiten zu haben vorgibt. Ich gehe von ihr weg, um meine dunklen Seiten anzuschauen, und das macht mich stärker. Jetzt ist mein Lebensfilm viel realer.«

Die Ursprünge des niederen Selbst

In jedem Leben wird das niedere Selbst durch negative Erfahrungen in der Kindheit aktiviert. Sowohl das niedere Selbst wie die Maske entstehen durch die Bemühung der Seele, schmerzlichen Erfahrungen, die zur Dualität des Menschseins gehören, zu widerstehen oder ihnen zu entrinnen. Eine leidvolle Situation schmerzt, oder wir reagieren mit Trauer oder Ärger. Das sind natürliche Gefühle und noch nicht das niedere Selbst.

Manchmal akzeptieren Eltern jedoch weder Trauer noch Ärger, und wir lernen, spontane Gefühlsäußerungen zu unterdrücken. Dann versuchen wir, Verhaltensweisen zu finden, die uns vor künftigem Schmerz bewahren sollen, konstruieren eine Maske und schneiden uns von unseren eigentlichen Gefühlen ab. Ohne uns dessen bewußt zu sein, schwören wir uns, andere aus Rache zu verletzen; die Waffe dazu ist häufig das eigene Elend.

Das Kind, das verletzt und abgelehnt wird und sich hilflos seinem Schmerz und Entzug ausgesetzt fühlt, findet meist nur in der Gefühllosigkeit Schutz gegen das Leiden. Das ist häufig ein nützlicher Schutzmechanismus. Wenn das Kind widersprüchliche und einander widersprechende Gefühle in der eigenen Psyche erlebt, kann es damit nicht umgehen und wird innerlich gelähmt. Unter gewissen Umständen ist dies eine Rettung für das Kind. Wird die Gefühllosigkeit jedoch beibehalten, nachdem sich die Umstände längst geändert haben und die Persönlichkeit kein hilfloses Kind mehr ist, fängt das Böse an.

Dumpfheit und Gefühllosigkeit dem eigenen Schmerz und den inneren Konflikten gegenüber wandelt sich in Dumpfheit und Gefühllosigkeit anderen gegenüber ... Es führt dazu, daß man andere ohne Unbehagen oder Gewissensbisse leiden sieht. Ein Großteil des Bösen in der Welt wird durch diesen seelischen Zustand verursacht. Passive Gleichgültigkeit ist zwar äußerlich nicht so böse wie eine begangene Grausamkeit, aber auf lange Sicht genauso schädlich ...

... Das nächste Stadium ist jenes, in dem man aktiv anderen Grausamkeiten zufügt. Es entsteht aus Angst vor anderen, von denen man eine solche Handlungsweise infolge des Unvermögens, mit aufgestauter Wut umzugehen, erwartet, oder soll den Schutzmechanismus der Gefühllosigkeit stärken. Ihr werdet feststellen, daß ihr manchmal an der Schwelle zur Entscheidung steht: »Entweder lasse ich meine Gefühle im Zusammenspiel mit dem anderen fließen, oder ich muß mich genau umgekehrt verhalten, um den starken Strom warmherziger Gefühle abzuwehren.« Im nächsten Augenblick sind diese Gedankengänge vorbei, die bewußte Entscheidung vergessen, und übrig bleibt nur der innere Zwang zur grausamen Tat ... Diese verstärkt wiederum die Gefühllosigkeit und wehrt nicht nur spontane positive Gefühle ab, sondern auch Angst und Schuld. Den anderen aktiv Schmerz zuzufügen tötet gleichzeitig die eigene Empfindsamkeit ab. Daher ist es ein wirksameres Mittel zum Erlangen der Gefühllosigkeit.

In all diesen Fällen sieht man, wie jeder Schaden, jede Zerstörungswut und alles Böse aus der Verleugnung der Gefühle des spontanen wahren Selbst entstehen. *(Lesung 134)*

Als Kinder waren wir äußerst verletzlich und hilflos. Als wir spontane, aber schmerzhafte Gefühle des wahren Selbst verspürten, lernten wir, sie abzuschalten, weil wir sie für unannehmbar hielten. Deshalb ist es bei der Heilung des niederen Selbst so wichtig, sich jenem unterdrückten Schmerz aus der Kindheit zu öffnen. Wenn wir den eigenen Schmerz spüren, werden wir empfänglich für das Leiden anderer, und die Wahrscheinlichkeit, daß wir anderen Grausamkeiten zufügen, ist damit geringer.

Zusätzlich zum reaktiven Bösen, das infolge bestimmter Verletzungen aus der Kindheit entsteht, kommen wir alle mit einem niederen Selbst zur Welt. Man könnte es als angeborene Eigenschaft des Menschen bezeichnen, auf zerstörerische Art eigensüchtig, grausam und besitzergreifend zu sein. Diese universelle Verzerrung macht sich bemerkbar, wenn sich das Kind als separates Selbst von anderen zu unterscheiden lernt. Werden die Bedürfnisse des Säuglings erfüllt, tritt dies gewöhnlich im Alter von etwa zwei Jahren ein.

Dann beginnt das Kind sich von seinen Eltern zu unterscheiden und seine eigene Kraft zu erproben. Das niedere Selbst äußert sich als unvernünftige Forderung, ständig im Mittelpunkt der Aufmerksamkeit zu stehen, sämtliche

Bedürfnisse unverzüglich gestillt zu bekommen sowie im Wunsch, ständig die gesamte Umgebung zu kontrollieren.

Der GUIDE nennt diese allgemeine menschliche Äußerung des niederen Selbst das »Massenbild der Selbstherrlichkeit«. Dieses Massenbild besagt, daß der eigene Selbstwert davon abhängt, jemand Besonderer für andere Menschen zu sein, ihren Beifall zu ernten und von ihnen verwöhnt zu werden. Dieses Stadium abhängigen Narzißmus und fordernder Selbstherrlichkeit ist zwar während der Ichbildung des Kindes natürlich; werden diese allgemeinen menschlichen Eigenschaften jedoch nicht liebevoll eingedämmt, entstehen Verzerrungen, die sich bis ins Erwachsenenalter hineinziehen.

Wir hören in unserer Welt, wie eure Seelen nach Aufmerksamkeit lechzen … Wenn wir uns eurer Ebene nähern, sendet jede Seele ein lautes, für eure Ohren unhörbares Rufen und Geschrei aus. Ihr könnt euch vorstellen, welcher Lärm das für uns ist. *(Lesung 57)*

Weil die meisten Seelen nicht über eine kindische Egozentrik hinauswachsen, klingt die ganze Welt für höherentwickelte Geister, die unsere Gefilde besuchen, wie ein außer Kontrolle geratener Kindergarten.

Wird mit der Selbstherrlichkeit in der Kindheit, in der sie ein typisches Entwicklungsstadium ist, gut umgegangen, entsteht daraus ein gesundes Durchsetzungsvermögen, bei dem Grenzen beachtet werden. Setzen die Eltern dem Kind realistische Grenzen, lernt es, daß das Universum nicht dazu da ist, ihm jeden flüchtigen Wunsch zu erfüllen. Indem das Kind diese Frustration erlebt, lernt es, sich von seiner Umgebung zu lösen. Jedes Kind widersetzt sich den von den Eltern gesetzten Grenzen und bringt seinen Unmut und seine Frustration darüber zum Ausdruck. Instinktiv reagiert es mit Zorn, Haß und Rachegelüsten. Vernünftige Eltern gehen entschieden, aber gelassen mit solchen Reaktionen um und nehmen die Selbstherrlichkeit des Kindes nicht allzu ernst. Unterdrücken sie hingegen solche Spontanreaktionen des niederen Selbst allzu streng, so werden sie ungelöst unter den Teppich gekehrt und später im Leben ausgelebt.

Die Egozentrik des Kindes muß angenommen und sein echtes Bedürfnis nach Autonomie und eigener Kraft gefördert werden. Seinem Verhalten sind jedoch auch Grenzen zu setzen, und die Eltern müssen bereit sein, negatives Verhalten ohne Verurteilung mitanzusehen, wenn das Kind seine Gefühle und Energie behauptet. Auf diese Art lernt es, sich angemessen auf sein niederes Selbst einzustellen, das heißt, es anzunehmen und zu vergeben, ohne es auszuleben. Es lernt, seine echten Bedürfnisse von übertriebenen Forderungen zu unterscheiden und nach und nach seine Negativität zu akzeptieren, ohne sie zu rechtfertigen oder darin zu schwelgen.

Allerdings spiegelt sich die verzerrte Haltung der Eltern ihrem eigenen niederen Selbst gegenüber in den Kindern. Lehnen die Eltern ihr eigenes niederes Selbst ab, wird das Kind seinerseits eigene natürliche Selbstsucht und Feindseligkeit verdrängen und die Verantwortung für seine Negativität leugnen. Wenn hingegen die Eltern ihrer Negativität frönen oder dem niederen Selbst des Kindes keine Schranken setzen, lebt das Kind seine Negativität aus, ohne sich für sein Verhalten verantwortlich zu fühlen.

Auf jeden Fall wird das Kind versuchen, den Schmerz des echten Schuldgefühls zu betäuben, den das Bewußtwerden des niederen Selbst auslöst. Es wird eine Form suchen, die für die bewußten oder unbewußten Erwartungen der Eltern annehmbar ist, weil es glaubt, das erspare ihm weiteren Schmerz. So entsteht die Maske, und das Bewußtsein des niederen Selbst wird verschleiert.

Das verdrängte niedere Selbst taucht unter, nur um sich später im Leben wieder bemerkbar zu machen, besonders unter Streß oder in einer Krise. Wird es ausgelebt, entfremdet der unempfundene Schmerz den Betreffenden sich selbst und nimmt ihm die Möglichkeit einer Wandlung. Bis er erwachsen ist, hat er die kindlichen Ursprünge des niederen Selbst vergessen. Dann werden Haß, Selbstsucht und Rachegelüste durch äußere Ereignisse rationalisiert, und das Verantwortungsvermögen für das eigene niedere Selbst schwindet. So pflanzt sich das Böse fort.

Man kann den Ursprung des niederen Selbst auch von der Seelenreise aus betrachten. Aus dieser Perspektive wandert die Seele bei jeder Inkarnation durch ein Leben. Das niedere Selbst wird als Ansammlung aller negativen Entscheidungen betrachtet, die wir während aller auf dieser Erde verbrachten Leben getroffen haben. Jedesmal, wenn wir Angst, Rache oder Gefühllosigkeit statt Liebe, Mut und Verbindung gewählt haben, wird ein Stück Seele eingefroren. Diese kontrahierte Lebensenergie ist das niedere Selbst der Seele. Wir nehmen es wie ein kompaktes Gepäckstück in jedes Leben mit, um es irgendwann anzusehen und aufzugeben. Das niedere Selbst der Seele kann nur geschmolzen werden, wenn der Schmerz der vergangenen negativen Entscheidungen nachempfunden und statt dessen andere, positivere Entscheidungen getroffen werden. Das uralte Ritual der Beichte und Vergebung wandelt das niedere Selbst auf der Seelenebene um.

Aus dieser Sicht suchen wir unsere Eltern und frühkindlichen Situationen aus, um die aus früheren Inkarnationen mitgebrachten »Seelendellen« oder ungelösten Probleme zu aktivieren. Bestimmte Muster kindlichen Leides sind der Seele vertraut, und wir inszenieren die Situationen, um sie uns anzuschauen und zu heilen. Das erklärt auch, weshalb mehrere Kinder derselben Eltern unterschiedlich auf eine Situation im Elternhaus reagieren. Jedes Kind besitzt ein anderes Karma und hat mit den jeweiligen Eltern entsprechende Aufgaben zu erfüllen.

Gelangen bestimmte Seelenschwächen und Verzerrungen durch Kindheitserfahrungen an die Oberfläche, haben wir Gelegenheit, Fehler zu erkennen und umzuwandeln. Unsere Führer in der geistigen Welt und das eigene höhere Selbst planen die frühkindliche Umgebung so, daß sich die Mängel zeigen und eine konkrete Form annehmen, damit unsere Stärken geprüft und gepflegt werden.

Mit dem Verständnis, daß bestimmte Abwehrmechanismen durch frühere Lebenserfahrungen in der Seele eingelagert sind, bekommen wir eine breitere Perspektive der gegenwärtigen Lebensprobleme.

Eleanor erforschte ihre inneren Widerstände in Beziehungen, ihre Weigerung, sich anderen offen mitzuteilen. Manchmal fühlte sie sich körperlich richtig eingeengt, und sie brachte kein Wort mehr heraus. Sogar als sie beschlossen hatte, mitzuteilen, was sie verletzlich machte, kam kein Wort über ihre Lippen. Sie war völlig in der Angst gefangen, was wohl dabei herauskommen könnte, wenn sie anderen gegenüber ehrlich und offen war.

Im Verlauf einer geführten Meditation sah sie sich in einem Verlies. Sie roch und sah die kalten, feuchten Mauern aus graugrünem Stein, dazu ein winziges, vergittertes Fenster weit außerhalb ihrer Reichweite sowie eine mit Ketten an der Mauer befestigte Holzbank. Sie sah sich in einem langen mittelalterlichen Gewand auf der Holzbank sitzen. Sie wußte, daß sie eine bedeutende Stellung innehatte und wahrscheinlich eine Herzogin war, die man ins Verlies gesteckt hatte, weil sie für die Machthaber gefährlich war. Der Kerkermeister war offenbar ein freundlicher, besorgter Mann, der ein Gewand aus grobem braunem Stoff mit einem Seil um die Taille trug und Mitleid mit ihr hatte. Aber Eleanor wollte sein Mitleid nicht und dachte: »*Sie haben geglaubt, es würde mir etwas ausmachen, wenn sie mich hierher bringen, aber das tut es nicht. Es ist mir egal. Sie können mir überhaupt nichts anhaben, mit nichts, was sie mir antun. Das ist mein Sieg. Sie sollen nie erfahren, wie verletzt ich bin.*«

Das Bild ihrer stolzen Isolierung und ihres Widerstandes gegen die Verletzlichkeit war eine verstärkte Parallele zu Eleanors jetzigem Zustand, in dem sie in ihrer eigenen Abwehr gefangen war. Sie empfand große Erleichterung, als sie diese alte Begebenheit wieder erlebte, die ihre heutige Schwierigkeit so deutlich zum Ausdruck brachte. Sie setzte sich mit der inneren Rolle der eingekerkerten Herzogin und ihrem damaligen Entschluß auseinander, stolz und getrennt zu bleiben. Endlich ließ sie zu, daß der abgewehrte Schmerz und die verdrängte Hilflosigkeit sie durchfluteten. Von da an bröckelte das Gefängnis ihrer starren Abwehrmauern.

In jedes Leben bringen wir Probleme und Bilder mit, die die eigenen Verzerrungen spiegeln. In der Kindheit kristallisieren sich diese Bilder bei den Eltern, damit wir sie deutlich sehen. Wenn diese »alten« Probleme später im Leben neu durchgespielt werden, können wir eine Lösung finden. Unterwegs lernen wir, inwiefern bestimmte Haltungen unweigerlich bestimmte Ergebnisse herbeiführen: Distanz zu halten führt zu Isolierung; Liebe erzeugt Harmonie; Abhängigkeit verursacht Enttäuschung; Eigenverantwortung fördert die Selbstachtung und so weiter. Diese karmischen Gesetze sind während vieler Leben wirksam.

Auf einer noch tieferen Ebene fällt der Ursprung des niederen Selbst in der einzelnen Psyche mit dem Ursprung des Bösen in der Menschheit zusammen.

Der GUIDE betrachtet den Menschen als Teil der kosmischen Materie, die entstand, als ein Teil Gottes beschloß, sich zu lösen. Diese Getrenntheit führte in die Dualität und in das Böse. Wir sind auf dem Weg der Selbstentdeckung bis zur bewußten Wiedervereinigung mit Gott, unserer wahren Essenz. Im Gegensatz zur sonstigen Natur sind wir mit einem freien Willen ausgestattet, der uns die Egozentrik und den Glauben an die Getrenntheit ermöglicht.

Unser niederes Selbst möchte die hochmütige Getrenntheit beibehalten, während sich unser höheres Selbst nach demütiger Vereinigung und Wiederaufnahme unserer Identität mit der Schöpfung als Ganzes sehnt. Diese Sehnsucht läßt uns eine Reise durch viele Leben unternehmen, bis jedes Stück des menschlichen Bewußtseins, das sich abgespalten hat, aus freiem Willen beschließt, zur Einheit zurückzukehren.

Der GUIDE verwendet die personifizierten Mythen und Metaphern der Christenheit zur Beschreibung der allgemeinen Trennung und Rückkehr. Manchmal aber verwendet er eine abstraktere Sprache, die eher an die östliche Mystik erinnert. Für den einzelnen ist dasjenige Modell am hilfreichsten, das am besten mit der eigenen Erfahrung übereinstimmt. Letztlich ist es viel wichtiger, auf die eigene Erfahrung des begrenzten Wesens der Negativität und unsere auf Ausdehnung bedachte göttliche Essenz zu achten als auf irgendein Glaubensgebäude.

Der christliche Mythos und andere Betrachtungsweisen

Der christliche Bericht über die ursprüngliche Trennung von Gott ist die Geschichte Luzifers, des zweiten Engels Gottes nach Christus, der beschloß, sich von seinem Vater und Schöpfer abzusetzen. Bei seiner Rebellion wurde Luzifer zu Satan, der sich mit Getrenntheit, Stolz und Eigenwillen gleichsetzte. Obwohl er glaubte, er könne dadurch sein eigenes »Reich« erschaffen, bleibt Satan den endgültigen Gesetzen von Gottes Universum unterworfen.

Das satanisch Böse ist keine der Macht Gottes ebenbürtige und entgegengesetzte Kraft, da Gott Satan erschaffen und ihn mit einem freien Willen ausgestattet hat. Satan ist an die Gesetze von Ursache und Wirkung gebunden, und das bedeutet, daß er früher oder später für jede negative Entscheidung leidet, die er trifft. Dadurch erkennt Satan mit der Zeit, daß Getrenntheit tatsächlich Schmerz erzeugt, was ihm die Möglichkeit bietet, sich anders zu entscheiden.

Das Gegenteil zu Satan ist Christus, der das ewige Licht des Göttlichen verkörpert. Alle Dualitäten unserer menschlichen Realität ergeben sich aus dieser ursprünglichen Trennung zwischen Satan und Christus, Dunkelheit und Licht, Böse und Gut. Gott ist das einende Prinzip, der Vater von allem. Und in jedem Menschen existieren diese drei »Charaktere«. Auf der dualistischen Ebene sind wir sowohl Christus (das universelle höhere Selbst) wie Satan (das universelle niedere Selbst); der Kampf findet zwischen unseren positiven und negativen Impulsen statt. Wir sind aber auch Gott, das einende Prinzip jenseits der Dualität.

Die »Erbsünde« ist eigentlich die unserer Natur innewohnenden Unvollkommenheit infolge der ursprünglichen Entscheidung, unser Bewußtsein von Gottes Bewußtsein zu trennen. Das Bewußtsein der Erbsünde ist einfach das Bewußtsein unserer Entfremdung vom Ganzen. Es ist aber *nicht* unsere Grundidentität. Unser ursprünglichstes Wesen ist Göttlichkeit, die Verzerrungen entstanden später. Der

Mythos von Adam und Eva, die beschlossen, Gott nicht zu gehorchen und Satan zu folgen, ist eine Darstellung unserer ursprünglichen Entscheidung, dem einenden Bewußtsein den Rücken zu kehren.[29]

Diese ursprüngliche Ganzheit, Trennung und Wiedervereinigung läßt sich auch in nichtchristlichen Begriffen ohne Personifizierungen erzählen, was eher mit der buddhistischen Kosmologie übereinstimmt.

Stellt euch ein Bewußtsein vor, meine Freunde, einen Seinszustand, in dem es nur Glückseligkeit gibt und unendliche Kraft, mit dem eigenen Bewußtsein zu wirken. Bewußtsein ist auch ein Denkapparat. Also denkt es – und siehe da, etwas entsteht. Es will – und siehe da, was gedacht und gewollt wurde, ist. Das Leben ist endlos angefüllt mit solchen Möglichkeiten ... Nur im menschlichen Ich erscheint der Gedanke getrennt von Form und Tat.

Da die Möglichkeiten unendlich sind, kann das Bewußtsein sich erforschen, indem es sich beschränkt und zersplittert, um »zu sehen, was geschieht«. Um sich selbst zu erfahren, zieht es sich zusammen, statt sich zu erweitern. Es will Dunkelheit spüren und erfahren.

Erschaffen ist reine Faszination. Dieser Zauber wird nicht beseitigt, weil das zuerst vielleicht weniger angenehm, beglückend oder brillant ist. Selbst darin kann besonderer Reiz und Abenteuer liegen. Denn alles, was erschaffen ist, entwickelt eine eigene Dynamik. Vielleicht experimentiert das Bewußtsein weiter und ist ab einem Punkt nicht mehr in der Lage, umzukehren. So kann das Bewußtsein sich in seinem eigenen Impuls verlieren.

Trotzdem weiß es, daß keine echte Gefahr besteht, denn soviel Leid ihr Menschen auch erduldet, es ist letztlich nur Schein. Sobald ihr eure wahre Identität in eurem Inneren findet, werdet ihr das wissen. Es ist alles ein Spiel, ein Zauber, ein Experiment, aus dem euer eigentlicher Seinszustand wiedererlangt werden kann, wenn ihr es nur ernsthaft versucht. *(Lesung 175)*[30]

---

[29] Diese christliche Allegorie wird vom GUIDE in den Lesungen 19 bis 22, »Jesus Christus«, »Gott, die Schöpfung«, »Der Fall« und »Die Erlösung« nacherzählt.

[30] *Der Pfad der Wandlung*, S. 221 f.

Diese Betrachtung des kosmischen Schauspiels von Trennung und Wieder-vereinigung erwähnt das Böse nicht, sieht aber das menschliche Ich als Teil jenes Bewußtseins, das sich vom Ganzen losgelöst hat. Das legt nahe, daß wir die Trennung oder das Böse einfach deswegen untersuchen wollten, weil es eine Möglichkeit war. Alle Möglichkeiten werden am Ende ausgelotet, so daß die gesamte Schöpfung bewußt erforscht wird.

Sowohl die östliche wie die westliche Betrachtungsweise lassen sich verzerren. Die Betonung der gütigen, einenden Realitätsebene kann zu einer Verleugnung des Bösen auf der menschlichen Ebene führen. Das christliche Drama des Kampfes zwischen Christus und Satan, Gut und Böse, kann wiederum so übertrieben wer-den, daß unsere ihr zugrundeliegende Ganzheit und Göttlichkeit geleugnet wird.

Die Sichtweise des Pfades

Der Pfad ist sowohl östlich wie westlich geprägt und damit eine Synthese der mystischen Überlieferungen, in denen die direkte Erfahrung des Selbst und Gottes betont wird. Das Menschenleben wird als Läuterungsschule für die Seele betrachtet, die durch viele Leben reist, Karma – das Ergebnis unserer negativen, begrenzten Identifikation – erzeugt, sich davon befreit und schließlich wieder in die göttliche Essenz eintaucht.

Das Böse stammt aus Gottes wohlwollender Bereitschaft, daß sich Aspekte seiner Ganzheit getrennt inkarnieren und diese getrennte Identität erforschen. Die abgespaltenen Fragmente werden sich ihres begrenzten Zustands zunehmend bewußter, was alle freiwillig zur Vereinigung bewegt.

Jeder einzelne muß das Böse, wie es sich auf dieser Entwicklungsebene manifestiert, annehmen, damit umgehen lernen und es wahrhaft überwin-den. Man muß sich dem Bösen vor allem im Selbst stellen und es dort überwinden. Erst dann ist der Umgang mit dem Bösen außerhalb des Selbst möglich ... Das menschliche Bewußtsein umfaßt sowohl das Reine und das Verzerrte, das Gute und das Böse, Christus und den Teufel. Jedes Menschenwesen hat auf dem langen Weg der Evolution – von einem Leben zum anderen – die Aufgabe, die Seele zu läutern und das Böse zu überwinden. *(Lesung 197)*

190

Dabei spielt es keine Rolle, welche Kosmologie oder Erklärung über den Ursprung des Bösen man annimmt. Es ist auch unerheblich, ob man an die Reinkarnation, einen evolutionären Erlösungsplan oder irgend etwas anderes glaubt. Wichtig ist nur, nach innen schauen zu lernen und dem Selbst aufrichtig und mitfühlend zu begegnen. So lernen wir, dem eigenen Bösen ins Auge zu sehen, im Wissen, daß es nicht die letztendliche Wirklichkeit, sondern Göttlichkeit im entstellten Zustand ist.

Im Bericht über »Alberts Geister« schilderte ich, wie Albert in Sevenoaks der gefürchteten »Schlechtigkeit« des kleinen Jungen in sich begegnet war, der in einem von seiner unreifen, neurotischen Mutter gewebten inzestuösen Netz gefangen war. Er hatte seine Scham und Schuld empfunden und die sexuelle Verstrickung mit seiner Mutter eingehender betrachtet als je zuvor in seinem Leben.

Nun galt es, die negativen Muster des erwachsenen Mannes zu untersuchen, der Frauen aus Rache für das wichtigste Trauma seiner Kindheit mißbraucht hatte, ohne genau zu wissen weshalb. Jetzt war es nötig, daß Albert verstand, weshalb er eine endlose Kette von Liebschaften hatte und herausfand, wie er sich der Liebe verpflichten konnte, statt seine gewohnten sexuellen Machtspiele auszuleben.

Mit der Zeit erkannte Albert, daß die Anziehungskraft von »verbotenen« Partnerinnen aus der frühen Erregung in der tabuisierten Beziehung zu seiner Mutter stammte. Jedesmal, wenn eine Beziehung zu einer Frau »annehmbar« wurde, wie sie es in einer Ehe ist, verlor er das Interesse daran.

Als Albert die inzestuöse Beziehung zu seiner Mutter eingehender erforschte, wurde ihm klar, daß er nicht nur Scham und ein insgeheimes Verlangen verspürte, sondern auch sehr zornig auf sie war. Sie hatte ihn tatsächlich schlecht behandelt, und er hatte ein Recht darauf, wütend zu sein. Es fiel Albert aber sogar in der Fantasie schwer, wütend auf Anna zu sein. Statt dessen hatte er diese Wut in Feindseligkeit anderen Frauen gegenüber entladen. Er hatte sich verliebt, aber nie aus vollem Herzen, und er hatte sich nie wirklich verpflichtet. Er hatte sein psychologisches Wissen dazu verwendet, sich den Frauen um eine Nasenlänge voraus zu fühlen, sie einzuschüchtern und zu kontrollieren.

Jetzt mußte Albert sich der echten Erwachsenenschuld infolge seines negativen Verhaltens Frauen gegenüber stellen, die eigene dunkle Macht – seine Grausamkeit und Einschüchterung – anerkennen, spüren, welche Angst und Verletzlichkeit diese abwehren sollten und eine neue Kraftquelle in der Liebesfähigkeit statt in der Rachsucht finden.

Albert erzählte folgenden Traum: »Ich bin im Vorzimmer des Hauses aus meiner Kindheit, habe Angst und bin einsam. Ich brauche jemanden, der sich um mich kümmert und mich beschützt. Da höre ich, wie jemand durch die kaputte Hintertür hereinkommt, die ich offengelassen habe. Zuerst glaube ich, es sei ein Mann, aber es ist ein dichter, schwarzer Schatten, wie die Zeichnung in einem alten Comic. Der Schatten schleicht jetzt durch die hinteren Zimmer des Hauses und spricht mich von dort an. Er sei gekommen, um mich zu beschützen, um mir der Vater zu sein, der mir fehlt. Aber ich glaube ihm nicht. Ich denke, er sei vielleicht der Teufel, und erwache voller Schrecken darüber, daß ich ihn in mein Haus eingelassen habe.«

Als Albert mit dem Traum zu arbeiten begann, spürte er wieder die dunklen Wolken, die ihn früher heimgesucht hatten. Ich schlug vor, zu beten. Wir baten Christus um seine Anwesenheit und Hilfe, damit Albert der Dunkelheit in sich auf den Grund gehen und dem begegnen konnte, was ihn verfolgte. Während wir warteten, sah ich wieder dunkle Energie um Alberts Gesicht wirbeln.

Ich schlug vor, er solle als die »Schattengestalt« aus seinem Traum sprechen. Albert setzte an: »Ich bin deine Dunkelheit. Ich bin durch die Hintertür hereingekommen, durch das kaputte Herz deiner zertrümmerten Kindheit. Du hast mich gebeten, dich zu beschützen, und jetzt gehörst du mir. Ich werde dir Furcht einjagen und dich dazu bringen, daß du tust, was ich will. Ich habe mich der Rache und dem Haß verpflichtet. Ich werde nie aufgeben. Ich werde jede Frau besitzen und kaputtmachen, die ich bekomme.«

Während des Redens veränderte sich Alberts Gesicht. Ein spöttischer Ausdruck trat an die Stelle seines üblichen Lächelns, er straffte die Schultern und krümmte sie mit einer entschlossenen Kinnbewegung nach vorne. Die dunkle Macht offenbarte sich in Alberts Körper.

»Geh jetzt in deinen Körper, Albert«, sagte ich. »Spürst du den Dämon in dir?«

Alberts Schultern und Kinn fielen herunter. »Ja, ich spüre ihn«, antwortete er, »aber ich lehne ihn ab.«

Ich redete ihm gut zu: »Das ist eine großartige Gelegenheit, Albert. Du hast jetzt die Möglichkeit, dem Dämon zu begegnen, der dich jahrelang verfolgt hat. Das ist die Dunkelheit, die du dir als Abwehr gegen den Schmerz aus deiner Kindheit ausgesucht hast. Aber jetzt kannst du eine andere Wahl treffen. Wenn du ihn ablehnst, verschwindet der Dämon wieder unter den Teppich. Nimmst du ihn an, kannst du ihn verändern.«

192

Albert schwankte. »Ich weiß nicht, was Gutes daraus entstehen soll. Ich habe gerade jetzt nicht viel Vertrauen. Ich will nicht. Ich habe Angst.«

Ich neigte mich vor und nahm Alberts Hände in die meinen: »Fühle meine Hände, Albert, fühle mein Vertrauen«, bat ich ihn eindringlich, »denk daran, daß Christus bei uns ist, um dir auf das zugehen zu helfen, was dir angst macht. Geh, Albert, und begegne der Dunkelheit. Das ist der Ort, an dem du vor langer Zeit geschworen hast, zu rächen statt zu lieben. Es ist schon ein Riesenschritt, daß du ihn so deutlich siehst.«

»Es ist so schwer«, schreckte Albert zurück, »zu akzeptieren, daß dieser Dämon eigentlich ich bin, daß ich ihn gewählt habe. Aber ich weiß, daß er die Ursache meiner ganzen Qual ist. Es ist wohl besser, ihn näher kennenzulernen, wenn ich ihn je loswerden will. Ich fühle mich nur schlecht und mag nicht glauben, daß ich noch zu retten bin.«

»Du bist nicht nur schlecht, Albert«, erinnerte ich ihn. »Vergiß nicht, daß jeder Mensch sowohl schlecht wie gut ist. Und denk daran, daß dir Christus vergibt. Deine Schlechtigkeit ist nur ein vorübergehender Zustand und eine Seite deines Menschseins, ein fehlgeleiteter Versuch, dich vor dem Schmerz deiner schrecklichen Einsamkeit in der Kindheit zu schützen. Wenn du diesem Dämonen begegnest, kannst du ihn verwandeln. Was du jetzt tust, ist heilige, heldenhafte Arbeit. Du kannst es, Albert«, beruhigte ich ihn, »du kannst deinem Schatten begegnen.«

Noch während ich sprach, ließ Albert meine Hände los, und seine Haltung wurde wieder steif. Er warf die Schultern zurück und straffte das Kinn: »Ich will nie mehr verletzt werden«, sagte er herausfordernd. »Ich will von jetzt an die Zügel in der Hand halten. Ich werde alles Nötige tun, um diese Miststücke an ihren Platz zu verweisen. Ich habe alle Macht und Herrlichkeit. Ich werde sie mit niemandem teilen.«

»Gut, Albert«, sagte ich ruhig, »das ist das niedere Selbst.«

Albert schaute mich voller Hohn und Verachtung an. Ich erwiderte seinen harten Blick liebevoll und akzeptierend. Ich sah ihm tief in die Augen, über seinen Haß und seine Angst hinweg bis zu seiner verborgenen Verletzlichkeit. Nach und nach wurde Alberts Blick weicher, sein Körper entspannte sich, und er fing an zu weinen.

193

Übungen zum siebten Kapitel

Denke daran, bei allen nachfolgenden Übungen den wohlwollenden, objektiven Beobachter herbeizurufen, der alle Seiten des Selbst aufrichtig, mitfühlend und mit sanfter Liebe zum Selbst festzustellen vermag. Wenn du mit den Notizen zum Teil I fertig bist, der dir helfen soll, einigen Seiten deines niederen Selbst zu begegnen, fährst du mit Teil II fort, in dem du versuchst, dir der reinen Energie hinter deinem niederen Selbst bewußt zu werden. Teil II kannst du aufschreiben oder als stille, meditative Frage durchführen.

1. Übung

Teil I: Schreibe mehrere Träume auf, in denen Figuren, die das niedere Selbst verkörpern, oder Seiten aus deinem »Land des niederen Selbst« vorkamen. Du kannst solche Figuren auch in deinen Tagträumen, Filmen oder alltäglichen Ereignissen finden – böse Figuren, zu denen du dich irgendwie hingezogen fühlst. Beschreibe eine oder mehrere dieser Figuren bis in alle Einzelheiten. Führe einen Dialog zwischen deinem normalen Ich und dieser(n) Figur(en), um herauszufinden: Wer bist du? Wie bist du so geworden? Was willst du? Was willst du eigentlich?

Teil II: Prüfe, ob du bei deiner Wahl einer Figur des niederen Selbst die Negativität von der »reinen« Kraftäußerung, des Charisma oder der sexuellen Attraktion trennen kannst, die dich zu dieser Figur hinzieht. Welche Seite in dir, die in dieser Figur entstellt ist, solltest du möglicherweise umfassender in unverstellter Form für dich beanspruchen? Fasse deinen Wunsch in einer Affirmation zusammen. Während du ihre Energie bewahrst, versuche gleichzeitig, die Verzerrung aufzugeben.

2. Übung

Teil I: Erforsche deine sexuellen Fantasien nach sadistischen oder masochistischen Elementen. Erkenne urteilslos an, was dich erregt. Schreibe eine sexuelle Fantasie auf und bringe sie mit einem aktuellen sexuellen oder anderweitigen Problem in deinem Leben in Verbindung.

Teil II: Beobachte, ob du dir bei der Untersuchung deiner sexuellen Fantasien vorstellen kannst, den Sadismus oder Masochismus von der Sexualität zu trennen und nur die negativen Verzerrungen, nicht aber die grundlegende sexuelle Energie, aufzugeben.

194

3. Übung

Teil I: Nimm eine Beziehung aus deinem Leben, in der du dir einer Disharmonie bewußt bist. Finde die negativen Einstellungen, die zur Disharmonie beitragen, und erkenne sie an: Urteile, Feindseligkeit, Konkurrenzhaltung, Gier oder Angst. Laß für den Augenblick alle Rechtfertigungen und Gründe beiseite. Schreib nur klar und deutlich auf, woraus deine Negativität besteht und wie sie negative Energie in der Beziehung erzeugt.

Teil II: Wenn du deinen negativen Beitrag zu einer disharmonischen Beziehung erfaßt hast, verpflichte dich erneut der Wahrheit in dieser Beziehung, die unter euren speziellen Verzerrungen liegt.

4. Übung

Teil I: Erforsche deinen Stolz, deinen Eigenwillen und deine Angst. Mache eine wahre Aussage von jedem dieser Aspekte. Stelle fest, welche dieser drei Eigenschaften des niederen Selbst bei dir vorherrscht. Bringe deine Haupteigenschaft des niederen Selbst mit deiner Hauptmaske in Verbindung.

Teil II: Nimm die Äußerung des höheren Selbst hinter der Hauptabwehr des niederen Selbst wieder an. Überdeckt beispielsweise dein Stolz das Bedürfnis, deinen wahren Wert und deine wahre Würde zurückzugewinnen? Sieh zu, ob du das Potential zur Verwandlung deiner wichtigsten Abwehr des niederen Selbst in die Eigenschaft des höheren Selbst verspürst.

8. Kapitel

Begegnung mit dem höheren Selbst

»Nur wer sich bewußt und absichtlich dafür entscheidet, sein Leben vorwiegend dem Zweck zu widmen, das wahre oder höhere Selbst zu aktivieren, kann wahren Frieden finden.«

Lesung 145,
Der Ruf des Lebensstroms und die Reaktion darauf.

Susan: Das Herz öffnet sich dem höheren Selbst

Der alte Dekan geht langsam zur Kanzel der Baptistenkirche von Shiloh, neigt den Kopf und beginnt zu beten. Hinter ihm sitzen die Mitglieder des Chors, vorwiegend Frauen in lavendelfarbenen Kleidern, die wenige Minuten zuvor singend, klatschend und mit wiegenden Bewegungen hereingekommen waren. An der weiß gekalkten Wand hängt in leuchtenden Farben auf schwarzem Samt ein großes, lebensnahes Bild des letzten Abendmahls.

»Ich danke dir, Gott, daß ich heute früh in einem sauberen Bett in einem trockenen Haus aufgewacht bin, für diesen Körper, der immer noch atmet und vom Schlafzimmer in die Küche gehen kann. Dir, lieber Jesus, danke ich, daß ich etwas zum Frühstück habe und eine Familie, mit der ich es einnehmen kann.« Ich fühle mich im reichen Quell der Dankbarkeit gebadet, die diesen Mann erfüllt, den andere, die ihn nur vom wirtschaftlichen Standpunkt aus sehen, als verarmt bezeichnen würden, und Tränen rinnen über meine Wangen.

Als ich aber zu Gott beten und selbst danken möchte, spüre ich einen Klumpen im Hals, und Kummer umklammert mein Herz. Äußerlich betrachtet geht es mir gut, aber mein Geist ist schwach und mein Dank will nicht fließen. Ich spüre, wie sehr ich

196

die Gnade Gottes brauche. Ich bin zutiefst enttäuscht, daß meine Vision der spirituellen Wohngemeinschaft in Sevenoaks, wo ich wohne, sich nicht verwirklicht. Ich verstehe nicht, weshalb. Mache ich etwas falsch oder muß ich meinen Willen einem mir noch unbekannten Plan unterwerfen, den Gott für unser Zentrum hat? Ich brauche Hilfe.

Ich neige den Kopf noch tiefer zum Gebet. Ich spüre, wie mein Herz klopft, mein Atem langsamer wird, und erinnere mich an meinen Traum von einem anderen Schwarzen, der ebenso vom Geist erfüllt war und mich fast 30 Jahre lang belehrt und geführt hat. Er war mir 1964 zum ersten Mal erschienen, als ich träumte, ich sei ein gelassener, zutiefst vergeistigter Schwarzer, der einige Jahre zuvor im Traum miterlebt hatte, wie sein Sohn von einer wütenden Menge Weißer gelyncht worden war. Ich hatte den Traum, als der Kampf für die Bürgerrechte, für den ich mich sehr einsetzte, seinen Höhepunkt erreicht hatte. In der Therapie durchlebte ich die Empörung und Hilflosigkeit noch einmal, die die Geschichte dieses Mannes in mir hervorgerufen hatte. Nach meinem Gefühlsausbruch fragte ich den Mann im Traum, wie er nur so ruhig bleiben und diese entsetzliche Tat hinnehmen konnte. Er sagte, er habe die Gnade einer Vergebungserfahrung erlebt, die über jedes Verständnis hinausgeht, jede Empörung umfing, jede Verletzung beschwichtigte und das Herz einem Frieden öffnete, der jenseits des Schmerzes lag. Ich verstand, daß es darum ging, sich Christus, der Heilkraft der Liebe, zu öffnen. Damals war mir aber alles Christliche ein Greuel, und deshalb begriff ich nur zum Teil, was er mir sagen wollte. Doch spürte ich, daß dieser Mann mein innerer Lehrer war und auf eine mir unverständliche Weise er auch ich war. Nach diesem Traum erwog ich zum erstenmal die Möglichkeit vergangener Leben, obwohl mir die Reinkarnation damals völlig fremd war.

Während die Gemeindemitglieder ihre Liebe zu Jesus mal leise, mal leidenschaftlich besingen, denke ich über meine komplizierte Beziehung zum Wesen Jesu Christi nach. Christus war für mich real geworden, nachdem ich gegen die pathetische Leere der protestantischen Kirche rebellierte, in der ich erzogen worden war. Er ist die Verkörperung der Liebeskraft, der universellen Herzenskraft, die sich anderen öffnet, für sie sorgt, ihnen vergibt und jegliche Schmerzen und Mühen erträgt. Für mich beschränkt er sich nicht auf den Jesus der biblischen Berichte und ist auf keinen Fall die Figur, die der heilige Paulus und andere zum Sprachrohr einer streng dualistischen und moralisierenden Religion gemacht haben, die so viel Böses in seinem Namen verübte. Vielmehr ist er für mich eine lichterfüllte Gestalt, die mich in Zeiten, in denen ich mich seiner Liebe aufschließen kann, nach Hause in mein innerstes Selbst

197

führt. Vielleicht kommen die buddhistischen Beschreibungen der Bodhisattvas des Mitgefühls meiner Christuserfahrung näher. Seit ich Christus als universelle Kraft der göttlichen Liebe erfahren habe, kann ich nicht mehr einer einzigen Kirche angehören, und heute bin ich zum ersten Mal in der Baptistenkirche von Shiloh. Solche Gedanken schießen mir durch den Kopf, und der Gottesdienst geht weiter.

Pfarrer John Franklin tritt in seinem schweren schwarzroten Gewand ans Mikrophon. Er bittet uns, das Geschenk Jesu Christi in unser Herz aufzunehmen. Schweißtropfen glänzen auf seinen dunklen Wangen, besonders nachdem er das Mikrophon in die Hand genommen hat, auf und ab geht und uns mit lauten Rufen beschwört. In einer Ermahnung, die wie für mich bestimmt klingt, fragt er: »Glaubt ihr, ihr müßtet Menschen retten, die Welt zu einem besseren Ort machen und diese kaputte Gesellschaft in Ordnung bringen? Glaubt ihr, ihr müßtet Erlöser sein?« Seine Stimme ist voller Verachtung über die Kühnheit einer solchen größenwahnsinnigen Vorstellung, einer Berufung, die ich tatsächlich für die meine halte. Dann hält er inne, und seine Frage hallt in der Stille nach. Jetzt verkündet er in einem bezaubernd singenden Tonfall: »Das braucht ihr nicht zu tun. Und wißt ihr weshalb? Es ist bereits getan!« Seine Stimme wird eindringlicher: »Der Erlöser ist bereits gekommen. Ihr braucht ihn nur noch in euer Herz einzulassen« und gipfelt in einem leidenschaftlichen Flehen: »Eure Erlösung wurde bereits durch das Opfer Jesu Christi am Kreuz verdient! Ihr braucht nichts zu tun. Nehmt ihn einfach als euren Herrn und Erlöser an!«

Ich muß an 1980 zurückdenken, als ich, nach Findhorn unterwegs, einen ganzen Tag im Zug von London nach Schottland saß, wo ich meinen Mann Donovan kennenlernen sollte. Ich war tags zuvor mit schrecklichen Kopfschmerzen, einem unerträglich verkrampften Körper ängstlich und nervös in London angekommen. Meine spirituelle Lehrerin Eva Pierrakos war tot, und ich hatte Angst, daß der Pfad, der damals acht Jahre lang mein Leben bestimmt hatte, sich in nichts auflösen würde. Ich war von Selbstzweifeln geplagt und konnte nur noch beten, mein spirituelles Selbst besser kennenzulernen. Meine Gebete dauerten die ganze Nacht an, während ich mich unruhig hin und her warf.

Als ich anderntags in den Zug stieg, war ich erschöpft, merkte aber, daß ich immer noch am Beten war. Als ich im Zug meditierte, sah ich ein anderes Ich mit strengem, schwarzem Nonnengewand in einem kalten steinernen Kloster knien, das zu verstehen suchte, was es hieß, eine Braut Christi zu sein und das Leben seinem Dienst zu widmen. »Mein Herr und Meister«, wiederholte ich immer wieder, als Tränen der Sehnsucht mir in die Augen traten und die englische Landschaft vor den Fenstern des

198

Zuges verschwamm. In jenem Dasein als Nonne hatte ich einem sehr bequemem Leben den Rücken gekehrt, um mich auf die Suche zu machen, Gott zu finden und ihm zu dienen. Trotz meiner Schwächen wußte ich, daß ich mich in jenem und vielen anderen Leben Christus hingegeben, moralische Entscheidungen nach bestem Wissen und Gewissen getroffen hatte und davon überzeugt war, daß die Reinheit meiner unsterblichen Seele, besonders im Augenblick des Todes, mir wichtiger war als jede weltliche Errungenschaft. In jenem Moment im Zug wußte ich wieder, daß Christus mein ewiger »Herr und Meister« war, der einzige Guru, den ich je brauchen würde. Er erfüllte mich ganz. Mein Geist und Körper entspannten sich endlich, und ich konnte mich an der Schönheit der vorbeiziehenden englischen Landschaft freuen.

Eine Stunde später wurde ich wieder unruhig und hörte, wie eine Stimme in meinem Kopf sich bemerkbar machte. »Ich möchte mit dir reden«, sagte sie. Also nahm ich Papier und Stift zur Hand und schrieb: »Es reicht nicht mehr, dich an mich als deinen Herrn und Meister zu erinnern. Das ist alt und vertraut. Jetzt bist du dazu aufgerufen, mit mir eins zu sein. Du sollst die Liebeskraft verkörpern, die durch dich fließt, so wie es auch meine Aufgabe war. Viele werden jetzt zu dieser Aufgabe aufgerufen. Das ist die eigentliche Bedeutung der Wiederkunft Christi. Wenn immer mehr Menschen sich ihrer inneren Verwurzelung in der Liebe gewahr werden und erkennen, daß Liebe ihre wahre Identität ist, wird sich die Liebe überall auf der Welt manifestieren.

Ich nahm diese Worte mit großer Unruhe auf. »Wer bin ich denn?« widersprach ich. »Ich erkenne mich in einer so erhabenen Identität nicht. Ich kenne meine Fehler und Verzerrungen, meine Verkrampfung und mein mangelndes Vertrauen, meine Ängste und meinen kompensatorischen Kontrollwunsch nur zu gut. Du verlangst zu viel von mir«, meinte ich furchtsam. »Bist du sicher, daß du mit der Richtigen sprichst?« Darüber mußte sogar ich lachen. Ich wußte, daß nichts vom Gesagten an meinen Stolz appellieren sollte und daß ich nichts davon zu fürchten brauchte; ich wurde einfach gebeten, einer tieferen Identifikation mit meinem höheren Selbst, meinem inneren Christus, zuzustimmen. Also sagte ich nach bestem Wissen und Gewissen »ja« dazu. Da durchströmte eine sinnliche und geistige Wärme meinen Körper, und die Landschaft erstrahlte im selben inneren Licht, das ich soeben in mir gefunden hatte.

Als ich aus meinen Träumereien zurückkehre, sehe ich, wie Pfarrer Franklin auf der Kanzel Feuer fängt und predigt, wir sollten loslassen und alles Jesus Christus übergeben. »Hört auf zu glauben, ihr hättet auf alles eine Antwort. Übergebt alles, wirklich alles Jesus.« Ich spüre, wie es mir warm ums Herz wird. Eine Woge von Schmerz durchflutet mich, als ich darum kämpfe, meine vielgeliebten Träume für

Sevenoaks aufzugeben und sie Gott zu überlassen. Aufgeben ist nie leicht; ich weine still vor mich hin und bete, meine Zukunftsfantasien fallenzulassen und jeden Augenblick genauso, wie er ist, in seiner ganzen Fülle zuzulassen.

Ich sehe Pfarrer Franklins dunkle Hände in der Luft herumfuchteln und seine starken Armmuskeln, wenn die Ärmel seines Gewandes zurückrutschen. Es bewegt mich tief, daß soviel männliche Kraft im Dienst an der Liebe steht. Er erinnert mich mit seiner Kraft und Würde an eine weitere Erfahrung aus einem früheren Leben, in dem ich als afrikanischer Prinz in die Sklaverei gekommen war; ein Mann, der versucht gewesen war, sich an seinen Herren zu rächen, sich aber statt dessen in einem entwürdigenden, brutalen Leben seine moralische Integrität und Liebesfähigkeit bewahrt hatte.

Dieses Wesen ist eine Seite meines Animus, eine weitere Verkörperung meines höheren Selbst. Der Prinz lebt in mir, während ich in dieser ländlichen Kirche in Virginia sitze. Er beruhigt mich jetzt, wo meine Selbstzweifel als spirituelle Lehrerin durch kürzliche Enttäuschungen wieder wach geworden sind. Ich höre seine Stimme: »Vergiß nicht, wer du bist.« Ja, stimme ich zu und merke, wie eine neue Würde in mir aufsteigt. Meine Haltung strafft sich unmerklich. Ich bin dieser junge afrikanische Prinz mit der enormen Beherrschung und dem ungeheuren moralischen Format, genauso wie ich eine ängstliche Weiße mittleren Alters bin, die unsicher ringt und herauszufinden versucht, was für ihre geliebte Pfadgemeinschaft in Sevenoaks das Richtige ist.

Pfarrer Franklins Predigt ist zu Ende. Das Klatschen, die lauten »Hallelujas« und »Der Herr sei gepriesen« verklingen. Dann bittet er eine Frau aus der Kirchgemeinde zum Singen nach vorne. Sie ist groß, hat eine massige Brust und geht langsam zum Mikrophon. Ihre Stimme ist ganz unerwartet himmlisch. Ihr kräftiger und dennoch unendlich sanfter Gesang trifft mich mitten ins Herz, und ich fange wieder an zu weinen. »Ich gebe mich hin«, singt sie, »ich gebe mich ganz dir hin, o Herr.« Ich neige meinen Kopf und stimme so gut ich kann meiner eigenen Hingabe zu, gebe die Pläne und Absichten des kleinen Ich auf, lasse sowohl die vergangenen Enttäuschungen wie die Vorstellungen für die Zukunft fallen. Ich übergebe alles Gott, dem geheimnisvollen und dennoch vertrauenswürdigen Plan des Universums, das mich durchströmt und dennoch soviel größer und intelligenter ist als das getrennte Ich, mit dem ich mich so häufig und fälschlicherweise gleichsetze.

Meine Arme werden schwerer, mein Herz schlägt lauter und stärker. Ich spüre das Pulsieren meines Herzschlages an der Oberfläche meines Körpers. Ich spüre einen

200

ungeheuren inneren Druck, als würden die Wände meines Herzens ausgedehnt, um mehr Platz zu schaffen. Etwas Großes, Göttliches, Geistiges versucht, seine Wohnstatt dort auszuweiten. Ich setze dieses Aufwallen nicht bewußt in Gang, dennoch erfordert es meine Zustimmung. Ich spüre, daß ich diese unwillkürliche Bewegung aufhalten könnte, wenn ich wollte, doch statt dessen bete ich inständig, mich auf das auszurichten, was sich wie eine Erneuerung anfühlt, eine spontane Erweiterung meiner Herzensfähigkeit, zu fühlen und Gott zu erkennen. Ich bete, alles in mir loszulassen, was den freien Fluß der Liebe daran hindert, mein Leben zu lenken.

Als der Segen gesungen wird, ist die Woge vergangen. Meine Brust schmerzt, fühlt sich aber gut an – größer, mit mehr Freiraum ums Herz. Ich merke, wie ich mich auf die Geräumigkeit einstimme und ihre Mitteilungen hören kann. Das meiste ist eine wortlose Süße, eine Zusicherung, daß alles gut ist. Es gibt auch eine Mitteilung, den Schmerz nicht so ernst zu nehmen, ihn fließen zu lassen und vor allem nicht zu versuchen, andere vor dem eigenen Schmerz, dem eigenen Karma zu bewahren, das jeder für sich selbst lösen muß. »Du wirst«, höre ich, »den Schmerz ertragen lernen, den du in anderen spürst, ohne etwas zu verändern, was nur im Inneren eines Menschen zu ändern ist. Du wirst lernen, im Segen der Liebe als der zentralen einenden Wahrheit zu leben.« So redet die Stimme meines höheren Selbst, und es fließt süßes Vertrauen in mir.

Als der Gottesdienst zu Ende ist, schüttle ich viele warme Hände von Menschen, die zu mir kommen, mich begrüßen und bitten, unbedingt wieder an ihrem Gottesdienst teilzunehmen. Ich umarme Pfarrer Franklin und gehe, immer noch etwas unsicher, zu meinem Auto. Eine unglaubliche Fülle und Dankbarkeit für die ständige Führung des Geistes der Liebe begleitet mich.

Was ist das höhere Selbst?

Wir alle haben Zeiten, in denen wir uns ausnehmend weit, zentriert, klar, mitfühlend oder verbunden fühlen. Solche Augenblicke ergeben sich beispielsweise in der Natur, beim Sex, Musizieren oder bei anderen künstlerischen Betätigungen, in der Meditation, beim Träumen, beim Sitzen in einer Kirche oder Synagoge. Wir erhaschen einen Blick auf eine größere Fassung unserer selbst, auf einen erweiterten Bewußtseinszustand, auf eine Essenz, die von der universellen spirituellen Energie durchflutet ist. Wir blicken durch ein Fenster ins All und hören die leise Stimme im Inneren. Wir spüren Gottes Gegenwart in uns.

Meiner Erfahrung nach zeigt sich das höhere Selbst häufig in Form von engelhaften oder archetypischen Gestalten. Das höhere Selbst zeigt sich etwa im Traum oder auf inneren Reisen. Es spricht manchmal mit der Stimme eines Guru, tritt als Tierverbündeter, als Gott oder Göttin, als Engel oder Christusfigur auf. Manchmal ist es einfach eine wortlose, friedliche Stille, die jede Erfahrung in ihrer Tiefe birgt. Solche Gipfelerlebnisse offenbaren uns die eigene Göttlichkeit, die Essenz unserer Seele, unser höheres Selbst.

Das höhere Selbst ist die Verkörperung des universellen Geistes, der alles durchdringt. Die Begegnung mit dem höheren Selbst ist eine Erfahrung, in der man vom Geist, von der Lebenskraft oder von Gott erfüllt ist und sich im Fluß mit ihnen befindet. Es ist eine Erfahrung, die gewöhnlich Erleichterung mit sich bringt, weil das Wiederfinden der eigenen wahren Identität uns daran erinnert, wer wir eigentlich sind. Die Seiten in uns, die das vergessen haben und sich im getrennten Ich, im verletzten Kind oder rachsüchtigen Dämon verloren haben, sind vorübergehend beschwichtigt. Wir erkennen, daß wir grundsätzlich mit dem dauerhaften Bewußtsein der Erde und der wohltuenden Lebensschwingung im Universum verbunden sind. In dieser erweiterten Identität finden wir unsere Mitte und unseren Boden.

Das höhere Selbst existiert auf vielen Bewußtseinsebenen. Es ist ein Kontinuum, das auf der Ichebene beginnt und sich bis zu den transpersonalen Bewußtseinsebenen und der einenden Erfahrung Gottes ausdehnt, vertieft und erweitert. Auch wenn große Teile der Persönlichkeit verzerrt sind, gibt es immer einen Ort, einen Augenblick, an dem das Licht Gottes durchschimmert und wir Einheit und Harmonie erfahren. Wir drücken dieses Licht beispielsweise als künstlerische Begabung, als mitfühlende Haltung Kindern gegenüber, Integrität bei der Arbeit oder Liebe zu den Bäumen aus. Diese Augenblicke, in denen wir das Beste in uns kennenlernen, verbinden uns mit unserer tieferen Essenz.

Zum Beginn der Arbeit lernen wir das aufrichtige, mitfühlende Beobachterselbst als Äußerung des höheren Selbst auf der Ebene des positiven Ich kennen. Wir spüren das höhere Selbst als angenehmen Energiefluß, als Atmung und Blutstrom, die uns mit göttlich inspirierten, universellen Lebensrhythmen durchströmen.

Beim intimen Zusammensein mit einem anderen Menschen erkennen wir etwa, daß wir eine einzige Ausdrucksform des einen universellen menschlichen Bewußtseins sind. Bei Zeremonien und Andachten können wir alle Menschen als unsere Brüder und Schwestern erkennen.

Oft empfinden wir unser Einssein mit dem nichtmenschlichen Leben in der Natur. In solchen Augenblicken fühlen wir uns etwa wie eine Äußerung des universellen Erdgeistes, der Göttin, die in alten Zeiten angebetet wurde und nun aufruft, uns mit der Erde wieder zu verbinden. In der Meditation oder Augenblicken tiefer Inspiration können wir die Essenz des höheren Selbst als archetypische Wesen der Weisheit, Liebe, Gelassenheit oder Schönheit erkennen.

Das Gefühl eines getrennten höheren Selbst löst sich im einenden oder kosmischen Bewußtsein auf, in dem alle getrennten Identitäten aufgehen.

Eine Erfahrung des höheren Selbst verändert das Verständnis der Wirklichkeit und unserer eigenen Identität auf alle Zeit und auf jeder Ebene, besonders auf derjenigen des endgültigen Gottesbewußtseins. Solche Augenblicke der Erleuchtung nehmen uns weder die Maske noch das niedere Selbst.

Es gibt viele Bewegungen, die mit Übungen und Lehren wirksam dazu beitragen, das innere göttliche Potential in die Realität umzusetzen ... Das muß jedoch nicht heißen, daß die anderen fragmentarischen Bewußtseinsebenen dadurch automatisch beseitigt und in den göttlichen Kern integriert werden. Viele spirituelle Übungen bilden das wahre, höhere Selbst tatsächlich aus, lassen jedoch die unentwickelten Aspekte des Bewußtseins intakt. Viele Wesen haben eine solche Sehnsucht, ihr göttliches Wesen zu verwirklichen, daß sie ihre Mission im universellen Plan vergessen, die es zu erfüllen gilt, solange sie im Körper weilen. Diese Mission ist die Läuterung und das Wachstum der unentwickelten »kosmischen Materie«. Um das zu tun, muß das Licht des Bewußtseins und der bewußten Erfahrung auf die inneren Verzerrungen, die Häßlichkeit, Dunkelheit, das Böse, das Leiden sowie die innere Wahrheit, Schönheit, Liebe, Güte und Freude leuchten.

Eine feine Empfindsamkeit ist nötig, um den organischen Rhythmus und Wechsel, den jeder individuelle Weg erfordert, wahrzunehmen. Wann soll man sich auf das höhere Selbst konzentrieren, um die Ausdauer zu stärken und ihm die weitere Führung zu ermöglichen. Wann gilt es, die Aufmerksamkeit auf das niedere Selbst zu richten, mit dem in ihm verborgenen Bösen, mit Unehrlichkeit, Betrug, vertuschtem Haß und Bösartigkeit. Wann müssen bestimmte Tricks des Maskenselbst und die jeweiligen Abwehrmechanismen durchleuchtet werden, die das niedere Selbst verbergen. *(Lesung 193)*

203

Der spirituelle Weg erfordert, daß wir sowohl das höhere wie niedere Selbst in uns genau kennenlernen.

Beides sind schöpferische Bewußtseinszentren. Sowohl das höhere wie das niedere Selbst sind wirklicher und energiegeladener als die Maske. Die Maske reagiert nur und ihre Hauptfunktion, die Ängste und Sehnsüchte der Seele zu verdrängen, verbraucht Energie.

Alle Lebenserfahrungen sind kreative Manifestationen unseres höheren und niederen Selbst, die das Leben in entgegengesetzte Richtungen gestalten. Das höhere Selbst führt uns zur göttlichen Mitte, das niedere Selbst führt davon weg und mündet in eine falsche Identifikation mit den Abwehrmechanismen, dem auf Trennung bedachten Ich.

Eine intensive Begegnung mit dem niederen oder höheren Selbst verändert auf immer. Wir können das Böse und Gott im Inneren nicht mehr leugnen. Sie stellen die archetypische Spaltung dar, den archetypischen Seelenkonflikt in jedem Menschenherzen, die dualistische Spannung zwischen unserer Sehnsucht nach Gott und der Identifikation mit dem Ich, zwischen dem Wunsch, das Richtige zu tun, und der Anziehungskraft des Bösen, zwischen der Absicht, sich zu verbinden, und dem Willen zur Trennung, zwischen dem Verlangen, zu lieben, und der Angst vor der Liebe.

Wenn wir die Transformationsarbeit mit dem niederen Selbst leisten, führt die dadurch freigesetzte Energie zu einer stärkeren Verbindung mit dem höheren Selbst.

Joe hatte intensiv an seinem niederen Selbst gearbeitet, besonders an jenem Aspekt, der die Liebe zu seiner Frau untergrub. Er hatte sich seinem Zwang gestellt, stets recht behalten und das Sagen haben zu wollen, was ihn von der Hingabe an die Liebe abhielt. Eines Nachts beschloß Joe vor dem Einschlafen, sein hitziges Festhalten an den Unstimmigkeiten mit seiner Frau zu »vergraben« und nach seinen Möglichkeiten für eine liebevolle Verbindung zu suchen. Er träumte:

»Meine Frau und ich haben einen Hund, der am Fuß eines Strauches zu graben beginnt. Er gräbt wie wild und deckt die Hand eines toten Mannes auf. Ich denke: ›Das ist der Kerl, den wir vorhin begraben haben.‹ Beim Näherkommen sehen wir, daß nur eine dünne Erdschicht das Loch bedeckt. Der darunter Begrabene scheint noch zu atmen, und ich verliere die Nerven beim Gedanken, wir könnten ihn lebendig begraben haben. Als ich noch einmal hinsehe, ist die Grube leer. Meine Frau und ich staunen, und Ehrfurcht packt uns, als uns aufgeht, daß wir einer Art Auferstehung beigewohnt haben.

204

Am Himmel segelt ein riesiger Kahn, eine Arche mit einem flachen Boden, und Vögel fliegen um ihn herum. Beim zweiten Hinschauen sehe ich ein unfertiges Gebäude – eine im Himmel schwebende Kirche. Leute lachen und spazieren an Deck umher. Obwohl die Arche wie ein Raumschiff herunterfällt, sind sie offensichtlich zufrieden und fühlen sich sicher. Ich freue mich sehr, und meine Frau und ich fangen an zu lachen, weil wir so froh sind, diese Vision miteinander zu teilen.«

Joe wachte leichten Herzens auf; er wußte, daß sein höheres Selbst tatsächlich aus der Beerdigung seines niederen Selbst auferstanden war und ihm Aussicht auf ein glücklicheres, liebevolleres Leben verhieß.

Da das höhere Selbst viel mehr als das niedere Selbst umfaßt, ist seine Schöpferkraft auch dauerhafter. Das niedere Selbst ist eine Äußerung des begrenzten, dualistischen menschlichen Bewußtseins, während das eigene höhere Selbst sich über das Menschliche hinaus zum Unendlichen hin ausdehnt. Das höhere Selbst ist das, was wir eigentlich sind.

Verleugnung des höheren Selbst und Scham

Wegen der Verletzlichkeit außerhalb unserer Alltagsidentität fordern wir unser höheres Selbst ebenso widerstrebend zurück, wie wir nur widerstrebend zugeben, daß wir ein niederes Selbst haben. Wir weisen das eigene Mitgefühl und die eigene Weisheit manchmal genauso nachdrücklich ab, wie wir die Dunkelheit und Grausamkeit in uns leugnen. Um die Extreme im Inneren zu vermeiden, entwickeln wir eine Maske. Der innere Weg erfordert jedoch, daß wir die Maske durchbrechen, um die Höhen wie Tiefen unserer Gesamtwirklichkeit zu offenbaren.

Die Scham über das höhere Selbst entsteht durch die Kindheitserfahrungen, in denen Eltern oder andere Autoritätsfiguren die liebevollen, geschlechtlichen, sich durchsetzenden, spontanen oder großzügigen Impulse abgelehnt, mißbraucht oder ganz subtil lächerlich gemacht haben. Das Kind wird häufig als minderwertig behandelt und muß sich seiner besten Eigenschaften schämen. Wenn wir daran arbeiten, das Beste in uns zurückzugewinnen, verpflichten wir uns, das unschuldige innere Kind aufzudecken, das für seine spontanen Äußerungen abgelehnt wurde. Wir müssen bereit sein, die vorübergehenden Schranken der Angst und Scham zu durchbrechen und den Schmerz und Ärger darüber zu spüren, daß unsere besten und verletzlichsten Seiten von elterlichen Autoritätsfiguren abgelehnt wurden.

Wir verstehen nach und nach, daß wir die elterlichen unterdrückenden Stimmen verinnerlicht haben. Dadurch verraten wir die eigene verletzliche Liebe und Sehnsucht und verurteilen andere, die ähnliche »Schwächen« zeigen. Das Leiden im Erwachsenenalter ist die Folge der eigenen inneren Unterdrückung, die jedoch rückgängig gemacht werden kann, wenn wir lernen, die inneren kritischen durch innere liebevolle Eltern zu ersetzen.

Das Kind nimmt meistens den einen Elternteil als liebevoller und toleranter wahr als den anderen und fühlt sich vom weniger liebevollen stärker abgelehnt. Weil es sich mehr Mühe gibt, die Liebe des zurückweisenden Elternteils zu »gewinnen«, nimmt es die »leichtere« Liebe des anderen als selbstverständlich an. Mit der Zeit neigt das Kind dazu, den liebevollen Elternteil zu verraten oder ihn zu verhöhnen, während es sich zwanghaft um den zurückweisenden bemüht. Aus einem solchen Muster entsteht die verbreitete Fehlannahme, liebevolle und fürsorgliche Eigenschaften seien schwach und unerwünscht, Reserve und Distanziertheit aber wertvoll. Das Kind lernt, sich seines spontanen, liebevollen Wesens zu schämen.

Solange wir die Wurzeln dieser Scham in bezug auf unser höheres Selbst nicht verstehen, schwärt ein Konflikt des Liebens in uns. Da die kindliche Liebe zurückgewiesen wurde, kann Lieben im Erwachsenenalter als gefährlicher Weg erscheinen. Der Verrat, den wir empfanden, wird durch die darauffolgende eigene Ablehnung des liebevolleren Elternteils noch schlimmer und fügt dem Kummer des Nichtgeliebtwerdens Schuld hinzu. Die Hoffnungslosigkeit in Sachen Liebe wird durch die Ablehnung des eigenen liebevollen Wesens noch verstärkt. Dieser Selbstverrat ist äußerst schmerzlich.

Dieser Verrat macht euch schuldbeladen. Es ist die größte Schuld in euch … und ist für die tiefsten Wurzeln eurer Minderwertigkeitsgefühle verantwortlich. Ihr vertraut euch durch diesen Verrat selbst nicht mehr. Eure Seele sagt: »Wie kann ich mir vertrauen, wenn ich weiß, daß ich ein Verräter bin und weiß, daß ich weiterhin das Beste in mir verrate? Wenn ich mir selber nicht vertrauen kann, kann ich auch niemand anderem vertrauen«. (Lesung 66)

Ronald hatte wenige Freunde. Es fiel ihm außerordentlich schwer, sein Bedürfnis nach Freundschaft offen auszudrücken. Selten zeigte er sich unter Männern verletzlich,

206

obwohl er wußte, daß er nur so Freunde auf der Ebene gewinnen konnte, nach der er sich sehnte.

Ronald war von einer verbitterten, kaltherzigen Frau erzogen worden, die ihren Mann durch Zurückweisung seiner Zuneigung beherrschte und dem Sohn beibrachte, dasselbe zu tun. Wenn Ronalds Vater ihn umarmte, reagierte seine Mutter verächtlich auf beide. Jedesmal, wenn Ronald weinte oder zu seinem Vater wollte, nannte ihn die Mutter einen Waschlappen. Als Ronalds Vater ihn später zum Ballspielen aufforderte, er aber nicht wollte, lobte die Mutter seine Unabhängigkeit. Mit der Zeit hörte der Vater auf, Kontakt zu seinem Sohn zu suchen, und Ronald war mit seiner Mutter allein, die ihm kaum Wärme gab.

Erst als Erwachsener erkannte Ronald, daß er die Warmherzigkeit des Vaters abgelehnt hatte, weil er die kalte Pseudostärke (die Maske der Macht) der Mutter nachahmen wollte. Ronald mußte hart arbeiten, um sein Herz Männern gegenüber zu öffnen, weil er es früh verschlossen hatte.

Das höhere Selbst und die Maske

Die Maske tarnt sowohl das höhere wie das niedere Selbst. Ist uns wegen unserer Bedürftigkeit Scham beigebracht worden, verstecken wir sie hinter einer Maske der Macht und spielen die Pseudostarken, indem wir andere ablehnen. Oder wir basteln uns eine Maske der Gelassenheit, zeigen uns pseudogelassen und distanzieren uns vom Leben. Hat man uns beschämt, weil wir Macht oder Ärger zeigten, verstecken wir uns hinter einer Maske der Liebe, die anderen gefallen will. Oder wir schaffen uns eine Liebesmaske und übertreiben die Gefühle, weil wir uns des Wunsches schämen, zu lieben und geliebt zu werden.

Die Erforschung der Charakterfehler in der Erwachsenenpersönlichkeit weist auf die Wurzeln der kindlichen Scham hin. Trägt jemand eine Liebesmaske, schämt er sich zutiefst seiner eigenen Macht und Tüchtigkeit. Jemand mit einer Machtmaske schämt sich eher seiner Liebe und Bedürftigkeit, die er als Schwächen sieht. Und wer schließlich eine Maske der Gelassenheit trägt, schämt sich gewöhnlich zutiefst aller starken Gefühle und Leidenschaften, die ihn wieder in seine kindliche Verletzbarkeit versetzen würden.

Die Maske zeigt aber auch häufig die echten Stärken des höheren Selbst in entstellter oder karikierter Form auf. Unter der Maske der Liebe steckt eine starke Verbindung zur echten Liebe, unter der Maske der Macht der echte Wunsch, in

207

der Welt tüchtig und verantwortungsvoll zu sein, und unter der Maske der Gelassenheit steckt eine große Fähigkeit, sich von den eigenen Melodramen zu distanzieren. Die Maske entsteht, wenn die angeborenen Eigenschaften des höheren Selbst von Angst und Scham überlagert werden.

In jedem Fall müßt ihr diese Maskenschicht entfernen und nachforschen, wo euer wahres Selbst ist. Laßt zu, daß es sich zeigt, auch wenn es dies am Anfang nur selten und nur sehr vorsichtig tut. Dann aber merkt das wahre Ich, daß ihr tatsächlich nichts zu fürchten habt und euch nicht zu schämen braucht. Die Angst entsteht meist infolge der Scham, sich eine Blöße zu geben. Dieser Prozeß entfernt die Geisterwelt, die ihr euch aus den falschen Eindrücken in eurer Kindheit geschaffen habt. Ihr habt keine Ahnung, wie unglaublich erleichternd es ist, diese Geisterwelt beiseite zu legen und in der Realität zu leben. Dann lebt ihr frei und stellt fest, daß ihr das Beste in euch oder anderen nicht mehr zu verraten braucht. *(Lesung 66)*

Das höhere Selbst ist die Äußerung Gottes im Inneren, egal, ob es nun auf der Persönlichkeitsebene als Offenheit der Liebe und Wahrheit gegenüber erlebt wird, auf der transpersonalen Ebene als innerer Lehrer, als Führer aus der geistigen Welt oder als unsterbliche Seele, oder schließlich auf der Ebene der Einheit als kosmisches Bewußtsein. Es ist von Natur aus moralisch und lustvoll. Das höhere Selbst ist hingegen nie moralisierend oder perfektionistisch. Das sind Eigenschaften der Maske oder des darübergestülpten Gewissens – des idealisierten Selbst – und nicht das natürliche oder angeborene höhere Selbst. Es ist nötig, daß wir zwischen unserem wahren höheren Selbst und dem Hochstapler unterscheiden lernen.

Martha bat ihr höheres Selbst um Führung und empfing folgenden Traum: »Ich fahre in einem Auto mit drei Mitfahrern auf dem Rücksitz. Einer ist ein zufriedener, erotisch attraktiver Mann, der sich zu einer schönen Frau neigt, die neben ihm sitzt. Die dritte Person ist eine alte Frau, die die beiden mißbilligend ansieht.« Martha erkannte im sinnlichen Paar Geistführer, die sie ermutigten, das Leben und die Sexualität mehr zu genießen, aber sie wußte nicht, wer die dritte war.

In einer späteren Pfadsitzung stellte sich die Frage, ob sie eine neue größere Verantwortung in ihrem bereits übervollen Leben übernehmen sollte. Ihr Helfer forderte sie auf, sich auf ein Kissen zu setzen, das ihr höheres Selbst darstellte, und zu sehen,

208

welche Führung es ihr böte. Sie sagte sofort: »Natürlich solltest du diese Arbeit annehmen. Es wäre eine gute Sache. Du willst es nur nicht tun, weil du faul und verantwortungslos bist.«

Ich unterbrach: »Martha, das ist nicht dein höheres Selbst. Das höhere Selbst sagt nie ›solltest‹. Es gibt dir immer Wahlmöglichkeiten und respektiert deine Entscheidungsfreiheit. Außerdem liebt es dich und diffamiert dich nicht wie diese Stimme eben. Wer ist die Stimme, die du mit deinem höheren Selbst verwechselst?«

»Ich glaube, das war meine Großmutter«, *meinte Martha.* »Sie war es, die mich jeweils in die Sonntagsschule geschickt hat. Sie hat mir immer aus der Bibel vorgelesen und mir ständig gesagt, was ich zu tun habe und was nicht.«

Erst später ging Martha auf, daß die dritte Person in ihrem Traum die Großmutter gewesen war. Sie stellte Marthas Verzerrung des höheren Selbst dar: eine verurteilende, moralisierende, verbitterte alte Frau. Als sie sich mit diesem Bild, das sich fälschlich als ihr höheres Selbst ausgab, auseinandersetzte, kam sie der Wahrheit in ihrem Inneren näher.

Das höhere Selbst lehnt manchmal eine Führung ab und sagt »nein« zu etwas, was das kleine Ich unbedingt haben möchte, oder es leitet uns an, schwierige Herausforderungen anzunehmen. Es tut dies stets voller Achtung und Liebe zum Gesamtselbst. Das höhere Selbst läßt uns stets die Wahl und hilft uns, die Folgen negativer Entscheidungen zu begreifen. Das höhere Selbst kann uns strikteste Selbstdisziplin beibringen, aber es nimmt uns keine einzige positive Freude im Leben.

Lernen wir also, die Stimme des übergestülpten Gewissens von der Stimme des wahren Gewissens zu unterscheiden, die Maske des schönen Scheins abzulegen und den echten Wunsch, anderen zu dienen, zu bestärken, alle äußeren »sollst« und »mußt« der perfektionistischen Maske fallenzulassen und statt dessen die Wahrheit im Inneren zu finden.

Die Emanationen der drei Selbst

Die drei Bereiche, die wir verkörpern – Maskenselbst, niederes Selbst und höheres Selbst –, haben jeder seine eigene Ausstrahlung. Diese Ausstrahlungen machen sich als Farben, Gerüche und Gefühlsnuancen auf der Schwingungsebene bemerkbar. Sie sind gewöhnlich außer für Menschen mit einer übersinnlichen Begabung unsichtbar. Doch wir reagieren instinktiv auf diese Ausstrahlungen und können lernen, uns auf die Eigenschaften der verschiedenen Selbst einzustimmen.

Es ist für euch alle wichtig, euer inneres Auge zu schulen, um euch und andere aus spiritueller Sicht zu betrachten. Kommt ihr mit dem höheren Selbst in Berührung, werdet ihr einen deutlichen Unterschied zum Maskenselbst empfinden, wenn eure Intuition geweckt ist, selbst wenn die äußere Erfahrung manchmal ähnlich ist. *(Lesung 14)*

Die Schwingungen des höheren Selbst sind stets angenehm, beruhigend und echt. In seiner Gegenwart werden unsere Lebensgeister angeregt; wir sind gestärkt und erneuert. Die Energie des höheren Selbst zeigt sich in entspannter Aktivität, harmonischen Bewegungen, einer vertrauenden, liebevollen Haltung, Leichtigkeit und Selbstsicherheit. Die Farben des höheren Selbst sind rein und klar, entweder hell oder leicht gedämpft.

Im Gegensatz dazu ist die Ausstrahlung des niederen Selbst unregelmäßig, schrill und in der Regel schneidend und schmerzhaft. Äußert sich das niedere Selbst passiv, ist die Ausstrahlung von klebriger, lebensfeindlicher, stagnierender Qualität. Seine Farben sind gewöhnlich dunkel und düster. Auch wenn sie schmerzhaft sind, fühlen sich die Schwingungen des niederen Selbst meistens besser an als diejenigen der Maske, die ständig unangenehm sind.

Das Maskenselbst hat eine sehr häßliche, meist widerlich süßliche Farbe, und auch sein Geruch ist widerlich und ekelerregend. In der geistigen Welt ziehen wir die Ausstrahlung und Wirkungen des niederen Selbst vor, wie unangenehm sie auch seien; wenigstens ist das niedere Selbst ehrlich. *(Lesung 14)*

Das Maskenselbst verhüllt das Licht auf eine indirektere Art, die schwieriger aufzudecken ist als das niedere Selbst. Die Maske äußert oft Halbwahrheiten oder scheinbar Richtiges, wobei die Worte gut klingen und wir dennoch spüren, daß etwas nicht stimmt. Es ist außerordentlich wichtig, dieses Gespür zu entwickeln, weil das Böse weder in der politischen noch persönlichen Welt gedeiht, wenn wir die eigentliche Energie hinter den »zuckersüßen« Worten und Versprechungen erkennen. Die doppelzüngigen Reden derjenigen, die Rassismus, Sexismus, Kindesmißbrauch oder sogar Massenmord zu rechtfertigen versuchen, beziehen sich häufig auf »Christus«, das »höchste Gut« oder den »Willen Gottes«. So wird die Wahrheit verdreht und die Liebe verzerrt, um böse Absichten zu verschleiern. Um das Böse in uns und anderen so zu sehen, wie es ist, müssen wir die Falschheit der Maske aufdecken.

Kinder reagieren besser auf die Schwingungsebene hinter den Worten, weil ihre angeborene Empfindsamkeit noch nicht vom überentwickelten wortgewandten Verstand getrübt ist. Ein Kind zieht sich unwillkürlich von Verwandten zurück, die sich ihm mit lieben Worten, aber in einer widernatürlichen oder feindseligen Absicht nähern.

Aussagen der Maske sind meistens verwirrend. Undeutlich spüren wir es, wenn andere nicht »tun, was sie sagen«, besonders, wenn die Berufung auf höhere Ziele darauf abzielt, uns als schlecht oder unzulänglich hinzustellen, oder wenn eine Sache, ein Kult oder ein Mensch als etwas Höheres dargestellt wird. Dem Unbehagen, das wir in solchen Fällen empfinden, sollten wir vertrauen, denn das höhere Selbst zieht unsere angeborene Güte nie in Zweifel. Auch wenn Gott jenseits des rationalen Verständnisses liegt, verwirrt uns eine Erfahrung des höheren Selbst nicht. In der wohltuenden Realität unseres göttlichen Wesens zu sein führt vielmehr zu einem guten, gestärkten Gefühl.

Je mehr wir erfahren, wie sich diese drei Selbst in uns äußern, desto feinfühliger reagieren wir auf die wahre Absicht hinter den Aussagen anderer. Lernen wir die Halbwahrheiten und Rationalisierungen der eigenen Maske kennen, können uns andere nicht mehr hinters Licht führen. Wenn wir die eigenen, vergrabenen Motive des niederen Selbst hinter den vorgegebenen Absichten wittern, nehmen wir viel eher wahr, ob andere es ehrlich meinen oder nicht. Wenn die eigene Integrität wächst und wir bereit sind, uns in der Wahrheit zu verankern, reagieren wir sensibler darauf, ob andere die Wahrheit sagen oder nicht.

Was ist Gott?

Im letzten Kapitel über das niedere Selbst hatten wir gefragt: »Was ist das Böse? Was ist der Kern der Negativität, der sich bei jedem Menschen als sein eigenes niederes Selbst äußert?« Jetzt stellt sich die Frage: »Was ist Gott? Was ist der Kern jener göttlichen Energie, die sich im eigenen höheren Selbst offenbart?« Zwar sehen wir ein, daß jede Antwort nur Stückwerk ist, aber die Erforschung dieser Frage kann unser Verständnis vertiefen.

Gott ist die grundlegende Lebenskraft, die schöpferische Energie, der Geist, der alles durchdringt. Gott existiert als feinste Schwingung des Universums, als so subtiles Energie- oder Kraftfeld, daß es nicht mehr meßbar ist. Diese Kraft bewegt, verändert, vermehrt, entwickelt sich laufend, lernt sich selbst immer besser kennen und wird ständig bewußter.

Gott ist auch der Raum, durch den die Energie fließt, der Hintergrund allen Seins jenseits der Bewegung. Wir nähern uns Gott, wenn sowohl Geist wie Körper so still, wachsam und entspannt wie möglich werden und wir auf das Wechselspiel von Energie und Bewußtsein im Inneren lauschen, das uns belebt.

Gott ist Glückseligkeit, Intensität, Jetzt-Sein, Unendlichkeit, Totalität und Wirklichkeit. Wir kommen einer Gotteserfahrung am nächsten, wenn wir nackt, verletzlich, ganz präsent sind und aufgeschlossen annehmen.

Gott ist die Liebe, in der alles, was sein Bewußtsein je vom Einssein mit der Quelle abgespalten hat, wiedervereinigt wird. Im Menschenleben zeigt sich die göttliche Liebe in den Gesetzen des Karma, im Wirkungskreis von Ursache und Wirkung, die uns lehren, was in uns Schmerz verursacht und was zur Liebe führt. Wir kommen Gott am nächsten, wenn wir uns dem geistigen Gesetz und jener innigen Liebe hingeben, die unser Leben zurück zur Quelle lenkt.

Im Kern sind wir Menschen mit dieser grenzenlosen Essenz allen Lebens eins. Diese Lebenskraft verändert sich in einer unendlich schöpferischen Bewegung.

Jedes individuelle Bewußtsein ist universelles Bewußtsein ... Das ursprüngliche Bewußtsein oder schöpferische Lebensprinzip nimmt verschiedene Formen an. Wenn ein Geschöpf während des Individualisierungsprozesses an einen Punkt kommt, wo es sich nicht mehr an die Verbindung mit dem Ursprung erinnert, erfolgt eine Trennung. Das einzelne Bewußtsein besteht weiter und trägt das universelle Bewußtsein in sich, hat aber sein eigenes Wesen und dessen Gesetze und Potentiale vergessen. Das, kurz gesagt, ist der Zustand des menschlichen Bewußtseins im Ganzen.

Wenn ihr euch des Lebensprinzips bewußt werdet, entdeckt ihr, daß es immer vorhanden war, ihr es aber nicht bemerkt habt, weil ihr die Illusion hattet, getrennt zu existieren ... Ihr könnt die ewig gegenwärtige Kraft des Lebensprinzips als autonomes Bewußtsein oder als Energie wahrnehmen. Die abgetrennte Ichpersönlichkeit besitzt beides, ihre Intelligenz aber ist der universellen Intelligenz bei weitem unterlegen, ob ihr das erkennen und daraus Nutzen ziehen könnt oder nicht. *(Lesung 152)* [31]

Gott umfaßt alle Dualitäten einschließlich gut und böse, männlich und weiblich, hell und dunkel, Leben und Tod sowie sämtliche Erfahrungsbereiche und Archetypen, die diese Dualitäten darstellen. Das Böse ist lediglich eine Verzerrung der Lebenskraft und keine ihr ebenbürtige Macht. Ebenso ist der Tod nicht das Gegenteil des Lebens, da er nur ein Übergangsstadium der Lebenskraft ist, die über das Ende jeder Lebensform hinausgeht. Da unser menschliches Bewußtsein so tief in der Dualität steckt, können wir uns eine Wirklichkeit jenseits davon kaum vorstellen. Die einende Wirklichkeit hinter allen Erscheinungen ist Gott.

Das höhere Selbst als kosmisches Bewußtsein

Das höhere Selbst in seiner Totalität zu erfahren heißt Gott erkennen. Wenn wir uns mit dem Fluß der göttlichen Energie voll und ganz gleichsetzen, erfahren wir manchmal totale Liebe und Glückseligkeit, wenn auch nur kurz. Wir suchen dieses Gefühl und bauen allmählich die Fähigkeit aus, diese guten Gefühle länger zu empfinden.

Wir alle glauben, wir hätten am meisten Angst vor Schmerz, aber eigentlich ist Schmerz viel leichter zu ertragen als Glückseligkeit. Glückseligkeit, das Allbewußtsein, ist für die Vorstellung dessen, wer wir zu sein glauben, viel bedrohlicher. Sie sprengt unser isoliertes Selbstgefühl und alle negativen, begrenzenden Vorstellungen über uns und andere. Deshalb gilt es, sich nach und nach zu öffnen und die Glückseligkeit länger aushalten zu lernen.

Schließlich erleben wir manchmal das, was der GUIDE »kosmisches Gefühl« oder andere »kosmisches Bewußtsein« [32] nennen. Es ist die Erfahrung der einenden Ebene Gottes, auf der alle Dualitäten aufgelöst sind.

31 *Der Pfad der Wandlung*, S. 203.
32 Hinweis für den interessierten Leser: Das Buch von Richard M. Bucke: *Die Erfahrung des kosmischen Bewußtseins*, Aurum Verlag, Braunschweig, enthält persönliche Erfahrungen des kosmischen Bewußtseins.

Das kosmische Gefühl ist eine Erfahrung, bei der das Gefühl nicht mehr vom Denken abgespalten ist. Die Erfahrung der Einheit ist total. Es ist eine Erfahrung der Glückseligkeit, des Verstehens allen Lebens und seiner Geheimnisse, der allumfassenden Liebe, des Wissens, daß *alles gut ist und es nichts zu fürchten gibt.* Vollkommene Furchtlosigkeit ist für den Durchschnittsmenschen nur schwer vorstellbar, weil ihr euch der bestehenden Ängste zum Teil nicht bewußt seid und es euch nicht in den Sinn kommt, das Leben könnte anders sein ...

Im Zustand des kosmischen Gefühls erlebt ihr die Unmittelbarkeit Gottes im Inneren. Diese umwerfende Ausstrahlung ist am Anfang ein Schock, als durchzucke ein elektrischer Schlag euch durch und durch. Deshalb muß die Ichpersönlichkeit stark genug werden, um sich an die hohe Schwingung Gottes zu gewöhnen, der sich im Menschen manifestiert. Diese Manifestation erlebt ihr als eure ewige Realität, euren ewigen Zustand und eure wahre Identität. Ihr erkennt, was ihr schon immer gewußt habt und jetzt wiederentdeckt – daß das alles eigentlich nicht neu ist; ihr hattet euch einfach nur vorübergehend von diesem Gefühls- und Wissenszustand abgeschnitten und davon, das Leben so zu erfahren und wahrzunehmen, wie es wirklich ist. *(Lesung 200)*

Zwar ist die direkte Gotteserfahrung – das kosmische Bewußtsein – eine wünschenswerte Folge der spirituellen Arbeit, aber sie ist ein Gnadengeschenk, das man nicht erzwingen kann. Indem wir Gott weiter suchen, entfernen wir die Hindernisse auf diesem Weg.

Das höhere Selbst und das Gottesbild

Wenn wir Verbindung zu Gott aufnehmen, werden wir erst einmal mit unseren Begrenzungen und Fehlvorstellungen sowie unseren Gottesbildern konfrontiert. Da wir alle gelernt haben, daß Gott die höchste Autorität ist, sind unsere Gottesbilder ähnlich verzerrt wie unsere frühkindlichen Erfahrungen mit Autoritätspersonen. Haben wir strafende Autoritäten erlebt, erwarten wir einen harten, strafenden Gott. Aus Angst vor Selbstverurteilung und Schuld wehren wir uns, das eigene Gottselbst zu finden. Sind wir nachsichtigen Autoritäten begegnet, erwarten wir, daß unser Gottselbst den Wünschen unseres Ich dient. Enttäuschung und

214

Ungeduld machen sich breit, wenn wir statt dessen lernen müssen, daß es das Ich zu zähmen gilt, um dem größeren Selbst zu dienen.

In jeder Kultur werden Gottesbilder durch die den religiösen Institutionen innewohnenden Mißverständnisse verstärkt. Religionen beginnen mit einer direkten Gotteserfahrung und der Verwirklichung des kosmischen Bewußtseins ihrer Begründer. Erstarren die Lehren oder Übungen jedoch mit der Zeit, machen sich Verzerrungen bemerkbar, die bei den Anhängern der betreffenden Religion oder Sekte zu neuerlichen dualistischen Einstellungen führen, die ein bestimmtes Gottesverständnis oder einen bestimmten Weg zu Gott im Gegensatz zu einem anderen fördern. Diese kulturellen Massenbilder werden durch die Volksidentität und soziale Vorgeschichte ihrer Anhänger verstärkt. Judentum und Christentum enthalten wie die anderen großen Religionen der Welt ihre spezifischen Verzerrungen.

Die Massenbilder der institutionalisierten Religion und die Gottesbilder der Kulturgeschichte vermischen sich mit den eigenen Reaktionen auf Autoritätsfiguren so, daß wir verwirrt sind und keinen Mut mehr haben, eine Gotteserfahrung überhaupt noch anzustreben. Nachfolgend drei Berichte über religiöse Kindheitserfahrungen und ihre Vermischung mit negativen Autoritätserfahrungen, die zu entstellten Gottesbildern führten.

Die jüdische Erfahrung

Eli glaubte, sich Gott nicht aufschließen zu können. Das zu tun wäre töricht und sogar gefährlich. Er war noch ein Kind gewesen, als die Nazis in Polen einfielen. Sein Vater und er waren geflohen, aber seine gesamte, weitverzweigte Familie war in Konzentrationslagern umgekommen.

Eli erinnerte sich, daß er mit sieben Jahren neben seinem Vater stand und zusah, wie die Soldaten in die Stadt einmarschierten. Der Vater hatte Elis schlimmste Befürchtungen in Worte gefaßt: »Man wird sie nie aufhalten können, niemals.« Eli, der die Grausamkeit seines Vaters fürchtete, hatte einen solchen Schrecken und fühlte sich durch diese düstere Gewißheit derart verraten, daß er in der Menge untertauchte und sich den Rest des Tages versteckt hielt. Einen Monat später hörte Eli durch die geschlossene Tür, wie sein geliebter, würdiger Großvater die Juden der Stadt beruhigte, sie hätten bestimmt nichts zu befürchten, und fühlte das Echo der väterlichen Worte, sie würden alle sterben, man könne sie nicht aufhalten. Seither hatte er sich viele Male gewünscht, daß er als Junge stark und mutig genug gewesen wäre, seine düstere Gewißheit dem Großvater ins Gesicht zu schreien und darauf zu bestehen, daß der alte Mann mit ihnen weggehe, statt auf den schrecklichen Tod zu warten, der wenige Monate später eintrat.

Elis tiefsitzender Pessimismus hatte sich in der Vorstellung mit der Rettung seines Lebens vermischt. Hätten sein Vater und er den gütigen Optimismus des Großvaters geteilt, hätte keiner in der Familie überlebt. Zum großen Teil lebte er immer noch in der schrecklichen Realität, in der sich die Ansicht des geliebten Großvaters als nicht vertrauenswürdig herausstellte.

Durch das Potential der atomaren Massenvernichtung sah er die menschliche Rasse das gleiche Schicksal ereilen wie damals die polnischen Juden bei Hitlers Völkermord. »Keiner wird überleben«, hatte es sich in seinen Gedanken festgesetzt. Als bekannter Redner über die Bedrohung der Menschheit durch Atomwaffen hörte er sich die düsteren Überzeugungen seines eigenen verbitterten Kindes wiederholen, das an die Tür der tauben, die für ihn so greifbare Gefahr leugnenden Menschheit pochte.

Wenn es einen Gott gab, war Eli wütend auf ihn. Er konnte ihm das Grauen Hitlers nicht vergeben. Diesem Bösen war er von Angesicht zu Angesicht begegnet. Wenn das auch Gott war, dann stolzierte er beim brutalen Einmarsch der Nazis mit und redete mit der schreckeinflößenden Stimme von Elis grausamem Vater. Ein solcher Gott war nichts als eine rücksichtslose, irrationale, strafende Kraft. Es wäre demütigend, mit einem solchen Gott zu sprechen, geschweige denn zu ihm zu beten.

Nach Jahren der Schmerzen und Wut wegen des vermeintlichen Verrats sehnte sich Eli danach, eine andere Stimme zu vernehmen.

Im Laufe einer intensiven Pfadarbeit, bei der Eli sein selbstzerstörerisches Muster unterbrechen wollte, ließ er der Wut über die brutale Behandlung durch seinen Vater freien Lauf, der ihn als Kind oft geschlagen hatte und als Erwachsenen ständig kritisierte. Eli hatte verstanden, daß sein Selbsthaß nicht die Stimme der Wahrheit, sondern die Stimme des niederen Selbst war, das sich als sein verinnerlichter Vater bemerkbar machte. Er erkannte sie als inneren Teufel, der ihn genauso vernichten wollte, wie die Nazis die Juden hatten vernichten wollen. In seinem Selbstzerstörungsdrang setzte er den mörderischen Antisemitismus fort, der ihm so zuwider war. Er sah ein, daß seine tiefsitzende Negativität nicht einfach durch menschliche Güte zu überwinden war. Er brauchte Gott.

In seinem Tagebuch schrieb Eli: »Angesichts des Teufels gab ich meine Machtlosigkeit ihm gegenüber zu. Ich (mein Ich) konnte es nicht mit ihm aufnehmen oder ihm Einhalt gebieten. Mein Helfer schlug vor, zu Gott zu beten und ihn um Hilfe zu

216

bitten. Das konnte ich einfach nicht. Ich wußte nicht, wie man betet. Ich konnte das Wort ›Gott‹ nicht aussprechen. Ich sagte, ich könne ihm nicht vergeben, und löste mich in Tränen auf. Nach einer Weile hatte sich mein Herz beruhigt. Mein Helfer fragte mich, ob ich mich danach sehne, mein Herz Gott noch etwas mehr zu öffnen. Das tat ich zwar, aber ich konnte keinen Schritt weitergehen. Zumindest hatte ich meinen Widerstand gegen die Öffnung aufgegeben.«

Nach dieser Sitzung ging Eli in sein Zimmer zurück und stellte fest, daß er plötzlich an Mathematik denken mußte. Später schrieb er auf: »Bin mir bewußt geworden, weshalb ich den ganzen Nachmittag algebraische Gleichungen aufgestellt habe. Ich hatte meinen Glauben und mein Leben in die Überzeugung gesteckt, das Böse würde siegen, und hatte nicht einmal gemerkt, daß es auch etwas geben mußte, das die Gleichung aufwog.«

Eli machte sich mit dem Gedanken vertraut, daß das Böse durch das Gute aufgewogen, sein niederes Selbst durch sein höheres Selbst ausgeglichen werden müsse, und das Universum durchaus dieselbe größere Macht sein könnte, die Gut wie Böse erschaffen hatte und zuließ. Dadurch wurde er für eine Vorstellung Gottes zugänglich, die alle Dualitäten einschließlich Gut und Böse in sich barg und größer als diese war.

Elis Erfahrungen als Jude hatten das Gottesbild einer launischen, feindlichen Autorität in ihm hervorgerufen sowie die Vorstellung gefestigt, die Menschen seien des Bösen fähiger als des Guten. Durch die Erforschung der kindlichen Gefühle, von seinem Vater zurückgewiesen und den Nazis unterdrückt worden zu sein, fand er den Weg zurück zu einer gütigeren Sicht des Universums. Zudem verhalf ihm sein mathematisches Talent zur Einsicht, daß er mit seiner Überbetonung der Schattenseite sich nicht im Gleichgewicht befand.

Die katholische Erfahrung

James wurde als Kind nur in Kirchgemeindeschulen geschickt und hatte den Katholizismus sehr ernst genommen. Als er sieben Jahre alt war, war er bereits davon überzeugt, eine Todsünde begangen zu haben, weil er an einem Sonntag nicht zur Messe gegangen war. Er lebte in ständigem Schrecken, ewig in der Hölle leiden zu müssen.

In den katholischen Schulen hatte James gelernt, daß »Gott überall sei und alles wisse.«[33] Er war sich also klar, daß Gott es wußte, wenn er die Gebote nicht einhielt. Und da zu den Geboten, die er im Katechismus gelernt hatte, ebenso das Verbot

---

[33] Aus dem Katechismus der Brüderschaft der Christlichen Doktrin, Washington, D.C., 1942.

217

gehörte, ärgerlich zu werden oder der elterlichen, kirchlichen oder schulischen Autorität den Gehorsam zu verweigern, wußte er mit Bestimmtheit, daß er Gott viele Male nicht gerecht worden war.

Als Junge strengte sich James nach Kräften an, gut zu sein, und den gewöhnlichen Normen zufolge war er ein ruhiges, gehorsames Kind. Dem Katechismus gegenüber empfand er sich hingegen ständig als Versager. Sein Selbstwertgefühl wurde noch mehr untergraben, weil er dachte, der Katechismus sei direkt an ihn gerichtet: »Wir werden ohne Gottes Gnade geboren. Wir sind nicht heilig und Gott nicht wohlgefällig. Wir haben kein Recht auf den Himmel.«[34] Obwohl er das Sakrament der Taufe und später der Kommunion bekommen hatte, war er überzeugt, nie genug tun zu können, um Gott zu gefallen.

Als Jugendlicher fing James an, gegen die Strenge seiner katholischen Erziehung zu rebellieren. Als sich seine Sexualität in voller Stärke regte, konnte er den Forderungen seiner Kirche nicht mehr entsprechen. Er sah nur noch zwei Möglichkeiten: Unter der Last dieses schrecklichen Urteils zusammenzubrechen und seine Sexualität sowie »schlechten Gedanken« zu unterdrücken, oder einfach zu akzeptieren, daß er unwiderruflich schlecht war und das Jüngste Gericht vielleicht nicht eintrat. Die Wahl schien riskant, vielleicht mußte er doch eine Ewigkeit in der Hölle schmoren. Aber seine Sexualität überwältigte ihn so stark, daß er sie einfach nicht mehr leugnen konnte.

Als James ins College kam, las er viel, unter anderem über die moderne Psychologie; damit bekam seine Ablehnung des Katholizismus eine intellektuelle Grundlage. Er studierte Bücher über die östliche Mystik und wurde für eine andere Gottessicht zugänglich. Die Übung des Zenbuddhismus bot ihm die Möglichkeit, an seiner kindlichen Ernsthaftigkeit Gott gegenüber anzuknüpfen, ohne sich in den Fallstricken der Religion zu verheddern.

James' katholische Erfahrung hatte in ihm einen fordernden, zurückweisenden, strafenden Gott entstehen lassen, der die Sexualität ablehnte und den er – als einfacher Sterblicher mit einer normalen Geschlechtlichkeit und unvermeidlichen menschlichen Schwächen – nie zufriedenstellen konnte. Er mußte entweder Gott oder sich selbst ablehnen, eine unerträgliche Wahl. Seine Beschäftigung mit dem Sinn des Lebens und des Todes hörte aber nie auf und brachte ihn schließlich auf einen Weg, der zu einer direkten, nichtmoralisierenden Erfahrung der Wirklichkeit und zurück zu Gott führte.

[34] ibd.

218

Eine protestantische Erfahrung

Martha war in einer kleinen Stadt auf dem Land aufgewachsen und hatte dort die lutherische Schule besucht. Sie erinnerte sich, daß die Sonntagsschule zwar ganz nett, aber auch langweilig war, und daß ihre Familie in der Kirche immer den Schein der Normalität wahrte und tat, als sei alles in Ordnung. Zu Hause aber war der Vater häufig betrunken, gewalttätig gegen Mutter und Kinder und konnte die Familie kaum ernähren. Die Kirche war ein Schein; zu Hause war das Leben hart und bedrohlich. Ihre Mutter wurde unterdrückt, die Dinge wuchsen ihr über den Kopf, und sie war Martha kein Trost. Der eigentliche Patriarch war weder Gott noch Jesus, sondern ihr alkoholischer Vater. Langsam glaubte sie, Gott und die Religion seien eigentlich nur für den Schein gut, gleichsam eine Maske, die man anzog, um anderen zu gefallen. Die Religion hatte mit der Realität nichts zu tun.

Als Kind lief Martha häufig von ihrem bedrückenden Zuhause weg und verbrachte Stunden in der Natur. Sie lernte Pflanzen und Tiere kennen, war dem wohltuenden Puls des Lebens nahe und fand Trost im Zyklus der Tage und Jahreszeiten. Statt der Religion wurde die Natur ihre Rettung.

Als sie aufwuchs, wurde Marthas spiritueller Hunger zunächst durch die Indianer gestillt, deren spiritueller Kern die Liebe zur Erde war, die als Lehrerin und Trösterin der Menschen betrachtet wurde. Mutter Erde war ein Wesen, das für ihr Wohlbefinden äußerst wichtig war. Sie fing an, alles über Religionen zu lesen, in deren Mittelpunkt die Erde stand und in denen die Göttinnen ebenso wichtig wie die Götter, die Großmütter ebenso weise wie die Großväter waren.

Ihre protestantische Erfahrung hatte in Martha das Bild eines ineffizienten und wichtigtuerischen Gottes erweckt. Den Weg zu ihrem spirituellen Wesen fand sie über ihre Verbindung mit der Natur. Das verschaffte ihr auch Zugang zu ihrem eigenen weiblichen Gottselbst, welches durch die patriarchalische Religion und den patriarchalischen Haushalt geleugnet worden war.

Der Hunger nach spiritueller Erfahrung bahnt sich stets einen Weg und berührt auch die zynischste Seele. James suchte Antworten auf die Hauptfragen des Lebens; bei Martha war es die Sehnsucht nach einer stärkeren Verbindung mit der Erde, und Eli sehnte sich danach, seinen düsteren Pessimismus aufzugeben und ein ausgeglichenes Universum zu finden. All diese Sehnsüchte nach tieferer Erkenntnis, innigerer Liebe und stärkerer Verbundenheit verdeutlichen das Verlangen, einen geeinteren Bewußtseinszustand zu erfahren als das normale, verbindungslose Ich zuläßt. Wir suchen Gott im Inneren und nehmen deshalb Verbindung mit unserem höheren Selbst auf. Damit das gelingt, müssen wir alle kulturellen und psychologischen Verzerrungen des Gottesbildes erkennen und allmählich ablegen.

Jede kleinste innere Abweichung und Blockade verhindern das Verständnis der unerklärlichen, grenzenlosen Größe Gottes, die sich nicht in Worte fassen läßt. Wir sollten uns mit dem Ausräumen der Hindernisse befassen, Schritt für Schritt und Stein für Stein, erst dann werdet ihr einen Blick auf das Licht erhaschen und unendliche Glückseligkeit verspüren.

Ein Hindernis besteht darin, daß ihr trotz aller Lehren aus verschiedenen Quellen euch Gott immer noch unbewußt als jemanden vorstellt, der willkürlich handelt, wählt, entscheidet und bestimmt. Dem stülpt ihr die Vorstellung über, daß Gott auch gerecht ist. Doch diese Vorstellungen sind falsch. Denn *Gott ist*. Die Gerechtigkeit stammt aus der Wirkung der spirituellen Gesetze, die ebenfalls einfach *sind*. Gott ist das Leben und die Lebenskraft, die große schöpferische Kraft, die euch zur Verfügung steht. Ihr, die ihr nach seinem Ebenbild geschaffen seid, habt die freie Wahl, wie ihr diese Kraft verwenden wollt. Ihr lernt mit der Zeit, daß Abweichungen vom geistigen Gesetz, vom Weg der Liebe und der Wahrheit, zum Unglück führen und daß Übereinstimmung mit dem geistigen Gesetz Glück beschert. Ihr seid vollkommen frei, das zu wählen, was ihr wollt. Ihr seid nicht gezwungen, in Seligkeit und Licht zu leben, doch ihr könnt, wenn ihr so wollt. All dies drückt die Liebe Gottes aus. *(Lesung 52)*[35]

Hingabe an und Widerstand gegen das höhere Selbst

Die Erfahrung der transpersonalen und einenden Ebenen des höheren Selbst stellt sich erst ein, wenn das äußere Selbst, das erwachsene Ich, lernt, sich der größeren Realität hinzugeben. Dazu müssen die begrenzten Gottesbilder aufgegeben werden, die wir aus der Kindheit und vergangenen Leben mitgebracht haben.

»Das Ich muß wissen, daß es nur Diener des größeren Wesens im Inneren ist. Seine Hauptaufgabe lautet, bewußt mit dem größeren Selbst im Inneren Kontakt

---

[35] *Der Pfad der Wandlung*, S. 65.

220

aufzunehmen« *(Lesung 158)*. Zur Aufgabe des Ich zählt, sich den eigenen Hindernissen zu stellen, damit die Mitteilungen des höheren Selbst gehört und beachtet werden.

Gibt sich das Ich hin, werden wir so offen, wie wir es als Kinder waren. »Wenn ihr nicht werdet wie die kleinen Kinder, könnt ihr nicht in das Himmelreich eingehen.« Wir fürchten diese Hingabe, weil wir Autoritätsfiguren gegenüber verletzlich werden – der elterlichen Autorität und Gott oder kirchlichen Autoritäten. Deshalb müssen wir noch einmal jene Situationen nacherleben, in denen das Vertrauen zu Autoritäten verraten wurde und der Glaube ins Wanken geriet.

Carol sehnte sich danach, Gott zu erkennen und ihr höheres Selbst zu erfahren. Sie las alle möglichen spirituellen Bücher, angefangen von den Hauptwerken der verschiedenen Weltreligionen bis zur New-Age-Literatur. Verstandesmäßig glaubte sie an eine geistige Realität, aber sie war nicht fähig, diese selbst zu erfahren. Sie klopfte an, aber die Tür blieb ihr verschlossen.

Während der Erinnerungsarbeit an Carols frühester Kindheit schlüpfte sie spontan in ihr Kindselbst zurück. Sie war eine Frühgeburt gewesen und hatte mehrere Monate lang in einem Brutkasten gelegen, und ihre Mutter war zu krank gewesen, um sie überhaupt zu besuchen.

Carol lag in der Pfadsitzung auf dem Sofa und fing an, mit einer erstickten, gequetschten Stimme zu reden: »Wo bist du, wo bist du?« Ihre Gefühlslage wechselte zwischen Verzweiflung und ohnmächtiger Wut. Dazu aufgefordert, um sich zu schlagen und zu schreien, verschaffte Carol ihren kleinkindlichen Ängsten Luft. Als der heftige Gefühlsausbruch vorbei war, sagte sie mit winziger, trauriger Stimme: »Ich fühlte mich so verlassen und verraten. So sollte es doch nicht sein. Wo ist sie? Wo ist sie bloß?« Jetzt löste Kummer die Wut ab, und sie fing an, hemmungslos zu schluchzen. Nachdem sie sich ausgeweint hatte, fühlte sie sich wie in einem leeren, offenen Raum, in dem sie Engelsmusik zu hören vermeinte.

Später überdachte Carol ihre Regression in die Kindheit: »Genau das empfand ich Gott gegenüber. Er hatte mich verraten und mich hilflos mir selbst überlassen. Später gelobte ich innerlich, nie mehr so verletzlich und bedürftig zu sein wie als Säugling. Ich habe mich sehr mit meinem Ich identifiziert und wollte es nicht aufgeben, um nicht wieder in diese schreckliche Verletzlichkeit zurückzufallen. Ich habe die ganze Zeit Gott oder mein eigenes höheres Selbst mit meiner nicht anwesenden Mutter gleichgesetzt. Jetzt habe ich zum ersten Mal die Hoffnung, daß ich mit einem Schutzengel,

221

meiner Seele oder meinem höheren Selbst Verbindung aufnehmen kann, das für mich da war und ist. Ich weiß, daß ich mit meiner Bedürftigkeit statt meinem Erwachsenenverstand zu Gott gehen muß, wenn ich seine Stimme hören will.

Auf dem Weg zum höheren Selbst geraten wir in verschiedene schmerzhafte und furchterregende Bewußtseinszustände. Im Umgang damit lernt das Ich, »durchlässig« zu werden, damit tieferliegende Realitäten an die Oberfläche kommen können. Da das höhere Selbst ein Strom unwillkürlicher Energien ist, müssen wir mit den eigenen unwillkürlichen Abläufen mitgehen, die uns als Kinder, als wir noch kein Ich entwickelt hatten, so stark bewegten. Geben wir die Kontrolle auf und lassen das Unwillkürliche zu, lernen wir die Impulse, die vom höheren Selbst kommen und vertrauenswürdig sind, von denen zu unterscheiden, die vom niederen Selbst kommen und die man eindämmen muß. Auf jeden Fall müssen wir uns den Ängsten und der Verletzlichkeit aus der Kindheit öffnen, die der Ichkontrolle zugrunde liegen. Indem wir lernen, alle unwillkürlichen Empfindungen zu dulden, erschließen wir uns dem Strom des Geistes immer mehr.

Nicht loszulassen spiegelt stets das innere, spirituelle Ringen, wem zu vertrauen sei: dem kleinen Ich oder Gott im Inneren. Um Gott im Inneren zu vertrauen, muß man durch die dazwischenliegenden Bewußtseinszustände »reisen«. Allzu häufig möchte das Selbst Schmerz oder Verwirrung, Leere oder Angst vermeiden. Doch jeder Zustand muß vorübergehend angenommen werden, damit er erforscht, verstanden und aufgelöst werden kann.

Deshalb ist der Widerstand gegen das Loslassen so stark. Ihr zieht den Status quo vor, in dem ihr jene anderen Bewußtseinszustände meidet, die durchquert werden müssen, um loszulassen und euer Leben zu gestalten und auszudehnen ... Wenn ihr jedoch beschließt, euch Gott hinzugeben, nimmt der Widerstand gegen das Loslassen allmählich ab. Mit einer einzigen Entscheidung ist es nicht getan. Es ist ein Entschluß, der unzählige Male wiederholt werden muß. *(Lesung 213)*

Eine angemessene Hingabe an die unwillkürlichen Abläufe schließt die Konfrontation mit den negativen Impulsen zwangsläufig mit ein. Mit der Zeit lernen wir, auf die Entfaltung der inneren Gegebenheiten zu vertrauen und mit der eigenen Negativität zu arbeiten. Wir vertrauen dem sich selbst steuernden, kreativen

222

evolutionären Lebensprozeß, der uns durchströmt. »Das muß euch dazu verhelfen, dem wahren Leben, das sich selbst aus eurem eigenen Inneren steuert, noch einen Schritt näherzukommen *(Lesung 153)*.

Übungen zum achten Kapitel

Beschreibe ausführlich eine Erfahrung, die du mit dem höheren Selbst gemacht hast. Notiere, wie dich diese Erfahrung verändert hat.

Erstelle eine Liste mit deinen besten Eigenschaften –»Punkte«, an denen du spürst, wie dein höheres Selbst deine gegenwärtige Persönlichkeit »durchstrahlt«. Überlege, welchen Bezug sie zu deinem Maskenselbst haben. Gehe Ähnlichkeiten und Unterschieden auf den Grund.

Stelle fest, ob du irgendeine Scham darüber empfindest, die Eigenschaften deines höheren Selbst für dich zu beanspruchen. Erforsche, in welchem Zusammenhang dieser Selbstverrat steht. Hast du vielleicht die Liebe eines oder beider Elternteile verraten? Hast du den liebevolleren Elternteil für selbstverständlich gehalten und warst du auf den weniger liebevollen fixiert?

Untersuche, wie »spirituell wohl« es dir in verschiedenen Lebensbereichen ist: z.B. Alleinsein mit dir, Zusammensein mit Leuten desselben Geschlechts, Zusammensein mit Leuten des anderen Geschlechts, dein Bestes an der Arbeit geben, in der Natur oder mit Kindern zusammen sein. Frage dich, wie entspannt, offen und vertrauensvoll du in diesen verschiedenen Bereichen bist. Lade in einem Gebet oder Ritual dein höheres Selbst ein, dir in den Bereichen, in denen du zur Zeit blockiert oder verschlossen bist, zu mehr Offenheit zu verhelfen.

Stell dir dein höheres Selbst als einen inneren Lehrer/Heiler/Gefährten vor. Beschreibe dieses höhere Selbst, das in dir lebt. Entwickle einen Dialog zwischen deinem Ich und deinem höheren Selbst. Er kann sich um ein Thema drehen, das dich gerade beschäftigt, oder du beobachtest, welche Führung sich jetzt zeigen möchte.

9. Kapitel

Die Bindung an das niedere Selbst lösen

»Wenn ihr eure negativen Absichten aufspürt, könnt ihr euch nicht mehr vormachen, daß euch Negatives ›zustößt‹. Ihr müßt mit der Tatsache ins reine kommen, daß euer Leben die Folge eurer eigenen Entscheidungen ist. Und Entscheidungen beinhalten die Freiheit, eine andere Haltung einzunehmen.«

Lesung 195,
Identifikation mit dem spirituellen Selbst, um die negative Absicht zu überwinden.

Michael: Die Wurzeln der verbotenen Frucht erforschen

Michael kam zum Pfad, weil er seinem Hang zu negativen sexuellen Fantasien auf den Grund gehen wollte. Er war frisch verheiratet und liebte seine Frau innig. Da er die Möglichkeit einer liebevolleren, ekstatischeren sexuellen Vereinigung mit ihr erahnte, wollte Michael das aus dem Weg räumen, was in seinen Augen eine liebevollere Sexualität verhinderte.

Die häufigsten Fantasien galten Sex mit Huren, insbesonders mit Tunten. Tunten leben in der Unterwelt sexueller Doppeldeutigkeit, da sie als Mann geboren wurden, sich aber als Frauen ausgeben. Sie stellen zwar die sekundären weiblichen Geschlechtsmerkmale der Frau zur Schau, haben aber trotzdem noch männliche Genitalien. Michael hatte zahlreiche kurze Abenteuer mit Tunten und geriet bei Fantasien über sie immer noch in Erregung.

Der folgende Traum hatte Michael bewogen, an seinem sexuellen Problem zu arbeiten: »Ich bin in einem Rotlichtviertel, wo einige Tunten als Huren arbeiten. Die

224

Leute bejubeln einen Helikopter über ihnen, der Flugkunststücke um ein dreieckiges Gebäude vollführt. Alle Häuser sind sehr hoch und die Straßen eng.

Der Helikopter ist so riesig wie ein Ozeandampfer und sehr flexibel; sein langes Heck biegt sich wie ein Akkordeon. Er vollführt komplizierte, sehr gefährliche Kunststücke und versucht, blitzschnell um das dreieckige Gebäude zu flitzen. Da gerät das Heck außer Kontrolle, schwingt nach außen und zerschmettert mit einem schrecklichen Krachen ein anderes Gebäude. Ich hatte die Gefahr kommen sehen, und beim Anblick der Zerstörung war mir übel.«

Die sexuelle Bildersprache war Michael klar. Er brachte das dreieckige Gebäude mit der weiblichen »dreieckigen Scham« in Verbindung und fürchtete, daß seine eigene sexuelle Energie mit Tunten schrecklich selbstzerstörerisch war. Bei seiner Bearbeitung des Traumes sah sich Michael als Helikopterpilot:

»Ich bin im Cockpit und habe das Sagen. Mir steht diese unglaubliche Kraft zur Verfügung, und die Kunststücke verschaffen mir einen enormen Kitzel. Ich genieße die Spannung und Gefahr. Ich bin mir bewußt, daß der Helikopter eine Art Peitschenschlag um die Gebäude vollführt, aber ich fühle mich unverletzbar. Plötzlich merke ich, daß das Heck völlig außer Kontrolle gerät, daß Unheil droht, und dann ... ein plötzlicher Tod.«

Michael erwähnte, das Gefühl drohenden Unheils sei ihm vertraut, als könne er sich daran erinnern, in einem anderen Leben plötzlich in einer sexuell geladenen Situation gestorben zu sein. Das Gefühl erinnerte ihn auch an seine Begegnungen mit Tunten, für die er abwechselnd väterliche und ängstliche Gefühle hegte. Die drohende Gefahr gehörte zur sexuellen Erregung. Sex und Gefahr, Macht und die dunkle Seite, Spannung und Zerstörung – sie gehörten irgendwie zusammen, und er wußte, daß er sie voneinander trennen mußte, um die Negativität loszulassen, die seiner männlichen Sexualität innewohnte.

Er überdachte seine frühkindliche geschlechtliche Entwicklung. Soweit er sich erinnern konnte, hatte Michael sich mit seiner Mutter gegen den Vater gestellt. Seine Eltern hatten miteinander gestritten, meistens wegen der Trunksucht des Vaters. Als Einzelkind wußte Michael, daß die Mutter ihn vorzog und den Vater verachtete. Die Mutter vertraute sich Michael an und erzählte ihm, was sie ihrem Mann anlastete, einschließlich ihrer sexuellen Unzufriedenheit. Seine Mutter flirtete auch mit ihm. Sie ging nackt oder halbnackt im Haus herum und bat ihn häufig, ihr die Schultern zu massieren oder den Rücken zu waschen, wenn sie in der Badewanne war, und sie fragte ihn auch, wie sie aussah, wenn sie ein Kleid anzog. Als Halbwüchsiger war Michael von sexuellen Fantasien, die sich um seine Mutter rankten, völlig besetzt.

Michael erschien seine Mutter als Königin[36] im Haus, sein Vater war der impotente König, und Michael der Kronprinz. Die inzestuöse Energie zwischen Mutter und Sohn wurde zwar nicht ausgelebt, es knisterte aber dennoch: Was war, wenn sie außer Kontrolle geriet und das letzte Tabu umstieß? Was, wenn der Vater dahinterkam? Als er seine frühesten Assoziationen von Sex mit Gefahr überdachte und der »verbotenen Frucht« der Tunten gegenüberstellte, verstand Michael, weshalb ihm die Heterosexualität in der Ehe »langweilig« vorkam. Er spürte auch, daß die zunehmende Nähe zu seiner Frau die tabuisierten Gefühle zu seiner Mutter wieder zu wecken drohten.

Da träumte er: »Ich bin an einem dunklen Ort, wahrscheinlich in einer U-Bahn in New York, und versuche einem teuflischen Kerl zu entgehen, der sich mit mir verbünden will. Er will mir Macht und die Fähigkeit zu fliegen verleihen, wenn ich ihm dafür ›meine Seele verkaufe‹. Er ist ein Geist und kann seine Form beliebig ändern.

Er sagt zu mir: ›Rate mal, wohin ich als nächstes gehe?‹

Ich spüre ein Kribbeln im Kopf und merke, daß er in meinem Gehirn ist. Er bietet mir Geschlechtsverkehr mit ihm an und erinnert mich daran, daß er seine Form ändern kann. Dann wird er zu einer äußerst verführerischen, schönen Tunte. Er ist mit einer anderen Tunte da. Sie haben beide seltsame Genitalien, deren Haut kaum mit dem Körper verbunden ist, als wären sie Anhängsel, die nicht zu ihnen gehörten. Beide wollen Sex mit mir, und wir alle wissen, daß der teuflische Geist das eingefädelt hat. Aber die Tunten fangen an zu streiten, und ihre Genitalien fallen ab.«

In seiner nächsten Sitzung gab Michael zu, daß der Traum seine kindliche Kastrationsangst infolge der inzestuösen Verstrickung mit der Mutter darstellte. Über die rein psychologische Ebene hinaus spürte Michael, daß er einen Pakt mit dem Teufel geschlossen hatte, den er sich jetzt anschauen und ändern wollte. In der Sitzung sprach Michael beide Rollen im folgenden Dialog mit dem Teufel:

Teufel: »Du brauchst mich. Übergib mir die Kontrolle über deine Sexualität. Ich werde dir große Macht geben.«

Michael: »Nein. Geh weg. Ich brauche dich nicht. Ich will dich nicht. Ich will mich für die Liebe entscheiden und nicht für das, was du mir bietest. Ich will glauben, daß Liebe stärker ist als du.«

---

[36] Im Englischen heißt »queen« = »Königin« auch »Tunte«!

226

Teufel: »Vergiß nicht, ich könnte nicht herkommen, wenn du mich nicht wolltest.«
Ich unterbrach und schlug vor, daß Michael seine Bindung an die teuflische Kraft
erforsche.

Michael: »Ich spüre die Kraft, die mir meine negative Sexualität verleiht; sie ist
die Erregung, die die Maschine ankurbelt. Die sexuelle Kraft in mir erweckt alles und
läßt das Leben lebenswert erscheinen.«

Da fragte ich: »Wer wärst du ohne sie?«

Michael: »Ohne sie wäre ich mein Vater – ein deprimierter, impotenter Konfor-
mist. Er ist eine leere Maske, jemand, der sich mit wenig zufriedengegeben hat, der
starr und anständig wurde und trank, um sich zu entspannen, was ihn töricht, dumm
und kindisch machte. Er ist bereits tot. Er hat die Totenstarre des Geistes.«

Teufel: »Siehst du, ich gebe dir dein Leben. Die Art Sex, die ich dir biete, ist dein
Leben. Du brauchst keine anderen Gefühle.«

Michael: »Du gibst mir Kraft mit einem entsetzlichen Preisschild: Schmerz,
Schuld und Trennung von der Frau, die ich liebe. Zudem engst du mein Gefühlsleben
ein. Ich will nicht nur sexuelle Empfindungen haben. Ich möchte die Intimität mit
meiner Frau erweitern, traurig oder wütend sein, Freude und Angst erleben und die
ganze Bandbreite des Lebens spüren können. Ich hasse deine ständige Beschäftigung
mit der Sexualität.«

Teufel: »Ich gebe dir Macht durch Sex. Das ist alles, was es gibt.«

Michael: »Wer bist du und was willst du?«

Teufel: »Ich will Macht und Trennung. Das ist alles, was ich kenne.«

In späteren Sitzungen dachte Michael über die Identität des Teufels nach. Er
erkannte den Teufel als zerstörerisches, eigensinniges Kind, das ständige Aufmerksamkeit, sofortige Bedürfnisbefriedigung und Macht über andere haben wollte. Hinter
diesem niederen Selbst fand er ein bedürftiges Kind, das glaubte, es brauche Macht als
Kompensation für das Ungeliebtsein. Michael wußte, daß er gegenseitige Liebe
wollte, die mit der kindischen Selbstsucht unvereinbar war, und dennoch fühlte er sich
immer noch zur Macht und Gefahr der verbotenen Sexualität hingezogen. Michael
fragte also das Teufels-Kind noch einmal: »Wer bist du und was willst du?«

In einem weiteren Dialog klang der Teufel immer mehr wie ein emotional verstör-
tes Kind, das Michael an einen zähen Halbwüchsigen erinnerte, den er einst bei der
Arbeit in einem Heim für gestörte Teenager beraten hatte. Michael erinnerte sich an
eine Begebenheit nach dem Besuch der erschöpften, besorgten Mutter des Jungen mit
dreien ihrer elf Kinder; der Junge war durch den Hinterausgang gegangen und hatte

227

angefangen, junge Pflänzchen aus einer Baumschule auszureißen. Michael rannte zu ihm, packte ihn bei den Schultern und schrie: »Was tust du da?« Der Junge starrte mit haßerfüllten Augen vor sich hin und sagte nichts. Michael wurde sanfter und fragte den Jungen ruhig, aber bestimmt: »Was willst du? Was willst du wirklich?« Nachdem er lange Zeit geschwiegen hatte, sagte der Junge schließlich mit Tränen in den Augen: »Ich will meine Mutter.«

Michael versagte die Stimme, als er das erzählte, und zum erstenmal ging ihm auf, wie wenig er selbst richtig bemuttert worden war. Für seine Mutter war er ein Mann und Geliebter, Vater und Tröster gewesen, aber selten ein Kind, das mütterlich umsorgt und getröstet wurde. Michaels Trauerarbeit galt nun der Mutter, die er nicht gehabt, und der Fürsorge, die er nicht bekommen hatte. Seine Gefühlswelt weitete sich, und er äußerte öfter Kummer und Wutanfälle.

Gleichzeitig empfand Michael immer mehr Mitgefühl mit seinem eigenen verstörten inneren Kind. Er hatte mehr Geduld mit ihm, wollte ihm helfen, erwachsen zu werden und zu begreifen, daß es geliebt wurde und sich nicht negativ auszuleben brauchte. Michael weckte den »guten Elternteil« in sich, der für sein inneres Kind sorgen konnte.

Er meditierte regelmäßiger und nahm häufiger Kontakt zu seinem höheren Selbst auf, jener geistigen Essenz, von der er stets gewußt hatte, daß sie seine wahre Identität war. Dieses Selbst liebte ihn und nahm ihn mit allen seinen Seiten an, einschließlich des Kindes mit seinem niederen Selbst. Frühere Drogenerfahrungen hatten ihm einen echten Vorgeschmack seines erweiterten Selbst vermittelt, obwohl er Drogen auch als Ersatz für emotionales Wachstum verwendet hatte.

Michael stellte fest, daß das sexuelle Verlangen nach seiner Frau geringer wurde, als er sich stärker auf seine Liebe zu ihr konzentrierte. Während er sich bei einem Zusammensein mit seiner Frau von einer neuen Kraft, der machtvollen Verbindung von Sex und Liebe, durchflutet fühlte, stellte sich plötzlich ein heftiger Schmerz in seiner linken Hüfte ein. Michael versetzte sich vorübergehend in die Energie, die ihn »angegriffen« hatte, und redete wieder mit der Stimme des Teufels: »Nein, ich werde nicht zulassen, daß du die Energien von Liebe und Sex zusammenbringst. Du weißt wohl nicht, daß dich das umbringen wird? Es wird dich überwältigen! Ich werde nie zulassen, daß du sie zusammenbringst. Komm zu mir zurück, es ist sehr viel sicherer.«

Michael wußte, daß nur die Ichkontrolle durch die liebevolle Sexualität überwältigt werden würde und nicht sein wahres Ich. Er erinnerte sich, daß der Teufel eine Abwehr seines verwirrten Kindes war, konfrontierte ihn noch einmal damit und sagte: »Ich

228

weiß, daß dich der Strom der vereinigten Gefühle erschreckt. Ich weiß, daß er die Angst vor dem Inzest und das Gefühl des Überwältigtwerdens wieder weckt. Ich weiß, daß du mich zu schützen glaubst, wenn du meine Sexualität von meinem Herzen abspaltest.«

Dann war Michael in der Lage, seine kindlichen Ängste, Verwirrung und Isolierung seiner Partnerin mitzuteilen. Kaum hatte er das getan, wußte er auch, daß er dem Teufel direkt begegnen mußte. »Ich brauche die Abwehr der abgespaltenen Sexualität nicht mehr, mit der du mich ständig verlockst. Ich will alles zusammenbringen. Ich sage ›nein‹ zu deinem negativen Willen und halte mich an die Absicht meines höheren Selbst, zu lieben und meine Liebe auch sexuell auszudrücken.« Da ließ der Schmerz in seiner Hüfte langsam nach.

Michael machte nun täglich eine Visualisierungsübung, bei der er seine Sexualität mit seinen Herzensgefühlen verband und die sexuellen Fantasien aufgab, von denen er wußte, daß sie seine sexuelle Lebenskraft abspalteten. Durch seine Meditationen und Visualisierungen stärkte er den Kontakt zu seinem höheren Selbst.

(Michaels Bericht wird zu Beginn des zehnten Kapitels fortgeführt.)

Das Eigenleben der Negativität

In Michaels Träumen und Dialogen hatte das niedere Selbst, das er seinen inneren Teufel nannte, ein Eigenleben und eine eigene spirituelle Form. Es kämpft um sein Ziel Trennung, zu erreichen. Es schwelt im Unterbewußtsein, wo die bewußten guten Absichten am leichtesten vereitelt werden. Als emotionales Klima zieht es Verleugnung, Rechtfertigung, Verwirrung und Unehrlichkeit vor. Wenn wir das niedere Selbst nicht aufdecken, spielt es sein zerstörerisches Muster durch. Solange Michael seine unbewußten Träume nicht ans Licht des Bewußtseins hob, war er in einer zwanghaft negativen Sexualität gefangen.

Das niedere Selbst will uns überzeugen, daß wir nur dann sicher oder mächtig sind und Lust empfinden, wenn wir den Weg der Selbstsucht und Negativität gehen. Michaels Teufel argumentierte ständig gegen die Hingabe an Liebe und Verletzlichkeit. Solange wir die wahren Absichten des niederen Selbst nicht aufdecken, bleiben wir in negativen Lebensmustern hängen.

Den Klammergriff des niederen Selbst spüren wir, wenn wir etwas nicht ändern können, das wir bewußt ändern möchten. Sogar wenn wir unseren Eltern, der Kultur oder Gott keine Schuld mehr zuweisen und die Verletzungen aus der Kindheit in unseren Bildern aufgelöst sind, haben wir manchmal das Gefühl, wir könnten nichts dafür, so zu sein, wie wir sind. Diese offenbare Hilflosigkeit angesichts des niederen Selbst beruht auf einer tiefsitzenden und weitgehend unbewußten Bindung an die Negativität, die uns allen eigen ist. Diese Anhänglichkeit stammt einerseits aus dem Vorsatz, negativ zu bleiben, und andrerseits aus der Lust am negativen Sein.

Negativer Vorsatz und negativer Wille

Negative Absichten deckt man auf, indem man unerfüllte Lebensbereiche betrachtet. Bewußt wünschen wir uns vielleicht Liebe, Glück, eine befriedigende Arbeit und kreative Selbstdarstellung. Aber manchmal fürchten wir die Erfüllung dieser Wünsche aus zahllosen unbewußten Gründen und widersetzen uns. Vielleicht bestrafen wir uns oder andere unbewußt oder weigern uns dagegen, universales Glück oder Vertrauen anzunehmen, weil es unsere Ichkontrolle bedroht.

Es ist nötig, diejenige Ebene des niederen Selbst aufzuspüren, auf der wir zugunsten der selbstsüchtigen Begrenzungen unserer göttliche Verbundenheit mit allem Leben trotzen. Diese Ebene zeigt sich manchmal als Dämon, Teufel oder negative Stimme des kollektiven negativen Unbewußten, an dem wir mit allen in der Dualität lebenden Menschen teilhaben.

Das Aufdecken der negativen Absicht, vom göttlichen Kern abgespalten zu bleiben und uns der Liebe, Wahrheit und Lust zu widersetzen, ist erst einmal ein Schock. Es ist kaum zu glauben, daß wir genau diejenigen Dinge verneinen, die wir im Leben am meisten wollen. Manchmal wird die negative Absicht eines Lebensaspekts erst klar, wenn wir uns bereits anders entschieden haben wie im folgenden Fall.

Sophie war eine junge Frau, die erst vor kurzem von einem älteren Mann geschieden worden war, mit dem sie nie Freude an Sex gehabt hatte. Jetzt war sie in einen sanften jungen Mann verliebt, dem sie von Herzen zugetan war und der ihr geholfen hatte, sich sexuell so weit zu entspannen, daß sie zum ersten Mal in ihrem Leben einen Orgasmus hatte. Sie hegte aber vielerlei Zweifel hinsichtlich dieser Beziehung und war versucht, ihren neuen Liebhaber aufzugeben. Bald darauf träumte sie, daß sie zu ihrem früheren Mann heimkehrte, der einen mörderischen Tobsuchtsanfall bekam, als sie ihm sagte, sie sei jetzt orgasmusfähig.

In ihrer Pfadsitzung bat ich Sophie, für die Traumfigur des früheren Ehemannes zu sprechen. Als sie das tat, wurde Sophie klar, daß es eine Stimme in ihr gab, die von

230

ihrer neuen liebevollen Sexualität abgestoßen war. Die Stimme sagte: »Sieh nur, was du getan hast. Du hast deinen einzigen Machtvorsprung aufgegeben, die Macht der Verweigerung, die du so viele Jahre eingesetzt hast, um Kontrolle über die Männer auszuüben. Was hast du bloß für eine miserable Entscheidung getroffen! Du wirst nach den Männern geifern, und jeder wird dich haben können. Wenn du noch etwas Selbstachtung behalten willst, tätest du gut daran, dich wieder zu verweigern und diesen jungen Mann zu verlassen.«

In dieser Stimme erkannte Sophie ihre negative Absicht. Eine Seite in ihr war zu Tode erschrocken und zornentbrannt über die Verletzlichkeit, zu der die Öffnung ihrer Sexualität geführt hatte. Diese negative Absicht ins Bewußtsein gehoben zu haben, half Sophie, die Beziehung weiterzuführen.

Es braucht Zeit und eine beträchtliche Reife, um zu akzeptieren, daß bei mangelnder Erfüllung die innere Absicht sich von den bewußten Wünschen, Bedürfnissen und Absichten unterscheidet. Irgendwann müßt ihr diese Lebenstatsache kennenlernen: daß etwas in euch am Werk sein muß, das die ersehnte Erfüllung vereitelt. Selbst wenn man akzeptiert hat, was anfänglich nur Theorie ist, kann man sich offenbar unmöglich vorstellen, daß es tatsächlich ein inneres »Nein« in bezug auf das bewußte »Ja« gibt … Von der inneren Stimme abgeschnitten zu sein, ist dabei das Hauptproblem. Jede Arbeit, die sich mit einer Selbstentdeckung und Entwicklung befaßt, muß darauf abzielen, diese innere Verneinung aufzudecken. *(Lesung 186)*

Ein großer Schritt ist getan, wenn wir die unbewußte Absicht erkennen, in zerstörerischen Einstellungen und Mustern zu verharren. Mit der Einsicht, daß wir mangelnde Erfüllung, Negativität und Leiden selber wählen, schieben wir die Schuld dafür nicht mehr der Welt und anderen zu. Wir übernehmen die Verantwortung für die Gestaltung unseres Lebens und lenken die schöpferische Energie in neue Bahnen.

Schon das Wort Absicht drückt aus, daß das Selbst die Verantwortung trägt, eine bewußte Wahl trifft und handelt. Sogar wenn ihr euch die schlimmste, zerstörerischste, grausamste, brutalste Haltung eingesteht, nehmt ihr immer noch an, daß ihr nichts für euer Sosein könnt. Wenn ihr eure negativen Absichten aufspürt, könnt ihr nicht mehr vormachen, daß euch die Negativität »zustößt«. Früher oder später müßt ihr mit der Tatsache ins reine kommen, daß euer Leben das Ergebnis eurer eigenen Entscheidungen ist. Und Entscheidungsfreiheit bietet die Möglichkeit, eine andere Haltung einzunehmen ... Es ist äußerst schwierig, sich einzugestehen, daß das Selbst absichtlich einen Kurs der Verleugnung, Boshaftigkeit und des Hasses einschlägt und sogar mit Leiden dafür bezahlt. Doch dann öffnet sich die Tür zur Freiheit bevor man tatsächlich bereit ist, durch sie zu treten. *(Lesung 195)*

Das Verständnis der negativen Absicht wird erst nach viel Arbeit erlangt. Zuerst muß das mitfühlende, objektive Beobachterselbst (das im dritten Kapitel vorgestellt wurde) entwickelt werden. Dann gilt es, die falschen Vorstellungen über die Wirklichkeit, die »Bilder«, kennenzulernen und zu sehen, wie diese immer neue negative Muster oder Teufelskreise im Alltag erzeugen (wie im fünften Kapitel besprochen). Dann lernen wir, die Maske abzunehmen (wie im sechsten Kapitel betrachtet), um die Existenz des niederen Selbst (mit dem wir uns im siebten Kapitel befaßten) anzunehmen und uns schließlich im eigenen höheren Selbst zu verankern (wie wir im achten Kapitel sahen). Gewöhnlich sind all diese Schritte Vorbedingungen zur spirituellen Kraft und Reife, um das tiefsitzende Mißtrauen dem Leben und Selbst gegenüber zu überwinden.

Sophie hatte eine beträchtliche Arbeit hinsichtlich ihrer Feindseligkeit Männern gegenüber geleistet, die mit dem sexuellen Mißbrauch durch ihren Vater, der Alkoholiker gewesen war, zusammenhing. Sie hatte gesehen, wie ihre Bilder des Mißtrauens ihre Feindseligkeit begründeten. Sie hatte ihrer Wut, ihrem Kummer und ihrem großen Schmerz viele Male freien Lauf gelassen. Sie spielte die unzuverlässige Beziehung zu ihrem Mann noch einmal durch. Obwohl ihre neue Beziehung gut lief, merkte sie immer wieder, wie ihr Mißtrauen sie daran hinderte, sich mehr auf die Liebe einzulassen.

In einer Pfadgruppe tauchten bei Sophie spontan »Erinnerungen« an andere Leben mit ihrem Vater auf. Es schien ihr, als hätten sie diesen Tanz um Macht und Kontrolle, Mißbrauch und Verrat unzählige Male miteinander aufgeführt, wobei sie sich in der Rolle des Opfers und Täters abwechselten. Sie wollte verstehen, weshalb sie sich ihren Vater ausgesucht hatte, und redete mit einem neuen Gewahrsein zu ihm, das die Absicht ihres niederen Selbst widerspiegelte.

232

»Ich habe dich ausgesucht. Ich wußte, daß du mich mißbrauchen und grob zu mir sein würdest, und ich habe dich trotzdem ausgesucht. Jetzt habe ich die nötige Entschuldigung, um Männer hassen zu können. Du hast mir diese Entschuldigung geliefert, und ich bin froh, daß ich mich jetzt auf ewig von dir und allen Männern trennen kann. Ich will nie mehr vertrauen, werde niemals nachgeben und nie lieben. Ich will auf ewig getrennt und gekränkt bleiben!«

Das war eine klare Aussage ihrer negativen Absicht und die Entscheidung, Haß, Verweigerung und Boshaftigkeit zu rechtfertigen. Mit dem Bewußtsein für diesen Aspekt konnte Sophie die daraus erwachsende Macht über ihr Leben abschwächen. Sie betete für eine positive, vertrauensvolle Einstellung zu Männern. Erst nachdem sie ihren negativen Willen aufgegeben hatte, zeigten die Gebete eine tiefe Wirkung auf ihr Unbewußtes, und es gelang ihr, eine erfüllende Liebesbeziehung zu haben.

Wann immer wir das Gefühl haben, negative Muster – unharmonische, unerfüllte Bereiche unseres Lebens – hätten sich eingebrannt, ist eine Suche nach den verborgenen negativen Absichten erforderlich. Wir hören innerlich auf eine Stimme, die etwa sagt:

»Ich habe die Absicht, mich dem Leben zu verweigern. Ich vertraue nicht darauf, daß meine Hingabe geschätzt oder erwidert wird. Ich will andere hinhalten und sie bestrafen, indem ich ihnen nicht gebe, was sie von mir wollen. So werde ich Macht haben.«

»Ich will das Leben betrügen und mehr bekommen, als ich gebe. Meine Eltern haben sich mir vorenthalten, und jetzt will ich es im Leben wettmachen. Ich will mich nicht auf Geben und Nehmen einlassen.«

»Mir gefällt es, anderen die Schuld zuzuschieben und das Kind zu sein, das man zum Opfer gemacht hat – das ist einfacher, als ein eigenverantwortlicher Erwachsener zu sein.«

»Ich will im Leben benachteiligt und unglücklich bleiben – das schmerzt meine Eltern und andere, die mich lieben. Ich will aus Bosheit nicht glücklich sein und mein Elend als Waffe gebrauchen, um andere zu bestrafen.«

»Kalt und grausam zu sein verleiht mir Macht. Je unerreichbarer ich bin, desto mehr müssen andere mir hinterherlaufen. Es ist mir egal, wenn ich außerdem einsam bin; ich lasse einfach keine Gefühle zu.«

»Ich bin hoffnungslos schlecht und verdiene weder Lust noch Gutes im Leben. Ich will das Leben als Strafe betrachten und mich nie freuen.«

233

Wir halten an diesen negativen Absichten fest, weil sie uns vertraut sind. Diese negativen Schwüre haben wir vor langer Zeit abgelegt; sie sind Äußerungen unserer Hauptbilder, die das Leben als feindlich, schmerzlich oder bedrohlich wahrnehmen. Unsere Abwehr gegen den Schmerz verhärtet sich schließlich zu einer alles durchdringenden negativen Haltung. Sich einer positiven Sicht zu öffnen, ist anfänglich fremd, und es bedroht die »Sicherheit« unserer Abwehr.

Das niedere Selbst will uns davon überzeugen, daß wir und das Leben schlecht und hoffnungslos sind, damit wir unsere abwehrende Getrenntheit beibehalten. Unsere negativen Absichten sind Äußerungen unserer tiefsten Befürchtung, das niedere Selbst sei unsere eigentliche Wirklichkeit. Deshalb ist es bei dieser Arbeit besonders wichtig, daß wir uns mit dem mitfühlenden, objektiven Beobachterselbst und anderen Aspekten des höheren Selbst gleichsetzen.

Manche negativen Absichten entstammen auch aus einem allgemein verbreiteten Bild, das Leben sei ein ständiger Kampf und der Weg zum Glück bestehe darin, mächtiger zu sein als andere. Dieses Bild besagt, Selbstsucht sei »clever«, ein Leben hingegen, das auf Liebe und Mitgefühl fuße, sei »doof« und mache uns schwach. Den eigenen negativen Willen anzuzweifeln heißt meistens, negative Massenbilder über das Leben in Frage zu stellen. Wir müssen unbedingt lernen, daß Selbstsucht uns nie glücklich macht. Erfüllung entsteht durch Vertrauen zum Leben und die Bereitschaft, sich auf andere einzulassen.

Solange wir das kleine Ich zu sein glauben, verhalten wir uns gegenüber dem höheren Selbst wie ein Kind gegenüber den Eltern. Wir betrachten Gott als äußere Autorität, die uns einnimmt oder zermalmt, wenn wir »ja« sagen. Unsere Gottesbilder, die wir im achten Kapitel betrachtet haben, bestimmen das unbewußte Bild, das wir von unserem höheren Selbst haben, und stehen unserer Hingabe an das Leben im Weg.

Wir glauben, unser »nein« garantiere uns Autonomie. »Das Kind setzt das Aufgeben des Widerstandes mit einer Kapitulation seiner Individualität gleich« (Lesung 195). Es widersetzt sich, also ist es. Der Kampf um Autonomie ist für das Kind und den jungen Menschen angemessen, aber beim Erwachsenen wird er schnell zu einem Widerstand gegen das Leben.

Außerdem halten wir an der Negativität fest, um die tatsächlichen, meist schmerzlichen Gefühle aus der Kindheit zu verleugnen und unsere unvollkommenen Eltern zu bestrafen.

234

Das Festhalten an negativen Willensausrichtungen ist auf die Weigerung zurückzuführen, Verantwortung im Leben zu übernehmen und sich mit »nichtidealen« Umständen abzugeben. Innerlich wird darauf bestanden, die »schlechten Eltern« dazu zu zwingen, »gute Eltern« zu werden, als wäre das eigene Elend eine Waffe. Dieses Elend wird also zum Mittel, das Leben (die »schlechten Eltern«) zu bestrafen. (*Lesung 195*)

Wenn wir mit dem Widerstand und der Boshaftigkeit in unserer eigenen Psyche weitermachen, setzen wir uns nur mit einem Bruchstück unseres Bewußtseins gleich – entweder dem unbewußten Kindselbst oder dem getrennten kleinen Ich. Dadurch widerstehen wir dem größeren Bewußtsein oder höheren Selbst in uns oder bestrafen es, weil wir es mit der gefürchteten Autorität gleichsetzen. Dem höheren Selbst zu widerstehen vergeudet Unmengen an Energie und verhindert eine breitere Lebenserfahrung. Wir sagen »nein« zu eben der Lebenskraft, die uns nähren würde.

Sind wir uns der negativen Absicht bewußt geworden, gilt es, den Sprung ins unbekannte Gebiet zu wagen. Der GUIDE nennt es »Aufgeben« oder »sich in den Abgrund der Illusionen« begeben. Wir springen von der auf Bildern beruhenden, aber begrenzten Realität weg in die geheimnisvolle größere Wirklichkeit und überwinden unsere Angst vor der Vernichtung gerade dadurch, daß wir uns in sie hineinbegeben.

Nachzugeben oder euren negativen Willen aufzugeben scheint einem Kopfsprung in den Abgrund gleichzukommen. Der Abgrund verschwindet jedoch nur, wenn ihr euch hineinfallen laßt. Nur dann erlebt ihr, daß ihr nicht zerschellt und umkommt, sondern wunderschön schwebt. Ihr erkennt, daß eure Angst genauso illusionär war wie dieser Abgrund. (*Lesung 60*)

Um zu erkennen, wer wir eigentlich sind, müssen wir das Leben befürworten, ihm vertrauen und unsere kleinliche Selbstsucht sowie die auf Ängsten und Groll basierende Negativität dem Leben gegenüber aufgeben. Die Entscheidung für Liebe, Hoffnung und Güte erfordert ein Aufgeben der Identifikation mit dem kleinen Ich, an das wir uns so klammern. Kommt die Absicht, Gottes Willen im

Leben zu suchen und ihm nachzufolgen, aus vollem Herzen, hat es einen tiefen Einfluß auf die Seelensubstanz.

Den größten Nutzen besitzen positive Affirmationen, wenn die verzerrten Ideen und negativen Absichten bereits aufgedeckt wurden. Sophies inneres Versprechen, sich ihrer neuen Liebesbeziehung hinzugeben, wurde viel nachdrücklicher, nachdem sie ihre Vorbehalte Männern gegenüber aufgedeckt hatte und aufzugeben bereit war. Lösen wir die Bindung an den negativen Willen, entsteht ein Leerraum, der durch die Verpflichtung der positiven Energie gefüllt wird.

Zum Aufgeben der negativen Absicht, uns dem Leben zu verweigern oder uns darum zu betrügen, ist die folgende Affirmation besonders wirksam:
»Ich beabsichtige, mich ganz dem Leben zu überlassen. Ich vertraue darauf, daß meine freizügige Hingabe geschätzt wird und Entgegnung findet. Ich will am Geben und Nehmen in vollem Umfang teilnehmen.«

Um unsere Bindung an Schuldzuweisungen, Benachteiligung, Entzug oder Opferdasein aufzulösen, ist folgendes hilfreich:
»Ich beschließe, erwachsen zu werden und meinen Platz als Erwachsener unter anderen Erwachsenen einzunehmen. Ich übernehme die Verantwortung für mich und mein Glück.«

Um Machtabsichten in Form von Feindseligkeit und Grausamkeit aufzugeben, können wir folgende Affirmation verwenden:
»Ich gebe meine Kälte und Grausamkeit auf. Ich entscheide mich für Liebe statt Macht. Ich erhebe Anspruch auf alle meine Gefühle und werde offen und verletzlich.«

Um unsere negative Verpflichtung gegenüber dem Unwertsein und der Verzweiflung aufzugeben, bestätigen wir:
»Ich gebe dem Leben mein Bestes und verdiene das Beste vom Leben. Ich bin eine Manifestation Gottes und weder weniger noch mehr als jede andere menschliche und natürliche Äußerung auf dieser Erde.«

Der Entschluß, uns auf Liebe und Wahrheit auszurichten, ist unser Geschenk an Gott. Weder die Einsicht, welche Ursachen die negativen Gefühle in der Kindheit haben, noch deren Entladung reichen aus, um negative Muster umzuwandeln.

236

Wir müssen auch unseren Willen darauf ausrichten, Gottes Willen in unserem Leben anzunehmen und zu manifestieren. Durch die Neuausrichtung wächst das Vertrauen, daß »in Gott« zu sein der eigenen Erfüllung sowie derjenigen der Erde sehr viel dienlicher ist als ein ichgebundener Widerstand gegen Gott. Benennen wir die negativen Überzeugungen und geben wir sie auf, machen wir den Sprung in die Erweiterung unseres spirituellen Selbst.

Das niedere Selbst sollte erkannt werden; als spirituelles Selbst sollte man sich erkennen. Das Ich als objektiver Beobachter erkennt und gibt sich freiwillig auf, damit es im spirituellen Selbst aufgeht. *(Lesung 195)*

Vielleicht ist die Lehre des GUIDE über das Festsetzen der Negativität in der menschlichen Seelensubstanz sein wichtigster Beitrag überhaupt. Weshalb treffen wir immer noch negative Entscheidungen, sogar nachdem wir erkannt haben, daß bestimmte Verhaltensweisen für uns und andere falsch oder zerstörerisch sind? Weshalb können wir nicht einfach »aufwachen« und anfangen, positive Entscheidungen zu treffen?

Die Antwort des GUIDE auf das Rätsel der menschlichen Uneinsichtigkeit beginnt mit der Einsicht, daß wir die Teufelskreise auf eine Art und Weise erzeugen, bei der die negative Weltsicht und negative Entscheidungen einander ständig verstärken. Unsere alltägliche Wahrnehmung der Welt ist keine Realität, sondern ein Produkt unserer Illusionen. Wir haben uns so daran gewöhnt, daß wir unsere Annahmen über die Wirklichkeit selten in Frage stellen. Damit bleiben wir in einer negativen, begrenzten Sicht der Welt gefangen.

Wenn wir das angeborene niedere Selbst verstehen, das in jedem Menschen steckt, haben wir einen weiteren Teil des Rätsels gelöst. Das niedere Selbst, das in der uralten Wahl göttlicher Substanz wurzelt, sich vom Ganzen zu trennen und sich mit seiner Getrenntheit gleichzusetzen, steht in völligem Gegensatz zum natürlichen Lebensfluß, denn Hingabe würde den Tod seiner getrennten, auf dem Ich fußenden Existenz bedeuten. Das niedere Selbst ist eine perverse Seite in uns, die sich grimmig dem Ruf des Lebens nach Integration und Vereinigung widersetzt und seine Getrenntheit durch die Abwehrmechanismen Eigenwillen, Stolz und Angst aufrechterhält. Die Entscheidung, getrennt zu bleiben, hat sich im Laufe vieler Leben in der Seelensubstanz eingegraben. Die negative Willensausrichtung der Seele muß bewußtgemacht und aufgegeben werden, um die

237

Ausrichtung auf Gott zu fördern. Wir müssen den Sprung aus den Begrenzungen des Bekannten in die Weite des unbekannten Mysteriums des Geistes wagen.

Einen weiteren Teil der menschlichen Widernatürlichkeit deckt die Einsicht auf, inwiefern sich die Negativität mit der Lebenskraft oder dem Lustprinzip vermischt: Wir fürchten, die Negativität aufzugeben würde einem Verlust der Spannung und Lust, die sie uns bietet, gleichkommen. Das »Land des niederen Selbst«, das die Zeitungen, Fernsehshows, geheime Träume und sexuelle Fantasien füllt, ist immer noch ein Ort der Lust oder zumindest unwiderstehlicher Spannung für viele unter uns, wie sehr wir uns auch des Kitzels schämen mögen, den wir aus dieser Negativität beziehen. In einem gewissen Sinn hält das niedere Selbst einen Teil der natürlichen Fähigkeit zur Lust gleichsam als Geisel fest, sonst würden wir die Negativität viel leichter aufgeben.

Michael wollte seine Sexualität mit der Liebe zu seiner Frau in Einklang bringen. Er wußte, daß sein Glück davon abhing. Trotz bestens Willens blieb er der negativen Sexualität verbunden, wo das Verbotene erregend war und der »Teufel« die Oberhand hatte.

Wenn wir wie Michael bereit sind, den Dämonen zu begegnen, die sich an unserer Zerstörungswut weiden, führen wir eine Art eigener Teufelsaustreibung durch, die unsere größte Achtung verdient. Dabei begegnen wir dem Drachen heldenhaft und offen, spüren seinen bedrohlichen heißen Atem im Gesicht, erschlagen ihn und essen von seinem Fleisch – wir verleiben uns seine Kraft wieder ein. Wir gehen den Weg der Helden, wenn wir der geheimen Lust unserer zahlreichen dunklen Versuchungen begegnen.

Schlägt euer Versuch fehl, die Negativität zu überwinden, dann ist es außerordentlich wichtig, den lustvollen Aspekt in eurem Inneren aufzuspüren, der mit dieser Negativität verbunden ist, dessen ungeachtet, wieviel Schmerz er in eurem Tagesbewußtsein erzeugt. Die Schwierigkeit, euch von der Zerstörungswut zu befreien, hängt natürlich auch mit anderen Gründen zusammen, die ihr bereits überprüft habt – dem Wunsch, das Leben zu bestrafen oder es zu zwingen, euren Erwartungen gerecht zu werden ... Aber diese Gründe stellen nicht die größte Schwierigkeit beim Ablegen der Negativität dar. Es ist notwendig, zuerst intuitiv und dann konkret zu spüren, daß Lust mit eurer Negativität verbunden ist. (*Lesung 148*)

238

Negative Haltungen und Entscheidungen bleiben in der Psyche eingeschlossen, weil sie sich mit der Erregung und Lust der Lebenskraft »vermischen«. »Erst wenn man versteht, daß man den schmerzhaften Aspekt der Negativität aufgeben kann, der lustvolle Aspekt bei einer positiven Haltung jedoch zunimmt, kann sich die Negativität verwandeln«. *(Lesung 148)*

Was ist Lust?

Lust ist die Empfindung der den Körper durchströmenden Lebenskraft. Die Essenz der Lust unterscheidet sich nicht vom kosmischen Zustand der Glückseligkeit, bei dem sich das Ich dem ungehinderten Fluß der Lebensenergie überläßt.

Was wir »negative Lust« nennen, ist die Empfindung eines abgespaltenen Stücks Lebenskraft, das sich vorübergehend an eine negative Lebenssituation geheftet hat. Ebenso, wie das Ich ein abgespaltenes Stück des Universalbewußtseins ist, ist die negative Lust ein Fragment der universellen Glückseligkeit.

Negative Lust ist immer vorwiegend darauf ausgerichtet, Ichziele zu befriedigen, als die echten und legitimen Bedürfnisse der Wesenheit zu erfüllen und im Licht der höchsten Lust zu baden ... Solange du dich mit der engen Ichstruktur gleichsetzt, ist eine echte, totale Lust unmöglich, weil sie von der Fähigkeit des Ich abhängt, sich von einer größeren Macht in Körper und Seele tragen und durchfluten zu lassen. *(Lesung 177)*

Solange wir am kleinen Ich und einer zerstörerischen Haltung festhalten, beeinträchtigen wir unsere Integrität und verursachen Aufruhr im Körpergeist. In diesem Zustand können wir die für die Erfahrung der höchsten Lust notwendige innere Empfänglichkeit nicht herstellen. Die Lust strömt nur ungehindert, wenn unser inneres Wesen sich auf den kosmischen Rhythmus einstimmt.

Lust wird erst möglich, wenn Geist und Gefühle in einem Zustand stillen Vertrauens und ruhiger Erwartung empfänglich, geduldig, furchtlos, gelassen und unbesorgt sind. *(Lesung 177)*

Dieser Zustand entspannter Aufgeschlossenheit dem kosmischen Lebensfluß gegenüber kommt selten vor, weil wir uns gewöhnlich in einem angstvollen

Ichzustand befinden und uns weigern, unseren Stolz und Eigenwillen aufzugeben. Wir leben demnach alle in unterschiedlichen Stadien der Gefühllosigkeit und sind vom vollen Puls unserer Lebenskraft isoliert.

Da der Mensch jedoch ohne Lust nicht leben kann, suchen wir sie in vertrauten Dingen, in erregter Hyperaktivität oder willenloser Passivität. Weil wir den zarten, schutzlosen Fluß unserer inneren Empfindungen und Gefühle abwehren, werden wir süchtig nach intensiven äußeren Sinnesreizen. Je gefühlloser wir dem Strom der inneren Erfahrung gegenüber werden, desto intensiver muß der äußere Ansturm auf die Sinne werden, damit wir überhaupt etwas spüren. Oder wir brechen infolge eines mit Ereignissen vollgepackten Lebens im Sturmschritt zusammen und erhoffen uns Lust davon, völlig passiv zu sein und von anderen umsorgt zu werden. Solche Lustmomente sind nie wirklich befriedigend. Ohne uns in das tieferes Selbst hinein zu entspannen, bleiben wir am abwechselnden Muster höchster Intensität und passivem Zusammenbruch kleben.

Die Bindung der Lebenskraft an negative Situationen

Die Bindung des Lustprinzips oder der Lebenskraft an stagnierende Situationen nennen wir Masochismus. Die Bindung des Lustprinzips an übermäßige Machtausübung, Kontrolle oder Zwang nennen wir Sadismus.

Die Hartnäckigkeit sadistischer Grausamkeit in unserer kollektiven Psyche stammt aus der Lust, die wir aus Eroberungs-, Ausbeutungs- und Rachefantasien beziehen. Das ist die Kernbindung der Menschheit an Krieg und andere Massengreuel sowie an alle Familienfehden und emotionalen Grausamkeiten, denen wir in engen Beziehungen begegnen. Wir sagen ja auch »Rache ist süß« oder sprechen von einem »grausamen Spiel«. Die Beharrlichkeit der masochistischen Selbstzerstörung wird zudem noch von der Lust an Passivität gefördert, indem wir uns einbilden, daß »man es uns antut«. Wären sadistische und masochistische Handlungen und Fantasien nicht mit Erregung und sexueller Lust verknüpft, hätten sie in der menschlichen Psyche keinen so hartnäckigen Bestand.

Wäre nicht auch das positive Lebensprinzip mitbeteiligt, bliebe das Böse oder die Destruktivität nur von kurzer Dauer. (*Lesung 135*)[37]

---

[37] *Bereit sein für die Liebe.* Synthesis 1997, S. 132.

240

Ist das Lustprinzip stark an die Negativität gebunden, gewinnt das Böse an Intensität und überflutet die Psyche mit schmerzlichen Schuldgefühlen. Um diesen Schmerz abzuwehren, legt der Betreffende seine Gefühle auf Eis und schneidet sich von den warmherzigen Gefühlen menschlicher Verbundenheit ab, was es ihm wiederum leichter macht, weitere Gewalttaten zu verüben. Im Extremfall eines Serienmörders muß der Reiz der negativen Spannung ständig erhöht werden, um den Schmerz der Schuld und die Trauer über die Unverbundenheit abzutöten, bis jedes menschliche Mitgefühl schließlich dahin ist.

Ein verurteilter Mörder und Vergewaltiger kleiner Jungen hat erklärt: »Wenn ich entkomme, verspreche ich euch, daß ich wieder morden und vergewaltigen werde, und ich werde jede Minute davon genießen.« Daß er seinen Sadismus »genießt«, ist schockierend genug, doch verschafft seine Perversion auch uns einen Nervenkitzel. Wie ließe sich das unglaubliche Überhandnehmen von Gewalt und Perversionen in der Welt sonst erklären? Wir fühlen uns zu den Taten sadistischer Soziopathen hingezogen, auch wenn wir moralisch entrüstet sind.

Sogar »normale« Menschen lassen sich zu Extremhandlungen wie Mord, Vergewaltigung und Folter hinreißen, wenn eine entsprechende Massenkultur ihren Appetit nach Gewalt weckt, ihr angeborenes Gewissen zum Schweigen bringt und die mitmenschlichen Gefühle zerstört, so wie etwa »gute Deutsche« unter Hitler oder neuerdings »gute Serben« beim kollektiven Wahnsinn des Völkermordes mitspielten. Folter und Vergewaltigungen werden nicht nur auf Befehl ausgeführt; wer mitmacht, hat meist auch Spaß daran. Wollen wir verstehen, wie hartnäckig das Böse in unserer Seele festsitzt, bleibt uns nichts anderes übrig, als seine Bindung zu untersuchen.

Zuerst wollen wir den Ursprung der negativen Lust in der kindlichen Psyche untersuchen und ihn dann auf die Ebene unserer kollektiven Psyche übertragen.

In der Welt des Kindes sind alle Erfahrungen miteinander verbunden und bilden einen ununterbrochenen Lebensfluß. Das Kind trennt sich nicht von seinen Lebenserfahrungen. Es hat, besonders in bezug auf seine Eltern, noch kein unterscheidendes Ich mit klarer Urteilsfähigkeit entwickelt. Das Kind empfindet Lust am bloßen Lebendigsein. Seine Abwehr gegen das Leben ist geringer als beim Erwachsenen, der gelernt hat, sich von seiner Umgebung zu lösen.

Das Kleinkind kann noch nicht zwischen positiven und negativen Lebensumständen unterscheiden. Es liebt seine Eltern und braucht ihre Nähe, um sich sicher zu fühlen. Deshalb ist es gern mit ihnen zusammen, ob sie diese Liebe nun

241

verdienen oder nicht. Wird das Kind grausam behandelt, gedemütigt oder zurückgewiesen, »verbindet« es die Lust und Liebe, die es seinen Eltern gegenüber empfindet, mit der Negativität, die es von ihnen erfährt.

Im Erwachsenenalter spielt es die Verhaltensweisen, die es als Kind erlebt hat, wieder durch. Diese Muster bieten ihm tatsächlich einen Lustgewinn einschließlich des Vorgeschmacks an Offenheit, die es als Kind hatte. Die kindliche Opfersituation »reift« beim Erwachsenen zu Masochismus und Selbstzerstörung heran.

Nancy arbeitete an den Schwierigkeiten, die sie bei ihrer Arbeit als Krankenschwester erlebte. Sie wußte, daß sie den Beruf hauptsächlich gewählt hatte, um ihrem starken Vater, der Arzt war, Freude zu machen, statt auf den eigenen Wunsch zu hören und ihrem Interesse an der Spiritualität nachzugehen. Jetzt war sie mit ihrer Arbeit unzufrieden.

Als ich sie fragte, warum sie immer noch ihrem Vater gefallen wolle, erwähnte Nancy ein starkes Kribbeln in den Oberschenkeln, das sich bis zur Scheide ausdehnte. Sie wußte, daß sie ihrem Vater »unterlag« und ihn »obenauf« sein ließ. Ich bat Nancy, sich mit einem Kissen, das den auf ihr liegenden Vater darstellte, auf den Boden zu legen. Nancy wand sich lustvoll, als sie sich vorstellte, daß er sie festhielt, und es wurde ihr klar, daß es ihr tatsächlich gefiel, sein kleines Mädchen, passiv und bewegungsunfähig, also völlig unter seiner Kontrolle zu sein.

Nach einer Weile warf sie das Kissen von sich, um ihr eigenes Leben zu führen und eine unabhängige Sicht der Welt zu gewinnen. Doch sobald sie frei war, legte sie das Kissen wieder auf sich. Ihre Lust war immer noch daran gebunden, nicht sie selbst, sondern Daddys kleines Mädchen zu sein.

Sie hatte einen wichtigen Schritt getan und verstanden, warum sie nicht unabhängig werden konnte. Sie bezog immer noch einen Lustgewinn aus ihrer masochistischen Hingabe an den Vater. Diese Einsicht ließ ihre Selbstverantwortung gewaltig anwachsen.

Lust ist häufig an Masochismus gebunden, um das Opferdasein weiterzuführen. Wurde unsere Unabhängigkeit in der Kindheit unterdrückt, kann Lust sich mit Abhängigkeit verbinden, die sich gemütlicher anfühlt als die einsame Durchsetzung eines getrennten Ich.

Die Lust kann sich als Kompensation für Verletzungen aus der Kindheit auch an Sadismus binden. Wurde jemand als Kind schlecht behandelt und war völlig hilflos, macht es ihm beispielsweise jetzt Spaß, Macht über andere zu haben. Albert, mit dessen Bericht das fünfte Kapitel begann, war in einem solchen Kreislauf

242

gefangen, in dem er die Lust wegen des Mißbrauchs durch seine Mutter in der Kindheit mit Rache verband.

Ob ein Kind sich während des Aufwachsens mit dem Opfer oder Täter gleichsetzt, hängt von vielen Faktoren ab. Beides aber wird durch die mit der schlechten Behandlung verbundene Lust aufrechterhalten. Die Lust und Verleugnung des kindlichen Schmerzes haben ursprünglich den Schock der elterlichen Unzulänglichkeiten »gemildert« und dem Kind geholfen, sich durch diese Situation nicht unterkriegen zu lassen.

Karls Mutter spielte ein seltsames Spiel mit ihrem kleinen Jungen. Sie legte sich plötzlich flach auf den Boden und stellte sich tot. Karl versuchte, sie aufzurütteln und schrie laut: »Mami, Mami, wach auf! Mami, was ist?«

Sie verstellte sich weiter, bis der kleine Junge völlig außer sich war und erschreckt herumlief. Erst dann »erwachte« sie wieder lachend und sagte: »Hab dich zum Narren gehalten! Hab dich wieder erwischt! Hier ist deine Mami, völlig in Ordnung.«

Worauf er ihr natürlich vor Erleichterung weinend in die Arme sank.

Egal, wie oft die Mutter dieses Spiel wiederholte – und das tat sie zwischen Karls drittem und achtem Lebensjahr –, jedesmal war der Junge am Boden zerstört.

Als Erwachsener war Karl Frauen gegenüber besonders rücksichtsvoll. Er war stolz darauf, ein »netter Kerl« zu sein. Allerdings offenbarte er mir gegenüber eine andere Seite, die sich in gelegentlichen sexuellen Fantasien zeigte. Darin war er jeweils mit einer starken, aufreizenden Frau zusammen, die ihn unverblümt anmachte. Er nahm ihr Angebot an, aber vor dem eigentlichen Geschlechtsakt bekam die Frau Angst, wurde verletzlich wie ein Kind und wollte aufhören. Er aber fuhr fort und hatte eindeutig Spaß an der Angst hinter ihrem anfänglichen draufgängerischen Gebaren.

Angst war das Gefühl, das Karls Mutter bei ihrem kleinen Jungen ausgelöst hatte, nicht nur, um ihre Macht über ihn, sondern sich auch seine Liebe zu ihr zu beweisen. So kam es, daß Angst mit Nähe und Kontrolle mit Lust verknüpft wurde. Nun fand Karl Spaß an der Angst, die er durch seine Kontrolle über Frauen in ihnen auslöste – ein perfektes Spiegelbild dessen, was ihm als Kind angetan wurde, und eine exakte kompensatorische Strafe der Frau (Mutter) gegenüber.

Wenn wir ehrlich mit uns sind, haben wir alle Spaß daran, uns oder andere zu kontrollieren oder zu verletzen. Allerdings ist der Sadismus und Masochismus manchmal tief begraben oder verleugnet. In einem solchen Fall müssen wir geduldig warten, bis sich diese Seiten offenbaren. Meistens läßt sich die negative

Lust jedoch ziemlich rasch durch Betrachtung der eigenen sexuellen Fantasien oder des Sexualverhaltens aufdecken.

Verzerrungen der Sexualität

Haltungen des niederen Selbst, die in anderen Lebensbereichen häufig verleugnet oder verdrängt werden, treten im sexuellen Bereich meist klar zutage. Leider ist dieses Gebiet so mit falscher Schuld und Scham überdeckt, daß die eigentliche innere Befindlichkeit verschleiert wird. Diese Schuld entsteht – wie jede falsche Schuld – aus dem gewaltigen Perfektionsdrang der Maske, der von elterlichen und gesellschaftlichen Erwartungen noch verstärkt wird und uns glauben macht, wir sollten liebevoller, anständiger oder vernünftiger sein, als wir eigentlich sind.

Die Aufgabe besteht deshalb darin, die falsche, durch die Idealanforderungen der Maske erzeugte Schuld aufzugeben und uns *alles* anzusehen, was in uns ist. Dann lernen wir, die negative Lust einschließlich sadistischer oder masochistischer Fantasien anzuerkennen und zu spüren. »Wenn ihr die Parallele zwischen dem äußeren Problem und dem Luststrom in eurer Sexualität aufdeckt, könnt ihr die eingefrorene Energie wieder in Fluß bringen« *(Lesung 148)*.

Heute wissen wir, daß die meisten Menschen, die Kinder mißhandeln, als Kind selbst mißbraucht wurden. Ihre sexuelle Lust ist mit dieser negativen Situation verknüpft.

Bei einer Mißhandlung überwältigt die starke, konzentrierte sexuelle Erregung des Erwachsenen die unschuldige, unfokussierte Sexualität des Kindes. Ebenso, wie das Kind noch kein fokussiertes Ich hat, konzentriert sich seine Sexualität auch noch nicht auf seine Geschlechtsorgane. Wird das Kind gezwungen, sich nur auf die geschlechtliche Dimension der Lust auszurichten, wird ihm die Süße der ganzkörperlichen Lust, der körperlichen Sicherheit und des unschuldigen Spiels geraubt, die ihm angeboren sind. Ist der Mißbrauchende zudem ein geliebter Mensch, spaltet dieser Verlust die Sexualität vom Herzen ab, weil sexuell mißbraucht und überstimuliert zu werden und gleichzeitig den Mißhandelnden zu lieben eine zu schmerzliche und verwirrende Erfahrung ist. Wird die natürliche Offenheit des Kindes verletzt, um die sexuelle Besessenheit eines Erwachsenen zu befriedigen, verliert es seine Unschuld und sein Vertrauen in das Leben. Entweder haßt das mißhandelte Kind, wenn es erwachsen ist, alles Sexuelle oder ist davon besessen.

244

Für den Erwachsenen – das einstige mißhandelte Kind – ist die Attraktion sehr groß, seine negative Vorgeschichte neu zu inszenieren. Die Lust »lebt« jetzt von der kindlichen Unschuld, so daß er den sexuellen Austausch mit einem Erwachsenen meist viel zu bedrohlich findet. Deshalb sucht er sich Partner, denen er sich unterlegen fühlt (wie ein Kind), oder aber solche, denen er sich überlegen fühlt (und die er behandelt, als wären sie Kinder). Die Lust ist eine Kompensation für die als Kind erlebte Hilflosigkeit und jetzt an Unterwerfung oder Kontrolle gebunden. Unter Umständen wird der Geschlechtsverkehr sogar zum Racheakt gegen den Menschen, der ihn einst mißhandelte.

Das Muster der inneren Situation ist bei uns allen ähnlich. Wir fühlen uns als Erwachsene von dem angeregt, was für uns als Kind schmerzlich war. Das ungeheilte Kind versucht zwanghaft und unbewußt, die Verletzungen, die wir in der Kindheit durch die Eltern erlitten haben, neu zu inszenieren. Wir kleben an der Lust der Unerfülltheit fest.

Die Arbeit mit der negativen Lust

Die negative Lust zuzugeben und zu erkennen, was uns erregt, auch wenn wir uns dessen schämen, befreit die Energie der verzerrten Lust. Das ist nicht leicht. Wir haben Angst, die Verzerrungen von Sex und Lust ans Tageslicht zu holen, weil wir unbewußt fürchten, beim Aufdecken der negativen Lust gleich jegliche Lust und Sexualität aufgeben zu müssen, um nicht als »schlecht« eingestuft zu werden.

Die Bindung der Lust an das Zerstörerische war ausschlaggebend für die Verbreitung der Schuldgefühle, die die Menschheit mit allen Lusterfahrungen verbindet. Das wiederum führt zur Lähmung aller Gefühle. Wie ließe sich die Lust vom Zerstörerischen befreien, wenn beide als falsch erachtet werden? Der Mensch kann ohne Lust nicht leben, denn Leben und Lust sind ein und dasselbe. Wenn die Lust mit Zerstörerischem verknüpft ist, kann das Zerstörerische nicht aufgegeben werden. Es fühlt sich an, als müsse das Leben aufgegeben werden. *(Lesung 148)*

Dennoch können wir die ungetrübte Lust hinter den Verzerrungen wieder für uns gewinnen, die unendlich viel größer ist als die winzigen Portionen, die sich durch die Schlüssellöcher unserer negativen Fantasien und Verzerrungen zwängen.

245

Die Sexualität enthält bei jedem Menschen sadistische oder masochistische Elemente. Der Masochismus besagt: »Stagnation und Selbstbestrafung sind süß. Es ist lustvoll, nichts selbst zu tun, sondern es ohne jede Selbstverantwortung ›angetan zu bekommen‹. Oder es ist lustvoll, für die Geschlechtlichkeit ›bestraft‹ und ›genötigt‹ zu werden.« Der Sadismus dagegen flüstert: »Macht ist süß. Es ist lustvoll, Macht über andere zu haben und es denen ›heimzuzahlen‹, die in meiner Kindheit so viel mächtiger waren als ich.« Wenn wir uns die eigenen sexuellen Verzerrungen ansehen, setzen wir eine gewaltige Energie für die Transformation frei.

Nach zwei Ehejahren fühlte sich Patricias Ehemann Jack stark zu Laurie, einer jüngeren Frau und Freundin Patricias, hingezogen. Da sie gemeinsam Pfadarbeit leisteten, verpflichteten sich die drei, offen und ehrlich zu bleiben, auch als sie sich auf das schmerzliche Gebiet des Dreiecksverhältnisses begaben. Patricias Kummer über Jacks Gefühle zu Laurie eskalierten rasch zu Todesqualen. Sie war immer wieder versucht, mit der Scheidung zu drohen, und schwelgte oft in ihrer moralischen Überlegenheit, an der sie leidenschaftlich festhielt. Dennoch kämpfte sie sich durch ihren Schmerz, weil sie ihre Ehe aufrechterhalten und treu bleiben wollte. Patricia wetterte und zeterte regelmäßig über Jack wie Laurie und fühlte sich abwechselnd als deren Richterin und Opfer. Sie weinte vor Trauer darüber, nicht Jacks »einzige« ewige Liebe zu sein.

Nach monatelangen selbstauferlegten Qualen fand Patricia schließlich, es müsse doch mehr aus dieser Situation zu lernen geben. Da sie, außer mit der Scheidung zu drohen, keinerlei Einfluß auf Jacks Liebe und Wünsche nehmen konnte, beschloß sie, sich allem zu öffnen, egal, was aus ihrer Ehe würde.

Eines Tages merkte Patrizia während des Meditierens, wie sie ständig den Wunsch wiederholte, die Wahrheit über das Dreiecksverhältnis zu erfahren. »Ich will die Wahrheit«, sagte sie sich immer wieder, »egal, wie schmerzhaft sie auch sein mag.« Daraufhin wurde sie besonders aufnahmefähig. Nach einer tiefen inneren Stille, in der ihr gesamter Geistkörper ungewöhnlich konzentriert erschien, spürte Patrizia plötzlich eine Erregung in ihrem Geschlecht. Als sie dieser Empfindung nachging, erkannte sie mit Entsetzen, daß Jacks Liebe und sexuelles Verlangen nach einer anderen Frau sie tatsächlich antörnte. Sie merkte, wie sie sich ihren Mann und Laurie beim Geschlechtsverkehr vorstellte. Dann fantasierte sie ein Liebesspiel zu dritt, und die Bilder erregten sie. Sie war schockiert. Fast hätte sie ihre Empfindungen abgeblockt, aber sie war mutig genug, sich die Wahrheit einzugestehen. Irgendwie bezog sie einen

246

Lustgewinn aus Jacks und Lauries Verbindung. Die negative Situation, die sie so schmerzte, erregte sie gleichzeitig.

Diese Einsicht löste eine Menge weiterer Arbeit aus. Zum ersten Mal in ihrem Leben gestand sich Patrizia sexuelle Fantasien zu, in denen sie mit einer Frau und einem Paar zusammen war. Ihr wurde klar, daß sie zumindest teilweise von der körperlichen Entbehrung herrührten, die sie erlitten hatte, weil keine starke Bindung zu ihrer Mutter zustandegekommen war. Da sie die körperliche Zuneigung, die sie als Kind gebraucht hätte, nicht bekommen hatte, war daraus ein tief vergrabenes Verlangen entstanden, sich körperlich mit einer Frau zu »vereinen«.

Die weitere Suche führte zur Einsicht, daß das »Dreieck« mit Mutter und Vater sie sexuell erregt hatte. Keiner von beiden war mit dem anderen oder den Kindern besonders sanft umgegangen. Patrizia hatte sich nach mehr Zärtlichkeit von beiden gesehnt. Als Kind hatte sie Tagträume, wie sie nachts zwischen den Eltern lag. Sie hatte sich vorgestellt, die ersehnte Zuneigung und körperliche Nähe zu bekommen, wenn sie sich in die Mitte legte und von irgendwelchen unbekannten Trieben zehren könnte, die die Eltern in der Nacht manchmal zueinander bringen mußten. Patrizia erkannte, daß ihre jetzige Situation die Vorstellung wiedererweckte, »in der Mitte« zwischen ihren Eltern zu sein. Ihre sexuelle Energie war unbewußt an das Dreiecksverhältnis gebunden, das sie bewußt so verabscheute.

Eine positive Sexualität kann erst dann gewonnen werden, wenn deren Verzerrung anerkannt und die Lust allmählich von der Negativsituation getrennt wird. Man kann lernen, die Sexualität vom Sadismus oder Masochismus zu trennen, ohne den sexuellen Genuß zu verlieren, und es ist möglich, die Lust von Rachegefühlen und der Ausbeutung anderer zu befreien, ohne echte Lust zu mindern.

Der erste Schritt bei der Umwandlung irgendeines Aspektes des niederen Selbst besteht darin, dessen Wirkungsweise im eigenen Inneren bewußt zuzulassen.

Es reicht nicht aus, das allgemein zu wissen. Es muß auf eure konkreten Umstände bezogen werden. Welche äußeren Umstände verursachen euch zur Zeit ständige Qualen? Um solche Zustände wirklich aufzulösen, muß die blockierte Energie wieder in Fluß kommen. Das geschieht nur, wenn ihr als ersten Schritt den lustvollen Aspekt in eurer Zerstörungswut (einschließlich der Selbstzerstörung) ermittelt. (*Lesung 148*)

Das ist das eigentliche Geschenk bei der Erforschung unserer eingefleischten Negativität. In jedem zerstörerischen Muster ist essentielle Lebensenergie eingeschlossen, in verborgenen Winkeln der Grausamkeit angekettet. Setzen wir diese verzerrte, im Inneren gefangene Energie frei, bauen wir die Fähigkeit zu echter Lust auf, und die Angst vor der zerstörerischen Lust nimmt ab. So vergrößern wir mit der Zeit das eigene Potential zur Glückseligkeit.

Mehr Lust und Glückseligkeit erleben zu können ist ein Hauptbeweggrund für die Transformation. Die Einsicht, daß der Luststrom eine große, ungeteilte Kraft ist, die sich nur vorübergehend an Negatives bindet, stellt einen mächtigen Anreiz zur Transformation dar.

Übungen zum neunten Kapitel

Suche und schreibe deine negativen Äußerungen wie Groll, Verbitterung, Zorn und Schuldzuweisungen nieder. Welche Bindung hast du an die Negativität und das Nichterfülltsein? Werden dadurch deine negativen Schlüsse über das Leben bestärkt oder bestraft dein Elend die Menschen, die dich verletzen? Rächst du dich an jemandem?

Genießt du die negative Lust in diesen Situationen? Gefällt dir der Schmerz oder die Nichterfüllung? Freust du dich, Opfer zu sein oder von anderen bestimmt zu werden?

Verfolge diese Gefühle bis in die Kindheit zurück und versuche, den Ursprung der Verbindung zwischen Nichterfüllung und Lust aufzuspüren. Wie und wann wurde deine Lebenskraft an ein solches Ereignis gebunden?

Überlege dir, nachdem du deine negativen Absichten aufgedeckt und den damit verbundenen Lustgewinn erforscht hast, ob du für eine Wandlung in diesem Bereich bereit bist. Formuliere die positive Haltung, die du einnehmen möchtest, klar und deutlich. Welchen positiven Willen und welche positive Lust wünschst du dir als Ersatz für die negative Haltung? Nimm diese neue positive Affirmation in deine Meditation auf.

10. Kapitel

Die Transformation
des niederen Selbst

»Hinter dem Tor, an dem ihr euren Schmerz verspürt, liegen eure Lust und Freude.«

Lesung 190, *Alles fühlen, auch die Angst.*

Michael: Die Verwandlung von Lust in Liebe

Michael arbeitete an der Umwandlung seiner sexuellen Besessenheit in eine neue, gesunde Leidenschaft. Nach der einleitenden Erforschung seines sexuellen »Teufels« hatte Michael folgenden Traum:

»Ich besuche einen Freund, der auf einem Berg wohnt. Bei einem Gespräch in der Küche schauen wir zum Fenster hinaus und sehen, daß ein Gewitter im Anzug ist. Der Himmel ist voll dunkler Wolken; sie sehen sehr bedrohlich aus. Ich beobachte, daß das Wasser an der Küchentür schon 30 cm hoch steht, trete auf die Veranda und sehe weitere Überschwemmungen in der Ferne. Plötzlich bricht die Veranda unter mir zusammen, und ich falle auf eine Stromleitung.

Die Stromleitung führt ins Tal. Ich rutsche rittlings auf der Leitung hinunter; zwischen den Beinen fühlt es sich wie eine starke, aber ungefährliche sexuelle ›Hochspannung‹ an. Sie verbindet den gefährlichen Ort ›in der Höhe‹ mit einem sichereren Ort im Tal und endet auf dem hochgelegenen Fußballplatz einer Schule, der nur etwa einen halben Meter unter Wasser steht. Als ich von der Stromleitung gleite, stelle ich fest, daß ich unverletzt bin und das Wasser hier unten viel weniger gefährlich ist.«

Das »Wasser« in Michaels Gefühlen war an die »hochgelegenen« gefährlichen Orte seiner Drogenerfahrungen und sexuellen Verzerrungen gebunden gewesen. Für Michael war die Stromleitung, auf der er in Sicherheit glitt, eine Äußerung seiner spirituellen Energie, eine sexuelle, liebevolle, wohltuende und zugleich mächtige Lebenskraft. Der Traum zeigte, daß er seine Sexualität immer besser im breiteren Strom der spirituellen Kraft zu »verankern« vermochte.

In diesem Stadium begleitete ich Michael durch zahlreiche Core-Energetik-Sitzungen,[38] damit er eine starke Energieladung besser aushalten und erden konnte. Um die Verbindung von sexueller und spiritueller Kraft, nach der er sich sehnte, erfahren zu können, brauchte Michael einen Körper, der der Ekstase fähig war. Er förderte seine Fähigkeit zu Leidenschaft und Lust, ohne unerwünschte sexuelle Fantasien in seinem Kopf erzeugen zu müssen.

Die neue Fähigkeit, auf seiner inneren »Stromleitung« zu reiten, zeigte sich in Michaels Träumen über Schlangen. Die Schlange ist das archetypische Bild der Kundalini oder zentralen Lebensenergie, die sich in der Wirbelsäule nach oben schlängelt. Die Schlange ist auch ein Symbol für die sexuelle Energie und wurde in den westlichen Religionen verteufelt.

Michael fürchtete sich entsetzlich vor Schlangen. Er erinnerte sich mit Schrecken daran, wie eine Bande älterer Jungen ihm mit einer toten Schlange nachlief. Er berichtete folgenden Traum:

»Eine Jungenbande verfolgt mich; ich laufe in meinen Keller. Da sehe ich, daß mir eine Schlange nachstellt und an meinen Füßen schnuppert. Ich habe große Angst. Dann bekommt die Schlange einen Pelz und ähnelt plötzlich meiner Katze Pansy, und meine Angst nimmt ab.« Michael wußte genau, daß er seiner schlangenhaften Sexualenergie begegnen mußte, aber er wußte auch, daß es ihn weniger schrecken würde als früher.

Bei der Bearbeitung des Traumes redete Michael zuerst als pelzige Schlange: »Ich bin die primitive, kollektive, ursprüngliche Energie und schlängle mich dumm dahin. Ich wohne in deinem Keller. Ich mag es, wenn du [das intelligente Ich Michaels] dich windest.« Da konnte Michael selbst bestätigen: »Ich nehme dich als meine reine, rohe, sexuelle Energie als zu mir gehörig an.« Michael erkannte, daß die Angst vor der Jungenbande die Verzerrungen seiner männlichen Sexualenergie widerspiegelte, die in seiner Kindheit wurzelten. Als Kind war seine Sexualität mit seiner Mutter

---

[38] Core Energetik ist eine Therapie, bei der mit Körper- und Gefühlsenergien sowie Energieblockaden gearbeitet wird. Der Psychiater Dr. John Pierrakos, Eva Pierrakos' Ehemann, hat die Core Energetik aus seiner Arbeit mit der Bioenergetik und den Pfadlesungen entwickelt.

verknüpft. Dieses Gefühl voll zuzulassen wäre einem Inzest gleichgekommen, und deshalb hatte er diese Energie stillegen müssen und später nur in »verbotenen« sexuellen Begegnungen ausleben können.

Dann hatte Michael einen weiteren Schlangentraum: »Ich bin mit jemandem, der mir ziemlich ähnlich sieht, aber älter und weiser ist, in einem Zimmer. Plötzlich gleitet eine gestreifte Schlange den Heizkörper herunter, und mir wird angst und bange. Der andere sagt ruhig: ›Du hast es zwar noch nicht gemerkt, aber du bist mit Schlangen übersät.‹ Ich schaue hin und sehe mit Schrecken, daß tatsächlich fadennudeldünne Schlangen meinen Körper bedecken. Ich sammle sie wie wildgeworden von mir ab, und dabei brechen manche wie Glasschlangen. Der andere sagt sanft zu mir: ›Sieh doch, die Schlangen tun dir nichts. Laß sie einfach sein; du wirst sehen, sie sind harmlos.‹

Ich beruhige mich und begreife, daß die Schlangen nicht giftig sind. Jetzt interessieren sie mich sogar, und ich sehe ihre Vielfältigkeit. Da ist eine Schlangenart, die sich an meinem Bein festgesaugt hat. Mir fällt auf, daß sie etwas Kindliches an sich hat, als hätte sie sich an mich geheftet, um versorgt zu werden. Mit der Zeit merke ich, daß ich die Schlangen als reine, ihnen innewohnende Energie sehen kann, mitsamt ihrer kindlichen Bedürftigkeit, die zu meiner Sexualität gehört. Ich sehe jetzt das ›Kind hinter jeder Schlange‹.«

Zu Michaels Bearbeitung des Traumes gehörte auch, daß er die Schlangen als seine tierisch-sexuelle Seite, die er mit dem »Teufel« gleichgesetzt hatte, erkannte. Nur stellte er mit Hilfe des älteren, weiseren Mannes fest, daß die beunruhigende Seite des Teufels verschwunden war. Die Schlangen waren ungefährlich, eine Äußerung seiner Kundalini oder Lebenskraft, zu der die Sexualität gehört.

Was erschreckend gewesen war, wurde jetzt als kindlich und sogar bedürftig wahrgenommen. Es ging ihm auf, daß die Saugschlange ihn als kleinen Jungen darstellte, der voll unerfüllter oraler Bedürfnisse saugen wollte. Michael war nicht gestillt worden, hatte aber als Kind häufig fantasiert, er würde an der Brust seiner Mutter saugen. Als Erwachsener war seine Sexualität entsprechend oral gefärbt. Er nahm sich vor, seine orale Bedürftigkeit in der Beziehung zu seiner Frau stärker auszudrücken, um herauszufinden, wie er besser für sich sorgen konnte. Es war ihm klar, daß der kleine Junge in ihm einen besseren Vater benötigte.

Kurz darauf hatte Michael zwei Träume, die bestätigten, was sich in seinem Alltag abspielte. Er hatte weniger sexuelle Fantasien über Tunten und war beim Liebesspiel mit seiner Frau präsenter.

»Ich bin in einem Spionagefilm und laufe einer attraktiven Frau nach, die eigentlich eine Tunte ist. Mir kommt es vor, als habe man sie geschickt, um mich in eine Falle zu locken. Ich versuche immer wieder, allein mit ihr zu sein, aber wir werden ständig gestört. Als wir schließlich allein sind und ich mich an ihr Geschlecht heranmache, stelle ich voller Entsetzen fest, daß sie dort nichts als eine Narbe hat.«

Michael ging langsam auf, daß tatsächlich »nichts da war«. Die Tunten erregten ihn nicht mehr. Er spürte auch, daß hinter der negativen Erregung ein alter Schmerz lag, der überwunden war. Nur eine Narbe blieb noch als Erinnerung an den Schmerz übrig.

Ein zweiter Traum bestätigte Michaels innere Wandlung: »Ich besuche meine Frau in einer Kellerwohnung, die sie in der Stadt gemietet hat. Dabei begegne ich einigen Tunten und Transsexuellen. Ich finde sie nicht attraktiv, nur bemitleidenswert. Plötzlich merke ich, wie zwei Männer durch das große Fenster der Wohnung hereinschauen und mir wütend bedeuten, hinauszukommen. Sie erinnern mich an die verderbten Typen im Film Deliverance, an Männer, die andere gewaltsam zu erniedrigenden sexuellen Praktiken zwangen. Trotzdem spüre ich keine Angst, als ich zu den beiden hinausgehe. Ich sage ihnen zuversichtlich, sie suchten bestimmt jemand anderen.«

Michael war nicht mehr mit seiner negativen Sexualität verbunden, durch die sich sein innerer Dämon, sein niederes Selbst, geäußert hatte. Jetzt konnte er sich dieser Seite zuversichtlich stellen und sagen: »Nein, ich bin nicht mehr derjenige, der ich einst war. Du kannst mich nicht mehr zu den Deinen zählen.« Nach diesem Traum fiel ihm auf, daß die sexuellen Fantasien mit Tunten, die er noch ab und zu hatte, häufig damit endeten, daß seine Frau an deren Stelle trat und sich die sexuelle Beziehung mit ihr immer reicher und voller gestaltete. Die »Kellerwohnung«, in der seine Fantasien einst gehaust hatten, war nun ihre Wohnung und gehörte nicht mehr den Tunten.

Michael stellte auch fest, daß er bei der Arbeit wie beim Sport viel mehr Kraft hatte. Er war konzentrierter, konnte sich besser durchsetzen, war selbstbestimmter und ließ sich weniger ablenken. Die Liebe zu seiner Frau vertiefte sich, und er lernte sie besser kennen.

Die vielen Gefühle, die in Michaels frühkindlicher Sexualenergie verschmolzen waren, lösten sich jetzt langsam, und sein Gefühlsleben wurde viel reicher. Sein Bedürfnis nach Fürsorge und einer angemessenen Bemutterung erfüllte ich als Pfadhelferin, ohne daß die sexuelle Energie Konflikte erzeugte. Das Bedürfnis nach sexueller und romantischer Liebe erfüllte seine Frau, die ihm ebenfalls Fürsorge schenkte. Und sein Bedürfnis, für andere zu sorgen, wurde dadurch erfüllt, daß er sich mit seinem eigenen inneren ungeliebten Kind und seiner Katze Pansy beschäftigte.

Der Weg der Selbstverwirklichung

Die Transformation des niederen Selbst ist der Kreuzzug unserer Zeit. Der Weg des Helden führt nach innen, nicht nach außen. Es gilt, in die Kellergewölbe der inneren Dunkelheit hinabzusteigen, wo wir unseren Teufeln und Dämonen begegnen und sie umwandeln.

Die unbewußte Negativität hat die eigene Macht eingeschränkt. Als Michael sich den eigenen sexuellen Verzerrungen stellte, konnte er die Energie der negativen Lust gefahrlos freisetzen und dadurch seine echte Lust und Vitalität fördern. Beim Abnehmen der Maske sind wir von der rohen, schöpferischen Kraft des niederen Selbst beeindruckt. Aber schließlich begreifen wir, daß Nachsicht gegenüber dem niederen Selbst kein andauerndes Glück beschert, und sehnen uns nach der tieferliegenden Kraft, die im Einklang mit der Liebe steht. Wir betrachten also unsere lieblosen Haltungen und Leidenschaften, um deren ursprüngliches Wesen freizusetzen und die eigene Energie mit der Macht Gottes zu verbinden.

Wenn man den heldenhaften Weg der persönlichen Transformation einschlägt, berührt und stärkt dies auch alle, denen wir begegnen. Geben wir Verbitterung und Schuldzuweisungen auf, wissen wir, daß das eigene Unglück in direktem Verhältnis zum eigenen niederen Selbst steht. Indem wir aber die Verantwortung für das eigene Unglück übernehmen, werden die Mitmenschen von Schuld und Zwängen befreit und können offener mit uns umgehen. Zudem macht jeder Schritt, den wir in der eigenen inneren Dunkelheit tun, anderen Mut, die uns beobachten. Schließlich kommt die Transformation des niederen Selbst der Schöpfung als Ganzes zugute: Wenn jede Abwehr aufgedeckt, jeder Dämon seiner Energie beraubt und jede Verzerrung aufgelöst ist, wird sehr viel mehr Energie in das kollektive Sammelbecken fließen.

Dennoch begibt sich selten jemand bewußt auf diese Reise. Es ist weder leicht noch schmerzlos, das eigene niedere Selbst direkt, ohne Verleugnung und ohne Selbstverunglimpfung anzusehen. Es fällt schwer, anderen nicht mehr die Schuld zuzuschieben und die Verantwortung für das eigene Glück selbst zu übernehmen. Wir benötigen eine starke Selbstachtung, die um so fester Wurzeln schlägt, je weiter wir bei dieser Arbeit fortschreiten.

Wer sich dafür entschieden hat, kennt nichts Belebenderes, als die inneren Verzerrungen umzuwandeln und in die eigene Essenz der Wahrheit und Liebe heimzukehren. Wenn wir diese Reise bewußt antreten, beschleunigen wir den Prozeß, indem wir uns auf den inneren Lehrer ausrichten und mit der Evolution fortschreiten.

Durch die mutige Konfrontation mit dem niederen Selbst wächst unsere Furchtlosigkeit, und wir treiben den Satan aus, der seit Urzeiten existiert.

Der Weg der Selbstverwirklichung nimmt zahlreiche Leben in Anspruch. Jedes Stadium erfordert große Geduld, wobei die Einsicht hilfreich ist, daß jedes Gefühl und jede Erkenntnis, die die eigene Selbstachtung vorübergehend zu überwältigen drohen, nur ein kleiner Teil eines unermeßlichen Unterfangens ist.

Vergeßt nie, daß ihr nicht aus euren häßlichen Zügen besteht. Leugnet oder verdrängt sie aber auch nicht … Die häßlichen Seiten müssen als Teil von euch anerkannt werden, und ihr müßt die Verantwortung dafür übernehmen, bevor ihr wirklich versteht, daß ihr nicht diese Seiten seid … Erst wenn ihr die Verantwortung für sie übernehmt, kommt ihr zu der erfreulichen Einsicht, daß ihr nicht diese Seiten seid, sondern sie zu einem bestimmten Zweck mittragt. *(Lesung 189)*

Die Energie des höheren Selbst aktivieren

Ohne starke Verbindung zum höheren Selbst können wir nicht zum Kern des niederen Selbst vorstoßen. Wenn wir tief in unser schlimmstes Selbst eintauchen und es umwandeln, müssen wir gleichzeitig lernen, uns mit dem höheren Selbst gleichzusetzen und jede spirituelle Hilfe anzurufen. Gerade wenn wir dem Schlimmsten in uns begegnen, gilt es, die Energie auf die positive Intention auszurichten.

Der wichtigste Faktor beim Transformationsprozeß ist der gute Wille. Wir müssen uns wandeln lassen wollen. Der gute Wille kann bei dieser Arbeit entfaltet werden, wenn wir die Ausrichtung auf das höhere Selbst vertiefen lernen, aber er muß beim einzelnen bereits zu einem gewissen Grad vorhanden sein, bevor die Transformation einsetzen kann. Er ist die spirituelle Untermauerung, das Sicherheitsnetz und die Bühne, auf welche die inneren Rollenträger gebracht werden, um sie zu erkennen.

Nehmen wir die Transformationsarbeit als Zweck unseres Lebens an, dann macht es Freude und Sinn, die verzerrte Energie und das verzerrte Bewußtsein zu ihrer ursprünglichen göttlichen Essenz zurückzuführen.

In dem Maße, in dem ihr so lebt, in dem Maße ist das Bewußtsein – als ganzes, wie es uns alle durchdringt – weniger in seine Bestandteile aufgespalten. *(Lesung 189)*

Ein Stück niederes Selbst aufzugeben kann so einfach sein wie die Entschuldigung für eine negative Tat. Von Herzen »es tut mir leid« zu sagen, reinigt die Luft erstaunlich. Manchmal muß man auch konkreter werden: »Ich sehe ein, daß mein Konkurrenzgeist mich angestachelt hat, dir das Wasser abzugraben, als du meine Unterstützung nötig hattest. Ich sehe jetzt, daß ich dich verletzt habe, und es tut mir leid. Ich verpflichte mich, meinen Konkurrenzgeist aufzugeben, damit ich künftig für dich da bin.« Wird die Wahrheit ausgesprochen, der Schmerz der echten Schuld empfunden und die Verpflichtung getroffen, in Zukunft anders zu handeln, können wir um Verzeihung bitten, und höchstwahrscheinlich wird uns dann vergeben. Das Karma ist aufgelöst.

Meistens reicht es allerdings nicht aus, das niedere Selbst bewußtzumachen und jemandem zu beichten, sondern es muß noch eine körperliche Äußerung stattfinden. Manchmal sind negative oder repressive Haltungen in Muskelverkrampfungen »erstarrt«. Wir können diese Spannungen auflösen und die Energie der negativen Haltungen wieder verfügbar machen, was uns eine neue ganzheitlichere Vitalität verleiht. Die Beseitigung solcher Spannungen erfolgt manchmal mit äußerer Hilfe wie Bindegewebsmassage, Core Energetik oder anderen Arten von Körperarbeit. Wenn wir die Verantwortung für die Spannungen im eigenen Körper übernehmen, finden wir auch eine Möglichkeit, die negative Energie gefahrlos zu entladen.

Es ist manchmal nicht einfach, die richtige Äußerungsform dafür zu finden. Wir neigen dazu, das niedere Selbst von einer Entweder-oder-Haltung aus zu betrachten. Entweder unterdrücken wir es, um nicht schlecht zu sein – das erstickt und lähmt, und wir werden unecht, deprimiert und grollen. Oder wir äußern es unbekümmert und verletzend, was dazu führt, daß wir uns schuldig fühlen und uns selbst ablehnen.

Es gibt einen anderen Weg. Wir können eine sichere Umgebung schaffen, in der die Entladung aufgestauter Feindseligkeiten unter einer hilfreichen Führung vonstatten geht. Sogar die Energie latenter Mörder und Vergewaltiger,

255

machthungriger Anführer oder masochistischer Anhänger läßt sich im Rahmen von Gruppen- oder Einzelsitzungen bei geschulten Helfern, Beratern und Therapeuten gefahrlos freisetzen und umwandeln.

Es gibt viele anerkannte Möglichkeiten, negative Gefühle an Gegenständen auszulassen. Man kann etwa einen Gummischlauch nehmen und damit auf Telefonbücher einschlagen.[39] Das hilft besonders, wenn jemand als Kind nie Unordnung machen durfte oder erleben soll, wie zerstörerisch er sein kann. Man kann mit einem Tennisschläger oder einem gepolsterten Gummischläger auf ein Sofa, Bett oder Kissen einhauen, die jemanden (oder eine negative Seite von jemandem) darstellen sollen, auf den wir wütend sind. Wir können uns auf ein Bett legen, einen Schreianfall haben und mit Händen und Füßen um uns schlagen, oder auch ein Handtuch oder einen gepolsterten Gummischläger »erwürgen« und so weiter.[40] Es ist möglich, mit Kissen zu reden, die Eltern oder andere darstellen, mit denen wir »Unerledigtes aufzuarbeiten« haben, oder auf sie einzuschlagen. Diese aktiven Energieäußerungen des niederen Selbst gestatten es dem Betreffenden, so mit seinen Gefühlen zu arbeiten, daß niemand dabei verletzt wird. Allerdings ist ein geschulter Gruppenleiter oder Helfer erforderlich, der sicherstellt, daß diese Methoden richtig angewendet werden.

Manchen kommt es gekünstelt vor, Gegenstände für lebende Menschen einzusetzen. Diese Schwierigkeit läßt sich jedoch überwinden. Zudem ist es besser, mit einem Symbol zu arbeiten, statt die negative Energie zu unterdrücken oder zerstörerisch an anderen auszulassen. Die Symbolik verhilft uns auch zur Einsicht, daß es sich um die eigene Energie handelt und sie nur beiläufig in Beziehung zu der- oder demjenigen steht, der in unseren Augen Zorn, Verbitterung oder Schuldzuweisung verdient. So erlangen wir die ursprünglich reine Energie hinter der Negativität zurück.

Bis ihr einen Weg findet, eure zerstörerischen Impulse und Wünsche anzunehmen, ohne sie zu entschuldigen, wird die Suche verwirrend erscheinen ... versteht ihn, ohne euch mit ihm gleichzusetzen. Ihr müßt lernen, negative Impulse und Wünsche realistisch einzuschätzen, ohne in

---

[39] Elisabeth Kübler-Ross hat diese Methode in ihren Workshops zu »Leben, Tod und Übergang« eingeführt.
[40] Diese Methoden werden von Core-Energetik-Therapeuten verwendet; eingeführt haben sie Alexander Lowen und John Pierrakos.

die Falle der Projektion und Selbstrechtfertigung zu gehen. Ein solches Verständnis benötigt ständige Inspiration durch die höheren inneren Kräfte, die mit klarer Absicht um Hilfe gebeten werden, das Bewußtsein für die zerstörerischen Seiten zu erwecken und aufrechtzuerhalten und die richtige Methode, mit ihnen umzugehen, zu finden. *(Lesung 184)*[41]

Wir haben die Aufgabe, den eigenen Verzerrungen auf den Grund zu gehen und die negativen Gefühle hinter der Gefühllosigkeit und Verleugnung zu wecken, damit wir sie entladen und ihren angeborenen Zustand als reine Energie wieder annehmen lassen.

Die eigenen Gefühle wahrnehmen

Um aus Verleugnung und Gefühllosigkeit herauszukommen, ist es unumgänglich, die leidenschaftliche Energie des niederen Selbst zu spüren.

Eine Frau, die jahrelang an sich gearbeitet hatte, begegnete der ungeheuren Grausamkeit hinter ihrer »Kühle« zum erstenmal in einem Traum. Bei der Arbeit an sich selbst hatte sie sich mit ihrer Angst befaßt, nachts alleine zu Hause zu sein, wenn ihr Mann arbeiten ging. Sie berichtete folgenden Traum:

»Ich bin allein zu Hause. Ich wache auf, und jemand poltert fordernd an die Tür. Ich stehe in meinem dünnen Nachthemd auf und suche den Bademantel, aber ich finde ihn nicht. Das Poltern hält an und wird immer stärker. Ich öffne die Tür und denke, es werde wohl mein Mann sein. Statt dessen steht ein attraktiver, aber bedrohlicher Mann vor mir, ein androgyner, schlanker Davie-Bowie-Typ mit nach hinten angeklatschten Haaren, in gebügelter Hose, Pilotenlederjacke mit Pelzkragen und einem weißen Halstuch. Seine eisblauen Augen vervollständigen die beunruhigende Erscheinung. Er kommt mit großen Schritten ins Zimmer, als wäre es seines.

Der Traum verändert sich. Ich werde zu einer rasenden Mörderin. Der Mann liegt auf dem Boden. Ich habe etwas in der Hand, etwas aus Metall oder vielleicht auch nur lange, gefährliche Fingernägel. Ich greife den Mann unter mir wie ein wahnsinniger Hund an und zerfetze ihn. Ein Teil von mir – der objektive Beobachter, der erstaunt über die mörderische Energie in mir ist – bleibt distanziert, während der andere damit beschäftigt ist, den Mann zu zerstümmeln.

---

[41] *Der Pfad der Wandlung*, S. 169.

Der Traum wechselt wieder. Ich ›erwache‹ aus dem vorherigen Abschnitt wie aus einer Psychose, in der ich eine rasende Mörderin war. Ich schaue zu Boden und sehe, daß der Mann, den ich ermordet zu haben glaubte, eigentlich meine Katze ist, die ich mit dem Fuß quetsche. Beim Hinabsehen guckt sie mich kläglich miauend an, als wolle sie sagen: ›Was machst du eigentlich mit mir?‹

Dann wache ich wirklich auf und bin über mich entsetzt. Meine Katze springt zu mir aufs Bett. Ich kann nur dasitzen und sie wie betäubt streicheln. Erst viel später wurde mir klar, daß das die Antwort war, um die ich gebeten hatte: zu verstehen, weshalb ich nachts solche Angst hatte. Ich wußte bis zu diesem Traum nicht, daß ich nachts eigentlich am meisten Angst vor dem Mörder in mir hatte. Früher zeigte sich mein niederes Selbst eher wie der kalte, androgyne Mann – gefühllos, eisig und grausam. In diesem Traum kam endlich meine leidenschaftliche Grausamkeit, meine mörderische Energie, zum Vorschein. Beim ›Erwachen‹ im Traum wird mir klar, was ich meiner Katze antue und wie zerstörerisch diese Energie ist.

Seither habe ich weniger Angst vor der Nacht und dem Alleinsein. Es gibt jetzt einen Zugang zur Energie und dem Ursprung meiner Ängste, und ich habe daher nichts mehr zu fürchten. Ich bin dem Feind begegnet, und der bin tatsächlich ich selbst.«

Die Träumerin ist dem Mörder in sich selbst begegnet, der Zerstörerin ihrer weichen, weiblichen, vertrauensvollen, katzenhaften Energie. Durch diese Begegnung konnte sie mehr Verantwortung für ihre nächtlichen Ängste übernehmen und war nicht mehr so anfällig für ihre negativen Fantasien. Der androgyne Mann ist ein Archetyp des kühlen, raffinierten Teufels. Eine solche Figur leugnet seine menschliche Leidenschaft und berechnet nur seinen Machtvorteil. Die Träumerin hat dieser Figur die Maske abgenommen und den leidenschaftlichen Killer aufgedeckt.

Das niedere Selbst ist am gefährlichsten, wenn sowohl die leidenschaftliche Grausamkeit wie die weiche Verletzlichkeit hinter den negativen Einstellungen gelähmt sind. Von den eigenen Gefühlen abgeschnitten, leugnen wir leicht die Verletzlichkeit anderer und rationalisieren die eigene Grausamkeit ihnen gegenüber. Dann werden Grausamkeit und die damit verbundene unbewußte Erregung zum Ersatz für den eigentlichen Lebensfluß.

Wenn wir gefühllos bleiben, werden wir die Negativität steigern müssen, um überhaupt noch etwas zu empfinden. Im Gegensatz dazu tritt folgendes ein:

Je mehr ihr euch euren Haß eingesteht, desto weniger haßt ihr. Je mehr ihr eure Häßlichkeit annehmt, desto schöner werdet ihr. Je mehr ihr eure

258

Schwäche akzeptiert, desto stärker seid ihr. Je mehr ihr zugebt, daß ihr verletzt seid, desto mehr Würde besitzt ihr. Das sind unverrückbare Gesetze. Das ist der Pfad, den wir gehen. *(Lesung 197)*

Das Böse als Abwehr gegen Schmerz

Eine große Hilfe bei der Begegnung mit dem Bösen ist die Einsicht, daß alle Verzerrungen letztlich eine Abwehr gegen den Schmerz darstellen. In jedem Leben bildet der Schmerz aus der Kindheit das Sammelbecken der Gefühle, die durch die Abwehrmechanismen Feindseligkeit, Rückzug, Sadismus oder Masochismus überdeckt werden. Auf der Seelenreise führen zudem Verletzungen aus vergangenen Leben zu bestimmten Charakterschwächen und Verzerrungen in diesem Leben.

Auf kosmischer Ebene wehrt das Böse den Schmerz der Entscheidung ab, uns von Gott zu trennen. Der größte Seelenschmerz stammt aus dem falschen Glauben, wir seien nur ein begrenztes Selbst, das sich nicht mit dem Selbst und Leben als Ganzes verbinden kann.

Wenn wir die Gefühle nicht mehr unterdrücken wollen, können wir das unschuldige Selbst wieder in Anspruch nehmen, das wir waren, bevor wir unsere Abwehrhaltung aufbauten. Der Schmerz aller Verletzungen mag zwar groß sein, aber er macht uns auch weicher und verblaßt im Verlauf des Nachempfindens. Der eigene Schmerz führt rasch zum grundlegendsten Schmerz der gesamten Menschheit, dem Trennungsgefühl von Gott und der falschen Annahme, wir seien nicht würdig, uns mit der Ganzheit des Lebens wieder zu verbinden.

Wehren wir den Schmerz ab, werden wir defensiv und schlagen auf unsere jeweilig typische Art zurück. Den Schmerz zu empfinden und zu entdecken, daß wir ihn aushalten können, läßt uns die Abwehrhaltung aufgeben. Wir lernen, uns wie die Weide zu biegen, anstatt starr und brüchig zu bleiben. Wir schämen uns nicht mehr, zu weinen, zu trauern und zu vergeben. Unsere Seele kehrt zurück, wenn wir Zorn, Kummer und Angst in ein Hochgefühl verwandeln.

Besonders wichtig ist es, den Kummer des verletzten Kindes hinter der Abwehr zu spüren:

Julie arbeitete an ihrer Kritiksucht anderen gegenüber, die sie meist abwertete. Infolgedessen hatte sie wenig enge Beziehungen und empfand ihre Einzelstellung als schmerzlich. Sie träumte:

»Ich bin wieder ein Kind und reite auf dem Pferd mit der roten Mähne, das ich bekam, als ich 15 Jahre alt war. Ich schlage härter als nötig mit der Peitsche auf mein Pferd Big Red ein und sage ihm, wie schlecht es sei, nicht zu tun, was ich von ihm erwarte. Der Traum ist ganz real; an diese Begebenheit aus meiner Jugendzeit kann ich mich lebhaft erinnern, als ich mein großes, geduldiges Pferd tatsächlich mißhandelte.«

Auf meinen Rat hin wurde Julie wieder zum Kind, das auf ihr Pferd – ein großes, rötlichbraunes Kissen – einschlug. Als ich sie fragte, weshalb sie das Pferd so schlage, antwortete sie: »Weil ich wütend bin. Ich bin immer allein und niemand liebt mich. Meine Eltern sagen mir ständig, alles sei falsch, was ich tue. Ich will einfach irgend etwas verletzen, damit ich nicht spüre, wie verletzt ich innerlich bin.«

Nachdem sie ihr niederes Selbst als Halbwüchsige gesehen hatte, die Big Red mißhandelte, wandte sie ihre kritische Ungeduld gegen sich selbst. In einer späteren Sitzung verdeutlichte Julie an einem anderen Kissen, wie sehr sie das niedere Selbst der Halbwüchsigen verurteilte. Sie schlug auf das Kissen ein und schrie: »Weshalb bist du so stur? Ich werde etwas Vernunft in dich hineinprügeln. Wer bist du, und warum willst du nicht aufwachen? Wach auf!«

Als Julie immer wieder mit den Fäusten auf das Kissen einschlug, sah sie das Gesicht der aufsässigen Heranwachsenden, die sie gewesen war, aber das Gesicht veränderte sich langsam. Als sie den Arm hob, um noch einmal auf das Kissen zu schlagen, sah sie plötzlich ein neues Antlitz. Was ihr mit weichen, flehenden Augen entgegenblickte, war ein furchtsames, sich duckendes Rehkitz. Julie brach mit dem Kissen im Arm, das ihr erschrecktes Rehkitz darstellte, zusammen und weinte herzzerreißend. Endlich hatte sie die Verletzlichkeit kennengelernt, die sich hinter ihrer Abwehr verbarg.

Hinter dem Tor, an dem du deine Schwäche spürst, liegt deine Stärke.

Hinter dem Tor, an dem du deinen Schmerz empfindest, liegen deine Freude und Lust.

Hinter dem Tor, an dem du deine Angst spürst, liegt deine Sicherheit.

Hinter dem Tor, an dem du deine Einsamkeit spürst, liegt deine Fähigkeit, Erfüllung, Liebe und Kameradschaft kennenzulernen.

Hinter dem Tor, an dem du deine Hoffnungslosigkeit spürst, liegt die wahre und gerechtfertigte Hoffnung.

Hinter dem Tor, an dem du den Mangel aus deiner Kindheit akzeptierst, liegt deine jetzige Erfüllung. *(Lesung 190)*

260

Den Schmerz der realen Schuld empfinden

Neben dem echten Schmerz über die Entbehrungen in der Kindheit erfordert die Umwandlung des niederen Selbst, daß wir den Schmerz der realen Schuld empfinden. Mit der Negativität haben wir spirituelle Gesetze verletzt und anderen durch unsere Zurückweisung und Fehler Schmerz zugefügt. Es ist meist schwieriger, diesen Schmerz zu spüren, als denjenigen, den wir empfinden, wenn andere uns verletzen.

In vorpsychologischen Zeiten hat die Religion der Menschheit ein verzerrtes, schwächendes Schuldgefühl eingetrichtert. Die Angst vor einem strafenden Gott oder falsche Schuldgefühle, die verhinderten, daß die Menschen in Würde und im Wissen darum, wer sie letztlich sind, leben konnten. Um solchen Verzerrungen zu begegnen, muß das Pendel zeitweilig in das gegenteilige Extrem schwingen, bis das richtige Gleichgewicht – die Wahrheit – gefunden ist. Somit hat sich die gesamte psychologische Bewegung davon abgewandt, den Schmerz der Schuld zu empfinden.

Doch muß die reale Schuld eurer eigenen Verzerrungen bis in alle Verzweigungen hinein angeschaut, empfunden und verstanden werden. Tut ihr das nicht, fehlt euch die Ganzheit, Liebe und Achtung. Ihr könnt nicht sein, wer ihr eigentlich seid. *(Lesung 201)*

Den Schmerz der realen Schuld zu empfinden heißt, die Verantwortung dafür zu übernehmen, einen für andere schmerzhaften Zustand geschaffen zu haben. Das fühlt sich anfänglich wie ein Schlag gegen die eigene Selbstachtung an. Dennoch gibt es keinen Schmerz, der den Menschen freier macht und mehr verwandelt. Der Schmerz der realen Schuld ist weich und löst sich während des Empfindens auf. Lassen wir diesen Schmerz ganz zu, erkennen wir, daß Gott uns vergeben hat. Wir haben den Preis bezahlt und sind von unserer Schuld befreit.

Der Schmerz der realen Schuld und der Schmerz des eigenen realen Leidens unterscheiden sich vom »harten« Schmerz der Schuldzuweisung, mit dem wir diejenigen, die uns verletzt haben, zu strafen versuchen. Dieser harte Schmerz sagt immer: »Sieh nur, wie schlecht es mir geht. Das ist alles deine Schuld.« Dann wird das Elend zur Waffe, um andere zu bestrafen, ohne im geringsten vergeben zu wollen.

Der Schmerz der realen Schuld, die echte Reue, unterscheidet sich auch vom Schmerz der falschen Schuld, die dadurch entsteht, daß wir eigenen oder fremden

Erwartungen nicht entsprechen. Das übertriebene *mea culpa* der falschen Schuld verstärkt die Maske und besagt »Sieh nur, wie gut ich bin, weil ich mich so schlecht fühle« oder »Es geht mir so schlecht, daß du nicht zuviel von mir erwarten kannst, und ich sollte dir eigentlich leid tun.« Wenn wir solche Verzerrungen ausräumen, können wir den einfachen, weicheren Schmerz der realen Schuld spüren, dabei aber die eigene Würde und das Bewußtsein der eigenen Göttlichkeit bewahren.

Reale Schuldgefühle zuzugeben und den damit verbundenen Schmerz zu empfinden ist eine wunderbare Läuterung und der eigentliche Sinn der Beichte. Diesem Vorgang kann eine Wiedergutmachung folgen – entweder ein einfaches »Es tut mir leid« oder eine ausführlichere Berichtigung des begangenen Unrechts. Wenn wir in uns gehen und uns fragen, welches die beste Berichtigung wäre, ohne das begangene Unrecht zu verleugnen oder zu übertreiben, bekommen wir eine Antwort. Vor allem aber müssen wir wissen, daß es bereits vergeben ist und wir in unserer Ganzheit geliebt werden. Denn es gibt nichts, was wir tun, fühlen oder beabsichtigen, das Gott nicht vergeben würde.

Zusätzlich zum guten Willen ist Geduld das Wichtigste bei der Heilung. Vergessen wir nicht, daß das niedere Selbst in den Ursprüngen des menschlichen dualistischen Bewußtseins wurzelt. Es hat mit der ersten Trennung eines Teiles von der Ganzheit Gottes angefangen. Es hat mit dem freien Willen begonnen, der es uns ermöglichte, die Trennung zu wählen, und wurde über Jahrtausende durch die falsche Wahl der Menschen verstärkt. Zu glauben, wir könnten den Schaden in einem einzigen Leben wiedergutmachen, ist überheblich. Auf jeden Fall führt es unweigerlich zu Frustration und Verzweiflung; seien wir also geduldig.

Julie war eine im amerikanischen Südwesten geborene Frau, die sich am liebsten draußen aufhielt. Sie ging gerne zelten und war in der Wüste völlig ausgeglichen. Unter Menschen war sie meistens mißtrauisch und fühlte sich abgesondert.

Als Julie begann, an ihrem niederen Selbst zu arbeiten, stellte sie es sich als einen zähen, paranoiden, gierigen Halbstarken vor, der wußte, wo es langging – eine Extremfassung der Heranwachsenden, die sie einst gewesen war, als sie ihr geliebtes Pferd mißhandelt hatte. In ihren Visualisierungen nahm sie diesen Halbstarken in die Wüste mit und sah, wie er lange Zeit still dasaß. Er war zu stolz, um sie um Hilfe zu bitten oder überhaupt etwas mit ihr zu tun haben zu wollen. Wenn er doch etwas brauchte und Julie danach fragen mußte, tat er es mit einem verächtlichen Schnauben. Julie antwortete jeweils das Nötigste und wartete weiter.

262

Diese Visualisierung führte sie monatelang fort, und jedesmal, wenn sie sich darauf einstimmte, stellte sie fest, daß der Halbstarke ein klein bißchen weicher wurde und langsam begriff, daß jemand (Julies eigenes höheres Selbst) für ihn da war. Julie war bereit, vertrauensvoll darauf zu warten, daß ihr niederes und höheres Selbst zusammenkamen.

Es kam ihr vor, als stelle diese heilsame Visualisierung auch das Abbild ihrer verschiedenen Inkarnationen dar. Sie wußte, daß ihre Fähigkeit, anderen Menschen zu vertrauen, sehr angeschlagen war. Als sie mit der Pfadarbeit begann, fühlte sie sich in dieser Hinsicht beinahe unfähig und vermutete, daß sich darin Schwierigkeiten und Fehler vieler Leben spiegelten. Die Wahl ihrer Seele, dieses Mal in der Wüste geboren zu werden und dort aufzuwachsen, war genau das, was sie gebraucht hatte, um die Bindung zur Natur und ihrem höheren Selbst zu festigen. Das würde ihr die Kraft geben, sich schließlich mit ihrem niederen Selbst zu befassen, nachdem sie dies Leben um Leben ausgelebt hatte.

Wir können jeweils nur einen Schritt tun. Häufig haben wir Angst, uns das niedere Selbst bewußtzumachen, weil wir uns vor dem Anblick des dadurch hervorgerufenen Wirrwarrs und der Zerstörung fürchten. In der Vorstellung, wir müßten dann alles auf einmal ändern, schrecken wir vor der Aufgabe zurück.

Diane hatte ihre Trunksucht jahrelang geleugnet. Als es ihr langsam dämmerte, daß sie tatsächlich Alkoholikerin war und die Verheerung erkannte, die ihre Krankheit für sie selbst und ihre Kinder verursacht hatte, packte sie kaltes Entsetzen. Alles war ein solches Durcheinander; wie konnte sie das je geradebiegen?

Da träumte sie: »Ich wasche mir die Haare in einem Waschbecken und stelle zu meinem Schrecken fest, daß mein Kopf unter dem Wasserhahn feststeckt. Ich habe keine Ahnung, wie ich ihn wieder herausbekomme. Zuerst versuche ich, den Kopf in panischer Angst wegzuziehen, während das Wasser immer noch läuft. Ich verletze mir den Hals und schlucke ungewollt Wasser; ich glaube, ertrinken zu müssen. Dann höre ich eine Stimme in mir: ›Beruhige dich und tu einen Schritt nach dem anderen.‹ Irgendwie gelingt es mir, klarer zu denken, und ich stelle das Wasser ab. Dann drehe ich den Kopf vorsichtig zur Seite und kann ihn langsam herausziehen, bis er frei ist.«

Hinter dem niederen Selbst weilen stets das Licht und die Weisheit des höheren Selbst, die uns jeden Schritt des Weges führen. Das niedere Selbst ist ein dunkler Schatten, der das Licht dämpft und versucht, uns vom weichen, steten Schein abzulenken, der unseren Weg beleuchtet.

263

Meditation zur Umerziehung des niederen Selbst

Haben wir das niedere Selbst aufgespürt und den Schmerz, der damit verbunden ist, empfunden, können wir es mit Hilfe des höheren Selbst umwandeln. Beim Pfad arbeiten wir in der Meditation sowohl mit dem niederen wie höheren Selbst. Nachdem wir den äußeren Geist durch Konzentration auf den Atem oder mittels anderer Zentrierungsübungen zur Ruhe gebracht haben, setzen wir das bewußte Ich ein, um mit dem niederen Selbst Kontakt aufzunehmen, es zu verstehen und zu verändern. Die Meditation ermöglicht also einen Austausch zwischen dem positiven Ich, dem Niederen-Selbst-Kind und dem höheren Selbst.

Das bewußte Ich muß nach innen greifen und sagen: »Alles, was in mir ist, alles Verborgene, auch das Negative und Zerstörerische, muß ans Licht. Ich will es sehen und verpflichte mich, es anzuschauen, ungeachtet meiner verletzten Eitelkeit. Ich möchte gewahr werden, wo immer ich festhänge und mich deswegen auf Fehler anderer konzentriere.« Das ist die eine Richtung der Meditation.

Die andere muß zum universellen höheren Selbst führen. Es besitzt Kräfte, die die Begrenzungen des bewußten Selbst überschreiten. Auch sie sollten zur Enthüllung des destruktiven niederen Selbst in Anspruch genommen werden, damit der Widerstand überwunden werden kann.

Wenn das niedere Selbst anfängt, sich freier auszudrücken, weil das Ich es ohne Urteil als interessierter, offener Zuhörer annimmt, dann könnt ihr dieses Material zur weiteren Untersuchung sammeln. Alles, was sich zeigt, sollte auf seine Ursprünge, Folgen und Auswirkungen hin durchforscht werden. Fragt euch, welche falschen Auffassungen für den Haß, die Verachtung, die Bosheit oder die anderen auftauchenden negativen Gefühle verantwortlich sind.

Die nächste Phase ist die Umerziehung des zerstörerischen Teils. Das zerstörerische Kind ist nun nicht länger unbewußt. Mit seinen falschen Anschauungen, seinem hartnäckigen Widerstand, seiner Bosheit und mörderischen Wut braucht es eine neue Ausrichtung. *(Lesung 182)* [42]

---

[42] *Der Pfad der Wandlung,* S. 191, 195.

264

Als kleines Kind war Judith von ihrer Mutter ständig eingeschüchtert worden und hatte diese als böse Hexe wahrgenommen.[43] Jetzt wurde sich Judith bewußt, daß ihr eigenes niederes Selbst eine Nachbildung der Hexe war – ein Abwehrmechanismus, den Judith verwendete, um Nähe zu vermeiden. Das niedere Selbst diente Judith nun nicht mehr zur Abwehr des Kindheitsschmerzes, hatte aber dennoch ein Eigenleben entwickelt. Es machte sie verschlossen, auch wenn sie bewußt bereit war, sich zu öffnen.

In der Meditation begann Judith mit einem Trialog, in dem ihr erwachsenes Ich sowohl die Hexe ihres niederen Selbst als auch den Engel ihres höheren Selbst zum Mitreden aufforderte. Dabei kam die Hexe sofort drohend auf sie zu, um sie zu unterdrücken und den Austausch zu vereiteln.

Judith beharrte: »Ich will meine Gefühle zurückhaben.«

Die Hexe antwortete: »Begreifst du denn nicht, daß das nicht geht? Deine Gefühle werden dich umbringen. Deshalb hast du mich geschaffen. Ich habe dich davon abgehalten, als Kind verrückt zu werden. Du bedankst dich also besser bei mir und überläßt mir die Kontrolle.«

Die erwachsene Judith: »Ich danke dir, daß du es mir als Kind erspart hast, allzu verletzlich zu sein. Aber jetzt brauche ich deinen Schutz nicht mehr. Jetzt will ich verletzlich sein, weil ich mit Menschen zusammen bin, bei denen das ungefährlicher ist als bei meiner Mutter. Jetzt will ich lieben und geliebt werden. Bitte setze meine Gefühle frei.«

Hexe: »O nein. Ich will sie festhalten und meine Macht spüren, um dich und andere zu erschrecken. Ich will vor allem Macht.«

Daraufhin rief Judith die größere Macht des höheren Selbst an. Eine Zeitlang sah und hörte sie nichts. Dann trat eine von weißem Licht umhüllte Frau langsam hinter einem Vorhang hervor.

Diese engelsgleiche Gestalt sprach zur Hexe: »Du sagst, du wollest Macht. Doch was willst du wirklich?«

Plötzlich verwandelte sich die Hexe in ein kleines Mädchen und sagte mit Kinderstimme: »Eigentlich will ich Liebe. Aber ich glaube nicht, daß ich sie verdiene. Ich

---

[43] Durch den Einfluß europäischer Kindermärchen hat sich die Hexe im Unbewußten der Kinder als zerstörerische weibliche Energie festgesetzt. Diese Märchen stammen vom archetypischen und historischen Kampf der patriarchalischen, christlichen oder rationalen Weltsicht um die Unterdrückung der matriarchalischen, vorchristlichen oder intuitiven Perspektive. Die echten Hexen waren Heilerinnen oder Priesterinnen in der vorchristlichen Religion der Göttinnen, die im Christentum verteufelt wurden.

muß gut sein, um geliebt zu werden. Wäre ich ein liebes Mädchen gewesen, wäre meine Mutter nicht so gemein zu mir gewesen. Ich bin also bestimmt schlecht. Und weil ich sowieso schlecht bin, will ich auch Schlechtes tun und den Leuten einen Schrecken einjagen, damit ich mich wenigstens mächtig fühle.«

Jetzt verschmolz die Hexe vollends mit dem kleinen Mädchen Judy, das anfing, still vor sich hinzuweinen. Judith sah, wie ihr Kindselbst hinter einem Vorhang hervorlugte. Sie sah auch, wie der Engel dem Kind seine Arme öffnete. Das kleine Mädchen ging durchs Zimmer, kletterte dem Engel auf den Schoß und schmiegte sich einen Augenblick an ihn. Dann bekam es wieder Angst.

Klein-Judy: »Weißt du, es gibt viele Hexen hier, nicht nur mich.«

Judith sah in ihrer Meditation, wie eine Reihe von Mädchen und Frauen hinter Klein-Judy auftauchten, ein ganzer weiblicher Stammbaum einschließlich ihrer Mutter, zwei Großmüttern und weiterer weiblicher Verwandter. »Sie alle brauchen auch Liebe«, sagte das Kind. »Sie haben die Stimmen von Hexen, weil sie Angst haben und einsam sind. Sie haben auch niemanden gehabt, der sie liebte.«

Jetzt sah Judith Klein-Judy auf sich zukommen und die Reihe der Frauen/Hexen anführen. Der Engel bildete mit dem Kind und den Frauen einen Kreis und forderte sie auf, ihre Stimme und Kraft als wahrhaft machtvolle Frauen wiederzufinden. In ihrem Inneren hörte Judy das »Lied der Seele«, das von einem Mädchen- und Frauenchor gesungen wurde.

Es braucht Übung, in der Meditation eine Verbindung zu dem niederen und höheren Selbst herzustellen, aber diese Meditation beschleunigt die Arbeit.

Die göttlichen Eigenschaften erkennen

Jeder Fehler, den es umzuwandeln gilt, besitzt eine göttliche Eigenschaft. Diese existiert sogar schon, bevor der Fehler umgewandelt wird.

So bietet beispielsweise die Faulheit die positive Fähigkeit, sich zu entspannen und das Leben zu nehmen, wie es kommt, ohne es sofort kontrollieren zu wollen. In der Hyperaktivität hingegen steckt die positive Fähigkeit, zu handeln und das Leben anzupacken. Hinter dem Hang zum Urteilen liegt die Fähigkeit eines positiven, präzisen Unterscheidungsvermögens. Die Unordentlichkeit birgt die Fähigkeit, die Ichkontrolle aufzugeben und den Lebensfluß ungehindert zuzulassen.

266

Gewöhnlich merken wir, daß die besten Eigenschaften direkt neben den schlimmsten Fehlern angesiedelt sind. Wenn die Fehler nach und nach umgewandelt werden, gehen die guten Eigenschaften nicht verloren, wie wir manchmal befürchten, sondern werden gestärkt und ausgeglichener.

Sogar die schlimmsten Seiten der menschlichen Natur offenbaren, wenn man sich ihnen stellt, sie entlädt und umwandelt, einen göttlichen Kern. Der mörderische Zorn wandelt sich in leidenschaftliche Durchsetzungskraft. Grausamkeit wird zu positiver, schöpferischer Aggression.

Ganz gleich, wie häßlich einige dieser Erscheinungen auch sind – ob nun Grausamkeit, Bosheit, Überheblichkeit, Verachtung, Selbstsucht, Gleichgültigkeit, Gier, Betrug oder anderes –, ihr könnt zu der Erkenntnis gelangen, daß jeder dieser Züge ein Energiestrom ist, ursprünglich gut, schön und lebensbejahend. Mit der Suche in dieser Richtung werdet ihr verstehen und erfahren lernen, daß dieser oder jener konkrete feindselige Impuls ursprünglich eine gute Kraft war. Wenn ihr das begreift, werdet ihr einen wesentlichen Schritt gemacht haben in Richtung auf die Umwandlung der Feindseligkeit und die Befreiung der Energie, die entweder auf nicht wünschenswerte, zerstörerische Weise kanalisiert oder eingefroren und träge war. ...

Mit anderen Worten, ihr müßt eingestehen lernen, daß die Art, wie sich diese Kraft zeigt, unerwünscht ist, doch der Energiestrom hinter der Erscheinung ist wünschenswert, denn er ist aus dem Lebensstoff selbst gemacht. Er enthält Bewußtsein und schöpferische Energie. Er enthält jede Möglichkeit, Leben zu offenbaren und auszudrücken und neues Leben zu erschaffen. Er enthält das Beste des Lebens ... . (Lesung 184) [44]

Je tiefer wir in die eigenen Fehler eintauchen, desto näher kommen wir der eigenen Essenz. Das Gegenteil trifft ebenfalls zu. Je verbundener wir mit der göttlichen Essenz sind, desto mehr Mut haben wir, uns all die entstellten, ungeheilten Seiten anzusehen, die immer noch in der Psyche weilen. Diese Reise fördert tatsächlich das Beste in uns zutage, und wir können alle Helden und Heldinnen des inneren Pfades sein.

[44] Der Pfad der Wandlung, S. 170.

267

Übernehmen wir die volle Verantwortung für das niedere Selbst, gelangen wir zu einer erweiterten Identität.

Die volle Verantwortung für eure verzerrten, dämonischen Züge zu übernehmen wird euch, so paradox es auch erscheinen mag, davon befreien, euch mit diesen Seiten gleichzusetzen. Ihr werdet erkennen, daß ihr ihr selbst seid und diese Seiten nur Anhängsel bilden, die ihr in euch aufnehmen könnt, wenn ihr sie auflöst. Das heißt, daß ihre Grundenergie und ihr unverzerrtes Wesen Teile des Bewußtseins werden, die ihr manifestiert. (Lesung 189)

Patrizia und ihr Mann Jack hatten ein Dreiecksverhältnis mit Laurie. Alle drei gingen den zwanghaften Impulsen, die sie in dieser allseitig tödlichen Situation festhielten, gewissenhaft auf den Grund. Zu Patrizias Arbeit gehörte, daß sie sich die Versuchung ansehen mußte, getrennt und selbstgerecht zu sein, was ihr viel leichter fiel, als angesichts des Schmerzes ein offenes Herz zu bewahren. Sie erhaschte einen flüchtigen Blick auf eine innere Person, die eine moralisch überlegene und sexuell zugeknöpfte Nonne war und von ihr »Äbtissin« genannt wurde. Jack beobachtete, daß seine Angst vor Verpflichtung es ihm leichter machte, seinen Wunsch nach Nähe auf zwei Frauen zu verteilen, statt »alles auf eine Karte zu setzen.« Laurie ging ihrer Abhängigkeit von einem starken alten Mann nach, bei dem sie sich sicher fühlte.

Schließlich gelang es ihnen, das Dreieck aufzulösen. Jack entschied sich zum Risiko und verpflichtete sich ganz Patrizia. Laurie beschloß wegzuziehen, um ein neues Leben anzufangen. Und Patrizia beendete ihr Moralisieren und schenkte Jack ihre uneingeschränkte sexuelle Zuneigung. Ihre Ehe wurde durch das aufrichtige Bewußtsein, mit dem sie sich dieser schmerzlichen Erfahrung gestellt hatten, unermeßlich gestärkt.

Mehrere Wochen nach Lauries Wegzug ging Patrizia allein im Wald spazieren, als sie plötzlich eine Szene aus einem vergangenen Leben vor sich sah. Sie fand im Mittelalter in Südfrankreich statt. Jack war der Herr eines kleineren Gutes, der ab und zu sein Recht auf die erste Nacht bei den Jungfrauen seines Landes in Anspruch nahm. Patrizia selbst sah sich als seine sauertöpfische, moralisierende Frau, die ihn ständig herabsetzte und verurteilte. Und Laurie war die schöne Tochter eines Untertanen. In jenem Leben hatte Patrizia schließlich ihren Mann verlassen und war ins Kloster gegangen. Ihr Leben hatte sie, von einer ausbeuterischen Affäre mit einer jüngeren

268

Nonne abgesehen, in einsamer Verbitterung beschlossen. »Jack« heiratete »Laurie« schließlich, aber er versank immer tiefer in egoistischer Maßlosigkeit, der zu begegnen »Laurie« die Kraft fehlte. »Laurie« war bis zum Ende ihres Lebens in einer schmerzlichen Abhängigkeit geblieben.

Nach dieser erstaunlichen Offenbarung aus einem früheren Leben erkannte Patrizia, daß in dem jetzigen Dreiecksverhältnis alle die notwendige innere Arbeit geleistet hatten, um die Fehler aus der »Vergangenheit« nicht wiederholen zu müssen. Es kam Patrizia auch vor, als hätte die Arbeit in diesem Leben den Figuren aus der Vergangenheit ebenfalls geholfen. Sie hatte das Gefühl, die vergangenen und gegenwärtigen Leben seien miteinander verknüpft und durch ihre Entscheidungen seien drei Seelen geheilt worden. Diese Offenbarung verlieh ihr eine große Würde und Achtung sich und den anderen beiden gegenüber. Sie hatten einander geholfen, tief verankerte, ungelöste Seelenprobleme kennenzulernen und waren gemeinsam den Weg zur Ganzheit gegangen.

Wenn wir uns mit dem niederen Selbst gleichsetzen und es in seiner negativen Absicht und negativen Lust erleben, die Abwehrmechanismen fallenlassen und den ihnen zugrundeliegenden Schmerz sowie die reale Schuld empfinden, bestätigen wir auch unseren Kern als Lichtwesen und Engel Gottes. Wir bringen jede Seite, die der Umwandlung bedarf, ans Licht.

Haben wir dann unser Bestes getan und einen negativen Bereich in uns ausgelotet, lassen wir los und übergeben den gesamten Prozeß Gott. Soviel wir mit der besten Absicht auch erreichen können, die Umwandlung können wir – als kleines Ich – nicht alleine bewirken. Wir müssen dazu die spontane Energie unseres höheren Selbst anrufen, um Führung und Gnade Gottes bitten, damit die Wandlung stattfindet.

Gebet und Meditation, positive Affirmationen und die Anrufung des höheren Selbst sind wichtige Werkzeuge der Transformation. Wir könnten uns den Tiefen des niederen Selbst ohne die ständige Bestärkung, Unterstützung, Vergebung und Führung des höheren Selbst gar nicht stellen.

Die Wandlung geht nicht linear vonstatten. Die verschiedenen Stadien überschneiden sich ständig. Eine Zeitlang arbeiten wir etwa an der Maske, dann an verschiedenen Seiten des niederen Selbst, dann muß das alles auf später verschoben werden, bis das Bewußtsein des höheren Selbst soweit erstarkt ist, um diejenigen Seiten ins Bewußtsein zu heben, die es noch umzuwandeln gilt. Diesen komplexen Prozeß nennen wir Wachstumsspirale.

Übungen zum zehnten Kapitel

Schreibe ein Ereignis in deinem Leben aufrichtig nieder, in dem du deiner Meinung nach schlecht gehandelt hast. Erkläre, was du in dieser Situation für deine Mängel hältst und wo du dich geirrt hast. Waren andere daran beteiligt, schreibe ihnen einen kurzen Entschuldigungsbrief (den du nicht abzuschicken brauchst).

Hast du eine negative Haltung in dir aufgedeckt, bringe sie klar zum Ausdruck. Schreibe auf, wie sie dir in deinem Leben schadet, welche Folgen sie hat oder welchen »Preis« du dafür bezahlst, an ihr festzuhalten.

Laß in der Meditation einen Trialog zwischen dem Ich, dem niederen und dem höheren Selbst zu. Nachdem du dich zentriert hast, suchst du dir ein Problem oder etwas Disharmonisches in deinem Leben aus. Lade das niedere Selbst ein, sich zu seiner Rolle in dieser Angelegenheit zu äußern, und laß den Ichverstand sich entspannen und zuhören. Bitte daraufhin das höhere Selbst, sich zu diesem Thema zu äußern, und laß das Ich einfach zuhören. Beginne dann ein Gespräch zwischen den drei Selbst zu dieser Frage. Das höhere Selbst zeigt sich vielleicht als gütiger Engel oder eine andere archetypische Figur; das niedere Selbst stellt vielleicht als Kind einen Dämon oder irgend etwas anderes dar. Laß das höhere Selbst direkt mit dem niederen Selbst sprechen. Dein Ich ist der Moderator. Schreibe diesen Austausch auf, um die Energie deiner inneren Figuren einzufangen.

Schreibe fünf Punkte auf, die in deinen Augen Fehler sind. Finde fünf positive Qualitäten »gleich neben« diesen Verzerrungen.

Nimm eine deiner Charakterschwächen und lade den Geist der Vergebung ein, sie einzuhüllen und zu reinigen. Inwiefern verändert sich dieser Fehler dabei?

270

11. Kapitel

Das Leben vom höheren Selbst aus erschaffen

»Das angeborene schöpferische Potential des Menschen wird erstaunlich unterschätzt. Es ist viel größer, als ihr jetzt überhaupt erkennen könnt ... Die meisten Menschen wissen nichts von ihrer schlummernden Fähigkeit, ihr Leben bewußt und neu zu erschaffen.«

Lesung 208,
Die angeborene Schöpferkraft

Susan: Reise in die Weiblichkeit

Mit 40 Jahren überfiel mich plötzlich eine starke Sehnsucht, Mutter zu werden. In meiner Ehe hatte ich schon früher solche Anwandlungen gehabt, mir aber eingeredet, eine solche Sehnsucht sei entweder eine Verschiebung meines Wunsches nach mehr Nähe in der Ehe oder eine Metapher, Sevenoaks zu »bemuttern«. Das spirituelle Zentrum, das Donovan und ich gegründet hatten, war tatsächlich unser »Baby« geworden. Ich hatte diesen früheren Drang in mir als einen biologischen Willen abgetan, der meiner Ansicht nach nicht mit Gottes Willen übereinstimmte.

Doch was mich jetzt durchströmte, ließ sich nicht einfach abtun; es verzehrte mich. Als ich mir mich nun innerlich als Mutter vorstellte – stiller, weiblicher, nach innen gekehrter, geerdeter –, entdeckte ich auch tiefere Schichten meines inneren »nein«, von denen ich nichts gewußt hatte, bevor diese Herausforderung mich heimsuchte.

271

Dabei traten alte Bilder, Ängste und Dualitäten zutage. Mutterschaft hieß Eingrenzung, Abhängigkeit, Machtlosigkeit, Kontroll- und Persönlichkeitsverlust. Andrerseits fühlte sich die intensive Verausgabung durch meine spirituelle Arbeit mit anderen zwar kreativ und effektiv, aber auch unfruchtbar an. Der Konflikt zwischen Mutterschaft und spiritueller Berufung suchte mich heim, während ich um eine neue Sicht der Einheit rang.

Eine noch tiefliegende Dualität zeigte meine Identifizierung als »Tochter des Patriarchats«, die den Sprung in die weiblichere, empfänglichere Seite ihres Wesens, von der sie sich abgeschnitten fühlte, sowohl fürchtete als auch ersehnte. Die Entscheidung für mein weibliches, geschlechtliches, fruchtbareres, unsichtbares Selbst fühlte sich wie der Schritt in eine unbekannte Leere an.

Ich hatte einen Traum, in dem meine Mutter, meine Schwester und ich in einer Limousine zu Vaters Büro fuhren. Die Bürokratie war noch nicht dahintergekommen, daß er bereits neun Jahre tot war. Wir waren noch immer in der Welt der männlichen Werte gefangen; wir hatten es noch nicht vermocht, gemeinsam Frauen zu sein, und fuhren immer noch im Auto des Mannes.

Die tiefste Spaltung entstand zwischen dem Vertrauen in meine Führung, die diese neue Richtung bejahte, und den Selbstzweifeln sowie der Hoffnungslosigkeit, wenn ich einen Monat nach dem anderen feststellte, daß ich noch nicht schwanger war.

Ich hatte starke Stimmungsschwankungen. Als Donovan und ich einige Monate, nachdem wir beschlossen hatten, Eltern zu werden, vom Kino heimfuhren, umfingen mich plötzlich Dunkelheit und Öde, und ich hörte gackernde, feindselige Stimmen: »Wer glaubst du eigentlich zu sein? Du schaffst das nie.« Als sagten mir die Teufel, es sei arrogant von mir, soviel von einem einzigen Leben zu wollen. Statt schwanger zu sein, wurde ich an den Pranger gestellt. Die Verzweiflung meines niederen Selbst hatte diesen teuflischen Angriff auf mein Vertrauen bewirkt. Dennoch führte diese Begegnung zu einer Festigung meines Entschlusses.

Etwa eine Woche nach diesem dunklen »Angriff« erlebte ich einen ekstatischen Augenblick, eine Öffnung mit einer klaren Vision, süßer Sexualität und glückseliger Bereitschaft. Während einer intensiven Arbeitszeit mit Paaren, bei der es um deren Sexualität ging, empfand ich eine körperliche Fülle und Gesundheit wie noch nie zuvor und lief laut rufend »Ich bin bereit! Ich bin bereit!« zum Teich hinunter. Ich sprang hinein und war voll neuer Energie, äußerst empfindsam, glücklich und lobte und dankte Gott.

272

Als ich jedoch meine Regelblutung bekam, war ich so tief enttäuscht, wie nie zuvor. Ich kam mir unfruchtbar vor, und es war, als hätte ich das Wertvollste in der Welt verloren. Ich konnte gar nicht mehr aufhören zu weinen. Jeder Glaube an eine mögliche Mutterschaft war verloren und meine Verzweiflung groß. Gerade in den Bereichen, in denen ich mich nach mehr Fülle sehnte, konnte ich meinen Ichwillen nicht durchsetzen: in Sexualität, Spiritualität und Mutterschaft. Ich konnte mich nur öffnen, um Gottes Gnade durch mich hindurchfließen zu lassen.

Die Schwierigkeit in diesen Bereichen war mir nicht aufgegangen, solange ich meine Sehnsucht abgewehrt hatte. Ich spürte meinen Wunsch nach mehr Hingabe geradezu körperlich. Ich schmeckte ihn. Aber ich konnte mit dem Willen nichts bewirken, ich konnte nur loslassen. Ich betete zu Gott, mir dabei zu helfen. Das entfesselte in mir eine gewaltige Sehnsucht nach Donovan. Ich war wie ein bedürftiges Kind, wie ein Opossum, das sich am Bauch seiner Mutter festklammert. Donovan reagierte verständnisvoll auf meine qualvolle, archaische Bedürftigkeit.

Nachdem ich monatelang nicht schwanger geworden war, erwogen wir eine Adoption. Gleichzeitig besuchten wir Donovans jüngste Enkelin Pamela, die das Leben unter schwierigen Umständen begonnen hatte. Ich liebte dieses süße Mädchen sehr, was meinen Kummer über meine eigene Unfruchtbarkeit nur verstärkte.

Ich bat um weitere Führung und empfing: »Das Kind, das du haben sollst, kann nur das Ergebnis einer weiteren Läuterung sein. Stärke deinen Glauben an diesen Prozeß vor der Mutterschaft. Erkenne deine Wut, deine Eifersucht (die ich jedesmal empfand, wenn ich eine Mutter mit Kind sah), deinen Wettbewerbsgeist anderen Frauen gegenüber und dein Mißtrauen. Läutere deinen Willen, indem du die Notwendigkeit und die Verzweiflung erkennst, den äußeren Willen abgeben zu müssen. Trenne dich von der Überaktivität des Willens und dem Kontrollstreben. Werde dir der Grenzen des Verstandes bewußt und trachte nicht nach mehr. Höre mit dem negativen Drang auf, Urteile zu fällen und voreilige Schlüsse zu ziehen. Begib dich ins Nichtwissen als Vorbedingung für ein tieferes Wissen, das nur aus der Empfänglichkeit deines Wesens entstehen kann. Laß die Geschäftigkeit des kleinen Verstandes los und schaffe Raum für eine andere Art von Wissen. Reinige auch den Körper. Beginne langsam und sorgfältig, gesünder zu essen, bewege dich mehr und genieße das Wasser in eurem Haus.

Willkommen zum Läuterungsprozeß. Befasse dich damit und laß die Empfängnis los. Was nötig ist, geschieht von selbst, wenn die Zeit dafür reif ist. Es gibt nichts, was

273

du dazu tun könntest oder solltest. Lege alles in Gottes Hand. Das Ziel ist nicht Empfängnis, sondern Läuterung, die Geburt deines eigenen, wahren, weiblichen Gottselbst, nicht die Geburt einer Seele außerhalb von dir. Deine Hauptaufgabe auf der Erde ist deine eigene Transformation, nicht, Menschen zu bemuttern, ihnen zu helfen oder sonst eine äußere Aufgabe zu erfüllen. Lenke dich nicht durch die Konzentration auf Äußeres ab.«

Nach dieser Führung versackte ich, weil ich das Aufgeben meiner Ichforderung nach Erfüllung damit verwechselte, die Erfüllung an sich loslassen zu müssen. Doch allmählich kehrte mein Vertrauen wieder, als ich meine Sehnsucht wiederholte und mir dabei bewußt war, daß nur Gott die Schöpfung erfüllt.

Meine Arbeit am Antiweiblichen ging weiter. Ich bekam eindrückliche Bilder der »Frau Gottes« als asketische und unangreifbare Nonne gezeigt, die niemanden brauchte. Die Verbindung mit dem Geist ist das einzige, was eine Rolle spielte, während die Menschenleben mit ihren Bedürfnissen und (besonders weiblichen) Körpern verachtet werden. Mein Mißtrauen und die Feindseligkeit den körperlichen Trieben gegenüber waren ausgeprägt. Ich träumte von einer wohlbeleibten primitiven Göttin in einem grünen Wald. In einem späteren Bild im selben Traum sah ich, wie Leute Stufen in einen eisbedeckten Berg schlugen und mir hinaufhalfen. Die Göttin war der blinde Gehorsam gegenüber den Urtrieben Sexualität und Fortpflanzung, Fruchtbarkeit und Körper, ohne jede Vernunft oder Moral. War ich etwa die Eismaid, die sorgfältig die Stufen zum Himmel hinaufgeleitet wurde, während darunter die leidenschaftlichen, chaotischen Sehnsüchte eines offenherzigen, geschlechtlichen, primiven Wesens lagen? Bin ich das auch? In meinem bewußten Ich hat der Anspruch auf Ordnung über die triebhaften Bedürfnisse gesiegt. Ich sehne mich danach, wieder an Erde, Leidenschaft, Paarung und Chaos anzuknüpfen. Ich muß das Weibliche gleichsam neu und von Grund auf wieder für mich beanspruchen.

Als es mir bewußter wurde, daß ich die weibliche Erfüllung in mir selbst finden und erkennen mußte, erklang eine Stimme in mir: »Niemals! Wenn ich meine eigene Mutter werden muß und nur mein eigenes inneres Kind pflegen soll, lehne ich ab. Lieber sterbe ich.«

Danach war ich wochenlang krank und durchlebte so etwas wie den inneren Tod. Starke Kopfschmerzen suchten mich heim und eine ständige Übelkeit. Ich lebte in einer pechschwarzen Öde, die nur ab und zu durch einen rotglühenden Zorn erhellt wurde, und ich glaubte zu sterben. Ich war wütend auf Gott, den Tod, auf alle, die

274

gestorben waren, einschließlich meinen Vater, und auf alle, die sterben würden, einschließlich meine Mutter und Donovan. Nichts spielte mehr eine Rolle. Ich lebte in einer existentiellen Einsamkeit und fürchtete das Nichts. Ich spürte, daß hinter diesem schwarzen Vorhang ein neues Leben lag, aber nicht für mich.

In meinem Tagebuch ist jene Zeit im Juni 1981 festgehalten: »Ich liege freudlos auf dem Bauch auf den harten Steinfliesen, die schwere, dumpfe Hitze des Tages lastet auf mir, der Ventilator über meinem Kopf quietscht erbarmungslos bei jeder Umdrehung. Bilder von mittelalterlichen christlichen und buddhistischen Klöstern tauchen vor meinem inneren Auge auf – Orte, an denen man den Tod versteht. Ich weiß, daß ich sterben werde. Donovan wird sterben. Meine Mutter wird sterben. Und das Kind, das ich vielleicht gebäre, könnte sterben. Der Tod ist. Das ist nicht die höchste spirituelle Wahrheit, mit der ich in Berührung gekommen bin, aber es ist ein Schritt auf dem Weg. Der Tod ist. Gebären rettet mich nicht vor dem Tod. Und Gott rettet mich nicht vor dem Tod. Und mein Zorn darüber verhindert nicht, daß das wahr ist.«

Tagelang pochte es in meinem Kopf. Ich fühlte meine Sehnsucht nach einem Baby weichen, als mir aufging, daß einer der Gründe, gebären zu wollen, meine Verleugnung des Todes war. In der Meditation wurde mein Körper zu einem mit einem Leichentuch bedeckten Skelett. Ich wurde zum Wind, der Staub um und durch das Skelett wirbelte. Große leere Räume, kein Ich, nur Leere. Der Wind, nicht einmal mehr das Skelett.

Ich hatte einen Traumfetzen: »Mit unheilverheißender Stimme wird angekündigt: ›Die Toten essen an großen metallenen Küchentischen und graben im Garten.‹« Aber ich war zu krank, um zu essen oder im Garten zu arbeiten.

Da hatte ich mitten in diesem Todes- und Verzweiflungsanfall eine Vision. Kurz vor dem Zubettgehen rutschte ich eine negative Spirale hinunter, bis ich in einen völlig toten Raum gelangte, in dem mein Leben keinen Sinn mehr hatte. Das gewöhnliche Leben fühlte sich wertlos an, mein Kopf war leer, und ich fiel in eine riesige Öde. Als ich in den Tod zu fallen meinte, erfüllte mich eine überzeugende Gewißheit. Ich würde im Juli empfangen und müsse mich in einem Fünftagesretreat darauf vorbereiten, etwas fasten und viel meditieren. Die Gewißheit blitzte auf und verging. Zuerst zweifelte ich daran, dann hörte ich ein sanftes inneres Lachen die Ankündigung begleiten und stimmte zu: »Dein Wille, nicht der meine, geschehe.«

Ich begann mein Retreat mit der Tagebucheintragung:

275

»2. Juli 1981: Ich genieße mein einfaches, stilles Retreat. Wenig Energie und Fasten. Sanfter, regnerischer Tag. Mein Verstand ist langsamer geworden. Ich warte und genieße es, einfach zu sein.

Ich erhasche nur einen kurzen Blick auf das, was ich hier tue. Es hat etwas damit zu tun, Frau zu werden, Körper und Seele auf die Empfängnis vorzubereiten. Ich bin mir nicht sicher, ob auf eine körperliche oder spirituelle Empfängnis. Ich bereite das heilige Gefäß vor. Ich will mich dem Leben öffnen, für mich sorgen, mich aufschließen und darauf warten, gefüllt zu werden, wie dies auch immer geschehen soll. Wonach suche ich? Nach einer Neugeburt? Einer Initiation? Will ich in die Dunkelheit und in das Unbekannte gehen, um was zu entdecken? Ein neues Selbst? Ein altes Selbst? Ein Frauenselbst? Ein Gottselbst? Dieses Retreat fühlt sich wie eine archetypische Initiation an, bei der man sich vom Äußeren zurückzieht, um von innen heraus erneuert zu werden. Ich warte vertrauensvoll auf alles, was kommen soll.

3. Juli 1981: Heute früh bin ich verbittert und wütend. Meine Basaltemperatur ist gestiegen, was wahrscheinlich heißt, daß der Eisprung wieder vorbei ist und ich nicht schwanger geworden bin. Und das hätte der zauberhafte Monat sein sollen, in dem es geschehen würde.

Ich bin Gott gegenüber feindselig gestimmt. Was nützt es, zu wollen? Was nützt ein Retreat und der Versuch, Gott näherzukommen?

Langsam sehe ich die Verbitterung als Seelenzustand hinter meiner Bemühung, das Leben dazu zu bringen, mir zu geben, was ich will. Sind meine Visionen und Träume einfach nur subtilere Forderungen an das Leben, mir das Gewollte zu liefern, und zwar wann, wo und wie ich es will? Gerade jetzt spüre ich den heftigen bitteren Geschmack, die unfruchtbare Dunkelheit, den Mangel an Vertrauen, der an meiner Seele nagt. Ich spüre dich und nehme dich als zu mir gehörig an.

Während ich das Unkraut um die Erdbeeren im Garten jäte, geht mir kurz auf, daß der Zustand des Nichtdenkens, des Nur-Seins, zu meiner jetzigen Übung gehört und das notwendige Gegenmittel gegen meine fordernde Ungeduld an das Leben ist.

3. Juli 1981, später: Nach einem kurzen Schlaf mit steifem Hals und steifen Schultern aufgewacht, dem Protest meines Stolzes und Willens. Genau dort muß ich im Körper loslassen, in Vertrauen auf den göttlichen Willen schmelzen und aufhören, mein Leben von meinem kleinen Ichwillen aus zu lenken. Aber ich kann nichts anderes tun als meine Sturheit und meine Ängste zu beobachten und anzunehmen. Ich kann mich nicht zum Loslassen zwingen.

276

Im Zazen mein einfaches Sein empfunden. Unter dem Schmerz, hinter dem Tod BIN ICH. Hinter dem Starrsinn, hinter der Bemühung, den Starrsinn aufzugeben, BIN ICH. War im Einklang mit den Bäumen und Vögeln, von denen es bei dieser herrlichen kleinen Hütte beides im Überfluß gibt. Zuerst war ich unendlich traurig. Was gibt ihrem Leben einen Sinn? Sie leben und sie sterben. Weshalb singen die Vögel? Worüber singen sie? Einfach nur sein. Reicht das wirklich? Für sie schon.

3. Juli 1981, noch später: Ich merke einen Zynismus, wie ich ihn selten erlebt habe. Ein tiefes Mißtrauen dem Selbst und dem Leben gegenüber. Weshalb glaube ich an eine Verbindung zu Christus? Ist Spiritualität einfach nur Aberglaube und Wunschdenken? Wellen der Verbitterung und des Zweifelns durchfluten mich, und ich sehe sie wie erschreckende Gesichter in meinem Bewußtsein auftauchen und wieder verschwinden. Hexen lachen mich und meine ernsthafte Güte gackernd aus. Teufel zeigen spöttisch und demütigend mit dem Finger auf mich. Alte Weiber und rauhe, gemeine junge Männer zeigen auf meinen unfruchtbaren Bauch und lachen. Die Gesichter begleiten mich. Ich nehme sie an.

4. Juli 1981: Beim Erwachen – ich faste noch –außerordentliche kurze Minuten des Nichtselbst erlebt, war mir nur Energieströmungen ohne jede Form bewußt. Eine Stimme in meinem Kopf fragte: ›Was ist? Was ist?‹ Ich lasse mich in eine tiefere Schicht des Nichtwissens gleiten und sitze in dieser geräumigen, energiedurchfluteten Weite. Und dann eine andere Stimme: ›Das ist es. Das ist es.‹ Das leuchtende Meer energetischer Formlosigkeit. Bin mir des Atmens, aber nicht der Atmenden bewußt. Dann kehrt die Form langsam wieder. Lange Zeit das Gefühl essentieller Weiblichkeit – Rundungen, Brüste, Bauch, Scheide – säugetierhaft, aber noch nicht menschlich. Erst nach und nach erkenne ich mich als Menschenfrau, als Schwester in der Evolution all derer, die vor mir gegangen sind. Wiedergeboren. Weiblich.

Bin stundenlang in einem Zustand glückseliger Verbundenheit in den sommerlichen Wäldern herumgegangen und habe mich mit jedem wachsenden Lebewesen eng verwandt gefühlt.

Später bin ich wieder in Verbitterung und Verzweiflung gestürzt und habe mich mit meiner Zeit hier befaßt. Was tue ich hier? Vielleicht erfahre ich es nie. Weshalb sollte ich glauben, ich wisse, was ich tue? Ich weiß es nicht. Außerdem brauche ich es nicht zu wissen. Ich kann nur meinen tiefsten Instinkten folgen, der tiefinnersten Führung. Das ist alles, was ich tun kann.

5. Juli 1981: Bin gestern abend früh eingeschlafen und habe geträumt: ›Ich bin bei einem Picknick, zu dem viele Leute aus meinem bisherigen Leben eingeladen sind.

277

Wir essen Backkartoffeln wie in einem Ritual. Das Kartoffelessen findet unmittelbar nach der Besichtigung eines Museums für altes Kunsthandwerk – nur von und für Frauen – statt. Gemeinsam mit meiner Mutter gehe ich durch viele Räume. Sie bevorzugt Möbel aus dem 18. Jahrhundert, ich beschäftige mich mit volkstümlichem Kunsthandwerk. Die Leiterin des Museums ist eine große Afrikanerin. Ich sehe eine unfertige Näharbeit an ausgestopften Tieren.‹

Bin mitten in der Nacht aus dem Traum aufgewacht und hatte riesige Lust auf eine Backkartoffel. So ein Grundnahrungsmittel, direkt aus dem Bauch der Erde, ein rundes Frauenessen voll neuen Lebens. Nach drei Tagen Fasten war ich ausgehungert nach einer Kartoffel!

Um Mitternacht trieb es mich in den Garten, um Kartoffeln auszugraben. Mein Kopf behauptete, das mache keinen Sinn und ich solle doch einfach wieder einschlafen. Aber die Ursehnsucht war stärker.

Ich ging also glücklich und abenteuerlustig mit meiner Taschenlampe in den sanften Regen der stockdunklen Nacht, kniete auf den Boden und grub mit Dankgebeten an Mutter Erde einige Kartoffeln aus. Wie zarte Babys trug ich sie in die Küche zurück und legte sie in den Kochtopf. Der Gedanke an eine rituelle Mahlzeit entstand, die mich mit allen Frauen, mit dem archetypisch Weiblichen allen Lebens verbinden solle. Ich ging allein in der Küche auf und ab, sang ein Lied der Einheit mit der Göttin und betete darum, mich tief in die weiblichen Rhythmen meines Körpers und meiner Seele versenken zu dürfen, um meine konkrete eigene Aufgabe in der weiblichen Schöpfung kennenzulernen.

Dann setzte ich mich zu meiner rituellen Mahlzeit an den mit getrockneten Weizenblättern geschmückten Küchentisch – meine Gabe an die Göttin des Überflusses und der Fruchtbarkeit. Nachdem ich meine Kartoffeln gegessen hatte, ging ich noch eine Weile spazieren und richtete noch einige Gebete an die Göttinnen. Ich trank etwas Milch und genoß meine Verbindung zu Kühen und Müttern jeder Art. Erst nach dem Essen ging mir auf, daß ich einen Tod und eine Neugeburt durchlaufen hatte. Wie im Traum habe ich am großen metallenen Küchentisch gesessen und im Garten gegraben.

In Gedanken bei dem Museum des Weiblichen, das eine archetypische Frauenfigur leitete, ging ich zu meiner Hütte zurück. Wie weit entfernt meine Mutter und ich in unseren Alltagsinteressen von der Urnatur auch entfernt sind, befinden wir uns beide doch in der Macht und Energie der afrikanischen Hüterin, Eva, unserer Urmutter. Und ein ausgestopftes Tier (für ein Baby?) muß noch fertiggenäht werden.

278

Den ganzen Abend über hatte ich im Hintergrund ein Geräusch gehört, das wie Trommeln klang. Entweder tropfte der Regen vom Dach oder es waren die Feuerwerke zum Nationalfeiertag oder Baßrhythmen von in der Ferne abgespielter Musik. Klang wie afrikanische Trommeln. Urrhythmen. Heute feiere ich meine Unabhängigkeit zusammen mit allem, was weiblich ist.

6. Juli 1981: Was ich aus diesem Retreat gelernt habe: Mein Wesen und mein innerer Gott sind zutiefst weiblich – ruhig, langsam, erdhaft, nachdenklich. Ich kann das Wissen und sogar die Form loslassen und in die Essenz zurückkehren. Ich habe einmal mehr erfahren, wie tief das Mißtrauen mir gegenüber und das Gefühl der Wertlosigkeit als Frau sitzen, und wie sehr ich den Kopf und männlichen Willen dazu verwendet habe, um diese schmerzhaften Gruben weiblicher Leere zu überdecken. Jetzt habe ich mich entschlossen, in die Wunde der Ablehnung meiner selbst hineinzugehen, auf den tiefsten Grund zu fallen und zu sehen, wie unwahr sie ist, damit ich wieder an die Oberfläche gelange. Diesmal sind meine Seelendellen mit meiner wahren Weiblichkeit ›ausgefüllt‹. Mein Heilungsweg führt direkt durch die Wunde.

7. Juli 1981: Letzter Tag. Bin langsam aufgewacht und habe lange Zeit im Halbschlaf ausgeruht. In meinen Bauch geatmet und kleine Lustwellen empfunden, die in der Scheide begannen und sich nach oben schlängelten. Ich erwache und werde zu einem offenen Raum für die Schöpfung eines neuen Lebens. Ich habe das Gefühl, die innere Arbeit sei getan, das Gefäß vorbereitet. Alles, was mir noch zu tun bleibt, ist vertrauensvoll zu warten.«

Ich bin von meinem Retreat nach Hause gegangen und habe ein Zimmer für das Kind vorbereitet. Zwar wußte ich nicht, wie das Kind zu uns kommen würde, war aber zuversichtlich. Genau neun Monate später wurden Donovan und ich Adoptiveltern seiner elf Monate alten Enkelin Pamela, nachdem ihre Eltern sie zur Adoption freigegeben hatten. Meine Seele war sorgfältig darauf vorbereitet worden, Mutter dieses wunderschönen kleinen Mädchens und meiner wahren Herzenstochter zu werden.

Der positive Lebensfluß

Der Mensch ist unglaublich kreativ. Wir alle sind wie Kinder im Sandkasten – wir bauen unendliche Formen und Äußerungen des menschlichen Geistes auf, zerstören sie und schaffen sie neu. Unabhängig davon, ob wir je ein Bild malen oder Verse dichten, sind wir alle Schöpfer des eigenen Lebens. Das Leben ist unsere Kunst, die äußere Manifestation des Geistes im Inneren.

Die Summe all eurer bewußten, halbbewußten, unbewußten, expliziten und impliziten Gedanken, Überzeugungen, Annahmen, Absichten, Gefühle, Emotionen und Willensausrichtungen bringen ein bestimmtes Ergebnis hervor, wie sehr sie einander auch widersprechen mögen. Es geht um die Erfahrung, die ihr jetzt macht, und die Art und Weise, wie sich euer Leben jetzt vor euch entfaltet. Euer jetziges Leben spiegelt wie eine mathematische Gleichung euren inneren Zustand. Deshalb kann es als Landkarte für eure inneren Bereiche verwendet werden. *(Lesung 208)*

Zu Beginn dieses Kapitels berichtete ich über meine erwachende Sehnsucht nach einem Kind, die eine Transformationsreise in Gang setzte.

Als ich mich durch meine Ablehnung des Weiblichen hindurcharbeitete und langsam die männliche Ichfestung abbaute, mit der ich mich insgeheim identifiziert hatte, gelangte ich an einen Ort, an dem diese Identität sterben und ein neues Selbst als Frau geboren werden konnte. Indem ich mich darauf einließ, ein aufnahmefähiges Gefäß zu werden, trug ich dazu bei, den inneren Seelenzustand zu schaffen, in dem sich die Mutterschaft manifestieren konnte.

Begreifen wir mit der Zeit, daß das Leben unsere eigene Schöpfung ist, können wir das Leben bewußt vom höheren Selbst aus gestalten.

Es gibt einen riesigen Unterschied zwischen denjenigen, die unabsichtlich erschaffen und nie merken, daß ihre irrigen Gedanken, zerstörerischen Gefühle und unkontrollierten negativen Wünsche so sicher ein Ergebnis erzeugen, als würden sie bewußt handeln, und denen, die sich bemühen, ihre Überzeugungen zu überprüfen, die Wahrheit zu suchen und ihre Ideen, Gedankengänge und Ziele zu hinterfragen und ihre Gefühle dadurch läutern, daß sie diese mutig und ehrlich nachempfinden. Nur die zweite Einstellung führt dazu, daß das Leben bewußt geschaffen wird. *(Lesung 194)*

Der schöpferische Vorgang pendelt ständig zwischen dem Ausloten der inneren Ursachen des eigenen Unglücks und dem Vortasten in eine neue, produktivere Lebensrichtung. Wir versuchen, uns dem vollen, konzentrierten Lebensfluß zu erschließen und gleichzeitig die inneren Hindernisse zu begreifen und zu entfernen. In uns ist alles, was wir brauchen, um ein erfüllendes, gelassenes Leben zu schaffen.

Alle Antworten, alles Wissen, alle Macht, zu erschaffen, zu fühlen, zu genießen, zu erleben – diese Welten existieren im Inneren. Denn das wahre Universum ist innen und die äußere Welt nur eine Spiegelung. Alles, was ihr je über euch und euer Leben zu wissen braucht, ist im Inneren vorhanden, und dieses Wissen kann umgesetzt werden, wenn ihr euch darauf zu konzentrieren lernt ... Um aus eurem Inneren zu erschaffen, ist eine entspannte Konzentration nötig. Versucht ihr, nur aus der Ichebene zu erschaffen, dann ist die Konzentration angespannt und erzeugt Angst. Der äußere Ichwille gehört dazu. Arbeitet er allein, mangelt es ihm an Weisheit, Verständnis, Vision und Tiefe mangelt. (Lesung 208)

Jeder kann das in seinem Inneren finden, was für seine Erfüllung nötig ist. Um sich dieser unbegrenzten Quelle zu öffnen, sind die eigenen Verzerrungen zu entwirren. Dann müssen wir das tiefinnere Selbst durch uns sprechen und handeln lassen.

Wissenschaftler wie Künstler haben über die Erfahrung berichtet, daß ihre kreativsten Leistungen oder tiefsten Einsichten in das Wesen des Alls stattfanden, wenn sie die harte Verstandesarbeit aufgegeben hatten und eine tiefere Weisheit oder Vision zuließen. Nachdem die tiefere Wirklichkeit angezapft worden war, in der ein mathematisches Gesetz, ein prachtvolles Bild oder ein zauberhaftes Musikstück bereits vorhanden sind, besteht die Aufgabe darin, diese in eine Form zu bringen, die sie für diese Welt verständlich, hör- oder sichtbar macht.

Jede Schöpfung ist eine Übertragung der inneren Wirklichkeit nach außen, die Manifestation der Weisheit, Liebe und Schönheit. Unser Leben ist ein Mittel, um das Göttliche in der irdischen Realität auszudrücken.

Das Erschaffen eines positiven Lebens ist mit der Arbeit eines Gärtners vergleichbar. Wir verwenden unser bewußtes Ichselbst dazu, die Samen unserer Sehnsucht zu pflanzen, und bewässern die Pflänzlein mit Affirmationen. Aber alleine bringen wir die Pflanzen niemals zum Wachsen. Dabei hilft uns die Lebenskraft in dem Boden, den wir vorbereitet haben. Aus den Rückmeldungen, die uns der Garten gibt, lernen wir, wo die Erde gedüngt, wie das Ungeziefer in Schach gehalten und wann das Unkraut getilgt werden soll. Ebenso konzentrieren wir uns beim positiven Erschaffen des Lebens zuerst, und dann lassen wir los. Wir nehmen unsere Begrenzungen an und öffnen uns größeren Energien. Wir achten sorgfältig auf die Rückmeldungen, die uns das Leben gibt, und arbeiten daran, die Hindernisse zu entfernen. Wir bestätigen neue Ausrichtungen und warten darauf, daß sie sich manifestieren. So werden wir Menschen zu Mitschöpfern Gottes.

Selbstschöpfung und Eigenverantwortung

Wir können das Leben nur in eine positive Richtung lenken, wenn wir bereit sind, Eigenverantwortung zu übernehmen. Die größte Knechtschaft des Geistes besteht darin, der Opfermentalität zu unterliegen und zu glauben, wir seien ausschließlich das Ergebnis dessen, was andere uns angetan haben. Mit dieser Überzeugung bleiben wir weiterhin hilflos, gedemütigt und sind unfähig, andere Entscheidungsmöglichkeiten wahrzunehmen. Wir verlangen, daß sich die anderen zuerst verändern, damit wir frei oder mächtig werden oder was auch immer, und verwenden unsere gesamte Energie dafür. So bleiben wir unfrei.

Es gibt immer wieder Zeiten, in denen wir anderen die Schuld zuweisen oder auf die Gesellschaft, die Eltern oder das Schicksal schimpfen müssen, um Gefühle freizusetzen und festzustellen, wieweit wir immer noch in Hilflosigkeit und Hoffnungslosigkeit stecken. Glauben wir aber, Opfer zu sein, verraten wir die tiefinnerste Wahrheit, nämlich daß wir freie, schöpferische Werkzeuge der Göttlichkeit sind, wie begrenzt, verdreht und eingeengt durch karmische Umstände wir vorübergehend auch sein mögen.

Unsere Aufgabe besteht darin, soviel wie möglich von der uns innewohnenden Göttlichkeit zu manifestieren, indem wir lernen, positive Mitschöpfer der Welt zu werden. Der erste Schritt heißt, die Verantwortung für die Gestaltung des eigenen Lebens zu übernehmen.

Wir sind einfach deshalb für das eigene Leben verantwortlich, weil es sonst niemand sein könnte. Obwohl wir vielen äußeren Einflüssen aus der Vergangenheit und Gegenwart ausgesetzt sind, können nur wir die eigene Lebenserfahrung von einem Augenblick zum anderen lenken. Wie chaotisch uns das Leben vorübergehend auch erscheinen mag, wir treffen die Entscheidungen.

Dabei sollten wir uns nicht herabsetzen, wenn das Leben schwierig verläuft, oder uns auf die Schulter klopfen, wenn alles glattgeht. Man verzerrt leicht die Idee der Eigenverantwortung. Bei der Gestaltung des eigenen Lebens geht es nicht um Schuldzuweisung oder Lob, da zu den schöpferischen Kräften, die das Leben formen, komplexe unbewußte, kollektive und umstandsbedingte Kräfte gehören, die weit jenseits der Kontrolle durch das kleine Ich liegen.

Jeder manifestiert eine einmalige Zusammensetzung von Gegebenheiten, die in einem separaten Selbst organisiert sind. Jeder ist eine komplexe Äußerungsform dessen, was der Mensch ausdrücken und erleben kann. Gleichzeitig sind wir viel mehr. Dieses Leben, in dem wir jetzt stehen, ist als Manifestation des jeweils einmaligen schöpferischen Bewußtseinszentrums sowohl des niederen wie höheren Selbst auf der Ebene der Ichpersönlichkeit, des inneren Kindes und der transpersonalen Seele zu verstehen.

Lernen wir den schöpferischen Kern erkennen, können wir auch ein viel harmonischeres Leben hervorbringen. Wir sind in der Lage, es bewußt vom höheren Selbst aus zu gestalten.

Martin war ein talentierter, erfolgreicher Journalist, der ab und zu auch Kurzgeschichten und Drehbücher schrieb. Sein Privatleben aber war ein Elend. Martin hatte mehrere Jahre versucht, eine dauerhafte Beziehung zu einer Frau herzustellen. Doch manchmal schlüpfte er nachts für eine lieblose homosexuelle Begegnung aus dem Haus. Mit der Zeit wurde ihm klar, daß er seinen homosexuellen Hang nicht mehr leugnen konnte, obwohl er Frauen mochte und einige gute Freundschaften zu Frauen aufgebaut hatte.

Nachdem Martin seine Homosexualität in den Pfadsitzungen bei mir bekannt hatte, kam es weiterhin zu kurzfristigen sexuelle »geheimen« Begegnungen, die aber ein emotional und spirituell ungutes Gefühl hinterließen. Er verfing sich in einem Teufelskreis, der seine Sexualität bestätigen sollte, die er wiederum haßte und die daher zu entwürdigenden und selbstbestrafenden Begegnungen führten, die seinen Selbsthaß verstärkten, worauf er noch verzweifelter Bestätigung brauchte.

Er sehnte sich nach einer Liebesbeziehung, die sowohl sein Bedürfnis nach einem treuen Gefährten wie sein sexuelles Bedürfnis stillen würde. Dennoch schien er nicht imstande zu sein, eine dauerhafte Beziehung zu einem Mann aufzubauen, was zu einer gewaltigen inneren Unruhe führte. Weshalb konnte er den richtigen Partner nicht finden? Weshalb war das Leben so mies?

Martin war Jude, aber weltlich erzogen worden. Er mißtraute Gott, wetterte gegen die Ungerechtigkeit des Lebens, ballte die Fäuste gegen Gott und kam sich vor wie Hiob. Mitten in einer solchen Tirade überfluteten ihn Erinnerungen an seine Stiefmutter, die ihn körperlich mißhandelt und gefühlsmäßig gedemütigt hatte, während sein Vater sich heraushielt. Das löste noch mehr Wut aus. Er erinnerte sich, wie hilflos und ausgeliefert er als Kind gewesen war, und schluchzte herzzerreißend. Die Entbehrung, die er als Erwachsener in der Liebe erfuhr, schien eine schrecklich ungerechte Neuinszenierung seiner kindlichen Qualen zu sein.

Während seiner inneren Arbeit wurde Martin gesellschaftlich aktiver. Er hatte begonnen, zum Gottesdienst für Homosexuelle in eine Synagoge zu gehen, wo er intelligente, aufgeschlossene Männer mit vielen Interessen kennenlernte. Er fing sogar eine Beziehung an, die jedoch wenige Monate später scheiterte.

Martins Verzweiflung erwachte erneut. Ich bat ihn, sich vorzustellen, daß die Auflösung dieser Liebesbeziehung eine Möglichkeit war, die Ursachen seiner Entbehrungen besser zu erkennen. Jetzt wütete er auch gegen mich. Dabei beobachtete eine Seite in ihm seinen Zorn über die Ungerechtigkeit des Lebens, ohne den negativen Überzeugungen, die der Wut zugrunde lagen, vollkommen ausgeliefert zu sein.

Martin kam sehr nachdenklich zu seiner nächsten Sitzung.

»Ich möchte wirklich begreifen, weshalb ich kein erfülltes Leben habe. Ist es mein Werk oder einfach mein Schicksal, unglücklich zu sein? Was geschieht eigentlich?«

»Stell dir vor«, antwortete ich, »daß dein unerfülltes Liebesleben das Thema einer Kurzgeschichte oder eines Drehbuchs ist, an dem du gerade schreibst. Nimm an, du seist der Autor dieser Geschichte. Inwiefern ändert es etwas in bezug auf dein Unglücklichsein?«

Martin berichtete: »Wenn ich schreibe, verfasse ich immer unglückliche, hoffnungslose Geschichten. So, wie sich fast mein ganzes Leben abspielt. Ich glaube einfach, daß ich kein Glück verdiene. Meine Geschichten haben immer ein bittersüßes, trauriges Ende. Ein verbittertes Tennessee-Williams-Leben voll kurzer, unglücklicher Beziehungen.«

»Könntest du dir eine andere Geschichte vorstellen?« wollte ich wissen. »Was sagst du zu einem glücklichen Ausgang? Wie sehr hängst du an Verbitterung und Verzweiflung?«

Diese Konstruktion half Martin, und er ging der Frage nach, warum ihm Happy-Ends gekünstelt erschienen. Er mochte am liebsten Geschichten mit einem bitteren Unterton – großartige Möglichkeiten, die sich jedoch nie ganz verwirklichten, enttäuschte Hoffnungen und zerschlagene Träume. Nur solche Szenen waren für ihn überhaupt wirklich.

»Stell dir noch einmal vor, daß du der Autor deines Lebens bist«, wiederholte ich. »Wie könntest du deine Geschichte umschreiben, ohne die Enttäuschungen und Desillusionierungen aus deiner Kindheit zu wiederholen?«

»Du meinst, ich könnte das traurige Drehbuch von Martins Leben ändern? Was für eine Wahnsinnsidee! Ich würde gerne meine eben verlorene Liebe nicht als Ende der Geschichte, sondern als Gelegenheit für einen neuen Anfang benutzen.«

284

»Und wie würdest du das tun?« fragte ich. Martin *wußte es nicht, aber war von der Idee begeistert, das Drehbuch für sein Leben zu schreiben, anstatt dasjenige aus seiner Kindheit immer wieder durchspielen zu müssen.*

Neben seinen regelmäßigen spirituellen Übungen sprach Martin nun ein Gebet zur Ausrichtung auf das Glück und stellte sich die Erfüllung vor. Langsam dämmerte ihm, daß das Glück nicht nur für andere da war. Es war real, und er konnte es bekommen. Mehrere Monate danach lernte Martin einen Mann kennen, der mehr als eine flüchtige Begegnung wollte, und ihre Beziehung stellte sich als erfüllend und als eine lebenslange Verpflichtung für beide heraus.

Als Martin sich nicht mehr mit dem Opfer eines tragischen Drehbuchs gleichsetzte, das ein ihm feindlich gesinnter Gott geschrieben hatte, und selbst zum Autor seines Lebens wurde, fand er Zugang zu seinem riesigen schöpferischen Potential. Jetzt setzte er sich mit seinem höheren Selbst gleich, statt zu glauben, er sei bloß ein hilfloses Kind.

Ganz ähnlich hatte ich in meinem Bericht zu Beginn dieses Kapitels die Verantwortung dafür übernommen, meine unerfüllte Situation selbst geschaffen zu haben. Als ich mich aufmachte, meine inneren Schranken aufzuspüren, konnte ich meine Selbstzweifel einfach annehmen. Meine Identität erweiterte sich allmählich von einer Frau, die ihre Weiblichkeit abgelehnt hatte, zu einer Frau, die sich als einen Aspekt der universellen Göttin betrachtete. Als mein höheres Selbst sich weiterentwickelte, konnte sich auch meine Mutterschaft manifestieren.

Die Gleichsetzung mit dem höheren Selbst

Bei der Transformationsarbeit lernen wir uns zuerst mit dem positiven Ich als objektivem, mitfühlendem Beobachter gleichzusetzen. Vertieft sich diese Identifikation durch eine unbeteiligte, liebevolle Selbstbeobachtung, werden wir zum Bewußtseinsgefäß selbst, statt der Gefäßinhalt zu sein.

Um die im dritten Kapitel vorgestellten Metaphern über das Beobachterselbst weiter auszuführen, wechseln wir die Identität vom Beobachter im Zuschauerraum (Beobachterselbst) zum Autor des Stückes mit unseren verschiedenen Charakteren (der kreativen Seele). Wir machen den Schritt vom Beobachter des Hauses, in dem unsere verschiedenen Teile wohnen, zum Wissen, daß wir der Erbauer unseres Seelenhauses sind. Was sich in unserem Leben manifestiert, akzeptieren wir als Ergebnis des schöpferischen Potentials unseres niederen wie höheren Selbst. Wir werden vom Zuhörer verschiedener Radiosender – der verschiedenen »Kanäle« in der Psyche – zum Bediener, der den Knopf dreht und damit für das verantwortlich ist, was er manifestiert. Diese Einsicht findet auf einer tiefinneren, kreativen Seelenebene statt.

Nach und nach erweitert sich unsere Identität über die Verantwortung für die Schöpfung des Lebens hinaus. Schließlich setzen wir uns mit der Totalität des Lebens gleich. Wir gleiten in den Zustand des einenden Bewußtseins. Auf dieser Ebene erkennen wir uns als Äußerung der einen Lebenskraft, als ein Aspekt des Ganzen.

In bezug auf frühere Bilder erkennen wir, daß Gott das Stück schreibt, und wir stimmen unserer Rolle darin zu. Das Haus, das gebaut wird, ist Gottes Haus, und wir stimmen der Entstehung dieses Hauses zu. Das Radio mit seinen vielfältigen inneren Sendern ist eigentlich Gottes Instrument. Das Ich hat die Aufgabe, der positiven, schöpferischen göttlichen Lebenskraft zuzustimmen.

Das Ich muß wissen, daß es nur ein Diener des größeren Wesens im Inneren ist. Seine Hauptaufgabe besteht darin, absichtlich den Kontakt mit dem größeren Selbst im Inneren zu suchen. *(Lesung 158)*

Lernen wir unser höheres Selbst kennen und fangen an, uns mit ihm gleichzusetzen, können wir die Gaben unserer einmaligen Persönlichkeit egolos ausdrücken. Wir erfahren die Auflösung der Dualitäten und können sowohl wachsam und entspannt, äußerst erotisch und zutiefst spirituell, mitfühlend und voller Widerspruchsgeist, völlig anwesend und weise distanziert, glücklich und dennoch in Frieden sein.

Es ist eine Art von Glück, die gleichzeitig dynamisch, anregend, aufregend, äußerst lebendig und dennoch friedlich ist. Es gibt keine Spaltung mehr, die aus der Trennung dieser Bereiche stammt und sie gegenseitig ausschließt, wie es das dualistische Ich tut. *(Lesung 158)*

Die Erfahrung des höheren Selbst ist die größte Lusterfahrung, die dem Menschen möglich ist. Sie bedeutet, für die kosmischen Strömungen offen zu sein, die sich in der physischen Form manifestieren. Am Anfang der Arbeit an uns selbst stellt sich diese Erfahrung des höheren Selbst meist flüchtig und nur in seltenen

Augenblicken ein. Später vergessen oder leugnen wir möglicherweise sogar, daß es sie gab. Doch mit der Zeit verankern wir uns in dieser neuen Selbsterfahrung. Wir erkennen die Mitte des Selbst als unsere wahre Identität.

Meditation für eine positive Lebensführung

Bei unserer Meditation decken wir die inneren Ursachen auf, die uns keine Erfüllung finden lassen, und führen die Bedingungen für eine positive Lebensführung herbei. Wie jede Schöpfung enthält die Meditation für die positive Manifestation sowohl das aktive wie das passive Prinzip, sowohl Tun wie Nichttun, sowohl Bekräftigen wie Zulassen.

Das Bewußtsein übernimmt die aktive Rolle, indem es die Worte spricht und die Absicht formuliert ... Die Seelensubstanz ist das empfangende Prinzip. Je weniger die Aussage von geheimen Zweifeln aufgrund unerkannter Negativität berührt ist, desto stärker und eindeutiger wird die Seelensubstanz davon geprägt. (Lesung 194)

Die grundlegenden Schritte zur positiven Schöpfung sind: Ausrichtung auf die Sehnsucht durch eine klare Vorstellung des Erwünschten. (Dabei vergewissert man sich, daß der erwünschte Zustand in Einklang mit der Wahrheit und der Liebe zum Selbst steht.) Diese Vorstellung wird der Seelensubstanz eingeprägt. Der neue Zustand wird als innere Realität visualisiert. Die Erfüllung wird bekräftigt und zugelassen. Wir warten vertrauensvoll.

Kommen wir im Manifestierungsprozeß an ein Hindernis, gehen wir zurück und decken im niederen Selbst die Ursache auf, weshalb uns die Erfüllung vorenthalten bleibt. Wir bleiben gegenüber den Rückmeldungen des Lebens offen, um zu sehen, wo weitere Arbeit erforderlich ist.

Schritte auf dem Pfad

Bei der Pfadarbeit lernt man zuerst beobachten, danach übernimmt man die Verantwortung für das niedere Selbst. Erst danach kann sich das höhere Selbst durch Harmonie und Erfüllung manifestieren. Die folgenden Schritte fassen die Pfadarbeit zusammen und bereiten den Boden für eine positive Schöpfung.

1. und 2. Kapitel	I) Konzentriere dich auf die Absicht, das Selbst zu einen und all seine Seiten ins Bewußtsein zu heben. Sei ehrlich mit dir selbst und anderen. II) Erkenne Fehler und Unharmonisches sowie ihr Gegenteil. Nimm Schmerz und Unbehagen zusammen mit schönen Gefühlen an. Laß den Perfektionismus und alle Forderungen, daß es anders sein soll, als es ist, fallen.
3. Kapitel	III) Entwickle das objektive, mitfühlende Beobachterselbst und lerne, dich mit diesem durch Tagesrückschau und Meditation gleichzusetzen.
4. Kapitel	IV) Lerne die vielen verschiedenen Seiten deines Selbst kennen und akzeptiere sie, einschließlich der Maske, des niederen Selbst und höheren Selbst sowie der Entwicklungsstufen des inneren Kindes, des erwachsenen Ich, der transpersonalen Seele und der Vereinigung mit Gott.
5. Kapitel	V) Decke Muster im Alltag auf, die Bilder – falsche Vorstellungen über die Realität – offenbaren. Beobachte, wie die Verletzungen aus der Kindheit in der Gegenwart neu inszeniert werden. Formuliere die Bilder klar aus. VI) Erlaube dir, den kindlichen Schmerz ganz zu spüren, loszulassen und zu vergeben. Öffne dich der spontanen Energie des Kindes. VII) Präge der Seele die Wahrheit ein, damit die falschen Vorstellungen ersetzt werden. Meditiere in Dialogen mit dem inneren Kind und rufe die göttliche Hilfe an, um die Heilung zu beschleunigen.
6. Kapitel	VIII) Verstehe, daß du dich mit dem idealen Selbstbild, dem Maskenselbst, gleichgesetzt hast, und gib diese Identifikation auf. Erforsche die Verzerrungen des Ich (übermäßige Passivität oder Kontrolle) und lerne, sowohl flexibel wie fest zu reagieren.
7. Kapitel	IX) Stelle dich dem niederen Selbst und akzeptiere seine Existenz. Erkenne, wo sich Stolz, Eigenwille und Angst zeigen.
8. Kapitel	X) Nimm das höhere Selbst für dich in Anspruch und lerne, dich mit ihm gleichzusetzen. Laß die Ströme spiritueller Energie den Körpergeist durchfluten.

9. Kapitel XI) Decke bei hartnäckigen negativen Mustern auf, wie das niedere Selbst sich an negative Absichten – Böswilligkeit dir und anderen gegenüber – und an negative Lust – Sadismus und Masochismus – bindet.

10. Kapitel XII) Gib diese Bindung auf, indem du verstehst und spürst, was sie der Seele antut. Übernimm die volle Verantwortung für das niedere Selbst.
XIII) Laß den Schmerz der realen Schuld zu und nimm die Vergebung an. Bekräftige die positive Absicht und laß positive Lust im Selbst und Leben zu.

11. Kapitel XIV) Gestalte dein Leben vom höheren Selbst aus. Gib dich immer stärker Gott in deinem Inneren hin.

Der schöpferische Tanz der spirituellen Evolution

Es steht fest, daß die Evolution auf eine große persönliche Erfüllung hinausläuft. Im Lauf der Seelenreise zur erneuten Verbindung mit Gott erlangen wir mehr Vertrauen, mehr Wahrheit, mehr Liebe und sind zentrierter. Wir können uns besser der vergrabenen Negativität stellen, die sich als negative Lebenserfahrungen manifestiert, und sie aufgeben. Es ist möglich, unser inneres »Nein« in ein innigeres »Ja« zum Leben zu verwandeln.

Dieser Prozeß erscheint manchmal unerträglich langsam vor sich zu gehen, in anderen Fällen aber auch schwindelerregend schnell. Eine Zeitlang weiten wir uns und erfahren mehr Erfüllung; dann ziehen wir uns wiederum vorübergehend zusammen. Das spirituelle Wachstum des Menschen verläuft spiralförmig. Wir drehen uns ständig um dieselben inneren Probleme und Schwierigkeiten, aber mit den Lebenserfahrungen wechseln wir die Ebenen. Schließlich gelangen wir zum psychischen Kernpunkt des jeweiligen negativen Musters. Dieses ersetzen wir durch eine wahrhaftige, liebevolle Haltung, worauf sich das Leben wieder spiralförmig nach außen bewegt und positivere Erfahrungen beschert.

Bei der spirituellen Evolution gibt es wie bei jeder schöpferischen Tätigkeit aktive Arbeit und Zeiten entspannter Aufnahmefähigkeit. Eine Zeitlang arbeiten wir daran, eine neue innere Realität zu schaffen, um etwas zu manifestieren. Dann kann es nötig sein, daß wir von der Veränderung ablassen und die jeweiligen

Beschränkungen annehmen. Wir warten geduldig auf die eigene Entfaltung. Unterdessen arbeiten wir an denjenigen inneren Bereichen, die für die Wandlung reif sind.

Wir finden ein Gleichgewicht zwischen der Rolle des Bewußtseinslenkers und der Aufgabe, sich dem Lebensfluß hinzugeben. Sowohl eine konzentrierte Aktivität wie eine vertrauenswürdige Aufnahme müssen zugelassen werden. Solange wir in der Dualität leben, verfügen wir nur über ein Teilwissen, und die Gestaltung des Lebens ist durch das Karma eingeengt. Deswegen müssen wir uns auch der höheren Intelligenz jenseits des eingeschränkten menschlichen Geistes hingeben. Wir besitzen alle eine ungeahnte Kreativität und sind gleichzeitig bloß ein Stäubchen im schöpferischen Plan des kosmischen Lebens, dessen Puls wir in uns spüren.

Der spirituelle Weg führt zu einer immer stärkeren Ausdehnung der Identität. Kaum ist eine Identität gefestigt, löst die geistige Entwicklung dieses bekannte Selbst wieder auf. Alte Formen und Überzeugungen müssen aufgebrochen werden, um eine neue Energie, ein erweitertes Bewußtsein, eine tiefere Einheit zuzulassen. Uns mit der Hilfe des höheren Selbst in die Tiefe des Inneren zu begeben bedeutet, daß die Integration des Selbst zunimmt und im Licht der Liebe erstrahlt. Wir müssen bis zur Verzweiflung bereit sein, die Auflösung des eigenen Wissens zuzulassen, um durch die »dunkle Nacht« der Seele zu gehen. Bei jedem Tod und jeder Wiedergeburt des Selbst halten wir etwas weniger am Wissen fest, und das Vertrauen gewinnt an Boden.

Das spirituelle Wachstum ist ein Prozeß, bei dem die eigenen Grenzen stetig erweitert werden, bis sie am Ende die gesamte Bandbreite der menschlichen Möglichkeiten umfaßt. Dann wissen wir nicht nur theoretisch, sondern aus unserer tiefsten Erfahrung, daß es keine Trennung zwischen uns und irgendeinem anderen Lebewesen gibt. Schließlich sind wir mit der gesamten Natur und dem Universum eins, in dem wir demütig unseren Platz einnehmen.

Dabei lernen wir die Dualitäten in uns anzunehmen: unser niederes und höheres Selbst, das Bewußte und Unbewußte in uns, unser getrenntes Ich und den Fluß der universellen Lebenskraft, die uns durchströmt. Indem wir die eigene Kreativität zulassen, nehmen wir die Polaritäten wie männliche und weibliche Seiten, konzentriertes Arbeiten und Im-Chaos-Versinken, Fülle und Leere in uns an.

Durch dieses Annehmen all dessen, was wir ausmacht, werden wir ganz.

Den Himmel auf Erden schaffen

Es gibt eine Möglichkeit, unseren Planeten auf völlig neue Weise zu bewohnen. Wir sind nicht nur dazu aufgerufen, uns als Kinder Gottes zu begreifen, sondern Gott in uns zu erkennen. Wir können in das Paradies zurück, diesen wunderbaren Planeten, den wir unser Zuhause nennen, und zwar nicht als abhängige oder rebellierende Kinder, nicht als Eroberer oder Opfer, sondern als Mitschöpfer der Liebe, Schönheit und Harmonie.

Erwachen wir und lernen uns als göttliche Wesen kennen, gehen wir mit uns, anderen und der nichtmenschlichen Welt viel sorgfältiger um. Wir sehen, daß die Liebe unsere wahre Heimat ist, nicht Angst oder Haß; daß die Schöpfung unser Schicksal und die Zusammenarbeit unsere natürliche Lebensform ist. Wir finden unseren einmaligen Platz und geben unsere selbstsüchtigen Abwehrmechanismen Stolz, Eigenwillen, Angst und Getrenntheit auf.

Um dieses tiefere innere Vertrauen zu erlangen, müssen wir die vorübergehende Wirklichkeit des eigenen niederen Selbst, das unsere Göttlichkeit leugnet, mit offenen Augen sehen. Obwohl wir grundsätzlich die anderen lieben und unsere Verbundenheit mit allem, was lebt, genießen wollen, sind wir auf Abwege geraten, weil wir glaubten, eine sofortige Befriedigung unseres Eigenwillens und Stolzes würde uns Glück verschaffen. Wir haben vergessen, wie verdienstvoll wir sind, und unsere Verbindung mit dem Ganzen verloren. Akzeptieren wir das niedere Selbst, erkennen wir es als Illusion. Es läßt sich wandeln. Wir können die schöpferische Lebenskraft, die es birgt, wieder für uns beanspruchen und die Begrenzungen überwinden, die es uns auferlegt.

Wir können uns daran erinnern, wer wir sind und was alle Menschen im Innersten wissen:

Daß wir alle, so wie wir sind, genügen.

Daß wir alle letztlich gut und mit jedem Leben zutiefst verbunden sind.

Daß wir alles in uns haben, was wir brauchen, um glücklich zu sein.

Daß wir liebenswert sind und fähig, andere zu lieben.

Daß es sich auf der Erde in einer Gemeinschaft erquickender, unterstützender Beziehungen am angenehmsten leben läßt.

Daß wir mit unserem wichtigsten Beziehungspartner große Nähe erfahren können.

Daß wir Freunde finden, die uns auf dem Weg spirituellen und emotionalen Wachstums unterstützen.

Daß wir unsere wahre Aufgabe in der Welt erkennen, die nur wir zu erfüllen aufgerufen sind und die unsere wahren Bedürfnisse stillt.

Daß wir unseren rechten Platz und unsere Verankerung auf dieser Erde finden.

Daß dieses Universum es im Grunde gut mit uns meint.

Daß dem Leben eine Ordnung und Bedeutung innewohnen, die wir allmählich entdecken.

Daß der Prozeß, uns den inneren Selbst zu stellen, das Leben mit Frieden, Liebe, Harmonie, Glück und Erfüllung erfüllt.

Geben wir unsere Abwehr auf und nehmen das an, was wir sind; erkennen wir unsere wahre Identität als göttlich inspirierte Wesen. Wir entscheiden uns für Harmonie, Liebe und Achtung statt Entzweiung, Angst und Zerstörung. Wir wählen die Verbindung und Individuation statt Trennung oder Selbstverleugnung.

Wir hören den Ruf, die Vision einer Harmonie auf Erden zu erfüllen. Wir kennen diese Sehnsucht und arbeiten mit Liebe und Vertrauen daran. Gleichzeitig tragen wir dem menschlichen Sein mit seinen ihm innewohnenden Begrenzungen Rechnung. Wir öffnen uns dem Besten und arbeiten an der Wandlung des Schlimmsten in uns und unseren Mitmenschen. Wir wollen den Himmel auf Erden verwirklichen und in das neue Paradies eines erwachten Bewußtseins eingehen.

Übungen zum elften Kapitel

Wie möchtest du dazu beitragen, den »Himmel auf Erden« herbeizuführen? Welches ist dein innigster Seelenwunsch für dich und die Erde? Sei nicht so schüchtern. Sei bereit, deine größte Sehnsucht aufs Papier zu bringen. Nimm beim Schreiben Scham, Angst, Mißtrauen oder Zynismus zur Kenntnis, während du daran denkst, deinen Traum zu verwirklichen. Sprich von deinem höheren Selbst aus mit jeder negativen Reaktion und schau, ob du die Angst beschwichtigen und zu deiner Sehnsucht stehen kannst.

Welche Hindernisse oder Verzerrungen in dir stehen der Erfüllung der aufgeführten Träume im Wege? Wie gedenkst du an der Wandlung dieser Hemmnisse zu arbeiten?

292

Blicke auf deinen spirituellen Weg zurück. Schau, wo es dir gelungen ist, Verantwortung für ein negatives Muster in deinem Leben zu übernehmen. Benenne die diesem zugrundeliegenden konkreten negativen Einstellungen, die du aufgedeckt hast. Durch welche positiven Einstellungen hast du sie ersetzt und inwiefern hat dies deine Lebensführung verändert? Siehst du, wie sich deine Arbeit zu diesem Thema vertieft hat – wie du deine konkrete Verzerrung auf den nächsten Ebenen umkreist hast, bis du eine Lösung gefunden hast?

Geh der Frage deines Glaubens nach. Wie sehr setzt du dich mit deinem höheren Selbst gleich, und wie groß ist dein Vertrauen an es und an eine höhere Macht im All? Wie sehr vertraust du darauf, daß dein Leben und Weg letztlich von dieser höheren Macht und deinem eigenen höheren Selbst gelenkt werden? Wie sehr hängst du an einem »blinden Glauben«, am Bedürfnis, an eine gütige Ordnung zu glauben, um nicht loslassen und dich dem Ungewissen öffnen zu müssen? Wie bereit bist du, dich aufzuschließen und alles in deinem Leben in Frage zu stellen und dich in neue Bereiche zu wagen?

Tabelle: »Schritte auf dem spirituellen Weg«

Landkarte der menschlichen Psyche und der inneren Transformationsarbeit

Die Transformationsarbeit ist eine gewaltige Arbeit. Sie reicht von der Stärkung des positiven Ich bis zum Aufgeben des Ich, vom Aufdecken des verletzten inneren Kindes bis zur Entdeckung einer spirituellen Identität, die nie verletzt war, egal, wie schrecklich die Kindheit auch gewesen sein mag. Neben den Landkarten der Psyche, in denen aufgezeigt werden soll, wie viele Bewußtseinsarten wir haben, brauchen wir auch Landkarten über die Arten von Arbeit, die auf den verschiedenen Identitätsebenen angemessen sind. Die Arbeit und die Haltung des Helfers – ob er nun als Berater, Therapeut, spiritueller Freund, Heiler oder spiritueller Lehrer fungiert – unterscheidet sich je nach Ebene und widerspricht sich sogar manchmal von Ebene zu Ebene.

Bei der Arbeit mit dem inneren Kind beispielsweise hat der Helfer klare Grenzen zu wahren und die Übertragung der kindlichen Gefühle auf sich zuzulassen. Beim Herstellen der seelischen Verbindung jedoch muß der Helfer seine Grenzen ausdünnen und einen transpersonalen Kontakt mit demjenigen aufnehmen können, dem er beisteht (wir nennen ihn im Pfad »Arbeiter«). Zudem ist es bei der Arbeit der gemeinsam schaffenden spirituellen Gemeinschaft erforderlich, daß *alle*, die sich auf einem bestimmten Weg befinden – einschließlich der Helfer und Führer, die ebenfalls am eigenen Weg arbeiten –, bereit sind, sowohl ihre eigenen menschlichen Mängel und Schwächen mitzuteilen als auch zu ihrem inneren Gottselbst zu stehen.

Um echte, nahe menschliche Beziehungen zu schaffen, ist eine grundsätzliche Gleichheit aller Menschen erforderlich. Am Ende lernen wir auch unsere spirituellen Lehrer als Brüder oder Schwestern zu sehen und lassen die Illusion fallen, eine perfekte Mami oder einen perfekten Papi zu finden, die uns sagen, wie wir zu leben haben. Ein zentraler Widerspruch des spirituellen Weges liegt darin, daß wir menschliche spirituelle Lehrer finden müssen, denen wir unsere fehlgeleitete Autonomie hingeben, wie wir auch lernen müssen, daß wir uns letztlich nur an

Gott und die eigenen geistigen Führer hingeben können, die jeder Sucher findet, der tief genug ins Innere blickt. Wir Menschen sind alle Kinder und Äußerungen des einen Gottes – egal, wie oberflächlich oder tief, geeint oder verschieden unser Verständnis und die Manifestation unseres wahren Wesens und unseres wahren Ursprungs auch sein mögen.

Beim Pfad beteiligen sich Helfer an der psychologischen Arbeit, die in der Kindheit entstandenen Abwehrmechanismen umzuwandeln. Gleichzeitig arbeiten Helfer und Arbeiter gemeinsam an der spirituellen Gemeinschaft. Es ist dabei unumgänglich, daß der Helfer sich ständig darüber im klaren ist, auf welcher Ebene er sich gerade mit dem Arbeiter befindet. Sonst löst die Übertragung als unvermeidliches Nebenprodukt der Arbeit Verwirrung aus und trübt unbewußt sowohl das Miteinander der Gemeinschaft wie die Verbindung der Seelen. Um dies zu vermeiden, ist ein wachsendes Bewußtsein notwendig, was jeweils für die Interaktion zwischen Helfer und Arbeiter angemessen ist. Die folgende Tabelle ist aus meinem Bedürfnis entstanden, mehr Klarheit in dieses komplexe Thema zu bringen.

Ich habe mit der Landkarte angefangen, die ich auf Seite 89 vorgestellt habe. Diese Landkarte der menschlichen Psyche präsentiert die vier Entwicklungsstadien – Kind, erwachsenes Ich, Seele und transpersonale Ebene –, die sich mit den drei Selbst – Maskenselbst, niederes Selbst und höheres Selbst – überschneiden. Diese Landkarte entspricht der linken Seite in der folgenden Tabelle über die »Schritte auf dem spirituellen Weg«, wobei die Ebene menschlicher Beziehungen dazugekommen ist. Diese Ebene ist ein notwendiger Schritt beim Schaffen einer spirituellen Gemeinschaft.

Auf der rechten Seite der Tabelle wird die Transformationsarbeit beschrieben, die auf jeder Entwicklungsebene zu leisten ist. Unter »Innere Arbeit« sind die spirituellen Übungen aufgeführt, die man alleine durchführt, ebenso die aktivere und interaktive Arbeit, die mit einem Helfer geleistet wird. Diese beiden Spalten sind als Anleitungen für den spirituellen Sucher gedacht. Die rechte Spalte »Haltung des Helfers« ist für diejenigen gedacht, die als Berater, Therapeut, spiritueller Freund, Heiler oder spiritueller Lehrer im Bereich der persönlichen Wandlung arbeiten. Die Anleitungen vermitteln, welche Haltung dem Arbeiter gegenüber auf der jeweiligen Ebene angemessen und erforderlich ist.

Eine erweiterte Fassung dieser Tabelle als vierfarbiges Regenbogenposter ist im Sevenoaks Pathwork Center in Virginia auf englisch erhältlich.

Entwicklungsstadium und Aufgabe:	DIE DREI SELBST		
	Maskenselbst	Niederes Selbst	Höheres Selbst
Kindselbst *Umerziehung des inneren Kindes, damit es ein autonomer Erwachsener wird.*	Unechtes Kind, das auf die Erwartungen anderer reagiert und versucht, der Verletzlichkeit des Echtseins zu entgehen.	Selbstsüchtiges, starrköpfiges Kind, das nur seinen Kopf durchsetzen will. Negatives, verletztes Kind, das Schmerzempfindungen und Enttäuschungen abwehrt. Abergläubisch, nicht autonom.	Spontanes, liebevolles, kreatives Kind, das mit dem Geistigen in Verbindung steht. Offenes Kind ohne Abwehrhaltung, das fühlen kann und verletzlich ist. Offenheit gegenüber der geistigen Welt.
Erwachsenes Ich *Stärkung des positiven Ichgeistes; Ausrichtung auf das spirituelle Selbst.*	Idealisiertes Selbstbild, das der Welt dargeboten wird und für das man sich halten möchte. Perfektionistische Anforderungen an das Selbst und andere. Charakterabwehr der Maske: Verzerrung der Göttlichkeit durch Unterwerfung (Liebe), Aggression (Macht), oder Rückzug (Gelassenheit).	Persönlichkeitsmängel. Egoistisches, selbstsüchtiges Ich, das über alles herrschen möchte, was es sieht. Umgekehrt ein schwaches, abhängiges Ich, das keine Verantwortung übernehmen will oder Anspruch auf Verdientes erhebt. Stolz, Eigensinn und Angst (Aspekte des niederen Selbst auf allen Ebenen).	Gute Persönlichkeitseigenschaften. Positiver Ichwille, der dem spirituellen Selbst dient. Trifft positive Entscheidungen. Beobachtet und akzeptiert alle Aspekte des Selbst. Beschäftigt sich mit einer spirituellen Disziplin und folgt der inneren Führung. Persönliche Stärken sind Liebe, Macht oder Gelassenheit.
Menschliche Beziehungen	Muster von Abhängigkeit und/oder Getrenntheit.	Manipulierte und unehrliche Beziehungen, die auf Besonderheit und Selbstgefälligkeit basieren (ich *gegen* die anderen).	Sowohl autonome wie gegenseitig liebevolle Beziehungen (ich *und* der andere).
Seele / transpersonale Ebene *Die persönliche und kollektive Seele heilen; Hingabe an Gott.*	Keine Maske mehr.	<u>Eigene Seele:</u> Negative Seelenausrichtung, die die Dualität fortsetzen möchte. Eigene Seelendellen, karmische Verzerrungen. <u>Kollektive Seele:</u> Negative Archetypen und dämonische Impulse. Klammern an negativer Macht und Trennung (das Böse).	<u>Eigene Seele:</u> Positive Seelenausrichtung, die auf Vereinigung abzielt. Eigene Seelengaben und Wunsch, zu dienen. <u>Kollektive Seele:</u> Positive Archetypen und engelgleiche Essenz. Hingabe an die inneren Führer und an Gott.
Einende Ebene *In Gott weilen.*	Keine Maske mehr.	Keine trennenden Impulse mehr; kein niederes Selbst mehr.	Kreative Ausstrahlung; Liebe und Wahrheit; Jetzt hier sein.

	INNERE ARBEIT		Haltung des Helfers in der Helferbeziehung
	Spirituelle Übungen	Arbeit mit einem Helfer	
	Hinterfrage alle Ideen/Bilder/Einstellungen; laß eine offene Aufmerksamkeit und Neugier dem Selbst gegenüber zu. Meditiere und bete im Dialog mit dem inneren Kind. Rufe das positive erwachsene Ich und die göttliche Mutter/den göttlichen Vater an, dem inneren Kind neue Eltern zu sein.	Öffne dich der emotionalen Befindlichkeit deines inneren Kindes. Stelle fest, wie Bilder aus der Kindheit die Gegenwart gestalten und verzerren. Drücke nicht zugelassene Gefühle aus der Kindheit aus, wie Wut, Trauer, Angst und Freude. Laß den Verlust der kindlichen Illusionen zu.	Arbeite mit der Übertragung: Analysiere, wie die Realität aus der Kindheit in der Beziehung zum Helfer neu inszeniert wird. Laß die positive und negative Übertragung zu: Projektionen des »vollkommenen« Elternteils und solche des »enttäuschenden« oder »ungeheuren« Elternteils.
	Führe ein Tagebuch und übe dich in der Tagesrückschau, um Persönlichkeitsmuster aufzudecken. Meditiere, um eine objektive, mitfühlende Selbstbeobachtung zu fördern. Nimm das Gebet und Affirmationen zu Hilfe, um dich auf die Liebe und Wahrheit auszurichten.	Sieh dir deine Lebensmuster aufrichtig an: Was offenbaren sie dir über dein Selbst? Nimm die Gegensätze im Selbst an – »schlimme« Fehler wie »gute« Eigenschaften; Schmerz wie Lust. Unterscheide dein Selbst von anderen; schaffe dir ein flexibles, wirksames Ich. Erkenne und laß Gefühle in der Gegenwart zu, sobald sie auftauchen. Stelle eine Verbindung zur Vergangenheit her, wenn dies von Belang ist; laß die Vergangenheit los, um in der Gegenwart zu funktionieren.	Stell einen klaren, verläßlichen Vertrag mit klaren Grenzen auf. Fördere die Ichablösung vom Helfer. Laß keine Übertragung aufkommen: Arbeite mit Erwachsenenthemen und nicht mit einer Neuinszenierung der kindlichen Beziehung. Offenbare dich, wenn es angemessen ist. Laß Gefühle einfach zu, statt sie hochzupeitschen.
	Meditiere und bete, um das Herz zu öffnen. Übe Vergebung dir und anderen gegenüber. Nimm einen mitfühlenden Dienst an anderen auf.	Mach dir die Interaktion bewußt: regle die Beziehung. Übe Echtheit/ Verletzlichkeit/Beichte/Vergebung. Erfahre Brüderlichkeit/Schwesterlichkeit.	Gib dich mit deinem ganzen Selbst hinein: Teile dich mehr mit, fördere die Verbindung, stelle dich der Getrenntheit. Wechsle von Übertragung zu Nähe; laß Gleichheit zu.
	Bete, bejahe und richte dich auf die positive Absicht aus. Stimme dich auf den göttlichen Seelenstrahl ein: auf Liebe, Macht oder Gelassenheit. Finde die Aufgabe der Seele und beginne damit. Arbeite mit Ritualen und Zeremonien. Suche und beachte Geistführer; gib dich spirituellen Meistern hin. Gib dein Leben und deinen Willen Gott hin.	Entdecke negative Absichten und arbeite damit. Spüre den Schmerz hinter Rache, Verbitterung, Zurückhalten und laß ihn los. Decke karmische Prägungen aus vergangenen Leben auf und lasse sie los. Übernimm die volle Verantwortung für die Gestaltung deines Lebens. Arbeite mit Archetypen, Träumen, inneren Reisen und kreativen Visualisierungen. Arbeite mit Atem und Rhythmus.	Stelle fest, wie tiefere Seelenthemen in der Helferbeziehung neu inszeniert werden. Leb eine angemessene Verbindung vor. Weiche die eigenen Grenzen auf, um den Kontakt auf Seelenebene zuzulassen. Nimm dich aus dem Weg; tritt in den Raum jenseits der Ichgrenzen; laß höhere Energien durch dich hindurchfließen. Laß die eigene Transparenz zu.
	Bete das Göttliche in allen Formen an. Übe dich im Gewahrsein jeden Augenblicks.	Laß spontane kreative Impulse zu. Entspanne dich in den Atem, Rhythmus, Gott hinein.	Laß die Arbeit eine kreative Quelle zwischen Lehrer und Schüler sein, mit der beide ohne Einschränkung das Göttliche anzapfen.

Deutsch liegen folgende Übersetzungen von GUIDE-Lesungen vor:[45]

[45] Erhältlich bei Paul Czempin, Ludemannstr. 51, 24114 Kiel

[46] Die mit (B) gekennzeichneten Lesungen finden sich in Pierrakos, Eva: *Bereit sein für die Liebe*. Synthesis 1997.

[47] Die mit (P) gekennzeichneten Lesungen finden sich in Pierrakos, Eva: *Der Pfad der Wandlung*. Synthesis 1994.

[48] »nur B« oder »P« bedeutet, daß die Lesungen nur im betreffenden Buch zu finden und nicht als Separatabdruck erhältlich sind.

Pathwork Center weltweit

Argentinien
Pathwork
Castex 3345, Piso 12, Cap. Fed.
Buenos Aires, Argentina 00541
Tel/Fax 0054-1-801-7024

Brasilien Nordost
Conselho do Pathwork
Rua Waldemar Falcao, 377-Brotas
40295-001 Salvador - BA - Brazil
Tel 0071-334-7151, Fax 0071-334-2729

Brasilien Südost
Grupos do Pathwork
Rua Roquete Pinto, 401
CEP 05515010
Sao Paulo, SP, Brazil
Tel 0011-814-4678, Fax 0011-211-4073

Deutschland
Pfadgruppe Kiel
Ludemannstr. 51
D-24114 Kiel, Germany
Tel (0049) 0431-66 58 07

Italien
Il Sentiero
Via Campodivivo, 43
I-04020 Spigno Saturnia (LT)
Tel 0039-771-64463
Fax 0039-771-64693
e-mail: crisalide@fabernet.com
web: http://www.saephir.it./crisalide

Kanada
Ottawa/Montreal Pathwork
Louise Stevenson
14 Graham Street, Box 164
Pakenham, Ontario KOA 2XO

Luxemburg
Pathwork Luxemburg
L-8274 Brilwee 2
Kehlen
Tel 00352-307328

Mexiko
Pathwork Mexico
Admin. De Correos 6
Apdo. M8-13
Cuernavaca, Mor 62120 Mexiko
Tel 0073-131395
Fax 0073-113592

Niederlande
Padwerk
Amerikalaan 192
NL-3526 Utrecht
Tel/Fax 0035-693 5222
e-mail: Trudi.groos@pi.net

Uruguay
Uruguay Pathwork
Mones Roses 6162
Montevideo 11500, Uruguay
Tel 00598-2-618 612, Fax 00598-2-920 674
e-mail: LGF@adinet.com.uy

Pathwork Center in den USA

California
Pathwork of California
1355 Stratford Court #16
Del Mar, California 92014
Tel 001-619-793 1246
Fax 001-619-259 5224
e-mail: CAPathwork@aol.com

Central United States
Pathwork of Iowa
25 Highland Drive
Iowa City, Iowa 52246
Tel 001-319-338 9878

Great Lakes Region
Great Lakes Pathwork
1117 Fernwood
Royal Oak, Michigan 48067
Tel/Fax 001-248-585 3984

Mid-Atlantic Region
Sevenoaks Pathwork Center
Route 1, Box 86
Madison, Virginia 22727
Tel 001-540-948 6544
Fax 001-540-948 3956
e-mail: SevenoaksP@aol.com

Northwest
Northwest Pathwork
811 NW 20th, Suite 103-C
Portland, Oregon 97209
Tel 001-503-223 0018

Philadelphia
Philadelphia Pathwork
901 Bellevue Avenue
Hulmeville, Pennsylvania 19407
Tel 001-215-752 9894
e-mail: dtilove@itw.com

Southeast
Pathwork of Georgia
120 Blue Pond Court
Canton, Georgia 30115
Tel/Fax 001-770-889 8790

Southwest
Path to the Real Self/Pathwork
Box 3753
Santa Fe, New Mexico 87501
Tel 001-505-455 2533

Eva Pierrakos
Der Pfad der Wandlung
Eva Pierrakos war über 20 Jahre Channel für eine Energieexistenz, die sich nur als GUIDE bezeichnete. Mit der einzigartigen Verbindung von Psychologie, dem Körper und der Spiritualität bieten diese Botschaften eine inspirierende Vision des menschlichen Potentials.
256 S., kart.
ISBN 3-922026-70-2

Eva Pierrakos
Bereit sein für die Liebe
Bereit sein für die Liebe vermittelt außerordentliche Einsichten in das Wesen unserer unvermeidlichen Beziehungsschwierigkeiten und hilft uns, sie zu überwinden und lebenssprühende Partnerschaften zu formen. Dieses Buch beantwortet mit großem Mitgefühl praktische Fragen zur Sexualität und Spiritualität, zur Scheidung, Angst vor Nähe, der Erschaffung von Gegenseitigkeit und der Kunst, den Funken am Leben zu erhalten.
224 S., kart.
ISBN 3-922026-89-3

Weitere Bücher zur Pfadarbeit

Eva Pierrakos/Donovan Thesenga
Fürchte dich nicht vor dem Bösen
ISBN 3-922026-92-3
Erscheint 2000

Dr. med. John Pierrakos
CORE ENERGETIK – Zentrum Deiner Lebenskraft
Dr. Pierrakos' therapeutischer Ansatz basiert auf: 1. Der Mensch ist eine psychosomatische Einheit. 2. Die Quelle der Heilung liegt im Selbst. 3. Alles Existierende bildet eine Einheit.

Über die Weiterentwicklung des Reichschen Therapieansatzes in Verbindung mit den Erkenntnissen der neuen Physik und unter Einbeziehung seiner geistig/spirituellen Erfahrungen entwickelte Pierrakos sein Konzept der Core Energetik, einer Therapie für die Entwicklung des Zentrums der menschlichen Lebenskraft.

Die Pulsation des Lebens bleibt in diesem Buch nicht nur ein philosophisches Gebäude. Dr. Pierrakos verdeutlicht uns die Wahrnehmung der menschlichen Energiezentren (Chakren) und der verschiedenen uns umgebenden Energiefelder (Auren). Unter Angabe der Pulsationsfrequenzen und damit auch der Zusammenhänge zu Tieren, Pflanzen und Mineralien stellt er diese in einen direkten Bezug zum universellen Lebensablauf. Mit seiner Erfahrung als Arzt und Körpertherapeut und seinen außergewöhnlichen Forschungen entwickelte Dr. Pierrakos ein therapeutisches System der Diagnose und energetischen Behandlung.

Dr. J. Pierrakos, Schüler und Mitarbeiter von Wilhelm Reich, ist mit Dr. A. Lowen Mitbegründer der Bioenergetik. Die Weiterentwicklung führte ihn zur Core Energetik. Heute forscht, lehrt und praktiziert Dr. Pierrakos weltweit und leitet das »Institute of Core Energetics« in New York.

320 S., gebunden, zahlreiche Vierfarbabbildungen der Energiefelder des Menschen
ISBN 3-922026-74-5

Dr. med. John Pierrakos
Eros, Liebe und Sexualität
Eros ist die transformierende Kraft des Lebens, Liebe die vereinende und Sexualität die schöpferische Kraft – der Ausdruck unserer physischen Natur. Sie erfordern, daß wir uns auf unserer Suche nach Erfüllung unablässig der Wahrheit hingeben.

Wenn wir zulassen, daß die Liebe unser Leben durchströmt, spüren wir in unserem Körper eine starke organische Reaktion: Unsere Atmung wird tiefer, unser Herz wird weiter, unser Puls stärker. Der Zustand der Liebe stärkt unseren Körper und unsere Emotionen, wir öffnen uns neuen Perspektiven und werden von einer göttlichen Energie durchtränkt, einer Energie, die die gesamte Existenz durchströmt.

128 S., kart.
ISBN 3-922026-90-7

JEMANDEN LIEBEN,
DAS HEISST,
IHN ZUM LEBEN
FÜHREN,
SEIN WACHSTUM
HERAUSFORDERN.

– Die Essenz unseres Verlages

SYNTHESIS

Postfach 14 32 06 · D-45262 Essen · Fax 02 01 - 51 10 49
e-mail: Synthesis@Synthesis-Verlag.com · www.Synthesis-Verlag.com